LE PERSONNAGE DU NAÏF
DANS LE THÉATRE COMIQUE
DU MOYEN AGE A MARIVAUX

BIBLIOTHÈQUE FRANÇAISE ET ROMANE
publiée par le
Centre de Philologie et de Littératures romanes
de l'Université des Sciences Humaines de Strasbourg

Directeur : Georges STRAKA
Série C : ÉTUDES LITTÉRAIRES

76

Déjà parus :

1. — *Saint-John Perse et quelques devanciers* (*Etudes sur le poème en prose*), par Monique PARENT, 1960, 260 p., 4 pl.

2. — *L'« Ode à Charles Fourier »*, d'André BRETON, éditée avec introduction et notes par Jean GAULMIER, 1961, 100 p., 6 pl.

3. — *Lamennais, ses amis et le mouvement des idées à l'époque romantique* (1824-1834), par Jean DERRE, 1962, 768 p., (épuisé).

4. — *Langue et techniques poétiques à l'époque romane* (*XIe-XIIIe siècles*), par Paul ZUMTHOR, 1963, 226 p., (épuisé).

5. — *L'Humanisme de Malraux*, par Joseph HOFFMANN, 1963, 408 p.

6. — *Recherches claudéliennes*, par M.-F. GUYARD, 1963, 116 p.

7. — *Lumières et Romantisme, énergie et nostalgie de Rousseau à Mickiewicz*, par Jean FABRE, 1963 (en réimpression).

8. — *Amour courtois et « Fin'Amors » dans la littérature du XIIe siècle*, par Moshé LAZAR, 1964, 300 p., (épuisé).

9. — *Nouvelles recherches sur la littérature arthurienne*, par Jean MARX, 1965, 324 p. (épuisé).

10. — *La religion de Péguy*, par Pie DUPLOYE, 1965, 742 p. (épuisé).

11. — *Victor Hugo à l'œuvre : le poète en exil et en voyage*, par Jean-Bertrand BARRÈRE, 1965 (nouveau tirage 1970), 328 p., 13 pl.

12. — *Agricol Perdiguier et George Sand* (*correspondance inédite*), publiée par Jean BRIQUET, 1966, 152 p., 6 pl.

13. — *Autour de Rimbaud*, par C.-A. HACKETT, 1967, 104 p., 3 pl.

14. — *Le thème de l'arbre chez P. Valéry*, par P. LAURETTE, 1967, 200 p.

15. — *L'idée de la gloire dans la tradition occidentale* (*Antiquité, Moyen Age occidental, Castille*), par M.-R. LIDA DE MALKIEL, traduit de l'espagnol (Mexico, 1952) par S. ROUBAUD, 1968, 320 p.

16. — *Paul Morand et le cosmopolitisme littéraire*, par Stéphane SARKANY, 1968, 291 p., 3 pl.

17. — *Vercors écrivain et dessinateur*, par R. KONSTANTINOVITCH, 1969, 1969, 216 p., 16 pl.

Voir la suite à la fin du volume.

Charles MAZOUER

LE PERSONNAGE DU NAÏF DANS LE THÉATRE COMIQUE DU MOYEN AGE A MARIVAUX

1979
Librairie Klincksieck
Paris

© Charles MAZOUER, 1979.

ISBN 2-252-02155-1.

POUR MARTINE

AVANT-PROPOS

Le livre que j'offre au lecteur est une version entièrement remaniée et notablement abrégée de ma thèse de doctorat, soutenue devant l'université de Paris-Sorbonne le 19 mars 1977.

Au terme d'un effort patient dont je présente le fruit personnel, je mesure ma dette à l'égard d'autrui. Je voudrais que chacun trouve ici l'expression de ma reconnaissance.

Pourrai-je remercier comme il convient mon maître, M. Robert Garapon, professeur à la Sorbonne ? Depuis qu'il m'initia à la recherche, je n'ai cessé de bénéficier de ses conseils. Ma thèse, qu'il a accepté de diriger, lui doit beaucoup. A chaque étape de mon travail, j'ai trouvé aide et réconfort dans son accueil chaleureux, amical même, je le pense. Mes remerciements vont aussi aux autres membres de mon jury — MM. les Professeurs V.-L. Saulnier, président, Philippe Ménard, Roger Guichemerre et Yves Coirault —, dont toutes les observations m'ont été précieuses.

Parmi ceux qui ont permis ou facilité mon travail, je dois exprimer ma gratitude toute spéciale à Mlle Yvonne Frackowiak, ma collègue de l'université de Bordeaux III, qui, au milieu des loisirs de la retraite, a accepté la lourde tâche de relire mes manuscrits ; notre amie l'a accomplie avec autant de rigueur que de générosité.

Je ne veux pas oublier aujourd'hui ceux qui surent éveiller et entretenir en moi le goût de la littérature et du théâtre : mes parents, quelques maîtres de l'enseignement secondaire et de l'enseignement supérieur dont l'influence fut décisive.

Entreprise de longue haleine, cet ouvrage n'aurait jamais vu le jour, si mon épouse ne l'avait fait un peu sien. Il lui est justement dédié.

Gradignan, avril 1979.

INTRODUCTION

On n'a jamais cessé de faire rire du naïf. Ce personnage et les mésaventures que lui valent son ignorance, sa maladresse et sa crédulité constituent un thème littéraire universel, abondamment exploité par les traditions narratives et théâtrales.

Notre littérature médiévale, dès lors qu'elle voulut susciter le sourire
et le rire, utilisa très tôt le personnage du naïf. Ainsi apparaît, dans la
chanson de geste et le roman des XIIᵉ et XIIIᵉ siècles, le *nice,* adolescent
inexpérimenté et gauche [1]. A l'égal de l'épopée et du roman, le théâtre
en langue vulgaire [2] met en valeur, dès les premiers siècles de son développement, différents aspects de la simplicité et de la crédulité. Est-il
besoin de rappeler les innombrables victimes naïves qu'offre le fonds
narratif gaulois ? Aux XIIIᵉ et XIVᵉ siècles, les fabliaux font leur matière
des mille tours joués à un naïf. L'influence des fabliaux, jointe à celle de
plusieurs générations de conteurs italiens, est sensible sur les contes et
les nouvelles du XVᵉ et du XVIᵉ siècle, qui reprennent les thèmes de la
tromperie et de la naïveté. Et la communauté d'esprit de toutes ces œuvres
narratives est frappante avec les farces, qui, mettant en scène les mêmes
situations et les mêmes personnages, font la part belle aux naïfs. C'est
assez suggérer la vitalité d'un tel personnage comique dès le Moyen Age.

Aussi nous a-t-il paru intéressant de nous attacher particulièrement
au naïf du théâtre, en le saisissant à partir de ses débuts. Malgré les
bifurcations et les renouvellements qu'enregistre l'histoire de la comédie,
elle maintient un certain nombre de traditions. L'amateur de théâtre

---

1. Voir les travaux de Ph. Ménard.
2. Antérieurement, les « comédies » latines du XIIᵉ siècle, publiées sous la
direction de G. Cohen, font usage de la tromperie et des naïfs. Mais le caractère
dramatique de ces œuvres n'est pas assuré, et elles furent sans influence sur le
théâtre en langue vulgaire.

s'aperçoit vite que le personnage du naïf compte au nombre de celles-ci. Voilà pourquoi nous avons voulu mener l'enquête bien au-delà du Moyen Age, jusqu'au début du XVIIIe siècle, conviant le lecteur à suivre la carrière du naïf pendant une longue période de notre ancien théâtre comique.

Mais qu'est-ce que la naïveté ? Qui est le naïf ? Acceptons toute la richesse sémantique de la notion, en laissant jouer ses harmoniques.

Si l'on remonte dans l'histoire du mot, *naïf* désigne ce qui est donné par la naissance, par la nature, ce qui est natif *(nativus)*, originel. En ce sens, le naïf sera l'être conforme à l'origine, à la nature, avant les apprentissages, la culture, les raffinements de la civilisation. La simplicité, quand elle est grossière et brutalement affichée, est l'apanage de personnages rustiques, réputés plus proches de la nature, tels les campagnards ou les valets. Cette simplicité se retrouve aussi, de manière beaucoup plus délicate, comme caractéristique de la jeunesse. A cet âge règnent la spontanéité primesautière, la franchise, la sincérité, la transparence de l'être dénué d'apprêt, de fard et de détours ; se montrent volontiers aussi l'ingénuité, la candeur, l'innocence, l'étonnement, l'inexpérience, l'étourderie, la maladresse dans le monde. Maint naïf, qui n'a plus la fraîcheur de la jeunesse, garde des traits de cette simplicité et se conduit en sot, ignorant ce qu'il faut savoir, s'étonnant de ce que chacun sait, ne voyant pas ce que tout le monde voit, disant ce qu'il devrait cacher !

La langue moderne retient particulièrement une autre acception, uniquement péjorative, qui vise l'excessive crédulité. Parce qu'il est inattentif, irréfléchi, sans méfiance, le naïf s'en tient aux apparences. Que de variations possibles sur son aveuglement ! Qu'il soit un benêt sans malice, ou que son esprit soit entêté de quelque passion ou de quelque désir absolu, il est destiné à donner dans tous les mensonges, dans toutes les mystifications. Par ailleurs, le naïf peut être victime de lui-même, de ses propres illusions. Trop confiant en lui, oublieux de ce qu'il est, de ce qu'il peut, de la résistance des autres, il se met à développer des ambitions irréalistes ; il croit à ses chimères, avant d'être détrompé.

Ce faisceau de significations offre aux dramaturges le choix de multiples nuances dans la présentation de leurs naïfs, et dans le rire qu'ils provoquent.

Faut-il tenter de réduire cette variété à l'unité ? Y aurait-il un principe apte à expliquer les divers comportements des naïfs du théâtre ? Nous pouvons le suggérer. Dans une situation donnée, ou plus largement dans l'action théâtrale, le naïf propose des conduites mal ajustées. Il méconnait les normes et les convenances. Il s'oriente mal dans le monde, devant lequel il manque de lucidité, et il y agit avec maladresse. Se trompant sur les autres, mais aussi sur lui-même, il est voué à l'échec. En un mot, le naïf est mal adapté à la réalité. Quand il veut agir, il l'apprécie mal et a malaisément prise sur elle. Un peu en marge des autres, un peu dans l'illusion, s'inscrivant à faux dans le train du monde le temps d'une pièce, il revient souvent, lors du dénouement, au sentiment du réel. Cette mauvaise adaptation à la réalité expliquera d'ailleurs le rire qu'engendrent les naïfs, puisque nous avons choisi de consacrer notre étude aux seuls naïfs qui sont intégrés à une vision du monde comique.

Notre ambition se précise. Si la tradition comique connut très tôt un personnage du naïf, elle donna à ce dernier plusieurs visages. Nous voudrions repérer ces avatars et en écrire l'histoire. Intérêt pour les origines et goût de l'histoire. Saisir une tradition comique à sa source, la voir se constituer et s'épanouir, s'enrichir des influences littéraires venues d'ailleurs, se métamorphoser selon les sollicitations de la société contemporaine, se charger d'un sens plus neuf et plus plein grâce à quelques grands dramaturges : voilà notre objet. On ne saurait trop insister sur les trois facteurs essentiels qui n'ont cessé de modeler diversement notre personnage. Le naïf du théâtre français emprunte au patrimoine universel des récits et aux théâtres étrangers, latin, italien, puis espagnol. Il n'est pas sans rapport non plus avec la réalité sociale, qu'explicitement ou non la comédie a toujours transposée. Enfin, sa dette est la plus considérable envers les écrivains de génie. C'est dans cet esprit que nous entreprenons l'analyse de la quinzaine d'incarnations dans lesquelles s'est fixé le personnage du naïf ; au fil du temps, nous montrerons l'apparition des divers naïfs, leur survie, leur renouvellement ou leur déclin.

Partant des origines du théâtre médiéval en français, notre travail embrasse cinq siècles de production comique. Entreprise trop vaste sans doute, mais nécessaire. C'est à ce prix que l'on mesure à la fois la remarquable stabilité des traditions de théâtre et leur caractère toujours vivant, avec l'alternance des continuités et des ruptures, des reculs et des floraisons. Du Moyen Age à Marivaux, notre théâtre comique présente une cohérence certaine ; nous avons donc borné notre champ à la première comédie significative de cet auteur, l'*Arlequin poli par l'amour* de 1720.

Il est inutile de proposer un long discours de notre méthode. Nous n'ignorons pas les recherches actuelles, ni le discrédit dont l'analyse structurale et la jeune sémiologie du théâtre entourent la notion de personnage. Nous continuons de penser, cependant, que le personnage imaginaire auquel l'acteur prête son corps — *dramatis persona* —, saisi comme agissant dans une situation donnée, en rapport avec d'autres personnages, fonde et fondera tout univers théâtral. Assurément, une différence de nature sépare l'homme vivant, qu'étudient les philosophes, et le personnage dramatique, qui est une création esthétique. Mais nous tenons que cet être imaginaire mime, d'une manière ou d'une autre, l'humain. Ses paroles et ses actes ne peuvent se réduire à une fonction abstraite : les unes et les autres renvoient à des conduites humaines significatives, et sont donc à analyser comme telles. Nous nous efforcerons de décrire et de comprendre notre personnage dans cette optique. Sans oublier les conditions du jeu théâtral, nous replacerons le naïf à la croisée des relations qui forment les situations et l'action dramatiques, afin d'interpréter ses gestes et ses propos [3].

Un dernier mot pour indiquer l'ordonnance de l'ouvrage. Après quelques notations sur la naissance du naïf théâtral (chapitre I), une première partie s'attachera à l'épanouissement du personnage dans deux genres constitués du théâtre profane et comique des xve et xvie siècles : les monologues (chapitre II) et les farces (chapitre III). La partie suivante, consacrée à la formation de la comédie classique, déterminera les visages nouveaux que façonnèrent pour le naïf, au xvie siècle la comédie des humanistes (chapitre IV), et au xviie siècle les prédécesseurs et les contemporains de Molière (chapitre V). Une dernière partie montrera que Molière récapitule les traditions du naïf et renouvelle complètement le personnage (chapitre VI), tandis qu'après lui s'amorce un déclin et s'annoncent d'autres mutations, qui mettront fin à cette longue histoire (chapitre VII).

---

3. Pour l'orthographe des citations, nous avons retenu les principes suivants : l'orthographe ancienne est respectée pour les textes du Moyen Age et du xvie siècle ; à partir du xviie siècle, nous modernisons systématiquement la graphie.

Chapitre premier

Le naïf des origines aux grands mystères

Le personnage du naïf n'est pas une invention des genres profanes des xve et xvie siècles. A coup sûr, les farces dégagent et exploitent complètement les virtualités comiques du naïf. Mais, avant les farceurs, puis parallèlement à eux, dramaturges ou fatistes utilisent le personnage. Une rapide investigation, menée du xiie siècle aux grands mystères, prouve qu'une tradition du naïf, diffuse à la vérité, s'est installée dès les origines de notre théâtre. Çà et là, dans les quelques pièces profanes antérieures au xve siècle, et, à la faveur des épisodes réalistes ou comiques dont elles sont agrémentées, dans les pièces religieuses, apparaissent des naïfs.

Pour s'en convaincre, il suffira de s'intéresser à deux aspects différents de cet univers dramatique : la peinture du monde campagnard et la présentation des tromperies.

I. — Bergers et paysans.

Composé par Adam de la Halle à la fin du xiiie siècle, *Le Jeu de Robin et Marion* [1] représente une réussite isolée, dont il convient de souligner l'originalité. Cette pièce, développement dramatique de motifs de la pastourelle, met en scène des personnages de bergers et de paysans, dont le naturel et la naïveté sont patents. L'ambiance de bonne humeur rustique qui baigne la pièce n'enlève rien à la vérité des portraits.

Les compagnons de Marion et de Robin ? Ce sont, bergère et paysans, des personnages dont les occupations et les jeux sont marqués au coin de

---

1. Edition E. Langlois, Paris, 1966.

la trivialité. Après la péripétie du chevalier, tous se livrent aux manifestations populaires d'une joie spontanée : le jeu de saint Cosme, qui consiste en des grimaces et en de grossières mimiques ; le jeu des Rois et des Reines, parodie de celui qui se jouait dans les salons aristocratiques, et mené avec beaucoup de gaucherie par nos paysans. Repas sur l'herbe, ronde rustique expriment encore la joie simple de ces campagnards, d'où une certaine grossièreté n'est pas absente : qu'on pense aux propos indécents et aux gestes vulgaires de Gautier le Têtu [2].

Les paroles de Robin, ses préoccupations, ses actes sont également d'un épais rustre ; chez lui, la simplicité, l'excès du naturel dégénèrent en niaiserie, en sottise. Quelle maladresse au moment où Marion, sa mie, se débat avec le chevalier ! Le niais, qui est la cause immédiate de l'enlèvement de Marion, se lamente au lieu de voler à son secours, mettant sur le même plan son amie, la claque qu'il a reçue et ses vêtements déchirés :

> Ha ! Las ! Or ai jou tout perdu !
> A tart i venront mi cousin !
> Je pert Marot, s'ai un tatin
> Et deskiré cote et sercot [3] !

Car Robin est aussi un fanfaron rustique : fort en paroles devant les autres [4], le poltron fuit le danger quand il s'annonce réellement avec le chevalier. On sait la manière naturelle, spontanée et transparente, dont les deux protagonistes se disent et se manifestent leur amour de village [5] ; Robin y apporte un élément de rusticité, face à une partenaire plus délicate. Veut-il la caresser ? Il la serre au risque de l'écraser. Quand il l'embrasse, c'est devant tous et sans précaution, au point qu'il la mord ! Et voici son excuse :

> Je cuidai tenir un froumage,
> Si te senti je tenre et mole [6].

Quant à Marion, elle prend quelque relief parmi ces personnages rustiques. La fraîcheur de son amour pour Robin est indéniable : un sentiment simple, mais profond, s'extériorise à tout propos sans recul, sans fausse honte. Elle est si fière de son amoureux ! Elle est heureuse et chante son bonheur ; avec une belle candeur, elle répond d'emblée au

---

2. V. 485-486, 734, par exemple.
3. V. 354-357.
4. Voir : v. 133-137, 364-377, 416-425.
5. Voici un dialogue typique à cet égard (v. 718-720) :
   « ROBIN. — Or di, m'aimes tu de boin cuer ?
   MARION. — Oie, voir.
   ROBIN. —   Trés grans merchis, suer,
                De chou que tu ne t'en escuses. »
6. V. 551-552.

chevalier qui l'interroge sur le refrain d'amour qu'elle entonne si volontiers :

> Biaus sire, il i a bien pour coi ;
> Car j'ain Robinet, et il moi,
> Et bien m'a moustré qu'il m'a kiere :
> Donné m'a cheste panetiere,
> Cheste houlete et chest coutel [7].

On la sent seulement un peu réticente devant les balourdises du maladroit Robin. Face aux avances du noble séducteur, son ignorance et sa candeur finissent par lui être un sûr rempart [8]. A propos des oiseaux que chasse le seigneur, du faucon qu'il tient sur son poing, Marion montre une grande ignorance des mœurs de la chasse, à laquelle s'adonne si volontiers la noblesse : elle n'est qu'une paysanne, dont les bévues devaient réjouir le public. Mais le chevalier, devant tant de bêtise, est déjà gêné dans son entreprise [9]. De la même manière, son indéfectible fidélité à Robin s'exprime en termes si naïfs, si entiers, qu'elle aura raison de l'obstination du seigneur. Que faire avec une fille qui avoue préférer à « l'oisel de rivière » qu'il lui propose, fromage gras, pain et bonnes pommes que Robin sait lui donner en cadeau [10] ? Le chevalier abandonne sa poursuite :

> Chertes, voirement sui je beste
> Quant a cheste beste m'areste [11] !

Grâce à Marion, le dramaturge arrageois a su étendre et nuancer l'analyse de la naïveté de ses campagnards.

Un siècle plus tard, en 1395, *L'Estoire de Griseldis* [12] confie à deux bergers, compagnons de bergerie de la pauvre et noble Griseldis, le soin d'adoucir l'atmosphère sévère de ce drame. Dans une première grande scène [13], les deux amis « avec chaperons, houlettes et brebis, devisent assis face à face, chacun d'un côté d'un arbre » [14] : ils sont fiers de la récente ascension de Griseldis, qui rejaillit en quelque sorte sur leur état ; mais, tandis que le premier se contente d'une rêverie bucolique à sa portée [15], le second, Rifflart, développe une ambition démesurée et ridicule, en voulant abandonner la houlette pour les armes. Il fera la guerre et se couvrira de gloire :

---

7. V. 20-24.
8. Il est peut-être excessif de prêter à la bergère la volonté de railler en forçant sa simplicité.
9. V. 45-46.
10. Voir les vers 383-389.
11. V. 395-396.
12. Edition M. Roques, Genève-Paris, 1957.
13. V. 1091-1236.
14. Description d'une illustration, p. 43.
15. V. 1105-1108.

> Maiz or me vouldray je avancier
> Aux armes, et en guerre aler
> Bien brief, qui qu'en doye parler ;
> Si esprouveray ma proesce,
> Et s'en mon cuer a gentillesce,
> L'en le verra bien en la guerre [16].

Et le fanraron [17] pousse son rêve aux limites de l'outrance :

> Je yray conquerre en Sirye
> Ou ailleurs terre et hault renon,
> Ainsi com fist pieça Jason [18].

Le rêve du « fol hardi » ne durera guère : il préférera, selon les conseils de son compagnon, s'employer à être « bergier amoureux ». Et ce sont eux, redevenus deux simples et plaisants bergers, qui commenteront le dernier coup de théâtre et fermeront la pièce, gens de village dont l'un a pu caresser un instant le rêve d'une ambition naïve. Nous aurons encore l'occasion de rencontrer de ces pacifiques paysans, avides d'une gloire guerrière sans rapport avec leur nature !

Les personnages que nous allons maintenant aborder s'inscrivent dans une tradition ancienne, au départ de laquelle se trouve le texte de saint Luc (2, 15) : « Pastores loquebantur ad invicem », mis rapidement sur la scène par le drame liturgique. C'est à l'intérieur de ce que G. Cohen appelle le *cycle de Noël* [19] qu'apparurent les premiers bergers de notre théâtre. Ces scènes subirent un « développement organique » [20] : les bergers finirent par acquérir une vie scénique propre, indépendante de leur rôle dans l'histoire sacrée. Un type théâtral s'est ainsi constitué, qui est un type de naïf. En effet, les bergeries de nos mystères présentent des êtres encore proches de la nature, qui manifestent cette simplicité ou cette grossièreté originelles dans leurs conversations, leurs occupations, leurs jeux ou leurs disputes.

Ce sont donc surtout [21] les pièces qui ont trait aux épisodes du Nouveau Testament, et particulièrement celles qui retracent la nativité

---

16. V. 1121-1126.
17. Voir v. 1131-1132 :
> « Mais il n'y a deable en enfer
> Si hardi comme je seray. »
18. V. 1190-1192.
19. *Anthologie du drame liturgique en France au Moyen Age*, Paris, 1955, p. 107-235.
20. Selon M. Wilmotte, *L'Elément comique dans le théâtre religieux*, dans *Etudes critiques sur la tradition littéraire française*, Paris, 1909, p. 93-126.
21. On rencontre quelques pastorales çà et là dans les pièces consacrées à l'Ancien Testament ou aux saints, conventionnelles comme dans *La Vie de Madame sainte Barbe* en deux journées, ou franchement grossières comme dans *La Pacience de Job*.

du Christ, qui verront le développement des pastorales. Par rapport aux épisodes identiques du drame liturgique, ces pastorales, tout en gardant le noyau central des faits consignés dans les textes sacrés, voient certaines scènes adventices se développer et devenir quasiment traditionnelles. Là où les pièces latines ne nous présentaient les bergers qu'au moment où l'ange venait leur annoncer la bonne nouvelle, se contentant de les faire aller tout simplement à la crèche et de leur faire prononcer quelque pieuse louange, les fatistes nous les dépeignent, par exemple, en train de préparer leurs dons à l'enfant-Dieu [22], de marcher vers la crèche, ou de lâcher quelque balourdise devant Marie ; parfois nous les voyons sur la route du retour. Au-delà même de ces scènes, les auteurs de mystères tendent à nous montrer la vie et les mœurs des bergers, en quelques tableaux typiques. Mais à chaque pas guette la convention, tant les bergers sont habitués à chanter le bonheur de leur vie simple et sans trouble, passée en réjouissances rustiques et en œillades aux pastourelles. Nul mieux qu'Arnoul Gréban n'a su faire sentir, dans le même épisode [23], ce décalage toujours possible entre le lyrisme bucolique et la réalité, quand il s'agit de mettre des bergers en scène. La pastorale qui précède la Nativité, dans la première journée de sa *Passion,* est remarquable à cet égard, car la vie des bergers y est successivement présentée sous deux éclairages : l'aspect conventionnel, dépeint en mètres variés, et l'aspect réaliste et pittoresque, sur un rythme octosyllabique. Ysembert loue la vie traditionnelle des bergers :

> En gardant leurs berbïetes,
> 　　pastours ont bon temps.
> En gardant leurs berbïetes,
> 　　ils jouent de leurs musettes,
> 　　　liéz et esbatans.
> La dient leurs chançonnetes
> 　　et les doulces bergeretes
> 　　　qui sont bien chantans,
> 　　cueillent herbes bien sentens
> 　　　et belles fleurettes.
> Qui pourroit vivre cent ans
> 　　et veoir telz baguetes !
> Pastours ont bon temps [24].

---

22. Le premier *Mystère de la Nativité* publié par G. Cohen (*Mystères et moralités du manuscrit 617 de Chantilly,* Paris, 1920, p. 3 sqq.) montre bien — à l'égal de beaucoup d'autres, plus tardifs — la fraîcheur de ces bergers qui préparent et offrent leurs simples dons campagnards. Voir aussi la foi naïve des bergers, dans les scènes de la naissance du Christ du *Mystère de la conception, nativité, mariage et annonciation de la benoîte Vierge Marie, avec la nativité de Jésus-Christ et son enfance.*

23. *Le Mystère de la Passion,* éd. Jodogne, v. 4620-4835.

24. V. 4670-4682.

Mais son camarade Aloris le ramène au réel : après la haute poésie, l'irréalité, c'est le retour à la besogne et aux soucis quotidiens :

> Nous chantons cy noz serventois,
> mais je n'y vois bergier qui soigne
> d'aler exploicter sa besoigne
> et metre ses brebiz a point [25].

Et toute la scène qui suit, d'un vrai réalisme, a pour centre le personnage de Rifflart, dont nous reparlerons. D'une manière générale, on peut affirmer que les traits conventionnels sont rares et qu'à travers des tableaux réalistes [26], parfois agrémentés de touches fort crues, les mystères nous présentent bien, avec les bergers, de grossiers rustres. Prenons-en pour seuls témoins deux bergers de la *Nativité* publiée par R. Whittredge [27]. Voici le genre des plaisanteries dont ils sont coutumiers :

> GOBELIN. — Donne moy denrree [28] de tripes
> Et je te donrray de mon pain.
> RIFFLART. — Le veul tu ?
> GOBELIN. —   Oïl.
> RIFFLART. —   Ten ta main [29].

Et l'autre de lui tordre la main et de le frapper ! C'est que pour eux, la nourriture est de grande importance. Par ailleurs, ils trouvent le moyen de se disputer jusque devant la crèche, pour savoir qui a vu l'enfant le premier [30] !

Pour finir, nous voudrions mettre en valeur deux de ces personnages naïfs. Le Rifflart du *Mystère de la Passion* de Gréban montre d'autant plus sa rusticité qu'il est bavard et hâbleur. Dès la première partie de la scène que nous avons mentionnée, ses interventions ont pour effet de tirer le dialogue déjà vers le bas, vers cette réalité à laquelle Aloris rappelle ses camarades. Il tient ensuite à accaparer toute l'attention de ses compagnons par sa hâte à parler, par une vantardise bien commune, enfin par le récit original qu'il fait de son déplacement à Bethléem. La saveur burlesque du passage [31] vient de la grossière ignorance de Rifflart. A Bethléem, où il se rendait pour vendre des agneaux, il voit, sans le comprendre, le déroulement du recensement ordonné par l'empereur de

---

25. V. 4718-4721.
26. Ainsi, dans la *Passion de Semur,* les épouses des bergers partis à la crèche ont dû rester seules ; au retour des maris, l'accueil est peu amène (v. 2759-2760 ou v. 2793, par exemple). Voir aussi les jeux grossiers des bergers de Mercadé (première journée de la *Passion*, éd. J.-M. Richard, v. 1624 sqq.).
27. *La Nativité, Le Jeu des Trois Rois, Two plays from Ms 1131 of the Bibl. Sainte-Geneviève, Paris,* 1944.
28. Quantité contenue dans un panier.
29. V. 1886-1888.
30. V. 1963 sqq.
31. V. 4770 sqq.

Rome : grande nouveauté pour le badaud qui ne sait nommer les différents personnages en fonction, scribes et sergent, et les décrit à l'aide
d'une sotte comparaison ou d'une périphrase embarrassée. Dans le passage le plus haut en couleur, Rifflart rapporte tel quel, en l'agrémentant
d'incises [32], le dialogue qu'il tint avec ceux qu'il appelle les gros « mâche-
freins » chargés du recensement :

> « Dont es tu ? » dist l'un bien habille.
> — « Je suis, ce dis je, de no ville,
> tout nourry de pois et de lart. »
> — « Et comment te nomme on ? » — « Rifflart,
> ce dis je. Ne vous en chault ? Non ? »
> Mais ilz rirent tant de ce nom
> qu'oncques folz n'eurent si grant ris.
> Lors me mirent en leurs escrips
> et me renvoyerent sans boire [33].

Le comique de ces vers jaillit à la fois de la maladresse de la narration et
de l'épaisse niaiserie de Rifflart, que lui-même fait éclater par son récit
trop transparent ; le naïf ne soupçonne pas à quel point il donne de lui
une image ridicule et grossière !

Nous trouvons mieux encore dans le *Mystère de l'incarnation et
nativité de notre sauveur et rédempteur Jésus-Christ* [34] : sous les traits
d'Anathot se trouvent fondus le personnage du berger et celui du jeune
niais. Abigaïl [35] veut envoyer son fils Anathot faire son apprentissage de
berger auprès des autres pasteurs ; celui-ci, dès le départ, montre sa peur
puérile :

> Et se ung leu [36] en chemin je treuve,
> Quelz nouvelles [37] ?

Il se met donc en route, malgré sa peur, tandis que, de son côté, la troupe
des joyeux pasteurs s'amuse, animée par un facétieux personnage : Ludin,
« fol pasteur ». Anathot le « pou soutil », lui, s'est perdu ; et il se lamente :

> Je m'esbahis bien que je n'o
> Ou que je ne voy l'assemblee
> Que debvoye trouver assemblee [...].
> Ne povoit prendre le loisir
> Ma mere d'au lieu m'amener [38] ?

---

32. Selon une habitude qui sera celle des rustres jusqu'au xviie siècle.
33. V. 4795-4803.
34. Edition P. Le Verdier, Rouen, 1884-1886, 3 vol. (les pastorales se trouvent
à la deuxième journée, t. III).
35. « Femme de villaige, mere du pasteur nyays », dit une rubrique.
36. Loup.
37. P. 77.
38. P. 119-120.

Enfin parvenu auprès de ses compagnons, Anathot joue le rôle du benêt de la troupe par sa peur du loup, ses maladresses et ses reparties sottes. Sachant que c'est au facétieux Ludin qu'est confiée l'éducation d'Anathot, on devine quelles scènes plaisantes sont jouées ! Veut-il lui apprendre l'art de la musique ? Anathot s'obstine à équivoquer, confondant *l'art* avec le *lard* « de pourcel » ou avec la forme du verbe *ardre*. Il est, à la vérité, mieux à son affaire en face de ses provisions de bouche [39]. Notre couple du facétieux et du benêt donne aussi l'occasion d'une scène d'un beau comique de gestes [40] : Ludin et Anathot devant transporter une « loge » en feuillage, Ludin se place derrière, promet de pousser et demande à son camarade placé devant de tirer. Anathot finira tout de même par se rendre compte que Ludin le joue ! Ignorance, bêtise, naïveté font d'Anathot une belle victime, que n'épargnent pas même les animaux de la crèche : ils acceptent le foin que leur offre Ludin, et refusent celui du malheureux Anathot !

Proche du berger, le personnage du vilain est aussi dans les mystères le centre de scènes simplement plaisantes ou d'un comique plus outré. Le *rusticus* se contente parfois de vivre devant nous son existence pénible : simplicité sympathique et bon sens de personnages saisis en pleine pâte villageoise [41] ; rien de naïf en eux. Souvent, par contre, nous rencontrons des portraits caricaturaux du paysan, être fruste, fort grossier, parfois niais ou faible d'esprit. La naïveté serait ici la qualité de l'homme ravalé et maintenu au degré le plus élémentaire de la nature, voisin de l'animalité. Nos pères en riaient fort, et le rôle était à ce point devenu traditionnel qu'il n'était parfois pas écrit.

Le laboureur sourd de la *Vie de Madame sainte Marguerite, vierge et martyre* [42] se trouve, à deux reprises, avoir affaire à un messager qui lui demande son chemin. La surdité, doublée d'une évidente niaiserie — on la voit dans des suites de propos dépourvues de toute logique —, produit tout le sel de ces passages ; quand on lui dit « patriarche », il comprend « crèche », « bois », il répond « oyes » :

> Le messager. — Je te dy que sans plus attendre
> Tu me dise où est la nourrisse
> Du patriarche nostre sire,
> Ou, certes, tu auras du bois.
> Le laboureur. — Nenny, je ne vends point mes oyes [43].

---

39. Voir p. 161-168.
40. P. 192-201.
41. Voir le « charruyer » (celui qui tient la charrue) ou Didier le bouvier, dans *La Vie et passion de Monseigneur saint Didier* de G. Flamang.
42. B.N., Rés. Yf 4690.
43. P. 11.

On comprend que le messager excédé finisse par brandir le bâton [44] et par battre « ce folastre assoty » ! Jean Dufour [45], paysan des environs de Metz, a beau n'être pas sourd, ses bêtises font rire. Au messager qui lui demande le chemin de Rome notre vigneron commence par répondre à côté, se lançant dans des digressions diverses sur son existence, sa jeunesse, ses malheurs [46] ; puis, se décidant à répondre au messager, il l'envoie dans toutes les directions sur le territoire français ! Battu, il rentre chez lui et se plaint à son épouse ; c'est l'occasion de scènes truculentes, dont nous retrouvons l'équivalent dans la *Passion de Semur* [47]. En effet, parmi les rôles grotesques qui enrichissent ce mystère, le Rusticus et sa femme viennent en bonne place. Seul trait saillant de ces personnages : une grossièreté, comme dit E. Roy, « qui ne laisse plus grand chose à désirer ». Le couple, par exemple, se dispute à propos de la nourriture qui « sant la merde » ; voici deux répliques :

> RUSTICUS. — Faisons paix, cy me vien baisier,
>   Ma douce amie Blancheflour.
> UXOR RUSTICI. — He Dieu, la trespute dolour !
>   Tu pux la merde comme ung loup [48].

On voit ce qui caractérise ces personnages de vilains et de bergers : tous mal dégrossis, ils restent proches de ce que la nature a de plus rudimentaire, de plus brutal. A peine dégagés de la matière originelle, ils sont grossiers dans leurs préoccupations, leurs sentiments, leurs jeux, leurs conversations ; leur esprit épais se manifeste de multiples façons devant un public qui rit de ces paysans auxquels il se croit supérieur. Dans cette galerie se dégagent quelques personnages chez qui la naïveté est plus fouillée. Chez les garçons, Robin, bon modèle des amoureux rustiques,

---

44. Ce qui provoque une amusante réplique du sourd, lequel ne saisit pas la destination du bâton brandi (p. 114) :
> « Vous avez un moult beau baston,
> Je croy que c'est pour vous deffendre,
> Dictes : le voulez vous point vendre,
> Il sera bon par sainct Thomas,
> A tuer trestous les lymas
> Qui gastent tout nostre courtry. »

45. *Mystère de saint Clément*, p.p. Ch. Abel, Metz, 1861.

46. P. ex. (p. 16) :
> « Par Dieu ! j'ai à non Jehan Dufour
> Le plus méchant de nostre ville ;
> Se ma femme heust esté soustille
> Nous heussions esté riches gens. »

47. *In* E. Roy, *Le Mystère de la Passion en France du* XIVᵉ *au* XVIᵉ *siècle* (*Revue bourguignonne*, t. XIII, 1903 et t. XIV, 1904).

48. V. 2262-2265. — On pourrait compléter la liste de tels personnages avec le semeur du *Jeu des Trois Rois*, le vilain du *Mystère de saint Sébastien* en deux journées (éd. L.R. Mills), affublé d'une femme aussi grossière que lui, Gason et le Rustique de *La Pacience de Job*, le vilain de l'*Histoire des Trois Rois* de J. d'Abondance...

Rifflart, le campagnard hâbleur mais sot, ridiculisé quand il affronte la vie sociale, Anathot le jeune imbécile qui sert de proie aux malins, demeurent des personnages plus marquants. Comment oublier aussi que Marion, la seule jeune fille qui se détache de ce groupe, si elle fait preuve parfois d'une simplicité bien niaise, manifeste, dans son amour pour Robin, cette totale transparence, cette belle candeur dont un Marivaux gardera la nostalgie ?

II. — Les tromperies.

Très tôt dans notre théâtre, les auberges sont présentées comme un haut lieu de la tromperie : aubergistes retors et gueux malhonnêtes s'y affrontent dans cette relation entre le client et le marchand qui comporte en puissance des conduites de naïveté. Il suffit de relire le *Jeu de saint Nicolas* de Jean Bodel [1], composé dans les premières années du XIIIᵉ siècle ; les scènes de taverne, truculentes, y abondent. Chacun cherche à tricher, à tromper son partenaire en prenant sa méfiance en défaut, tout en se tenant strictement sur ses gardes. Au moment de payer, Aubéron ou les voleurs disputent, atermoient, tâchent de faire régler le pot de vin par un autre ; l'hôte, qui mélange les vins à l'occasion, doit sans cesse revenir à la charge. Sa méfiance s'est pourtant émoussée quand il accepte d'être plus tard payé sur un mirifique butin que convoitent les voleurs, et que Rasoir fait miroiter [2] :

> Un poi de deniers vous devons,
> Mais ailleurs le gaaing savons,
> Ou mout sera grans li conqués,
> Car nous prenderons tout a fés,
> La ou nous savons, le tresor.
> De grans plates d'argent et d'or
> Avra chascuns son col carchiet [3].

En fait, à la suite de l'intervention miraculeuse de saint Nicolas, les larrons doivent remettre à sa place le trésor volé. Pour tout paiement, le tavernier se contentera des méchantes guenilles qu'il a prises en gage. Sans doute notre tavernier est-il le naïf de l'affaire. Mais, comme ses compères du théâtre ultérieur, s'il reste à la merci d'une clientèle malhonnête qui le paie de chansons, on ne peut pas dire que la naïveté soit inscrite dans sa nature ou dans son état ; il est méfiant par profession, et d'ailleurs prêt à tromper. Une faille dans son attention suffit à faire de lui la dupe d'un plus malin dans une situation donnée.

---

1. Edition A. Jeanroy, Paris, 1967.
2. V. 967-973.
3. Chargé.

Suivons un instant la tradition des épisodes comiques qui mettent en scène un aveugle et son valet [4]. Au départ, une petite pièce comique (XIIIᵉ siècle), farce avant le nom [5], *Le Garçon et l'aveugle* [6] ; les étapes de la mise en confiance de l'infirme par son valet (« li garçons ») — et donc le développement de la naïveté — y sont particulièrement visibles. Comme le garçon sait d'emblée s'introduire auprès de l'aveugle ! Alors que ce dernier allait tomber, il le guide, s'attirant sa reconnaissance :

> Pour Dieu, je croi qu'il soit mout bers.
> Viengne avant ! a lui veull parler [7].

Très vite, les deux compères se lient, l'intimité s'installe ; Jehanet mendie pour son maître, tandis que celui-ci avoue qu'il possède bien des deniers rassemblés. Flattant la paillardise de l'aveugle, Jehanet propose d'arranger une bonne partie. Désormais, l'aveugle ne ressent plus aucune méfiance [8]. Le valet peut donc le battre en contrefaisant sa voix : l'aveugle appelle son Jehanet au secours ; et Jehanet s'attache un peu plus son maître en soignant les blessures qu'il vient de faire ! C'est finalement sans difficulté que l'aveugle laisse son pécule à Jehanet pour préparer cette bonne partie [9]. Il est évidemment volé et berné.

Avec des variations et des développements nouveaux, on retrouve ce type de scènes dans les passages comiques qui farcissent les mystères, ou même dans les farces [10] ; il s'agit toujours de l'affrontement entre un aveugle et son serviteur, où l'infirme a d'ordinaire le dessous [11]. Ce personnage grossier, qui, loin de susciter la pitié, faisait rire le public médiéval, se fait accompagner dans sa vie de mendicité par un valet aussi coquin que lui. L'association ne va pas sans difficultés, soit que le valet convoite les écus que garde son maître, soit que le maître refuse de payer les gages de son serviteur. Nous le voyons : les rapports entre les deux personnages sont marqués au coin de la méfiance et tendent à la trompe-

---

4. Voir G. Cohen, *La Scène de l'aveugle et de son valet,* article de 1912 repris dans ses *Etudes d'histoire du théâtre en France,* 1956, chap. VII.

5. Voir O. Jodogne, *La Farce et les plus anciennes farces françaises (Mélanges Lebègue,* 1969).

6. Edition M. Roques, Paris, 1921.

7. V. 25-26.

8. Voir v. 113-115 :

> « Hanet, pour tant que tu as dit
> partiras a trestout le mien
> d'or en avant, je te di bien. »

9. Sa confiance est plus grande que jamais (v. 223 ou 231).

10. Voyez la farce du *Goguelu,* qu'on peut dater des dernières années du XVᵉ siècle, et la *Farce de l'aveugle et de son valet tort,* due à François Briand (1512).

11. Pas toujours ! Dans *Le Mystère de saint Bernard de Menthon,* l'aveugle miraculeusement guéri refuse de payer les gages de son valet qu'il prétend ne pas reconnaître, puisqu'il ne l'a jamais vu (éd. Lecoy de La Marche, Paris, 1888, v. 4059 sqq.).

rie. Voilà une première raison pour ne pas considérer les aveugles comme de vrais naïfs. En outre, les duperies des valets sont fondées sur la cécité des maîtres ; bien souvent le valet utilise la ruse du changement de voix pour faire croire à l'existence d'un tiers fictif. Comment, dès lors, rendre l'aveugle responsable de ses erreurs sur la réalité ? Plus qu'un naïf, l'aveugle, peu recommandable au demeurant, est une dupe toute désignée.

Les aveugles et leurs valets, comme les aubergistes et leurs clients, témoignent bien d'un climat de conflits et de tromperies, d'un monde où la fourberie est de règle ; entre eux comme avec un maître ou un hôte, les coquins cherchent à duper. Cela demeurera la loi de l'univers comique. Mais les dupes ne sont pas d'innocentes victimes ; la partie serrée qui se joue, se joue entre trompeurs : des filous s'attaquent mutuellement. Il reste que la victime de la situation commet inévitablement un certain nombre d'erreurs sur la réalité, manque d'attention, de prudence, tous défauts qui lui font trouver tout à fait les comportements du naïf.

Avec Courtois nous rencontrons une indiscutable naïveté. C'est à la taverne que se déroule la plus grande partie de l'action du *Courtois d'Arras* [12]. Le cadre est connu ; ajoutons deux inquiétantes personnes destinées à jouer un rôle important dans la tromperie : les catins Pourette et Manchevaire. De prime arrivée, le jeune homme, tout fier d'être possesseur de la part d'héritage qu'il vient de réclamer à son père, entend être royalement traité à l'auberge. Justement les deux filles sont là, qui ne se montrent pas avares de flatteries intéressées :

> Car pleüst or a saint Remi
> Que j'eüsse aussi biel ami [13] !

En effet, elles ont rapidement vu à quel benêt elles avaient affaire : Courtois ne connaît rien de la vie, de ce monde interlope des auberges ; il y sera roulé [14] :

> Nous avons trové un foubiert [15],
> si l'ai en covent a amer,
> mais ains je cuic bien entamer
> le borse k'il a si huvee [16].

Le béjaune est une proie facile ; flatté par ces dames, il se glorifie de son argent :

> Si tieng je por fole ki cuide
> que je parole a borse vuide [17].

---

12. Jeu du xiiie siècle édité par E. Faral, Paris, 1961.
13. V. 165-166.
14. V. 258-261.
15. Sot, nigaud.
16. Enflée.
17. V. 181-182.

Ravi par les câlineries qu'on ne lui épargne pas, il commande à souper sur l'herbe, voulant se montrer généreux. Il est désormais totalement en confiance, au point qu'il laissera aux filles la garde de ses deniers :

> Je les aim mieus en vostre sain
> que je les mesisse en mal preu [18].

De fait, Pourette et Manchevaire sauront en profiter : le naïf ne reverra ni les deniers, ni les filles ! Et comme il faut bien payer l'aubergiste, il ne reste plus au dadais qu'à se dépouiller de ses vêtements et à décamper, en prenant conscience de sa mésaventure :

> Je ne sai se je fis que fous,
> mais j'avoie soissante sols
> humain [19] a mon braier [20] loiés,
> ains Porre ne mes a laissiés,
> ains les prist et le borse avuec [21].

Parfait personnage de naïf, Courtois est un type comique : le blanc-bec s'est fait empaumer par deux rouées ; il perd du même coup sa bourse et ses illusions :

> Comme je suis del tout engingniés [22] !

Mais, si plus de la moitié de la pièce est consacrée aux scènes d'auberge [23], où l'auteur s'est soucié de nous présenter, avec un fort réalisme, « une histoire de son temps et de son milieu », il ne faut pas oublier le sens général de la pièce, qui reste une « représentation figurée de l'Evangile » [24], une transposition de la parabole de l'enfant prodigue. Ainsi, naïf comique, dupé à la taverne, Courtois peut être dit naïf en un autre sens : il a tort de vouloir quitter le foyer familial en réclamant sa part d'héritage. « Si lai ester ta fole entente » [25], lui demande son père ; mais en vain. Courtois fera son expérience, à ses dépens. Devenu gardien de cochons, il regrettera amèrement de n'avoir pas suivi les conseils paternels :

> Qanke mes pere dist, trestot tenoie a fable :
> or avrai sovent fain qant il sera a table [26].

---

18. V. 324-325.
19. Ce matin.
20. Ceinture.
21. V. 383-387.
22. V. 427.
23. V. 91 à 430.
24. P. Groult, *Le Drame biblique dans « Courtois d'Arras »* (*Mélanges Cohen*, 1950).
25. V. 51.
26. V. 443-444.

Or, cette dernière sorte de naïveté n'a plus rien de comique ; elle vise purement et simplement à édifier le spectateur. Et c'est avec juste raison que l'on peut avancer que notre *Jeu* annonce les moralités [27].

III. — Conclusion.

Moisson éparpillée, sans doute, due à la diversité de l'origine et de la facture des pièces envisagées. Elle établit néanmoins que les trois premiers siècles d'activité théâtrale en langue commune ont modelé quelques types bien nets de naïfs : le paysan proche de la nature brute, le benêt campagnard, l'ingénue de village, le béjaune sans expérience sont de ceux-là. Du même coup, certains traits et comportements de naïveté se trouvent déjà dessinés : du côté des paysans incultes, la difficulté à se dégager de l'emprise d'une nature informe, l'ignorance ou la niaiserie, mais aussi la candeur et la transparence du cœur ; du côté des dupes, l'inattention, l'irréflexion, la confiance trop vite donnée. Cet acquis théâtral ne sera jamais abandonné. Notre personnage du naïf a su divertir les spectateurs du plus ancien théâtre français ; il n'a pas fini de faire rire leurs successeurs.

---

27. Avant celles-ci, *Le Miracle de Théophile* et les *Miracles de Notre-Dame* du manuscrit Cangé offrent toute une galerie de pécheurs, naïvement révoltés contre Dieu, qui auront à se repentir de leur péché et de leur révolte : personnages dramatiques édifiants, mais qui ne suscitent pas le rire.

PREMIÈRE PARTIE

L'ÉPANOUISSEMENT DU NAÏF DANS LE THÉATRE PROFANE ET COMIQUE DES XVe ET XVIe SIÈCLES

Chapitre II

Les monologues dramatiques

Le caractère théâtral des monologues paraît de nos jours suffisamment établi [1]. Le récitant n'est plus un conteur. Seul devant un public, il incarne un personnage auquel il s'identifie ; il est devenu un acteur qui imite et parodie la réalité. On ne saurait trop souligner la maîtrise technique de tels acteurs, qui n'est pas sans rappeler celle des jongleurs. Ce théâtre à une voix exclut sans doute le spectacle présent d'une action, d'un conflit de plusieurs forces, nécessaires à l'avènement du véritable personnage dramatique ; les monologues que nous étudierons ne présentent que des actions passées [2], rapportées sous la forme d'un récit par cet acteur unique, qui narre ses aventures à la première personne. Toutefois, le personnage qui se raconte devant nous peut être étudié d'un point de vue strictement psychologique. On distingue en lui des traits de caractère, d'après ce qu'il raconte et la manière dont il le raconte : ses réactions à l'événement, la présentation qu'il en donne sont aussi importantes que l'événement lui-même.

Or, la naïveté des personnages que représentent et rendent ridicules les acteurs des monologues est souvent éclatante et nettement soulignée. On s'en rendra compte avec les amoureux, les soldats fanfarons et les villageois.

---

1. Voir, en dernier lieu, la thèse de J.-Cl. Aubailly, *Le Monologue, le dialogue et la sottie ; essai sur quelques genres dramatiques de la fin du Moyen Age et du début du XVIe siècle*, 1976.
2. *Le Franc Archer de Bagnolet*, dans sa deuxième partie, constitue une exception sur laquelle nous reviendrons.

I. — Les amoureux.

Les monologues d'amoureux ont d'ordinaire pour héros les jeunes
galants du temps, aussi vantards, dans leur ordre, que les soldats fanfarons. Ces chauds amants, surpris quand ils s'apprêtent à mener joyeux
train avec leur dame, sont des victimes naïves. Ils nous racontent, jusqu'à
l'insatisfaction finale de leur désir, la cascade des déboires qui les atteignent et les anéantissent.

On rencontre ces personnages dans une série de monologues qui
semblent tous dériver du *Monologue Coquillart* ou *Monologue de la botte
de foin* de Guillaume Coquillart [3]. En scène, un galant, favori des femmes, un mignon :

> Je suis tousjours gent et mignot,
> Sus mon cheval qui va le trot [4].

Il a repéré, pour en faire sa mie, une femme aussi agréable que son mari
est déplaisant, maussade et sot. Menant bon train son « pourchas » [5], il
finit par être reçu dans la chambre de la dame. On bavarde ; il voudrait
plus substantiel : « J'en cuidoye jouyr a ma poste » [6] ; mais la dame fait
des difficultés. Quand, tout à coup,

> j'ouyz ung bruit que on demenoit,
> Dont incontinent je glosay
> Que s'estoit Monsieur qui venoit [7].

Finies les douces rêveries : le voilà caché dans une botte de foin, au
grenier, où ses mésaventures ne sont pas achevées. Il ne pourra quitter
sa cachette qu'au petit jour, après le départ du mari, qui abandonne le
logis pour huit jours, à ce qu'annonce la femme avec « ung soubzris »
qui est proche de la risée. Après cette mauvaise nuit, le galant fera-t-il
une nouvelle tentative ? En tout cas, le monologue a été imité, et les
pièces considérées furent faussement attribuées à Coquillart : manière
de consacrer le succès du *Monologue de la botte de foin* ! Ainsi du *Monologue du puits* [8], où paraît le même personnage, dans une suite d'aventures également fâcheuses. Alors qu'il allait toucher au but, couché près
de la dame, le retour du mari l'oblige à se réfugier dans le puits, dont il
ne sortira qu'à la faveur d'un seau :

---

3. *Œuvres* de Coquillart, éd. M. J. Freeman, Paris-Genève, 1975, p. 272-299.
4. V. 33-34.
5. Entremêlé parfois d'aventures extérieures peu plaisantes pour lui. Entre
le moment où lui est donné le rendez-vous et la rencontre, il se promène en cara-
colant dans la ville ; il y sera moqué et devra fuir.
6. V. 307.
7. V. 317-319.
8. *Œuvres* de Coquillart, *op. cit.*, p. 300-316.

Et de saillir, pour abreger,
Tout fin nu en belle chemise.
De mes abbis, sans plus parler,
Ne faisoie compte ne mise [9].

Plus malchanceux encore que son camarade, il finit son aventure dans les bras des sergents qui le conduisent au Châtelet.

Dégageons nettement la naïveté de ces galants [10]. Une folle présomption — dont les nasardes qu'ils essuient ne les guérissent pas — les rend trop sûrs d'eux-mêmes et de leur réussite auprès des femmes ; en outre, leur désir ne peut que renforcer la totale imprévoyance de ces vaniteux concernant les obstacles éventuels à la satisfaction. Le retour du mari les laisse sans défense. L'échec de l'entreprise amoureuse marque comme la revanche de la réalité sur ces êtres trop confiants et dont les projets, mal assurés, se perdent dans le ridicule [11].

Chez Coquillart, les femmes sont moins cruelles que la bergère de *La Fortune d'amour* [12]. La coquette a donné un rendez-vous à son amoureux ; il s'y rend, par une froide nuit d'hiver, et n'y trouve point l'aimée qui est restée à l'abri chez elle. Il tente de la surprendre au logis, mais elle le force à se cacher au milieu des oies. Au bruit, le père de la fille accourt, avec chiens et valets. Notre berger n'a plus qu'à fuir, tombant en cours de route dans un piège où il est bientôt rejoint par un loup ! Il ne sera délivré que plus tard, après mille et une avanies. Quand il formule, en conclusion de sa mésaventure, ce conseil :

Que nul de vous en ces femelles
N'y mette trop sa fantaisie [13],

il cerne bien sa naïveté ; en se laissant constamment guider par sa passion, en faisant confiance à sa bergère, l'amoureux a agi avec irréflexion et témérité.

---

9. V. 333-336.

10. Les deux pièces suivantes appartiennent au même cycle et appellent les mêmes remarques : *Monologue de l'amoureux, qui, en poursuivant ses amours, demeura trois heures à une fenêtre pendu par les bras et enfin se coucha dedans un bain, cuidant se coucher en une couchette,* et *Monologue de l'amoureux qui par fortune fut pendu à une gouttière, puis à une perche, sous les robes d'une femme, et se sauva dedans le coffre aux hardes.*

11. Qu'on ne croie pas que les malheureuses expériences des galants puissent servir de leçon aux plus jeunes ! Le *Dialogue de Beaucoup Voir et Joyeux Soudain* (Trepperel, II, p. 11 sqq.) met en scène un galant âgé, blanchi sous le harnais de la galanterie, qui ne parvient pas à refroidir la juvénile ardeur d'un naïf tout gonflé de vanité et de désirs.

12. Malgré le sous-titre (*Sermon joyeulx d'ung Verd Galant...*), il s'agit bien d'un monologue. Nous nous référons aux analyses et aux citations qu'en donne E. Picot dans la *Romania*, t. XVI, 1887, p. 475-477.

13. V. 369-370.

II. — Les soldats fanfarons.

Pour comparable qu'il soit avec le traditionnel *miles gloriosus*, ce type littéraire des xv⁰ et xvi⁰ siècles ne doit rien à la comédie latine. Il est né de la satire d'une réalité sociale, exactement datée ; cette satire vise certains corps d'infanterie. Au premier chef, le rire s'attaque aux francs archers, créés en 1448, supprimés en beaucoup de lieux à partir de 1479, puis rétablis sous François Iᵉʳ. Recrutés dans le peuple et équipés par lui, ces soldats incompétents, mais insolents et pillards, s'attirèrent vite sa rancœur. Mais la raillerie s'étendit à toute l'infanterie, que les textes comiques montrent composée de poltrons. Le plus ancien monologue consacré au soldat fanfaron qui nous soit parvenu est *Le Franc Archier de Baignollet,* petit chef-d'œuvre souvent imité ; il est inséparable des deux autres monologues du même cycle, plus tardifs : *Le Franc-Archier de Cherré* et *Le Pionnier de Seurdre* [1]. Le succès du personnage explique aisément son passage dans un certain nombre de farces [2]. Etant donné l'évidente communauté des types présentés dans deux genres différents, nous avons choisi d'analyser ensemble tous ces personnages. On nous pardonnera cette légère entorse à la rigueur du plan.

Quels sont les traits du fanfaron comique que peignent ses paroles et ses actes ? Le vantard veut oublier et faire oublier une réalité assez misérable au profit d'une illusion de vaine gloire. Projetés sur la scène comme des cyclones dévastateurs, les francs archers des monologues appellent le carnage ; les fanfarons des farces qui enragent de batailler font montre de la même assurance [3]. Et que dire du récit de leurs hauts faits passés ! L'entassement des bravades verbales, l'étalage des exploits imaginaires frisent le délire verbal, dont R. Garapon a étudié la fantaisie [4] ; c'est par le discours que le fanfaron donne apparence à ses rêves. On se demande parfois si, dans son désir d'en imposer aux autres, il ne s'intoxique pas lui-même. Quoi qu'il en soit, cette inflation du discours chimérique compense, dans l'imaginaire, une couardise bien réelle. Or, il s'agit pour nos auteurs de faire jaillir la contradiction qui mine sourdement le fanfa-

---

1. Ces trois textes sont présentés et édités par L. Polak dans le même volume (Genève-Paris, 1966).
2. *Thévot* (p.p. Ch. Samaran, in *Romania*, 1925, p. 199-200), *Thévot le maire, Perruche sa femme et Colin leur fils* (p.p. J. R. Maxwell, in *Humanisme et Renaissance*, 1939, p. 539-546), *L'Aventureux et Guermouset* (Philipot, *Six Farces...*, p. 202-233), *Maître Mimin qui va à la guerre* (Cohen, n⁰ IV), *Colin, fils de Thévot le maire* (Cohen, n⁰ V et *A.T.F.*, II, p. 388-405), *Deux Francs Archers qui vont à Naples* (Cohen, n⁰ XIV), selon l'ordre chronologique.
3. Maître Mimin emportera son écritoire « pour mettre en escript tous ceulx qu'il tuera » (c'est le titre de la farce) !
4. Voir *La Fantaisie verbale et le comique dans le théâtre français du Moyen Age à la fin du xviiᵉ siècle*, 1957.

ron, entre ce qu'il est et l'image qu'il veut donner de lui. Le principe du comique est cet écart entre la réalité et le rêve ; il a d'autant plus de chances de s'épanouir que le décalage est patent. Les dramaturges s'acharnent donc à crever cette baudruche, à révéler le vent que cache la bouffissure du faux brave. Monologues et farces accumulent une série de démentis flagrants aux fanfaronnades.

Dans ce processus, on peut marquer exactement la place des comportements de naïveté. Tous ces fanfarons font d'abord erreur sur eux-mêmes. Si le franc archer de Cherré affiche son mépris pour tout ce qui est « villennatre » ou « chartier » [5], il oublie que les paysans sont ses frères : les francs archers sont gens de village. Il en va de même des fanfarons de la farce. Tous, au départ de leur carrière de guerrier, se sont mépris sur leurs capacités. Sans prédispositions pour le métier de la guerre, ces paysans couards ne devaient aspirer qu'à une vie tranquille. Le jeune paysan Mimin était destiné à la prêtrise. Dès son entrée en scène, le badin avise un écriteau posé là par des soldats recruteurs. Après l'avoir assez péniblement déchiffré, il prend vite sa décision de partir à la guerre [6] ; c'est qu'il veut être un homme, et « boire du vin » comme les autres. Il abandonne sa « clergisse » sur un coup de tête. Naïveté de ces envies guerrières : le paysan était bien chez lui ; pourquoi partir ?

> Tu as tousjours ton saoul de beurre,
> Couché en ung lit plain de feurre
> Aussi molet que le beau lin.
> Que veulx-tu plus [7] ?

lui demande sa mère, qui ne sait si elle doit rire ou pleurer. Nous verrons que le naturel reviendra !

Mais les francs archers ont choisi sans retour, et prétendent nous persuader de leurs exploits. La réalité est connue de tous : les fanfarons fuient devant le moindre danger, gardant leur vigueur pour le pillage et la dévastation des poulaillers. Ce qui est admirable, c'est que, façonnant une image irréelle d'eux-mêmes, ils lâchent quelque réflexion qui détruit cette image, sans qu'ils s'en rendent compte, apparemment. Pour la plus grande joie du spectateur, les vantards ne peuvent tenir leur rôle jusqu'au bout ; ils ont tôt fait de se montrer tels qu'ils sont, et pas seulement tels qu'ils voudraient être. Dans les monologues, l'énoncé des exploits s'accompagne le plus souvent d'une reculade ou d'une contradiction : on ne peut avouer plus ingénument sa poltronnerie réelle. Le franc archer de Bagnolet est prêt à affronter quatre hommes ; mais il ajoute :

---

5. V. 33.
6. *Maître Mimin qui va à la guerre*, v. 99-100.
7. V. 123-126.

> Par le sang bieu, je ne crains paige,
> S'il n'a point plus de quatorze ans [8].

Plus tard, il se vante d'avoir été félicité par les grands au siège d'Ancenis ; mais s'il est monté à l'assaut le premier, c'est qu'il avait pris la poterne pour la porte d'une taverne [9]. Après s'être soûlé de rodomontades, le gendarme de Cherré conclut qu'à la guerre il est « tousjours des premiers en fourraige » [10], c'est-à-dire à fourrager ou à voler. Que peut valoir l'énumération de ses exploits quand il avoue que, près d'Angers, au village de Bresigny, il fit rage... « d'amasser hardes et de prendre » [11] ? quand il parsème son monologue du récit de ses ennuis de pillard avec les paysans, où il eut toujours le dessous ? Nos francs archers apportent eux-mêmes des démentis à leurs vantardises. Et la meilleure preuve qu'ils lâchent les aveux étourdiment, c'est qu'il leur arrive parfois de se rendre compte du mot malheureux et d'essayer, bien maladroitement, de le rattraper. Le modèle du genre, souvent limité, reste ce passage où le franc archer de Bagnolet tâche d'effacer la mauvaise impression que laisse l'aveu involontaire de sa fuite ; les francs archers se seraient bien lancés dans la bataille

> Des Bretons ; mais nous apaisames
> Noz couraiges et recullames
> (Que dy je ? nom pas reculer
> — Chose dont on [ne] doybve parler —)
> Ung rien jusque au Lyon d'Angiers [12].
> Je ne craignoye que les dangiers,
> Moy ; je n'avoye peur d'aultre chose [13].

Pauvres maquillages, qui ne dévoilent que mieux la poltronnerie ! Au reste, à lire les monologues, on n'a pas l'impression que les francs archers se soucient beaucoup de la cohérence de leurs récits ; les contradictions sont trop fréquentes, qui en disent long sur la vraie nature des fanfarons.

Le Franc Archer de Bagnolet fait mieux encore que de montrer les contradictions du discours. A partir du vers 191, grâce à la trouvaille du mannequin armé et aux réactions du faux brave à la vue de cet épouvan-

---

8. *Le Franc Archer de Bagnolet*, v. 12-13.
9. v. 67-73.
10. *Le Franc Archer de Cherré*, v. 38.
11. V. 354. Plus loin, voulant prouver qu'il était présent à une bataille, après son affirmation, il laisse échapper cette restriction : « A tout le moins, je pourmenois/Les chevaulx de ceulx qui y furent » (v. 529-530).
12. C'est-à-dire de plusieurs dizaines de kilomètres !
13. *Le Franc Archer de Bagnolet*, v. 94-100. Et le gendarme de Cherré (*Le Franc Archer de Cherré*, v. 103-104) :
> « Il s'en fuyt et moy devant.
> Que dis-je devant ? mais aprés. »
Voir aussi *L'Aventureux et Guermouset*, v. 12-16.

tail, le démenti aux vantardises est réalisé par les faits eux-mêmes, qui se déroulent devant nous. Le monologue devient presque pièce à deux personnages, à cause de la naïveté du franc archer. En effet, sa peur est tellement totale et immédiate devant le mannequin qui bande une arbalète dans sa direction, qu'on peut dire qu'elle crée véritablement un personnage adverse. Il ne réfléchit pas, n'examine pas de plus près l'épouvantail à chènevière ; naïvement, il le prend pour un gendarme, sans s'étonner qu'il porte deux insignes contradictoires, la croix blanche et la croix noire des ennemis bretons. D'emblée il lui prête des intentions hostiles, lui adresse la parole, le supplie, bref, lui donne vie. Du coup, sa lâcheté profonde s'étale, sans qu'il cherche à la masquer : loin de penser à combattre, le pleutre se rend ; il se tient tellement pour déjà mort qu'il prépare « ce petit épitaphe » révélateur [14] :

Cy gist Pernet, franc archier,
Qui cy mourut sans demarcher [15],
Car de fuir n'eut onc espace [16],

et commence une belle confession selon les dix commandements [17]. Il a bien oublié son rôle ! Il ne le reprendra que lorsque, l'épouvantail étant chu, il s'apercevra enfin de sa méprise ridicule.

Cet épisode extraordinaire indique assez que les rêves des vantards ne tiennent pas dans la confrontation avec autrui, avec la réalité. De fait, affrontés aux dangers ou à l'hostilité d'un autre, les fanfarons de la farce démentent rapidement leurs bravades. Alors que les monologues mettent en valeur les discours boursouflés de ces faux héros, les farces sont plus évidemment construites pour montrer leur mise à l'épreuve. Le résultat ne varie pas : la conduite contredit les paroles et dévoile la lâcheté. Lubine, la mère de Mimin, met fin à son rêve naïf : déguisée en homme, elle fait fuir la nouvelle recrue qui ne sait où se cacher [18]. Thévot et son fils, si forts en paroles, se rencontrent sans se reconnaître et se font une peur horrible [19]. Mésaventure identique pour les braves dans les *Deux Francs Archers qui vont à Naples* : après s'être vantés séparément, ils s'effraient de leur rencontre et le plus couard supplie qu'on diffère la bataille [20]. On ne fait plus rien pour déguiser la couardise naturelle.

---

14. V. 242-244.
15. Battre en retraite.
16. Le temps.
17. Devant la mort, il confesse n'avoir jamais contrevenu au cinquième commandement (v. 319-320) :
  « Quant a moy, par mon sacrement,
  Meurdre ne fis onc qu'en poullaille. »
18. *Maître Mimin qui va à la guerre*, v. 285.
19. *Thévot le maire...*, v. 159-160 et 168-170.
20. V. 222-225.

Autant dire qu'à ce point, les paysans égarés dans un rêve belliqueux reconnaissent parfaitement leur nature et échappent à la naïveté [21]. Colin, le fils du maire, bon campagnard un peu gros, comprend ainsi qu'il a fait une erreur en choisissant l'aventure [22] ; mieux lui vaut se marier « à la fille Gaultier Garguille » ! L'Aventureux et Guillot, deux bravaches en retraite, n'ont pas l'intention de s'entre-tuer sérieusement pour leur fils. Ils sont même sans illusion sur ce passé dont ils se glorifient si haut ; il leur est arrivé de fuir, certes ; mais

> [...] qu'eusions nous gaigné d'atendre ?
> Car on nous menasoyt a pendre [23].

Dans de tels textes, la résignation à l'humble réalité finit par l'emporter. Et jamais, ni dans les farces, ni même dans les monologues, tous ces paysans fanfarons n'atteignent, quand ils se vantent, le degré d'irréalité fantaisiste auquel se hausseront d'emblée les matamores mythomanes de la comédie humaniste.

III. — Les villageois.

Nous avons déjà constaté que l'ancien théâtre, surtout destiné à des citadins, sut faire rire du campagnard et de sa simplicité. Tel mystère montrait même sa maladroite conduite quand il affrontait un milieu neuf pour lui. Nous retrouvons le personnage du villageois naïf dans quelques monologues patoisants, composés et très probablement représentés au XVIᵉ siècle par des bourgeois de Poitiers, gens de la basoche qui, à travers les récits des paysans, dénoncent à la fois la manie de plaider et le régime de l'ancienne organisation judiciaire [1].

Il est vrai que nous avons affaire à des villageois bien procéduriers, qui vont devant les tribunaux pour des causes souvent futiles. Dans le *Menelogue de Robin* [2], le procès naît du bris d'un sabot au cours d'un jeu entre paysans voisins ; *Le Preces de Jorget et de sen vesin* trouve son origine dans les dégâts qu'un chien cause à la « goraille » (les porcs) et à la poulaille du plaignant ; dans *Le Plet de Jon Michea*, il s'agit de fumier mis devant une maison. Nous restons en pleine vie campagnarde !

---

21. Le pionnier de Seurdre, déjà, dans son monologue, admettait, malgré ses rêves fanfarons, qu'il était plus « homme de mesnaige » qu' « homme de guerre » (*Le Pionnier de Seurdre*, v. 444-445).
22. *Colin, fils de Thévot le maire*, v. 344-347.
23. *L'Aventureux et Guermouset*, v. 486-487.

1. La plupart de ces textes, écrits entre 1541 et 1570, se trouvent réunis dans l'édition de *La Gente Poitevinrie* procurée par J. Pignon, en 1960.
2. Attribué à J. Boiceau de la Borderie.

Mais l'intérêt littéraire de ces textes réside dans le choix des narrateurs. Voilà nos paysans introduits dans l'engrenage de la machine judiciaire, qui est pour eux un monde étrange auquel ils s'adaptent mal ; et ils racontent leurs ennuis en paysans. Les démarches auprès des procureurs et des avocats, la description des audiences, la poursuite du procès d'instance en instance, devant le juge du village, à Poitiers en appel, ou même devant les magistrats des Grands Jours, tout cela est vu et conté de manière bien savoureuse par des gens de village. Dans leur patois, en termes pittoresques, nos simples disent leur cause ridicule, leur découverte des rouages de la justice, leur étonnement et leur révolte devant ses défauts, leur émerveillement devant son appareil. Le regard naïf agrémente la critique.

Toutefois, il est encore plus intéressant de suivre les plaideurs rustiques au-delà de Poitiers, où ils ne sont pas tout à fait dépaysés. Talebot [3], l'adversaire de Robin, a dû se rendre à Paris. Le badaud découvre la capitale ! Tout lui est sujet d'étonnement naïf :

He, vré Dé, quol etonnement
D'ally premy [4] iquo [5] Paris [6].

Il erre dans la Sainte-Chapelle, dans le Palais de Justice, admirant les salles, un peu perdu aussi en ces lieux :

O [7] faut viry, monty, dicendre,
E peu [8] l'on ne set ou se rendre [9].

Le campagnard n'a pas fini d'être étourdi ; les cris des marchands, les tentatives des coupeurs de bourses, la boue des rues de Paris qui gâte sa robe, les altercations dont il est le témoin, l'animation du Petit Pont : autant d'expériences nouvelles pour lui. Il est inutile d'ajouter qu'au Palais il est la proie des avocats et des procureurs ! Il comprend un peu tard que la sagesse aurait été de s'en tenir à son « labourement », sans chercher les procès et les aventures qu'ils entraînent.

Encore Talebot sait-il, dans ses rencontres, se garder des trompeurs. Pierre le beau gars n'en est pas capable ; sa simplicité lui jouera de mauvais tours [10]. Arrivant dans la grande ville pour soutenir son procès,

---

3. Il raconte ses aventures dans *La Respondation de Talebot,* éd. cit., p. 96-106.
4. Parmi.
5. Ce.
6. V. 198-199.
7. Il.
8. Et puis.
9. V. 159-160.
10. *Racontation de queu qu'est arrivy à Perrot Beagars se faisant foere la barbe à Paris* (d'après E. Picot, *Le Monologue dramatique...,* Romania, t. XVII, 1888, p. 221-223).

il veut se faire raser la barbe. Mais le paysan est une proie facile pour le barbier qui l'emboboline un peu à la manière de Pathelin : il est nommé par son nom, on lui parle de son village. En voilà assez pour mettre en confiance notre naïf provincial. Au sortir de la boutique, il s'apercevra qu'on lui a volé sa bourse...

IV. — Conclusion.

Ainsi les monologues dramatiques enrichissent déjà la tradition du naïf. Le campagnard était connu dans ses traits rustiques ; mais les textes poitevins mettent bien en valeur, par sa confrontation avec les détours de la justice ou avec les surprises de la capitale lointaine, l'étonnement et la maladresse du simple qui découvre un univers nouveau, où il lui arrive d'être berné. S'attaquant par la parodie à un fléau du temps, les auteurs de monologues éclairent parfaitement l'erreur d'autres paysans qui, attirés par la guerre, ne peuvent échapper à leur nature couarde et démentent à chaque mot leurs prétentions au courage. Le fanfaron naïf est bien une création du monologue ; les bravades ou les rêves d'ambition passagers des XIIIe ou XIVe siècles n'étaient qu'un infime et obscur pressentiment du type. Passé dans les farces, celui-ci perd vite sa réjouissante naïveté. L'originalité des monologues est entière encore avec le personnage du galant présomptueux et imprévoyant ; il enseigne que l'amour et la vanité privent l'être de cette faculté d'attention si nécessaire dans les rapports entre les hommes, tels que les présenteront la farce puis la comédie.

CHAPITRE III

Les farces

Avec les farces, le personnage du naïf s'épanouit pleinement ; les farceurs, entre 1450 et 1550, s'emparent du type, de ses traits, des situations qu'il implique, et exploitent presque systématiquement cette veine. Faut-il chercher des raisons à cette grande floraison du naïf ? Elle pourrait résulter de la dramaturgie de la farce et des dispositions du public. Composé de gens du peuple, mais aussi de spectateurs cultivés, comme les étudiants, le public des farces se presse devant les tréteaux pour rire. En quelques instants, grâce à une intrigue sommaire où s'affrontent un petit nombre de personnages dans des situations en rapport étroit avec la vie réelle, le farceur doit faire jaillir le rire ; des fantoches bien connus, dessinés à gros traits, des situations familières, des procédés comiques que l'on retrouve de farce en farce suffisent à faire naître sur la scène une image déformée et grotesque de la vie quotidienne. Pour que le public rie vite et fort, les farces accusent jusqu'à l'outrance le ridicule d'un type ou d'une situation dramatique. Nos naïfs répondent à de telles exigences. Quelle que soit la défroque dont il se revêt, qu'on montre seulement sa bêtise ou qu'on le lance avec quelques comparses dans un conflit dramatique dont il sera la victime, le naïf offre des conduites dont il est facile de dégager les traits permanents. En outre, opposant les malins aux imbéciles, et montrant la victoire de la ruse [1], la farce fait des tromperies son sujet principal ; ne voit-on pas la place marquée des naïfs ? L'intrigue montre les étapes de la tromperie, les maladresses et les fautes du berné jusqu'à sa déconvenue finale.

---

1. Voir, par exemple, B. C. Bowen, *Les Caractéristiques essentielles de la farce française et leur survivance dans les années 1550-1620*, 1964, p. 31.

Il faut s'orienter dans l'abondance de personnages naïfs que proposent les farces. Les divisions retenues s'efforcent d'éviter, autant que possible, les oublis ou les interférences ; mais elles ne prétendent pas à une rigueur définitive. Nous examinerons d'abord le problème du badin, personnage parfois proche du naïf. La naïveté nous apparaîtra ensuite comme le trait caractéristique de la jeunesse, particulièrement chez ces écoliers stupides, qui entraînent leurs parents dans un rêve trop ambitieux. Quant à la vie conjugale, on y verra un haut lieu de la naïveté. Enfin, un développement sera consacré aux rapports de marché, où la méfiance fait défaut aux naïfs.

I. — LE PROBLÈME DU BADIN. LE VALET BADIN.

Emprunté au provençal, le mot *badin* vise à l'origine celui qui reste bouche bée, frappé d'admiration, c'est-à-dire le sot, le niais. A l'époque qui nous occupe, le mot s'est chargé d'un sens spécifique et désigne un personnage de farce ou de comédie qui joue le rôle de niais pour faire rire. De fait, on trouve ce badin comique dans les différents genres profanes, et même dans des pièces religieuses d'alors ; mais il apparaît surtout dans nos farces. Un certain nombre d'entre elles portent le mot *badin* dans leur titre. Un plus grand nombre encore comptent, parmi leurs personnages, un badin explicitement désigné comme tel. De plus, il faut considérer comme des badins des personnages qui, sous des noms divers, présentent les traits caractéristiques de ce rôle.

Car le badin est un emploi d'acteur[2] et, si l'on en croit Rabelais, les bandes comiques confiaient cet emploi à un de leurs meilleurs éléments :

> En cette manière, voyons nous entre les jongleurs, à la distribution des rolles, le personaige du Sot et du Badin estre tous jours representé par le plus perit et perfaict joueur de leur compaignie[3].

Les textes des farces sont trop discrets sur son costume et sur son jeu. « Colinet commence, et est habillé en badin », dit la première rubrique de la *Farce d'un mari jaloux*[4] ; ici ou là, dans d'autres farces, quelques rares éléments du costume du badin sont mentionnés. On pourrait compléter sa description par le témoignage de Marot, qui, on le sait, était proche des milieux de théâtre ; dans l'*Epitaphe de Jean Serre excellent*

---

2. Voir l'intervention de M. Rousse publiée dans les *C.A.I.E.F.*, n° 26, 1974, p. 302-304.
3. *Tiers Livre*, chap. XXXVII (éd. P. Jourda des *Œuvres complètes*, Paris, Garnier Frères, 1962, t. I, p. 558).
4. *A.T.F.*, I, p. 128.

joueur de farces, il nous décrit l'arrivée en scène de cet acteur qui s'était spécialisé dans le rôle de badin :

> Or bref, quand il entrait en salle,
> Avec une chemise sale,
> Le front, la joue et la narine
> Toute couverte de farine,
> Et coiffé d'un béguin d'enfant
> Et d'un haut bonnet triomphant
> Garni de plumes de chapons,
> Avec tout cela je réponds
> Qu'en voyant sa grâce niaise,
> On n'était pas moins gai ni aise
> Qu'on est aux Champs Elysiens [5].

Il est encore moins aisé de se figurer son jeu ; ce n'est qu'à travers le texte qu'on peut chercher à entrevoir l'habileté physique de l'acteur chargé du rôle du badin. N. Leroux, qui s'y essaye [6], souligne sa mobilité et sa souplesse dans les jeux rythmiques, doublées, sans doute, de la rapidité dans le débit verbal. Voilà quelques touches qui définissent l'acteur chargé du rôle.

Il nous faut rejoindre à présent le terrain plus sûr des textes dramatiques, et envisager le badin sous son autre aspect, celui d'un personnage présentant des traits communs d'une pièce à l'autre, c'est-à-dire comme type théâtral. La difficulté réside dans la diversité des apparitions du badin : il reçoit des noms particuliers, n'a pas partout le même âge, est doté de positions sociales variées ; les différences touchent également les comportements du badin et peuvent s'aggraver en contradictions. Néanmoins, N. Leroux dégage une « physionomie morale » du badin [7], insistant sur sa sensualité, sa facilité de paroles, ses vantardises, et posant le problème de son intelligence ; car le badin est ici capable de duper, se présente là comme un parfait imbécile, fait montre ailleurs d'une naïveté suspecte. Nous touchons à notre préoccupation centrale : le badin est-il un naïf ?

La réponse doit être nuancée. Indiscutablement, de nombreux badins restent des naïfs, qu'il s'agisse de jeunes sots, d'écoliers, de maris ou de campagnards. Certains, par contre, sont parfaitement lucides et astucieux. Celui du *Rapporteur* [8] passe son temps à semer la division dans un ménage, puis entre la femme et sa voisine ; distillant les calomnies, il

---

5. In *Anthologie poétique française,* xvie *siècle,* par M. Allem, Paris, Garnier-Flammarion, 1965, t. I, p. 129.
6. *Structure de la farce française médiévale,* thèse dactylographiée de Caen, 1959, p. 171.
7. *Op. cit.,* p. 171 sqq.
8. *Le Roux,* II, n° 30.

se réjouit de provoquer l'affrontement général. Certes, il n'avait pas prévu que ses victimes s'uniraient pour le punir ; mais sa conduite est plutôt le fait d'un cynisme joyeux que de la niaiserie. Jehan de Lagny [9] est un gai luron qui aime les filles et sait les abuser en leur promettant le mariage ; traduit devant le juge, il est acquitté. Il continuera donc de promener son insouciant instinct, en chantant [10]. Quant à Oudin, le badin du *Galant qui a fait le coup* [11], ayant engrossé sa servante pendant l'absence de son épouse, il sait mettre en œuvre une belle tromperie pour dissimuler les conséquences de sa faute. De tels faits suffiraient à séparer les badins des naïfs. Il en est d'autres plus troublants : dans certaines situations, il est difficile de tracer la limite rigoureuse entre la naïveté certaine et celle qui est simplement jouée ; non seulement le badin est tantôt stupide, tantôt rusé, mais « quand il est stupide, on est tenté de croire qu'il le fait exprès » [12]. C'est dire l'ambiguïté du personnage, souvent sous-jacente et sensible même chez les badins les plus proches des parfaits naïfs.

La conclusion s'impose. Malgré tous les traits de spontanéité naturelle, proche des instincts et souvent grossière, malgré la liberté fantaisiste avec laquelle le badin s'y abandonne [13], malgré, aussi, des traits d'une indéniable sottise et d'une réelle naïveté, il est impossible d'assimiler les badins aux naïfs ; ils représentent deux catégories distinctes, qui se recoupent parfois sans jamais se recouvrir totalement. Ainsi, au cours de ce chapitre, nous ne nous arrêterons qu'aux badins qui sont vraiment des naïfs, en les insérant dans l'analyse à la place voulue par le personnage qu'ils sont dans la situation dramatique précise.

Toutefois, parmi les avatars du badin qui peuvent être des naïfs, nous allons faire, dès à présent, une place spéciale aux valets. Ceux-ci nous permettront, en effet, d'étudier à la fois les comportements caractéristiques des badins et des conduites naïves typiques. Etre proche de la nature, le valet badin accorde toujours une importance extrême aux instincts : sa faim et sa gourmandise, sa sensualité parfois, sont des traits frappants. Ses maladresses et ses sottises sont le fait d'un être joyeux, pétulant, qui se libère des contraintes de la réalité ; mais, dans certains cas, on peut se demander si sa niaiserie est toute naturelle.

---

9. *Jehan de Lagny, messire Jehan* (*Le Roux*, II, n° 31).
10. Voir p. 13.
11. *Mabille*, I, p. 217-248.
12. Petit de Julleville, *La Comédie et les mœurs en France au Moyen Age*, 1886, p. 282-283.
13. La psychanalyse dirait que sa conduite marque la prédominance du principe de plaisir.

Ce lourdaud, quand il s'engage chez des maîtres, ne semble avoir qu'un souci pressant : manger et boire. Au courant des besoins de son valet, avant même qu'il ait eu à les formuler, la maîtresse de Lourdinet lui demande :

> Il me semble que t'a[s] bon goust,
> Te desgunnerois volentiers [14] ?

Le jeune Janot [15] est un affamé ; à tous les propos qui viennent sur les lèvres de ses maîtres, il donne un sens culinaire.

> Il le fault louer vitement,
> S'il est bon à vostre appetit,

dit la femme à son mari. Mais Janot s'empresse de donner au mot *appétit* son sens propre :

> Mort bieu, que j'ay bon appetit.
> Pensez que [je] desgourdirois
> Un jambon, se je le tenois,
> Avec une quarte de vin [16].

Il refuse d'ailleurs de faire quoi que ce soit, tant que ses maîtres ne l'auront pas nourri ; la charge qu'il aimerait se voir confier est celle du garde-manger [17]. De telles préoccupations sont aussi celles de Guillot [18] et celles de Robinet [19] ; qu'on pense à l'importance, pour ce dernier, du festin de la noce :

> Et vous despeschés, qu'on se haste ;
> Car j'ey peur que le rost ne gaste
> Qui sera mengé a la feste [20].

Par ailleurs, le même personnage fait éclater dans ses propos une sensualité toute naïve, qui ne recule pas devant les expressions les plus crues ; dès que la veuve propose le mariage à son valet, il bondit de joie :

> [...] vertu sainct Gris !
> Que vous tinsai ge de mes gris [21].
> Acollee dens un beau lict [22] !

Tous ces garçons sont des sots, comme leur nom l'indique déjà : Lourdinet, Janot, Jeninot [23] sont vrais noms de sots, suivant la remarque

---

14. *Lourdinet* (A. Thomas, *Fragments de farces...*, n° II).
15. *Le Badin qui se loue* (A.T.F., I, p. 179 sqq.).
16. P. 181.
17. P. 183.
18. *Le Retrait* (Mabille, II, p. 145 sqq.).
19. *La Veuve* (Philipot, *Six Farces...*, p. 163 sqq.).
20. V. 57-59. Voir aussi *Jeninot qui fit un roi de son chat*, A.T.F., I, p. 291.
21. Griffes.
22. V. 5-7.
23. Sur *Jean* et ses variantes, voir l'article d'H. Lewicka, *Un Prénom spécialisé de l'ancienne farce : Jean et consorts*, repris dans ses *Etudes sur l'ancienne farce française*, 1974.

de leurs maîtres ; ils le prouvent une fois engagés. Suivons Jeninot ; il bouleverse constamment l'ordre logique et normal des choses, il agit à contresens. Lui demande-t-on de garder le logis ?

> Voire ; mais s'il s'enfuyt, voylà ;
> Faudra-il que je coure après [24] ?

Tout seul, il tire les rois avec son chat, qui a la fève, et le fait boire en criant : « Le roi boit ! » On lui ordonne d'aller se coucher ; mais cet étonnant valet se fait déshabiller par ses maîtres [25] :

> Mais aydez-moy à deschausser ;
> Hau, mon maistre, pour la pareille [26].

A son réveil, on doit l'habiller après avoir fait chauffer sa chemise ; puisque, outre ses gages, on lui a promis l'habillement, le « follastre » en a déduit qu'on devait effectivement l'habiller chaque matin ! Faut-il qu'il accompagne sa nouvelle maîtresse à la messe ? Le niais — qui ne sait pas « où est la messe » — ne fait pas la différence entre conduire un animal et accompagner un homme ; il saute sur le dos de sa maîtresse, et se justifie ainsi : j'ai fait

> Comment j'avois acoustumé
> De mener noz jumans paistre,
> Quand j'estoie cheux mon autre maistre ;
> Il me faisoit dessus monter [27].

Placé dans une autre situation, le Janot du *Badin qui se loue* se rend coupable de maladresses qui ont une source analogue : l'inconscient et innocent personnage ne cesse de parler et d'agir à contre-temps. Le mari éloigné, sa femme reçoit l'Amoureux ; on imagine que Janot n'arrête pas de les déranger. Il s'étonne d'abord de l'arrivée d'un étranger :

> Sang bieu, vous venez sans mander ;
> Et qui vous amene icy [28] ?

Etonnement naïf, qui va en s'amplifiant : le badin ne sait pas que l'adultère fait partie du cours « normal » des choses. Il s'apprête donc à interrompre, commenter, gêner et trahir, multipliant les bourdes réjouissantes. Alors qu'il voit les amants en train de « lutter » :

> La, la, fort je me bousche,
> Affin de ne vous voir pas ;
> Vous n'y allez pas par compas [29].

---

24. *Jeninot qui fit un roi de son chat*, p. 293.
25. P. 296.
26. En échange.
27. P. 302.
28. *Le Badin qui se loue*, p. 185.
29. Habilement, de manière régulière.

Tout doux, tout doux,
Et que dyable faictes-vous ?
Vous faictes la beste à deux doulx ;
Je le diray à mon maistre [30].

On essaie bien de l'éloigner en l'envoyant chercher un pâté, mais il oublie la commission en route et revient à deux reprises ; « le folastre a tout gâté », se plaint la femme [31]. Et, pour finir, il commet sa dernière maladresse au retour du mari ; naïf agent de la vérité chez les trompeurs, il avoue tout de go :

Il a luyté à ma maistresse ;
Mais de premiere luyte adresse
Il la vous a couchée en bas [32].

Pas un instant ces badins ne cherchent à s'adapter à la réalité, ni ne le peuvent. Ils prennent le monde et les êtres avec la plus grande désinvolture, dans une sorte d'impulsion joyeuse de leur nature. Tout au bonheur d'épouser sa maîtresse, le Robinet de *La Veuve* se lance dans une longue tirade où il accumule toutes les tâches ménagères dont il promet de se charger [33], puis bourre son oncle Michaut des « coups de poing de noce ». Chez tous — avec des conséquences plus ou moins graves selon leur bêtise et la situation où ils sont engagés —, la vitalité déborde en actions déraisonnables, en gestes désordonnés, en mots étourdiment lâchés. On comprend que de tels rôles purent fournir l'occasion de se déployer au génie des acteurs ! Toutefois, ce rôle est parfois marqué d'une si belle fantaisie que son ambiguïté apparaît : les bourdes pourraient se transformer en facéties conscientes, le niais en railleur qui fait l'idiot. Janot et Jeninot restent à coup sûr de faibles cervelles. Il n'en va pas de même pour Guillot.

Celui-ci, dans la *Farce du Retrait*, est engagé par la femme adultère pour garder la porte, afin de prévenir tout retour du mari. Ses sottises vont révéler un jeu conscient et plus inquiétant. C'est à l'amoureux qu'il commence par barrer la route ; et il se fera payer pour faire « le maquereau » :

Et moy, un povre maquereau
Feray la grue, ainsy qu'un veau.
Non, non, je ne suys pas si beste [34].

---

30. P. 187-188.
31. Et l'Amoureux :
　　　　　« Ma foy, voyla un grand lourdois ;
　　　　　Il a moins d'esprit qu'ung thoreau » (p. 190).
32. P. 193.
33. V. 134-143.
34. V. 143-145.

Les joutes amoureuses sont assorties des commentaires connus ; pourtant, Guillot prévient à temps les amants du retour du mari. C'est alors que le jeu du badin va se compliquer ; il est difficile de croire qu'il agit simplement par niaiserie. La situation est la suivante : à l'arrivée du mari, la femme s'est levée en hâte et l'amant s'est caché dans le « retrait ». Le personnage central devient Guillot. Va-t-il parler et tout dévoiler, ou tenir sa langue ? Il choisit en fait une solution moyenne, d'où découle toute la tension dramatique de la fin de cette farce. Par des réflexions volontairement maladroites, Guillot éveille des soupçons chez le maître, mais s'arrange, quand ce dernier le questionne, pour nier ou pour transformer ses paroles en propos de fou, qui, malgré leur clarté, rendront le mari à sa quiétude [35]. Chacune de ses maladresses calculées est rattrapée par lui *in extremis*. Quand on l'envoie quérir une perdrix, il revient avec celle des amants, dont un morceau a disparu ; inquiétude de la femme. Mais Guillot sauve encore la situation par un mensonge :

> Je l'ai laissée
> Tomber, puis le chat l'a mengée [36].

Un peu plus tard, alors même que le mari, pris d'une subite colique, risque de trouver l'amant dans sa nauséabonde retraite, l'astuce de Guillot écarte le danger : il fait passer l'amoureux pour un diable, mais en parlant de « l'amoureux deable » [37] ; le mari s'enfuit, n'ayant retenu de l'expression que le dernier terme ! D'ailleurs, Guillot se chargera de la réconciliation du couple. On aura été sensible à la conduite du badin. Ce valet intéressé, dont la niaiserie est feinte, tient les fils de la situation dramatique : il ne peut plus passer pour un naïf.

II. — LA VIE FAMILIALE : LES JEUNES NIAIS, LES ÉCOLIERS ET LEURS PARENTS.

Dans le tableau qu'elle donne de la vie quotidienne, la farce réserve une bonne place à la vie familiale. C'est l'occasion pour elle de faire rire de personnages qui sont tous des naïfs. A voir la niaiserie des fils en famille, on imagine quelles belles victimes ils deviendront, quand ils devront s'inscrire dans le monde. Une circonstance particulière permet aux farceurs de proposer de bons échantillons de leur sottise : la rencontre de ces jeunes avec l'école. Mais alors, les parents qui encouragent une ambition peu raisonnable, n'échappent pas à la naïveté.

---

35. V. 321 à 350, par exemple.
36. V. 371-372. Voir toute la séquence des vers 353 à 380.
37. V. 436.

On peut remarquer d'entrée que les jeunes niais sont visiblement et souvent des badins, parfois placés dans des situations identiques à celles des valets badins. Ainsi de Jaquet [1], amené à faire l'entremetteur maladroit entre sa mère et son amant Messire Jehan. Dans cette charge, il se conduit tout au rebours de ce qu'on attendrait d'un garçon sensé ; sa naïveté se marque principalement par le manque de discrétion vis-à-vis de l'adultère. Conduisant l'amant, il claironne :

Car mesire Jehan s'en vient coucher
Ceste nuict avecques ma mere,
Et sy n'en sera rien mon pere.
Escoute ! hay ! ma mere, hau [2] !

En un mot, Jaquet ignore ce qu'il faut taire, les questions qu'il ne faut pas poser, les étonnements qu'il ne faut pas avoir. Des badins, il a jusqu'à la niaiserie ambiguë : le gourmand sait monnayer ses services, et peut-être jouer de sa bêtise pour effrayer Messire Jehan [3]. On croit s'en débarrasser en l'envoyant chercher une chandelle chez le curé ; mais cette nouvelle séquence lui offre une autre occasion de manifester une vraie naïveté. En effet, le curé veut faire dire à Jaquet qui se trouve chez sa mère. Celui-ci refuse : sa mère le lui a défendu. Mais le naïf ne prend pas garde à l'habile tactique du curé, qui sait le mettre en confiance, en lui proposant de la mangeaille et en lui parlant de demoiselles. Le prêtre dit le faux ou l'inexact, que Jaquet s'empresse de rectifier, lâchant ainsi par bribes ce qu'il voulait à tout prix éviter de dire. Il convient d'associer à Jaquet un étrange « estudiant en theologie » en pension chez un curé : Guillerme [4]. Chargé d'inviter et d'accompagner chez le curé la voisine et son époux, le badin s'acharne à mettre ceux-ci dans l'embarras, en répétant, devant le mari, que sa femme est l'amante du curé — vérité qui n'est pas à dire.

Une analyse rapide des propos d'autres bêtas confirme ce que révèlent déjà les conduites examinées : ces enfants ne connaissent pas la logique des adultes, les précisions et les contraintes de leur langage, les conventions qui règlent leurs rapports, en un mot tout ce qui leur permettrait de s'adapter normalement au monde. Le comique naît de ces perpétuels décalages. Voici quelques traits d'innocence et de bêtise. Jouart [5] montre encore un attachement forcené et ridicule à sa mère, mais en parle comme d'un objet :

---

1. *Messire Jehan, le badin, sa mère et le curé* (*Le Roux*, II, n° 29).
2. P. 7.
3. Voir, p. 5-6, son dialogue avec l'amant.
4. *Guillerme qui mangea les figues du curé.*
5. *La Mère, le compère, Jouart, l'écolier* (*Montaran*, pièce 9).

Ou est ma mere ? Je croy qu'elle est perduë.
Qu'est-ce qu'il l'a ostée d'icy [6] ?

S'il refuse d'aller aux écoles, c'est justement parce qu'il ne verra plus sa mère. Lui promet-on que, s'il étudie, il sera « grand homme » ? Le niais commet la faute attendue et rétorque qu'il est « ja grand comme un homme » [7]. Jenin [8] ne distingue pas le sens figuré du sens propre d'un mot ; voyons ce que cela donne avec *forger,* quand le prêtre, qui prétend être son père, lui affirme : « Moy-mesmes je vous ay forgé ». Réponse de Jenin :

De rire je suis esgorgé.
Forgé ! Estes-vous mareschal ?
Allez donc ferrer ung cheval,
Et vous y ferez voz pourfitz [9].

La poursuite d'une idée fixe par les niais est un thème comique particulièrement efficace. Dès qu'il entre avec sa bouteille, le Badin [10] s'étonne de sa structure, car elle renferme un bateau. Obsédé, il ne cessera de revenir à la bouteille jusqu'à la fin de la pièce, quel que soit le sujet du dialogue. Au reste, quand il se dégage de son obsession puérile, c'est pour mêler, dans la plus grande incohérence, les proverbes, les passages de l'histoire sainte qu'il récite, les chansons. Il est incapable de poursuivre un dialogue ; il saute d'un propos à l'autre, niant la logique de la conversation. Jenin met toute son application à s'enquérir de ce qu'il vaut mieux ignorer : il veut savoir qui est son père. Ce sera le sujet de la farce. Ne devinant rien quand il constate les réticences de sa mère à répondre, il va inlassablement la persécuter de ses questions :

Qui estoit donc en vostre lict
Couché avec vous quant (je) fus faict [11] ?

Puis il questionne le prêtre qu'on soupçonne d'être le père ; quand celui-ci a avoué, Jenin exulte d'une joie ridicule :

Noel ! Noel ! Je l'ay trouvay :
Vecy celuy qui m'a couvé [12].

C'est encore Jenin qui nous fournira un exemple de logique poussée jusqu'à l'absurde, car elle fonctionne à vide, de manière formelle, sans prendre garde à la réalité. Il poursuit l'interrogatoire de sa mère :

---

6. P. 6.
7. P. 10.
8. *Jenin, fils de Rien (A.T.F.,* I, p. 351 sqq.).
9. P. 361.
10. *La Bouteille.*
11. *Jenin, fils de Rien,* p. 354.
12. P. 358.

JENIN. — Mais que teniez-vous embrassé
    Quand je fus faict ?
LA MÈRE. —   Une jacquette.
JENIN. — Vrayement doncques, sans plus d'enqueste,
    Une jacquette, c'est mon père [13].

Robin Mouton [14], au nom bien campagnard, fait éclater sa niaiserie
différemment. Ce jeune idiot, dont l'esprit retarde singulièrement sur
l'âge, ignore encore les choses de la vie. Sa mère veut le marier à Peu
Subtille. Mais il a d'autres préoccupations, et refuse de se rendre à l'appel
de sa mère :

               Par mon sacrement
Je pais mon chat [15].

D'ailleurs, du mariage il ne sait rien :

               Et mais que sçay-je ?
Esse une beste sauvaige [16] ?

Les explications qu'on lui fournit ne le convainquent guère, car il craint
de devenir le « varlet » de celle dont on lui dit qu'elle sera dame de ses
biens et de sa maison — intuition fort juste du naïf, si l'on en croit les
farces. La noce a cependant lieu, et arrive le moment de coucher les
jeunes mariés. Mais Robin refuse de rejoindre l'épousée ; ou alors,
puisqu'il faut monter sur elle, qu'on lui apporte une échelle pour y
monter plus à son aise [17] !

On nous permettra, pour parachever la peinture de ces jeunes naïfs,
d'utiliser *Les Trois Galants et Phlipot* [18], pièce traditionnellement rangée
parmi les sotties [19] à cause des trois galants, dont l'emploi était proche
de celui des sots ; en réalité, cette petite comédie est une farce. L'ignorant
Phlipot fait en quelque sorte son apprentissage, loin du foyer familial, et
affronte le monde. « Ce sotart », cet « innocent » va donc être le jouet des
trois galants. Le premier aspect de sa naïveté se marque dans cette
confiance et cette crédulité qui l'accompagnent tout au long de la pièce,
et permettent toutes les tromperies. Les galants lui conseillent-ils d'aller

---

13. P. 355. La fantaisie de Jenin est parfois bien étourdissante (voir sa tirade
finale, p. 369-371).
14. *Le Mariage Robin Mouton* (*Cohen*, n° XXXII).
15. V. 29-30.
16. V. 54-55.
17. Voir le dialogue avec sa mère, v. 192 sqq.
18. *Le Roux*, IV, n° 71.
19. La sottie peut être éliminée de notre étude du naïf. On repère bien quelques conduites de naïveté dans ce théâtre de combat, où la critique se cache derrière le masque de la fantaisie ; mais elles sont au service de la satire politique ou
morale. La naïveté joue à plein dans les farces, parce que celles-ci sont la transposition esthétique de situations de la vie réelle ; au rebours, la sottie se soucie peu
de représenter des rapports humains.

prier Dieu pour connaître sa vocation ? Puisque Phlipot ne trouve pas étonnant de consulter Dieu et d'obtenir de lui une réponse, un galant caché tiendra le rôle de Dieu. Les galants, dès lors, vont pouvoir, à l'aide de déguisements, jouer à leur dupe plusieurs comédies, sans que jamais Phlipot découvre la réalité. Il ne voit pas qu'ils se dissimulent sous l'aspect de cordonniers, dont il partage un temps la pratique. Il ne voit pas davantage que les galants, autrement déguisés, jouent devant lui la comédie de deux soldats qui assaillent et rançonnent un pauvre paysan ; mort de peur, il ne pense qu'à se cacher. Il restera également aveugle devant la dernière mystification dont on le gratifie : deux des galants simulent une attaque, comme s'il s'agissait d'une bande ennemie venue s'en prendre au nouveau guerrier Phlipot. Celui-ci sera tombé dans tous les panneaux. Un autre aspect de sa naïveté mérite d'être relevé. Phlipot est à l'âge où l'adolescent devient adulte et prend un métier ; or, il n'envisage guère cette réalité. Aux questions des galants sur l'avenir, le niais ne sait répondre autre chose que « Rien » ou « Je ne sçay » ; ou alors, il formule des rêves aussi inconsistants que puérils, comme celui d'être le roi. De plus, il ignore qu'un métier s'apprend, durement et à force de temps. On le voit quand il se réjouit de cette réponse qu'il croit faite par Dieu :

> Je te donne telle puissance
> Qu'en tous mestiers que tu vouldras
> Incontinent maistre seras [20].

Ayant fait choix de l'état de cordonnier, il pense que, magiquement, une simple prière à Dieu le rend habile artisan :

> Sa, de par Dieu, je suys ouvrier ;
> Car j'ey senty a la requeste,
> Entrer la sience en ma teste
> Grosse comme le museau d'un veau [21].

Mais Phlipot se lasse vite et abandonne : être instable, irréfléchi, le naïf n'avait pas prévu les servitudes du métier. Il préférera devenir « gendarme » et piller la campagne, à l'instar des francs archers, dont il retrouve l'insolence et la peur ; lors de l'attaque simulée, il finit par crier : « Vive !... les plus forts », refuse de combattre et se fait copieusement rosser. Ecoutons ce soupir échappé au piètre soldat, qui dit assez l'échec rencontré par ce merveilleux naïf dans son apprentissage :

> Je vouldroys bien estre cheulx nous.
> Voiecy une vye malureuse [22].

---

20. P. 10.
21. P. 17.
22. P. 37.

Tous les jeunes villageois n'ont pas la sagesse de Jacob [23], qui refuse mordicus d'aller aux écoles. A son père qui l'y pousse, car il le voit déjà cardinal, il répond seulement :

> Il ne m'an chault pas de deux aulx,
> Par Dieu, je veulx garder les pors [24].

D'ordinaire, en effet, ces jeunes gens sont plus ambitieux et partagent les rêves de promotion caressés par leurs parents. Ils oublient leur condition de gars de village [25], leur nature réfractaire à toute instruction, et, en badins qu'ils sont souvent, ces êtres légers ne demandent qu'à s'envoler dans les espaces aériens de l'illusion. Nos farces, qui ont fait du paysan envoyé aux écoles un véritable type comique [26], montrent le retour inéluctable de ces naïfs au sentiment du réel. Ils sont décidément trop niais pour se frotter de science, et se fourvoient dans une entreprise qui ne leur convient pas. En outre, l'éducation reçue, où le latin tient une grande place, ne pourra que leur brouiller définitivement la cervelle. En les mettant en scène, les farces font rire de naïfs pleins d'illusions sur leurs capacités réelles, mais critiquent aussi un système d'éducation qui risque fort de rendre ses victimes inaptes à la vie en société [27].

Ces garçons — dont le nom indique suffisamment la niaiserie — visent assez haut. A part Mimin, dont ses parents voudraient plutôt faire « un maistre praticien » [28], donc un juriste capable de gérer l'héritage, les autres écoliers sont destinés à la prêtrise. Le Fils de la *Farce d'un qui se fait examiner pour être prêtre* [29], qui jargonne déjà le latin, désire être « sacerdos » « devant qu'il soit la penthecouste » [30]. Pernet [31], lui, brûle les étapes ; faire de lui un prêtre ? Que non pas :

> Sainct Jehan, je ne le veulx pas estre.
> Or allez, dame, par despit.
> M'avez-vous pas une fois dit
> Que vous me voulez faire evesque [32] ?

---

23. *Le vilain et son fils Jacob.*
24. V. 65-66.
25. *Les Enfants de Bagneux* peignent, saisies en pleine pâte paysanne, leurs préoccupations et leurs amours.
26. Voir H. Lewicka, *Etudes sur l'ancienne farce française*, 1974, p. 32-46.
27. Voir les remarques d'E. Philipot, à propos de *Maître Mimin étudiant* (*Notes sur quelques farces de la Renaissance*, in *Revue des Etudes Rabelaisiennes*, IX (1911), p. 402).
28. *Maître Mimin étudiant* (Philipot, *Trois Farces...*, p. 141 sqq.), v. 80.
29. *A.T.F.*, II, p. 373 sqq.
30. P. 375. Au début de la farce, il affirmait que si son père avait vécu, il l'aurait fait « evesque de Romme » (p. 374) !
31. *Pernet qui va à l'école* (*A.T.F.*, II, p. 360 sqq.).
32. P. 364.

Jehan Jenin [33] rêve encore position plus élevée. Il est vrai qu'à côté des autres écoliers, qui en sont à peine aux rudiments, Jehan Jenin est d'une autre volée : après avoir étudié les arts libéraux, la médecine, le droit civil et le droit canon, il est en train de faire sa théologie. Aussi apparaît chez lui un trait bien déplaisant : l'étudiant se montre fort infatué, et affiche pour sa mère villageoise un mépris bien condescendant [34]. Comme il se vante devant elle de sa nouvelle science d'interprète des songes, sa mère Jaquette lui en propose plusieurs, au demeurant fort clairs [35] ; à chaque fois, Jenin les déchiffre en fonction de ses ambitions. On le voit ainsi parcourir tous les degrés de la hiérarchie ecclésiastique, depuis la simple « clergie » jusqu'au souverain pontificat :

> Tredille, ma mere, c'est fait,
> Je seray [ung] pape parfait,
> Plus ne me fault que aller a Romme [36].

Mais ces « ânes infatués » ne font jamais oublier ce qu'ils sont. Les deux farces d'*Un qui se fait examiner pour être prêtre* et de *Pernet qui va à l'école* [37] montrent la piètre qualité intellectuelle de ces candidats à la prêtrise. Ils ont tenté déjà d'assimiler quelques rudiments d'instruction ; les voilà donc capables d'agrémenter leur discours de bribes de latin macaronique ou, par manière de jeu, de mimer la messe. Le Fils a construit un petit autel ; Pernet ouvre ainsi la farce :

> Per omnia secula seculorum. Amen.
> Sursum corda. Habemus a Domine.
> Qu'en dictes-vous ? Suis-je curé [38] ?

Ils restent pourtant des enfants stupides et désespèrent leur mère par mille et une réflexions sottes. La preuve en est administrée au moment où ils se trouvent en face de leur examinateur. Muni de son écritoire, de ses plumes, et même, en guise de canif, de sa serpe, le Fils, riant aux anges, se présente ainsi à l'examinateur :

> Je vous salue bien haultement,
> Monsieur, ma mère me l'a dit [39].

Ce n'est que la première bourde de cet étourdi, qui prétend argumenter avec le vicaire, mais qui, au moment de répondre, demande à boire, invoque un besoin pressant pour retarder l'interrogation, ou équivoque grossièrement sur une forme latine. On ne peut prendre Pernet plus au sérieux.

---

33. *Maître Jehan Jenin, vrai prophète* (Trepperel, II, p. 63 sqq.).
34. Voir v. 112-114.
35. V. 201-290.
36. V. 256-258.
37. Celle-ci est probablement une imitation de la première.
38. *Pernet qui va à l'école*, p. 360.
39. *Un qui se fait examiner pour être prêtre*, p. 383.

Il faut l'entendre réciter l'alphabet. Chaque lettre épelée est l'occasion pour le sot de montrer sa niaiserie. Prenons la récitation en cours :

LE MAITRE. — Or, dictes après, maistre quoquart,
                L.
PERNET. — Une aelle ? mais de quel oyseau ;
         Ce n'est pas celle de nostre veau.
LE MAITRE. — Voicy bien pour devenir fol !
         Or ça ; quelle lettre esse cy ?
PERNET. — M.
LE MAITRE. — N.
PERNET. — Une asne ? Et où sont les oreilles ?
         Par bieu, vous me dictes merveilles.
         Mais qui en veit onc ung ainsi faict ?
LE MAITRE. — Je suis content que ainsi soit.
         Disons toujours. O.
PERNET. — Et quel os est-ce ? de mouton [40] ?

Inutile de continuer ; concluons avec le maître :

Sainct Jehan, ce lourdault me faict rire [41].

Ce thème de l'examen ridicule, qui fait jaillir la niaiserie du candidat, fournit sa matière à la farce du *Clerc qui fut refusé à être prêtre pour ce qu'il ne savait dire qui était le père des quatre fils Aymon* [42], dont le titre résume le sujet. Sans voir que la question fournit la réponse, « Jenin clerc » avoue son ignorance devant l'official. Par une analogie empruntée à la vie courante, le maître montre à Jenin que la question était simple : c'est comme si on lui avait demandé qui est le père des enfants de « Collard le Fèvre ». C'est Collard, répond sans hésiter le niais, car il connaît bien l'homme et ses enfants. Incapable d'abstraction, ce qui est pourtant la première démarche de l'esprit, il va montrer une deuxième fois sa sottise. Il croit en effet que l'analogie donnée par son maître lui a fourni la réponse à la question de l'official. Et d'affirmer avec un bel entêtement à l'examinateur que le père des quatre fils d'Aymon est Collard, « un mareschal qui fait les cloches » [43].

Certains peuvent pousser plus loin leurs études, mais les résultats sur ces cervelles éventées laissent rêveur, et renforcent l'idée que la science dont les pédants cherchent à les gaver est inutilement gaspillée : ils ne

---

40. *Pernet qui va à l'école*, p. 369.
41. P. 371.
42. *Cohen*, n° XI.
43. Soumis à un examen, Guillerme (*Guillerme qui mangea les figues du curé*) ne serait pas plus brillant ; il profite mal des leçons du curé. Son latin de cuisine ne l'empêche pas de multiplier les propos de sot. Comment l'instruire, alors qu'il répond toujours à côté ? Il avoue d'ailleurs que sa clergie lui « ront la teste » (*A.T.F.*, I, p. 329). Et la farce montre, on l'a vu, sa balourdise dans l'accomplissement d'une simple commission.

sont pas faits pour les études, et finissent par l'admettre. Jehan Jenin a été atteint par l'excès de savoir. On s'en rend compte dès qu'il entre en scène, mêlant beaucoup de latin à des discours où il divague :

> Dieu, je ne scay [pas] où je suis.
> Tant specule parfondement
> De mon agu entendement [44].

Oui, il a quitté le terrain du bon sens ; le prouvent ses ridicules prophéties ou ses sottes élucubrations sur la signification de la comète. Se voit-il pape ? Le serrurier devra lui faire une « grosse clef » ; et, disposant des pardons, il en donnera

> [...] a nostre jeune oyson
> Et aussi a nostre vieil chapon
> A qui je crevay les deux yeulx [45].

Mais il devra déchanter, car il croit autant les rêves de sa mère qui prévoient son ascension que ceux qui annoncent sa chute. Dans sa désillusion, le naïf s'en prend à sa mère :

> Peu ne me tient que ne vous frappe,
> C'est par vous que cella se pert [46].

Du coup, aussi follement qu'il se voyait installé dans les plus hautes charges, il décide de tout quitter pour partir prêcher la foi aux païens. Et, en dressant son testament, il montre encore sa persistante bêtise ; quand sa mère lui dicte ce qu'il doit écrire, il la coupe niaisement :

> LA MÈRE. — Or bouter : Item je vous laisse :
> FILIUS. — Dieu, ma mere, où alés vous ?
> LA MÈRE. — Nulle part, mon filz, escrivé :
>   Item je laissë a ma mere [47]...

Le retour au naturel est encore plus net chez Mimin. Confié au Magister, il donne des espoirs. Mais il a tant étudié, il a si bien appris à parler latin qu'il ignore à présent sa langue maternelle. Etudes, livres et livrets lui ont troublé l'entendement. De fait, cet étudiant appliqué ne peut pas répondre à son maître en français :

> *Ego non sire,*
> *Franchoyson jamais parlare,*
> *Car ego oubliaverunt* [48].

Ces talents n'émerveillent guère la famille et la future belle famille, que l'inquiétude rassemble auprès du jeune niais ; on décide de le soustraire

---

44. *Maître Jehan Jenin, vrai prophète,* v. 37-39.
45. V. 268-270.
46. V. 301-302.
47. V. 339-342.
48. *Maître Mimin étudiant,* v. 118-120. — Et quel latin !

à la férule du Magister et de « le rebouter en nature / De parler françoys » [49], avec la délicatesse féminine nécessaire à « un enfant qui vient
des estudes » [50]. Lubine et la fiancée lui introduisent donc la tête dans
une cage à poussins (on apprend bien à parler aux oiseaux en les mettant
dans une cage !), et, en lui faisant répéter un certain nombre de phrases,
parviennent à rééduquer le niais à l'usage de sa langue maternelle. Peu
importe qu'il répète d'abord tout ce qu'il entend, indistinctement, tel
quel et sur le même ton ; il est rendu aux siens et à sa nature. Il est
d'ailleurs significatif que sa mère et sa fiancée, dans les phrases destinées à être reprises par lui, énoncent les sentiments fondamentaux qui
auraient dû rester les plus chers au cœur de Mimin : l'affection et le
respect filiaux, l'amour pour sa fiancée [51]. Ainsi traité, Mimin est revenu
à lui : il siffle comme un oiseau en cage, se réjouit de parler sa langue,
invite à boire, s'enquiert si l'on mangera le grand oison qui lui « becquet
dessus le nez » [52], et quitte la scène en chargeant sa fiancée sur son col [53].
Toute ambition de science abandonnée, maître Mimin est redevenu un
jeune badin de la campagne.

L'ambition de nos jeunes niais est d'abord provoquée ou approuvée
au sein de la famille ; leur entourage n'échappe pas à la naïveté. Une
villageoise seule pour élever son enfant chéri, un père, des parents tous
deux ambitieux, autant de personnages campagnards qui rêvent d'un
avenir meilleur pour une progéniture tendrement aimée, mais trop esti-
mée. Tous les projets passent par les études, qu'on vise une carrière
ecclésiastique ou une carrière juridique. Mais, si ces gens simples jugent
mal les capacités de leurs fils, s'ils admirent un temps leur ridicule
vernis de science, ils reviennent souvent, avec un vigoureux bon sens,
à une appréciation plus juste de la réalité : c'était sottise que de songer
à faire des clercs de tels sots.

On comprend le rêve. Au moment d'établir son enfant, comment
ne pas caresser l'ambition de le voir échapper à sa vie de simple paysan
et accéder à un état plus considérable ? Il gagnera donc une belle situa-

---

49. V. 262-263.
50. V. 335.
51. Voici la leçon de la fiancée (v. 351-354) :
    « LA FIANCÉE. — Or dictes : « M'amye, ma mignonne. »
    Mᵉ MIMIN *respond si cler.* — Or dictes : M'amye, ma mignonne. »
    LA FIANCÉE. — « Mon cueur et m'amour je vous donne. »
    Mᵉ MIMIN. — Mon cueur et m'amour je vous donne. »
52. V. 392.
53. Le geste est accompagné d'une réflexion plutôt indélicate (« Mon père,
qu'elle a le cul mol », v. 403). Même quand il ne parlait que latin, Mimin gardait
sa sensualité pour la petite fiancée ; comme le dit le Magister, les mots qu'il
prononce en embrassant celle-ci, aux vers 219-222, « sentent un peu la chair »
(v. 226) !

tion dans la cléricature, prêtre à coup sûr, sinon davantage ; le Vilain l'affirme à son fils Jacob :

> Tu estoies jay escript ou role
> De quoy on fait les cardinaulx [54].

Et les sacrifices ne sont pas épargnés pour assurer l'éducation d'un fils ; comme la mère d'*Un qui se fait examiner pour être prêtre*, comme la tante du *Mari jaloux*, le Vilain est prêt à dépenser son bien :

> Car vraiement je veulx tout vandre
> Pour toy fere clert excellant [55].

Si sa tante suit un instant Colinet dans ses beaux rêves de promotion, c'est probablement que ceux-ci comblent chez elle des désirs que la réalité n'a cessé de décevoir ; le badin promet si gentiment à sa tante tout ce qui lui manque : écus, « fringotieux habitz », nourriture moins pauvre, et même son portrait au mur du palais qu'il ne manquera pas de posséder [56] !

Les parents nourrissent ce rêve ambitieux d'une illusion, qui s'explique par l'affection qu'ils portent à leurs enfants : une fierté, parfois une admiration niaise pour leur badin d'écolier, qu'ils sont sûrs de faire partager au magister.

> Ha ! que le maistre fera grant compte
> Quant il verra mon filz Jacob [57],

s'exclame le Vilain. Les mères restent en extase devant ces beaux génies qu'elles ont enfantés ; la mère d'*Un qui se fait examiner pour être prêtre* en prend derechef le public à témoin :

> Je croy que d'ici [jusque] à Romme
> Il n'y a [ne] beste ne gent
> Qui ayt si bel entendement,
> Comme il a ; [ne] le voyez-vous [58] ?

Tout cela parce que le « si sciantificque » enfant a fabriqué, en son absence, un petit autel pour chanter le *Per omnia* ! Et il faut voir la sollicitude admirative dont elles entourent les premiers pas de l'écolier dans la nouvelle voie ! La mère de Pernet ne semble pas du tout se rendre compte de la bêtise de son fils ; au cours de l'interrogation burlesque sur l'alphabet, elle a des réflexions aussi sottes que celles de son fils, pour lequel elle redit son admiration et qu'elle défend au besoin

54. *Le Vilain et son fils Jacob,* v. 63-64.
55. *Ibid.,* v. 81-82.
56. *Un mari jaloux, A.T.F.,* I, p. 129 et p. 130.
57. *Le Vilain et son fils Jacob,* v. 40-41.
58. P. 380.

contre le maître excédé [59]. Veut-elle faire l'éloge du badin « digne d'estre pape » ou de son « bel entendement » ? Elle trouve ce dernier argument :

Il met aussi bien la nappe
A l'heure qu[e] il fault disner [60].

Pour être plus sensés, Raulet et Lubine ne sont pas moins persuadés et fiers de l'intelligence de leur Mimin : c'est pour cela qu'ils ont acheté des livres et conduit Mimin chez le maître [61].

Il faut tenir compte aussi de la révérence que marquent tous ces campagnards à l'égard de la culture, fût-elle la plus sottement superficielle, et limitée à un jargon latin. Quand la famille et la belle famille future de Mimin se transportent chez le Magister, les braves campagnards manifestent leur timidité et leur gêne sur le seuil du pédagogue, impressionnés par l'important et ridicule couple des pédants. Alors que le latin de Mimin fait rire sa fiancée, Raulet commente gravement : « Il sçait beaucoup, dea » [62] ; c'est encore Raulet qui tente de disculper le maître [63], tant le savoir lui paraît respectable. L'admiration de sa mère pour Jehan Jenin se tempère d'inquiétude, mais elle reste grande :

Ma foy, il sait plus [de] trois fois
Que les docqueteurs de Paris [64].

Et grand le respect qu'elle doit témoigner à ce fils bien aimé et si puissant savant [65] !

Toutefois, la naïveté des parents campagnards trouve des limites. D'une part, nos farces présentent des mères parfaitement lucides sur la niaiserie de leur fils. Dans l'école, la mère de Jenin ne voit pas le moyen de satisfaire une ambition, mais plutôt un remède à l'ignorance et à la bêtise de son fils : il devra aller en quelque école « pour sagement respondre aux gens » [66]. Quant au badin de *La Bouteille*, il est sans doute stupide, mais chacun tombe d'accord qu'il en sait assez pour être prêtre : ni illusion sur les capacités de l'enfant, ni particulière considération pour le clergé ! D'autre part, l'amour maternel n'ôte pas toute lucidité, même aux femmes qui voient déjà leur fils évêque ; elles pensent probablement qu'il pourra s'amender. Plus souvent que la mère

---

59. *Pernet qui va à l'école*, p. 368 par exemple :
   « Nostre Dame, maistre, il dit très bien ;
   Il congnoist mieulx que vous ne faictes. »
60. *Ibid.*, p. 367.
61. *Maître Mimin étudiant*, v. 26-32.
62. *Ibid.*, v. 188.
63. V. 209-210.
64. *Maître Jehan Jenin, vrai prophète*, v. 32-33.
65. V. 72-83 ou v. 280-282.
66. *Jenin, fils de Rien*, p. 353.

de *Pernet qui va à l'école*, la mère d'*Un qui se fait examiner pour être prêtre* est obligée de s'avouer vaincue par la bêtise de son fils ; chacune des balourdises de celui-ci soulève en elle un mouvement de réprobation et de dépit devant ce garçon qui n'est qu'un fol [67]. Mais, dans ces deux farces, l'illusion reprend vite le dessus, et la fierté pour le fils badin. Enfin, les enfants rencontrent de plus sages adultes, qui renoncent aux rêves naïfs. Telle la tante de Colinet, qui a tôt fait de ramener son neveu à la dureté de la réalité ; crosse et mitre ne sont pas pour lui : il est trop pauvre, et trop niais, comme le prouve la suite de la farce [68].

Deux farces vont encore plus loin et montrent comment nos paysans, effarés par les ravages qu'ont occasionnés les études chez leurs enfants, abandonnent toute ambition, toute illusion, et s'attachent même à les guérir de leur naïveté — si possible — et à les faire revenir à des conduites plus conformes à leur nature et à la raison. Dès son premier monologue, la mère de Jehan Jenin — dont le langage populaire et fautif s'oppose au discours pédantesque de son fils — voit son cœur de mère partagé entre l'affection admirative pour le savant rejeton, et la crainte :

> Dame, il se boute tant parfond
> Que l'on ne peult trouver le fons
> En la science où il se boute.
> Je doubte, je doubte, je doubte
> Et crains fort, maistre Jehan Jenin,
> Qu'il ne soit fol en la parfin [69].

Entre-t-elle vraiment dans les ambitions de son fils ? Elle ne peut, sans doute, y être insensible. Mais cette femme simple a assez de bon sens pour l'en guérir. Les songes qu'elle propose à la sagacité du jeune cuistre sont didactiques : ils visent à le défaire de son orgueil, et à le débarrasser de ses irréalisables ambitions. Rappelons, pour finir, l'énergique rééducation entreprise par la famille de Mimin ; les rêves de promotion par l'école ont vite été abandonnés par les parents campagnards. Mettre Mimin à l'école ?

> [...] c'estoit affin qu'il affolle [70],

affirme d'emblée Lubine, qui arrache son fils au pédant, afin de le rendre à sa destinée première : le bonheur au village, avec la fille de Raoul Machue.

---

67. Par exemple, p. 376 :
    « Jamais un sot ne sera sage,
    Au moins un pareil que tu es. »
68. *Un mari jaloux*, p. 131.
69. *Maître Jehan Jenin, vrai prophète*, v. 17-22.
70. *Maître Mimin étudiant*, v. 25.

III. — LA VIE CONJUGALE.

Une proportion considérable des farces qui nous restent sont consacrées aux difficultés et aux accidents de la vie des ménages. L'image
qui est donnée montre des rapports sans tendresse et sans bonheur :
tout est occasion de querelles ou de conflits plus graves. Aucune har-
monie n'est réalisable entre les partenaires ; une perpétuelle tension
oppose les unes, acariâtres et infidèles, aux autres, lâches et sots. La
tradition gauloise fait du mariage le lieu « ou il y a plus de debat » [1].
Ainsi la vie conjugale, avec ses luttes et ses tromperies, se révèle un
domaine privilégié pour l'étude des naïfs. Chaque membre de l'inévitable trio en fournira des incarnations, rares pour les femmes et les
amants, innombrables pour les maris.

Parmi tous les défauts attribués aux femmes — et la liste en serait
longue dans nos farces ! —, la ruse est toujours relevée comme le
principal. Dès lors, on voit mal comment leur caractère peut laisser de
la place à la naïveté. Toutefois, elles ne sont pas toujours maîtresses du
jeu. Il arrive d'abord que des jeunes filles sans méfiance se trouvent
victimes d'une tromperie. On rencontrera ensuite — exemple rare ! —
une épouse dupée par un mari plus malin.

S'agissant de filles, il est une première manière de devenir un personnage de naïf, et une victime : la séduction par un fiancé indélicat.
La chose est suggérée dans la farce de *L'Official* : la séduction a eu lieu
avant le début de la pièce ; la fille s'est abandonnée à Colin, sans réfléchir que les promesses de ce dernier étaient fallacieuses. Comme, devant
le juge, le redit vigoureusement la mère, qui ressent vivement le déshon-
neur de sa fille :

> Monsieur, de Colin je me deulx,
> Qui a ma fille viollee,
> Puys dict qu'i ne l'a acollee,
> Combien qu'i luy ayt sur bon gage
> Promy sa foy en mariage [2].

Promesses classiques, qui ne trompent que les naïves amoureuses [3]. Dans
Le Porteur d'eau [4], l'indélicatesse du fiancé est d'un autre genre. Jour

---

1. Selon la sottie du *Pèlerinage de mariage* (*Le Roux*, I, n° 19, p. 9).
2. Philipot, *Six Farces...*, p. 97, v. 90-94.
3. Voir les trois filles de *Jehan de Lagny, messire Jehan*, que Jehan de Lagny
dupe par de semblables promesses.
4. *Fournier*, p. 456 sqq. Cette farce se donne pour écrite en 1632. A. Adam
(*Le Théâtre classique*, 1970, p. 95) pense qu'elle a été effectivement composée vers
1630, et non plus tôt. Nous l'utilisons toutefois dans ce chapitre, eu égard au fait
qu'elle représente bien le courant traditionnel de la farce gauloise, dont on réédite
précisément de nombreux textes dans le premier tiers du XVIIe siècle.

est pris pour le mariage, et les amis sont conviés. Le futur, qui n'a pas le sou, s'est fait fournir vêtements et argent par la fiancée, qui compte sur ce mariage pour s'établir. Mais le jour de la noce, il décampe :

> Je seroys fol et ignorant.
> Voilà que me voy de l'argent,
> Un bon habit, un bon manteau :
> Ma foy ! je seroys bien lourdaut,
> Si j'estois icy d'avantage [5].

Et les beaux rêves de la pauvre « espousée » de s'écrouler ; elle a été dupée.

La farce du *Galant qui a fait le coup* [6] présente ce cas unique d'une épouse naïve complètement dupée. Crespinette — c'est son nom — a commis une première erreur : elle est partie, seule, en pèlerinage, laissant au logis son mari Oudin et sa chambrière Malaperte, sans se douter de ce qui pourrait arriver, et qui arrive effectivement ! Oudin a fait le coup si bien que la chambrière est grosse. La ruse d'Oudin, aidée des conseils du médecin, donnera le change à Crespinette. La voici, sans méfiance aucune, de retour de son pèlerinage, qui approche de la maison, ne pouvant s'empêcher d'exprimer sa joie de revenir et celle qu'elle suppose identique chez les siens [7]. Une fois entrée, la naïve ne voit pas malice dans le fait que son mari lui demande de l'« acoler fermement ». Amour sincère de son mari et manque de méfiance se retrouvent, quand, devant Oudin qui joue le malade, elle exprime sa douleur :

> Le cœur de moy est si mary
> Que je ne sçay que je doy faire [8].

C'est dans le désarroi, se lamentant sur la mort prochaîne de son époux, qu'elle part consulter le médecin. Redoublement de crédulité alors, quand elle croit, presque sans broncher, que son mari « est enchainct d'un enfant tout vif » [9], et quand elle accepte les explications invraisemblables du médecin :

> Ce avez vous faict,
> Car quant vous fustes arrivée,
> Du voyage où estiez allée,
> Vous l'accolites,
> Et à l'heure le resjouites
> Si très avant,
> Qu'alors proceda un enfant [10].

---

5. P. 460.
6. *Mabille*, I, p. 217-248. Même farce dans *Le Roux*, II, n° 38, sous le titre *Le Médecin et le badin*.
7. Voir les vers 58-73 et 189-192.
8. V. 240-241.
9. V. 286.
10. V. 290-296.

Seul remède : faire coucher son mari avec la chambrière ! Et, tableau admirable, nous voyons la femme supplier la chambrière, qui fait la difficile, de coucher avec son mari Oudin, et s'éloigner discrètement en murmurant :

Ouy, le troisième n'y vault rien [11].

Ainsi le mari passera son mal à la chambrière... Manque de méfiance, crédulité excessive, manque d'esprit critique, poussés ici jusqu'à l'invraisemblance : nous retrouverons ces traits, et bien plus souvent, chez les maris.

Il ne devrait pas y avoir beaucoup à dire de l'amoureux, personnage peu recommandable, lubrique et lâche, qui se présente souvent sous les traits du curé ou d'un moine. En effet, quand il se met d'accord avec la femme pour réaliser ses désirs et berner le mari, il n'a rien d'un naïf, même si à un moment de l'intrigue la naïveté se glisse par une faille dans sa conduite [12]. Par contre, quand une sensualité sans borne l'envahit au point qu'elle oblitère ses facultés critiques et surtout sa prudence, nous retrouvons un véritable personnage de naïf. Le modèle le plus net en serait Réjoui [13], que personne ne cherche à tromper, et qui fait seul son malheur ; trop heureux d'avoir obtenu un rendez-vous de Tendrette, il s'empresse de dévoiler sa bonne fortune à Gaultier, le mari de sa conquête !

Dans certaines farces, sans en parler à son mari, l'épouse berne de chauds amants. Il s'agit de deux farces du *Recueil* de Cohen [14]. Dans *Les Trois Amoureux de la croix*, trois amants, qui ne peuvent plus attendre [15], obtiennent, moyennant argent, les faveurs de la dame, du moins sous forme de promesses. Elle leur fait admettre un curieux déguisement (l'un se vêt en prêtre, l'autre en mort, le troisième en diable), et les convoque pour la même heure, au même endroit, près d'une croix, se gardant bien elle-même d'aller au rendez-vous. Après avoir eu bien peur, les galants accourus se reconnaissent et constatent qu'ils ont été « farcés » par la femme. Ils admettent leur naïveté :

---

11. V. 367.
12. Dans l'adultère, il commet une erreur identique à celle de la femme qui le reçoit : le manque de prudence à l'égard du cocu, que l'on croit trop bête ; or celui-ci non seulement dérange leur entreprise, mais oblige l'amant à de lamentables retraites, ou même en tire vengeance (voir, par exemple, *Un Amoureux, Frère Guillebert, Le Poulier à quatre personnages, Le Retrait, Celui qui garde les patins, Une Femme à qui son voisin baille un clystère*). Qu'on songe aux avanies subies par les galants des monologues, à qui font parfois penser les amoureux des farces.
13. *Réjoui d'amour.*
14. *Les Trois Amoureux de la croix* (n° VIII) et *Les Amoureux qui ont les bottines Gaultier* (n° IX). Sur le thème général de la femme séductrice d'amants qu'elle berne, voir *Le Dorelot aux femmes*, et la farce allégorique de *La Pippée*.
15. « J'ayme mieux mourir, bref que languir », déclare le premier (v. 1).

Vous qui estes en amours boutés,
Gardez-vous de telles finesses.
Ne vous fiés pas en promesses
Ainsi qu'avons fait simplement [16].

Dans *Les Amoureux qui ont les bottines Gaultier,* Rousine, la femme, doit se défaire de deux amoureux ; à chacun elle fixe un rendez-vous, et, comme gage de son bon vouloir, remet une bottine de son mari. Au rendez-vous, chaque amoureux fait le fier auprès de son compagnon, jusqu'au moment où sont exhibés les gages décisifs...

Mieux encore : il arrive que la femme berne son ou ses amoureux avec l'accord et l'aide de son mari. C'est le thème du *Poulier à six personnages* [17]. Marquons les principales étapes de la naïveté des deux gentilshommes amoureux de la belle meunière, qui sait leur goût pour son corps. Le meunier, engagé dans un procès pour récupérer un héritage, ne sait comment résoudre ses embarras d'argent ; son épouse lui propose une « finesse », dont ils règlent soigneusement la mise en scène. Les deux nobles lubriques vont donner tête la première dans le piège, tant leur irrépressible désir les aveugle. Il suffit d'écouter le premier :

De tant atendre je ne puys.
A peu pres de renyer suys
La loy nouvelle & l'ancienne.
Sang bieu ! sy tenir la puys myenne
A mon desir & mon entente
Je la baiseray des foys trente
En faisant l'amoureulx delict.
O que la tenir sus un lict
Pour la ribaulder quinze jours [18] !

La meunière le reçoit, racontant que son mari dort, et refuse d'abord ses abruptes propositions. Mais le gentilhomme menace les meuniers — on lui doit, en effet, de l'argent ; du coup, la meunière dit céder et se promet, pour que le gentilhomme prête cent ducats. On devine la joie du naïf qui accepte aussitôt, réveille le meunier qui fait l'abasourdi, lui annonce le prêt, et l'expédie au plus vite hors du moulin ; le gentilhomme reviendra à cinq heures avec un gros chapon et une oie. Dans les mêmes dispositions, arrive le deuxième gentilhomme, à qui l'on joue la même comédie ; le galant propose lui-même le marché, que la meunière a l'habileté de ne pas accepter tout de suite ; il compte la somme au meunier, s'assure de son départ, et obtient rendez-vous de la meunière « entre sis et sept ». Les naïfs sont parfaitement joués : leur sensualité, l'habileté des trompeurs, qui ont su leur faire croire qu'ils se

---

16. V. 569-572.
17. *Le Roux,* II, n° 27.
18. P. 10.

pliaient au désir des nobles, ont détruit toute méfiance, toute réflexion.
La deuxième partie de la farce montre la défaite comique et cruelle
de MM. de La Papillonnière et Le Hannetonneur, qui ne peuvent jouir
de la dame ; le premier, qui mange et boit en toute tranquillité, pensant
le mari au loin, doit disparaître à l'arrivée du second, qui, à son tour,
fuit au retour du meunier. Les deux gentilshommes se retrouvent donc
ensemble dans le poulailler, d'où ils assistent, sans oser bouger ou crier,
à leur complète humiliation : non seulement meunier et meunière profitent des mets apportés par les amoureux, mais le meunier fait venir
les épouses des nobles et abuse d'elles, successivement, devant leurs
propres maris condamnés au silence. Le meunier fait enfin mine de les
découvrir :

> Et qui tous les deables a mys
> Ses galans la parmy mes poules [19] ?

Et il menace de les égorger. Les nobles, bernés, bafoués dans leur désir,
cocus et ridicules l'un vis-à-vis de l'autre, doivent, pour se sauver,
transformer en dons les prêts consentis. Comme le dit l'un deux,

> Quant amour un homme fol lye
> Y pert sçavoir & contenance [20].

Il nous faut terminer cette revue par quelques moines. Dans *Le
Savetier, le moine, la femme, le portier,* c'est le mari lui-même qui invite
un moine paillard à abuser de sa femme, après lui en avoir vanté les
qualités :

> Elle vous a ung corps tant gent,
> Ung nez faictifz, bouche riant,
> Et est faicte comme de cire
> Et si ne demande que rire [21].

Que le moine essaie donc, en prenant les habits du savetier ! Mais la
femme est d'une autre nature : elle a l'habitude de battre son mari ;
pour cette fois, c'est le moine qui prendra les coups. Il voudra se
venger ; mais, au lieu de la femme attendue, le mari vient au rendez-
vous, avec les habits de son épouse. Et voilà le moine une deuxième
fois battu. Poussé qu'il était par sa passion, il prend le savetier pour un
niais, alors que celui-ci lui tend un piège. Dans *Guilliod* [22], la situation
se présente différemment. Devant Guilliod qui dépeint tous les méfaits
de l'état de mariage, le moine soutient le contraire, tant le taraude sa
sensualité :

---

19. P. 42.
20. P. 45.
21. *Cohen,* n° XXXIII, v. 110-113.
22. P.p. E. Droz et H. Lewicka, in *B.H.R.,* 1961, p. 76 sqq.

> Mauldict soyt l'heure que fus onques
> Prebstre, ny moyne, et que ne suys
> Marié comme toy [23].

Guilliod saisit l'occasion ! Echangeons les rôles, puisque le moine, tout à son désir, ne veut pas voir les désagréments du mari ; aussitôt dit, aussitôt fait. Le moine déguisé se met au travail de Guilliod, et attend la femme, avec belle envie :

> Il m'ennuye que ne la bayse [24].

Mais quand « Douce amye » revient, il n'est pas question de la bagatelle : trouvant la besogne gâchée, elle le bat. Plus encore, notre moine sera doublement berné : Guilliod, bien tranquille au monastère, refuse de reprendre son premier état et laisse le naïf se plaindre de ce « change » !

Une abondante littérature antiféministe s'étend complaisamment, au Moyen Age, sur les dangers et les maux du mariage ; à l'envi, sermons joyeux, farces ou sotties — pour nous en tenir au théâtre — mettent en garde les benêts qui s'obstinent à désirer l'état d'époux, malgré les griefs dont est chargée la vie conjugale. De manière encore plus brutale, les farces conjugales, dans le tableau qu'elles brossent de la vie quotidienne des ménages, montrent, presque sans exception, les malheurs et l'échec du mari. Victime soumise et bafouée, le sot mari ne cesse d'être ridicule et trompé. Sa naïveté réjouissante, qui permet toutes les tromperies d'une épouse rusée, fait l'objet de la plupart de ces farces. Aussi convient-il de déterminer les conditions de l'infériorité des maris dans les rapports du couple, conditions qui rendent possibles les conduites naïves. Nous analyserons ensuite les principaux aspects de cette naïveté, avant d'en marquer les limites.

Tous les candidats à l'enfer conjugal ressemblent à l'étourdi Regnault, qui ignore les mises en garde de ses amis, et oublie tous les ennuis du mariage pour satisfaire sa sensualité :

> C'est soulas, c'est plaisir, c'est bruit,
> Quant on a jeune femme et belle,
> Car quant on s'esveille à minuit,
> On peult besongner sans chandelle [25].

De fait, dans le mariage, le désir ou l'amour seront, pour nos maris, des causes de soumission et d'aveuglement. Malgré les désillusions de l'expérience, malgré les querelles et les soupçons, on sent encore chez

---

23. V. 184-186. *Cf.*, plus loin, v. 190-191.
24. V. 298.
25. *Renaud qui se marie à Lavollée* (Cohen, n° VII, v. 66-69).

certains maris un attachement durable, qui les conduira à admettre bien des mensonges et bien des tromperies. Martin [26] est assez jaloux pour enfermer sa femme ; mais, une fois qu'on la lui a enlevée, il tient trop à la ravoir pour discuter les explications fournies au retour de la dame. C'est toutefois chez les nouveaux mariés que l'aveuglement de la passion s'exerce à plein. Il faut voir Jolyet [27], trop content de son nouvel état, entourer sa femme, l'accabler de ces petits noms qu'inventent les jeunes mariés, réclamer un baiser — en attendant mieux — et la saisir ; cette violente passion ne trouve guère d'écho chez la dame, mais explique en partie la crédulité de Jolyet. La farce du *Pauvre Jouhan* [28] développe admirablement cette donnée, dans la longue scène de l'habillement (v. 51-194). Jeune Affricquée, qui entend bien se faire admirer au dehors, se prépare à sortir, et charge un Jouhan empressé et soumis de compléter et de contrôler sa toilette. Prenant cette charge très au sérieux, mais l'accomplissant avec une grande maladresse, Jouhan s'affaire autour de la coquette, ne sait comment lui complaire, et accepte toutes les rebuffades. Mais le nouvel époux ne peut rester insensible : à manier sa femme en tout sens, à l'admirer, il ne contrôle plus un désir impérieux, qu'Affricquée rebute, après avoir tout fait pour l'enflammer :

AFFRICQUÉE. — Qu'avez-vous ?
JOUHAN. —   Je suis en hait.
        La salive me vient à la bouche.
        Baisez moy ?
AFFRICQUÉE. —   Ho ! qu'on ne me touche !
        Autrement je me courceroye.
JOUHAN. — Hé, belle dame...
AFFRICQUÉE. —   Hay, hay, hay !
JOUHAN. — Ha ! m'amyë, ung tour de groing.
AFFRICQUÉE. — Hay, hay, la teste !
        Des hommes ait on malle feste.
        Vous m'avez pres que descoeffee [29].

Comment s'étonner qu'incapable de lucidité, Jouhan la laisse sortir, sans deviner qu'elle rejoint un amant ?

L'ancienne farce n'a pas ignoré non plus la situation particulière des maris âgés, ni l'infériorité qui en résulte dans les rapports conjugaux. Avec une crudité qui ne laisse rien à désirer, les jeunes femmes se plaignent de ces grisons et de leurs insuffisances amoureuses, à eux-mêmes vertement reprochées. Le mari de *Frère Guillebert* est nommé, dans la liste des personnages, « l'homme vieil », et la femme, « sa femme jeune ». Ce Marin se défend mal des reproches de son épouse :

---

26. *Martin de Cambrai.*
27. *Jolyet.*
28. Edition E. Droz et M. Roques, 1959.
29. V. 149-157.

Je fais tout le mieulx que je puis.
J'en suis, par Dieu, tout strebatu [30].

Mais cela montre assez sa soumission. Que l'épouse se dise enceinte, minaude pour exprimer un désir, et, sans réfléchir, il cherchera à lui complaire. « Vous me verrez courir la rue » [31], affirme-t-il, tandis qu'elle l'envoie au marché pour recevoir son galant en toute tranquillité. L'épouse de *La Cornette* [32] est une autre mal mariée ; mais cette création originale de Jean d'Abondance ne ressemble en rien aux mégères de la farce. Elle ne malmène pas son vieux mari détesté, elle ne lui reproche pas son âge ; elle l'endort dans son bonheur, tout en lui persuadant qu'il fait celui de sa femme : elle se tient, dit-elle, pour la plus heureuse femme qui soit « depuis Paris jusques à Rome » [33]. Et l'aveuglement de Jehan trouve bien son principe dans cet amour sénile : il oublie son âge, la répugnance qu'il pourrait inspirer à une jeune femme, et les tromperies dont il pourrait être victime. Comment le vieil homme ne serait-il pas touché par tant de protestations et de gestes d'amour que lui dispense sa femme ? Relisons ce court extrait de leur dialogue :

> Le mari. — Pour vous, je suis en grand vigueur,
>   Car jamais ne me portay mieux.
> La femme. — Baisez-moy.
> Le mari. —   Je ne suis pas vieux.
>   Mais je blanchis de ma nature.
> La femme *le baise*. — Mon Dieu, voicy la créature
>   Que j'ayme oncques le mieux [34].

La sensualité n'est pas seule à pousser les jeunes gens au mariage ; ils y voient aussi la possibilité de devenir les maîtres du foyer. Beaucoup, avant expérience, pensent comme Jolyet :

> La plus belle office, c'est maistre
> De la maison, quoy qu'on en die [35].

Les faits donneront un brutal démenti à ces sots qui croient avoir quelque autorité sur leur épouse ! Dans le conflit conjugal, la femme est toujours la plus obstinée, et le mari doit capituler. D'innombrables farces enseignent la même leçon, au demeurant traditionnelle. Nous pensons que cette habitude de la soumission et de la lâcheté concourt assez généralement à faire du mari une victime naïve : passif, prêt à tout accepter, il n'a pas assez le goût de la revendication ou de la simple réflexion pour s'interroger et découvrir les ruses ; obligé de filer doux, d'acquies-

---

30. *A.T.F.*, I, p. 312.
31. *Ibid.*
32. In *Fournier*, p. 439 sqq.
33. P. 440.
34. P. 441.
35. *Jolyet* (*A.T.F.*, I, p. 51).

cer à tout, le piètre personnage sera aisément mystifié et bafoué. Comme
la lâcheté, la niaiserie des maris s'avère universelle. Tout mari naïf est
un peu un sot, et la sottise favorise évidemment les conduites naïves,
comme nous le verrons ; il est inutile de s'y étendre.

Sensualité, lâcheté, niaiserie : ces trois conditions, qui mettent le
mari en mauvaise posture dans le conflit conjugal, opèrent souvent
simultanément. Si la passion amoureuse apparaît assez rarement comme
facteur déterminant — mais dans des farces particulièrement réussies —,
c'est ensemble que la lâcheté résignée et la sottise entraînent le mari
à la crédulité et à l'échec. De toutes ces manières, le mari naïf est
destiné à vérifier que « mesnaige est ung purgatoire » [36] !

Examinons donc quelques exemples de cette naïveté. Quelle maladresse chez les maris qui font preuve de quelque activité ! Par exception,
le mari de *Celui qui se confesse à sa voisine* [37] trompe sa femme ; il a
le tort de s'en vanter et de ne pas se méfier de l'épouse qui imagine un
moyen d'en avoir le cœur net. Elle feint de le trouver bien malade ; sans
parvenir à lui faire croire qu'il est à l'agonie, elle le persuade néanmoins
de se confesser — la voisine s'étant déguisée en prêtre. Le mari tente
d'abord de retarder les aveux, mais finit par détailler, non sans plaisir, ses
fredaines. Cette indiscrétion se double d'une confiance toute naïve, quand
il accepte, en pénitence, de se dépouiller pour demander pardon à sa
femme ; il est battu par les deux commères. Un jaloux veut-il éprouver
sa femme [38] ? Il se confie d'abord au badin Colinet, qui lui conseille
d'acheter un « gardeculz » ; il part donc, laissant le badin en faction,
avec ordre de rosser le chapelain, galant supposé de la dame, s'il vient
au logis. En route, notre mari rencontre la tante de Colinet, qui, elle,
lui conseille de se déguiser en chapelain, pour voir l'accueil que lui
réservera sa femme. Aussitôt dit, aussitôt fait, car il a déjà oublié les
recommandations par lui laissées à Colinet. De retour, il est accueilli
comme prévu ! Sa ruse lui retombe sur le nez, parce qu'il s'est embrouillé
dans les fils qu'il a lui-même tissés. Quand ils cherchent conseil ou aide,
d'autres cocus s'en remettent précisément à l'amant de leur femme [39].
Frigalette [40], que son mari Trubert ne satisfait pas, s'entend avec le
voisin Doublet, un médecin, pour le tromper. Elle feint la maladie, et

36. D'après le sermon des *Maux que l'homme a en mariage* (*Montaiglon*, II,
p. 16).
37. *Cohen*, n° II. On rapprochera, pour le thème du prétendu mourant qui
est amené à se confesser à un faux prêtre, le naïf Thierry du *Pourpoint rétréci*,
jouet d'une mauvaise plaisanterie.
38. *Un Mari jaloux.*
39. Voir *Celui qui garde les patins* et sa version longue : *Le Patinier* (les
deux farces dans *Cohen*), ou *Martin de Cambrai*.
40. *Une Femme à qui on baille un clystère* (*Cohen*, n° XXVIII).

réclame le médecin Doublet ; Trubert se précipite chez le médecin qu'il implore, sans saisir le double sens évident des propos de celui-ci, notamment au sujet du clystère « barbarin » qu'il promet d'administrer. « Faictes vostre devoir », le supplie Trubert ; et l'autre d'assurer :

> Je le feray à mon povoir
> Tout ne plus ne moins, par mon âme,
> Que s'elle estoit ma propre femme [41].

D'ordinaire, les maris restent beaucoup plus passifs, et leur naïveté se manifeste davantage dans la manière dont ils se trompent sur le réel, dans leur crédulité. Leur faculté à croire l'invraisemblable est désarmante. George le veau [42] se repent trop tard d'avoir épousé « une fille de maison » qui le malmène et lui reproche sans cesse sa naissance tellement humble qu'il ignore qui sont ses parents ; il ira donc consulter les registres des baptêmes, pendant que le curé prend un rendez-vous galant avec sa femme. Le voilà donc chez le curé, tâchant de se trouver un lignage depuis Adam, puis fouillant en vain quelque vieille « chroniquaille », après avoir chaussé les lunettes du curé ! Mais il est tellement sot qu'on peut le jouer : le curé lui recommande de prier Dieu, en même temps qu'il invite son clerc à prendre la voix de Dieu, pour ordonner à George le veau d'obéir en tout à sa femme. La crédulité du mari ne s'arrête pas là. Quand il revient chez lui, sa femme fait mine de ne pas le reconnaître, de le prendre pour un diable, puis pour un veau ! Le badin, qui croit cela, sait enfin qui il est : « je suis filz de vache » [43] ! Devant une femme terriblement acariâtre, Martin [44] file doux. On profite de son sommeil pour l'affubler des oreilles et d'une queue d'âne. A son réveil, il s'interroge, car de l'âne, il a les attributs, le nom, et... la charge ; d'ailleurs sa femme joue une parfaite comédie : elle feint de ne pas reconnaître son mari dans cet animal, puis admet que Martin est devenu un âne. Et l'on traite comme il se doit un mari persuadé de son changement de nature ; belle figure de la condition des maris !

Les sots ajoutent foi à n'importe quoi. Dans *La Fontaine de jouvence* [45], le vilain croit à son rajeunissement par un peintre, qui s'est contenté de lui barbouiller le visage. Martin [46], sur la suggestion de son épouse, accepte d'être planté en terre pour reverdir. Un paysan jaloux [47] met sa femme dans une hotte et l'emporte avec lui ; sans qu'il s'en aper-

---

41. V. 294-296.
42. *Georges le veau* (A.T.F., I, p. 380 sqq.).
43. P. 400.
44. *Le Fol, le mari, la femme, le curé* (P. Aebischer, *Moralité et farces des mss Laurenziana-Ashburham n° 115-116*).
45. P. Aebischer, *Quelques Textes du xviᵉ siècle en patois fribourgeois*, deuxième partie.
46. *Les Femmes qui se font passer maîtresses*.
47. *La Femme qui fut dérobée à son mari*.

çoive, elle est remplacée par une pierre. Au lieu de réfléchir, le paysan croit facilement que Dieu a changé sa femme en pierre pour le punir de sa jalousie ; et de prier pour que la pierre redevienne femme — ce qui aura lieu, selon le procédé que l'on devine. Un autre jaloux [48] se persuade que c'est bien le diable qui lui a enlevé sa femme — en réalité, ce diable est le curé amoureux déguisé —, d'autant que celle-ci lui décrit l'enfer, d'où elle dit revenir, plein de jaloux. Un dernier exemple montrera combien nos naïfs se fient à l'intervention du surnaturel. Dans *Janot, Janette, l'amoureux, le fol, le sot* [49], Janot est tenté par la glorification céleste des saints ; il ne s'étonnera donc pas qu'un ange — l'amoureux déguisé — lui propose de l'enfermer dans un sac pour l'emporter au ciel. Traîné par les rues, il aura « le cul escorchié » suffisamment pour être guéri de ses envies de devenir saint au paradis. C'est trop de sottise et de crédulité : ces bons tours versent souvent dans la pure fantaisie.

Mais les naïfs acceptent tellement sans broncher, même dans des situations plus compatibles avec la réalité ! Pour cacher un adultère, ou faire admettre ses conséquences, les femmes peuvent faire fond sur la naïveté de leur mari. A celles de la *Farce des femmes qui font baster leurs maris aux corneilles,* il est aisé d'éloigner les maris : l'un accepte de partir à la recherche d'une herbe qui doit guérir le mal de dents ; l'autre examinera le vol des corneilles pour savoir s'il pleuvra. Aucun des deux ne soupçonne la ruse. Les femmes sont-elles surprises ? Leur habileté est extrême à faire prendre des vessies pour des lanternes [50]. Le vieil époux de *Frère Guillebert* est bien parti au marché sans se douter de rien ; mais il a oublié son bissac, et revient le chercher. Las ! le moine paillard, caché en hâte, est installé dessus. Au lieu du bissac, le mari prend le haut-de-chausses de frère Guillebert, et s'en va. Comment calmer sa fureur quand il découvre sa méprise et entrevoit l'adultère ? Une bourde y pourvoira : les vêtements nauséabonds ne sont autres que « les brays sainct Françoys », « precieux reliquere » grâce auquel le vieillard a pu faire un enfant. On lui a assez reproché ses insuffisances pour qu'il admette le mensonge [51] !

---

48. *Martin de Cambrai. Cf.* la version brève de cette farce, *Le Savetier Audin.*
49. P. Aebischer, *Trois Farces françaises inédites trouvées à Fribourg,* p. 13 sqq.
50. C'est, au propre, le thème des *Femmes qui font accroire à leurs maris de vessies que ce sont lanternes,* où les maris, accablés et malmenés, admettent finalement qu'ils sont ivres. *Le Savetier Calbain* donne un bon exemple de cette puissance de suggestion de la femme. Enivré, volé sous ses yeux, houspillé, le savetier ne sait plus à quoi s'en tenir, tant sa femme nie l'évidence. Il finit par douter comiquement du réel.
51. On se souvient du rôle curieux joué par le badin Guillot devant un mari crédule, qui ne voit pas ce qui est patent (*Le Retrait*). De la même façon, dans *Guillerme qui mangea les figues du curé,* plus le badin, qui dévoile la réalité de l'adultère, fait le sot, moins le mari croit à la vérité de ses propos.

Car les mâtines savent faire endosser aux benêts les douteuses paternités. Sa femme annonce à Jolyet qu'il sera père au bout d'un mois de mariage. Il s'étonne un peu d'avoir fait un enfant en un mois, alors que « les aultres y mettent tant »[52] ; mais il conclut : « Je suis donc ung ouvrier parfait »[53]. Quant à Colin[54], qui a commis l'erreur d'abandonner le foyer, laissant sa femme à la merci d'un amant qui l'a richement entretenue, il s'étonne, à son retour, de l'ameublement nouveau, du petit enfant, aussi, qui accompagne sa femme... Mais, malgré son courroux de ce dernier don, il doit bien admettre que tout cela vient « de la grâce de Dieu » !

A côté de tous ces niais, le mari de *La Cornette* fait meilleure figure : la naïveté obéit chez lui à des ressorts plus fins. Nous savons qu'elle se greffe déjà sur l'amour que le vieil homme porte à la jeune personne. Celle-ci doit dissimuler son libertinage, et construire, entre les yeux de son mari et sa conduite répréhensible, une sorte d'écran qui l'empêche de voir qu'il est cocu. La pièce montre l'habileté de son jeu hypocrite pour circonvenir le crédule, qui prétend connaître au visage « si une femme est vicieuse »[55]. Pas un instant l'épouse ne sera sincère avec Jehan, qui se satisfera des apparences. Evoque-t-il quelque tromperie dont il est déjà persuadé que sa femme est incapable ? Celle-ci proclame sa pureté éternelle, en pleurant. En s'interdisant à l'avance de penser que sa femme puisse mal faire, le mari s'installe d'autant plus dans sa certitude erronée. Pourtant, les neveux de Jehan veulent dénoncer à leur oncle le beau train d'amour que mène sa femme ; leur intention ayant été surprise par Finet, l'agent de l'épouse, celle-ci doit les prévenir, et renforcer l'aveuglement du mari. Dans une belle scène, elle déploie son art : après avoir marqué mille et une réticences à dire la nouvelle qui concerne les parents de Jehan, après lui avoir fait redire qu'il ne peut la soupçonner[56], elle raconte au crédule que ses neveux vont venir critiquer la cornette[57] du cher homme ; et elle lui annonce en quels termes — ceux-là mêmes dont elle sait que les neveux ont l'intention de se servir pour dénoncer sa conduite adultère. Fâché qu'on critique son

---

52. *Jolyet* (A.T.F., I, p. 54).
53. *Ibid.* Inquiet d'une femme si prolifique, il voudra la rendre à son père. A cette occasion, il balancera à nouveau sur sa première paternité, passsant à plusieurs reprises de « Sainct Jehan ! il n'est donc pas mien ? » à « Ha vrayment, il est donc à moy ? » (p. 59-60).
54. *Colin qui loue et dépite Dieu.*
55. *Fournier,* p. 441.
56. « Je sousbstiendray jusqu'à la mort
Que jamais ne me fîtes tort » (p. 443).
57. La cornette, qui donne son nom à la pièce, serait l'insigne prétentieux et suranné de la fonction d'avocat ou d'homme de loi du mari (d'après une communication de M. Rousse au IIe colloque de Grasse, en avril 1976, consacré à *La Vie théâtrale dans les provinces du Midi*).

habillement, que sa femme aimée trouve seyant, Jehan est en parfaite
disposition pour ne pas entendre ses neveux à l'avance discrédités. De
fait, lors de l'entrevue, il leur prend la parole, énonce lui-même les accusations qu'ils venaient formuler ; mais il songe à sa cornette, et les
neveux veulent parler de la femme ! Ils sont renvoyés sans que le
quiproquo soit éclairci. Le naïf a été disposé de manière telle par la
fine trompeuse, qu'il ne pourra jamais croire qu'elle le trompe ; il
restera aveugle à la réalité.

On aurait tort, cependant, de juger tous les maris, à l'égal de celui-là,
d'une naïveté sans limites. Le dénouement ne donne pas toujours tort
aux cocus ; naïfs un temps, les maris peuvent revenir à la lucidité, et
chercher à se venger. Le savetier de *Celui qui garde les patins* se rend
compte qu'il est trahi par le patinier, et le rosse. Trubert, dans *Une
Femme à qui son voisin baille un clystère,* après avoir niaisement confié
sa femme au médecin, se ravise [58], surprend l'adultère et punit les
amants [59]. On devine l'intérêt dramaturgique de ces renversements de
situations. D'autres péripéties sont introduites par des sursauts de lucidité chez les maris ; et l'on se demande parfois jusqu'à quel point ils
sont vraiment aveugles, et si, en badins qu'il leur arrive d'être, ils ne
jouent pas la niaiserie et ne font pas semblant d'admettre n'importe
quoi. Dans le *Farce d'un amoureux,* le mari s'étonne un peu de la maladie subite de son épouse, qu'elle feint pour dissimuler la présence du
galant ; il accepte cependant d'aller chez le médecin. Est-il dupe ? Lui
faut-il attendre la consultation bouffonne du médecin pour être sûr
d'être cocu ? Dès le début de la farce, il disait à sa femme :

Je n'en veulx point trop enquester ;
Je crains bien d'en avoir, en somme [60].

Mais il s'en moque. La femme de *Pernet qui va au vin* veut faire croire
que son amoureux est le cousin germain de Pernet, par qui Pernet serait
de lignage noble. Pernet se sait vilain ; mais il s'amuse à faire le gentilhomme et semble accepter ce lignage. Pourtant, quand on l'envoie au
vin pour se débarrasser de lui, il revient sans cesse et dérange les amants.
En fait, il se doute qu'on est en train de le faire « jenin parfaict » [61]
avec ce faux parent.

On a surtout l'impression que les maris sont tellement lâches et

---

58. V. 311 sqq.
59. La punition la plus cruelle reste l'application de la loi du talion ; le badin
Naudet *(Le Gentilhomme, Lison, Naudet...)* l'inflige à l'amant de sa femme : puisque le gentilhomme est venu « naudetiser », il va « seigneuriser » et besogner la
Damoyselle. Mais Naudet n'a jamais été dupe sur la conduite de sa femme.
60. *A.T.F.,* I, p. 214.
61. *A.T.F.,* I, p. 210.

tellement résignés, qu'ils préfèrent se taire et fermer les yeux, quitte à passer pour des sots. Mais ils en comprennent plus que ne le croient les trompeurs ; la naïveté trouve bien là sa dernière limite. Le mari de la *Farce du pâté* se permet-il d'élever la voix contre sa femme ? Il est vertement tancé. Du coup, il acquiesce à tout, se sachant trompé ; il prépare le pâté et « chauffe la cire » — expression proverbiale qui signifie « attendre longuement que les choses prennent un tour meilleur » —, pendant que sa femme et le curé banquettent [62]. Dans *Le Poulier à quatre personnages,* le mari est parfaitement lucide. Revenu par hasard à deux reprises, il découvre l'amant dans le poulailler, et laisse éclater sa colère. Mais, comme on crie plus fort que lui, comme on le bat, il capitule :

> Sy j'ey rien dict, je m'en desdis.
> Pour Dieu, laison tous ses debas [63].

IV. — Les rapports de marché.

Le monde des marchés se révèle impitoyable pour qui n'y entre pas avec un esprit et une finesse toujours en alerte ; en ce domaine, la plus grande méfiance est de mise. Entre le marchand et son client, on pressent la lutte vive, chacun désirant duper son partenaire. Les naïfs qui se fourvoient dans cette relation sans connaître les règles du jeu seront bernés. Mais ils sont plus rares qu'on pourrait le penser, dans un univers qui saisit artisans et marchands de toutes sortes dans leurs rapports quotidiens avec les chalands. D'une part, les farces ne montrent pas la naïveté des acheteurs. D'autre part, si l'on excepte quelques taverniers crédules bernés par leur clientèle malhonnête, les farces choisissent les marchands naïfs dans une catégorie fort particulière et bien délimitée, celle des paysans, qui, occasionnellement, font le voyage à la ville pour vendre leurs produits.

La tavernière de la *Farce du pardonneur, du triacleur et de la tavernière* ne paraît qu'à la fin de la pièce, pour accueillir les deux charlatans que leurs boniments ont assoiffés. Elle le fait volontiers, et sans malice : les clients sont rares, et ceux-là lui rappellent le métier de son mari. En guise de paiement, le pardonneur lui confie un merveilleux coffret qui « vault plus d'un million d'or » [1], et contient, selon lui, de

---

62. Voir aussi le lamentable mari du *Médecin qui guérit de toutes sortes de maladies* (*Recueil Rousset*, 1612, p. 3 sqq.) ou celui du *Meunier de qui le diable emporte l'âme* (*Jacob*, p. 237 sqq.), tout aussi résigné.
63. Philipot, *Six Farces..*, p. 145, v. 334-335.

1. *A.T.F.*, II, p. 61.

précieuses reliques — « le beguin d'un des Innocens »[2] —, qu'il ne faut surtout pas profaner. Tandis que les coquins filent, la tavernière brûle de curiosité devant la « noble relique » mais craint d'offenser Dieu en l'examinant. On devine qu'elle succombe à la tentation, et ne découvre dans le coffret que des braies puantes.

D'autres taverniers ont du mal à recouvrer leur dû ; tel celui de la *Farce du chaudronnier, du savetier et du tavernier*[3]. Le savetier et le chaudronnier ne se réconcilient que pour s'attabler devant les bons vins du tavernier ; qu'ils n'aient pas le moindre sou pour régler la dépense n'altère en rien leur bonne humeur. Bon gré, mal gré, le tavernier doit faire crédit, et laisse échapper les deux filous, pensant récupérer sols, deniers et maille au domicile du savetier. C'est trop peu se méfier de débiteurs malhonnêtes. Ceux-ci s'apprêtent à éconduire le tavernier : le chaudronnier revêt des habits de femme, tandis que le savetier « faict l'enraigé ». Il croit cette comédie et quitte la partie sans avoir été payé. On aura reconnu au passage le moyen d'éconduire son créancier : c'est celui qu'utilise Pathelin[4].

Par leur facilité à faire crédit, leur manque de méfiance devant des clients manifestement douteux, leur crédulité, tavernier et tavernière sont bien des naïfs. Mais les farceurs ne sont guère préoccupés, dans les farces en question, de leur densité psychologique. Il faut envisager les villageois bernés au marché pour rencontrer des types plus nets, d'une naïveté mieux dessinée.

A les considérer au moment de leur départ, on pressent des villageois destinés à devenir les victimes de mille mauvais tours. Le jeune Mahuet[5] est un badin que sa mère désespère de voir sage ; il ne se soucie que de

---

2. P. 62.
3. *A.T.F.*, II, p. 115 sqq.
4. On regrettera peut-être l'absence, parmi les naïfs, de Guillaume, le drapier de *Maître Pierre Pathelin*, d'autant que cette farce est d'une autre facture. Guillaume offre assurément de beaux exemples de conduites naïves. Il est admirablement mis en confiance par Pathelin, amené à laisser partir la pièce de drap à crédit, assuré d'être payé en écus d'or au cours d'un bon repas ; bref, il est persuadé d'avoir réalisé une excellente opération avec une dupe, au moment même où il est trompé. D'autre part, devant la comédie jouée par Pathelin et Guillemette, il se voit contraint, oscillant de la réalité à l'illusion, de douter de ce dont il est sûr et de croire l'impossible. Cependant, on ne peut faire de ce marchand retors un naïf. Pathelin est plus fort que lui en finesses, et réussit à le tromper en profitant d'une faille dans sa défiance ; Guillaume en a presque conscience à l'étal, quand il assure, à part lui : « Vrayment, cest homme m'assotist » (v. 302). Quant à la mystification au logis de Pathelin, il résiste longtemps avant de l'admettre !
5. *Mahuet qui donne ses œufs au prix du marché* (Cohen, n° XXXIX). Cette farce semble une version rénovée de *Mahuet badin, natif de Bagnolet* (*A.T.F.*, II, p. 80 sqq.).

dénicher les pinsons et les moineaux. On l'envoie aujourd'hui vendre les œufs, avec cette précision que le niais n'oubliera pas :

Or entens doncques, beau fieux,
Donne les au pris du marché [6].

Les derniers propos que le lourdaud tient à sa mère au moment du départ laissent mal augurer de la manière dont il remplira sa mission. Le mari de la *Farce nouvelle de Arquemination* [7] est encore plus bête. Comme il réclame des souliers, sa femme lui répond qu'il n'y a pas d'argent au foyer, qu'il faudrait en faire ; mais il ne saisit pas le rapport entre l'argent et les souliers :

Faire, faire
De l'argent ? et qu'en ay je affaire ?
Je vueil des soulliers de cuir tendre [8].

Il ira néanmoins faire de l'argent avec les œufs et le fromage, muni de prudentes recommandations : ne se fier ni à Martin, ni à Guillaume, ni à Gaultier, « besongner de la tête », c'est-à-dire réfléchir, faire attention. C'est déjà trop pour la cervelle du niais, qui embrouille toutes les recommandations dans un beau morceau de délire verbal [9] et décide de revenir sur ses pas pour se mettre au fait. Il arrive la même mésaventure au badin Colin [10], que sa femme envoie vendre un boisseau de pois, afin d'acquérir le sel destiné à saler le lard dont il est si friand ; une fois en route, il a oublié la commission exacte, et mélange tout :

[...] Pour achater un boisseau de lard
Pour menger de mes pois pilles ;
Ou bien y fault des poix salles
Pour le sel du grenyer au lard.
Des poix ! le grand deable y ayt part,
Il ne m'en puyst souvenir [11].

Avant même d'affronter la ville, le paysan est une proie facile pour de mauvais plaisants en quête de tromperies. Dans *Cauteleux, Barat et le vilain,* notre paysan se dirige joyeusement vers quelque foire, au train de son âne Martin. Les ennuis vont surgir avec deux coquins. Tandis que l'âne est subtilisé, l'un des coquins se fait passer auprès du vilain pour l'âme de Martin, qui s'en va « droit en paradis », sans oublier de demander quelque argent, en guise de viatique ! Le vilain, apeuré par

---

6. V. 52-53.
7. Edition E. Picot, *Bull. du Bibliophile,* 1913, p. 413-442.
8. V. 34-36.
9. V. 67-80.
10. *La Femme et le badin* (*Le Roux,* III, n° 50).
11. P. 15.

l'apparition, est assez crédule pour admettre le phénomène, et fait ainsi ses adieux à l'âme du fidèle animal :

Recommande-moy à tous les sains,
Je t'en requiers à joinctes mains,
Mon bon Martin, or va, adieu [12] !

Les mésaventures du bonhomme ne sont pas achevées. Sur la route du retour, Cauteleux et Barat ont préparé une autre farce au vilain. Barat se laisse enfermer dans un sac, et s'y démène quand arrive le paysan effrayé ; il lui explique qu'on veut à toute force le faire abbé, lui qui refuse cette vie trop facile et désirerait plutôt l'état d'ermite. Le vilain comprend mal ce refus :

Mais pourquoi ne voulés-vous pas
Estre abé et estre à honneur [13] ?

Ce n'est pas lui qui négligerait le bénéfice et la dignité ! Le naïf se laisse donc tenter, puisqu'il suffit, pour devenir abbé, de prendre la place de Barat dans le sac et de crier « Baillez m'en largement ». Une fois qu'il est dans le sac, une volée de coups s'abat sur ses épaules, et, selon la prescription qu'on lui a faite, il en redemande... Le sot et crédule paysan a rêvé d'une ascension bien impossible.

Le marché de la ville [14] recèle trop de pièges que nos rustres ne sont pas aptes à déjouer. Dans leur nouvel état de marchands, ils multiplient les maladresses et les fautes. Colin est tellement occupé à faire de la réclame pour ses pois, qu'il n'en donne pas le prix à l'acheteur ; il s'y décide enfin :

Vous en payeres, que sai ge moy,
Dix soublz, c'est trop [15] ?

L'admirable commerçant cède la marchandise à neuf sous, avec cette habile réflexion :

Prenez le donc pour m'estrener ;
Haster me fault, car l'heure est haulte [16].

Quant à Mahuet [17], il refuse de vendre ses œufs à une femme, puisque sa mère lui a enjoint de *les donner au prix du marché*, expression que le badin prend à la lettre, « prix du marché » désignant pour lui un

---

12. *Cohen*, n° XII, v. 130-132.
13. V. 335-336.
14. Des campagnards comme Villoire (*Les Femmes qui vendent amourettes*, *Cohen*, n° XXXVIII, v. 296 sqq.) ou Mahuet (*Mahuet qui donne ses œufs au prix du marché*, v. 79 sqq.) marquent leur admiration badaude devant la grande ville.
15. *La Femme et le badin*, p. 20.
16. P. 21.
17. *Mahuet qui donne ses œufs au prix du marché*.

homme. Bref, tous ces sots restent singulièrement dépourvus des qualités
élémentaires de tout marchand : la prudence et la méfiance, l'habileté,
la finesse, voire la ruse. Ne nous étonnons pas que les trompeurs profitent de leur bêtise et de leur inexpérience.

Ces mauvais commerçants peuvent laisser partir la marchandise à
crédit. Le marchand de volaille [18] sait vanter ses poulets :

> Par le vrai Dieu de Paradis, ils sont gras : sentez le croupion. Ne valent-ils
> pas un teston ? Ce sont des bêtes qui font honneur [19].

Des voleurs, devinant une dupe facile, se présentent pour acheter et
emportent la marchandise à l'intention d'un maître supposé, qui —
disent-ils — paiera ultérieurement. Le naïf accepte ce marché : « Mes-
seigneurs, je me fie en vous ! » Mais, ne voyant rien venir, il
s'inquiète [20] :

> [Je] perdrai tantôt mon intelligence, [si] vous ne m'apportez mon argent !
> Que Dieu veuille du mal à de telles gens, qui trompent les bons campa-
> gnards ! [On] trouve actuellement tant de voleurs.

Trop confiant, berné par des filous, notre malheureux campagnard
attend toujours son argent. Colin [21] cède ses pois sans marchander, et
accepte de n'être pas payé aussitôt : il ira chercher son dû chez le client
qui dit s'appeler Zorobabel. C'est le point de départ d'une série de
mésaventures. Le badin déforme plaisamment le nom de son débiteur,
avant de l'oublier complètement. Il tentera de le retrouver en priant
les saints ; à l'église, il entend le nom tant recherché, tiré de la généalo-
gie du Christ : « Salatiel autem genuyt Zorobabel » [22]. Du coup, il
pense qu'on trouvera l'adresse de son Zorobabel sur le missel :

> Et tournes un peu le feuillet.
> Vous trouveres, sans plus de plet,
> La rue ou c'est qu'est son demeure [23].

La farce s'achève sans que Colin ait recouvré le paiement de ses pois !

Tous les villageois sont finalement bafoués et dupés. Un vilain [24]
vend des pots qu'il a fabriqués. Les deux larrons, qui l'ont déjà allégé
de son âne, reviennent à la charge ; Cauteleux fait mine d'apprendre

---

18. *Le Marchand de volaille et deux voleurs* (P. Aebischer, *Quelques Textes
du* XVIᵉ *siècle en patois fribourgeois*, 2ᵉ *partie*, in *Archivum Romanicum*, 1923).
Nous utilisons la traduction de l'éditeur ; seules les répliques des voleurs sont en
français dans le texte.
19. Fragment II, p. 328.
20. Fragment III, p. 329.
21. *La Femme et le badin*.
22. P. 26.
23. P. 27.
24. *Cauteleux, Barat et le vilain*.

à l'instant la mort de son père : de douleur, il laisse tomber les pots, et, au lieu de les payer, annonce qu'il va se noyer de ce pas. Le vilain admet la comédie, et cesse finalement de réclamer son dû. On devine que Mahuet trouvera acquéreur pour ses œufs[25] ; un trompeur, Gaultier, se présente, affirme qu'il est Prix du marché, et emporte les œufs. Le même Gaultier fait croire au lourdaud que son visage est barbouillé ; et, sous prétexte de le lui nettoyer, le couvre au contraire de noir. La mère de Mahuet aura du mal à reconnaître son fils !

Le mari de l'*Arquemination* demeure la plus belle dupe. Arrivé au marché, il est pris dans les filets de deux pages, qui ont reconnu, à sa mine, un beau « sotart ». Il refuse d'abord de vendre ses produits, puis comprend à contresens la question qu'on lui pose :

— Que faictz tu tes œufs[26] ?
                                    — Quoy ? desfaire
Les œufz ? Je ne les sçaurois faire ;
Ce sont les poulles qui les font[27].

Le naïf, croyant être prudent, se livre à ses trompeurs. Il demande leur nom aux deux pages (*Comme moy*, répond l'un ; *Comme luy*, répond l'autre !), et explique les raisons de sa question, avec une belle candeur :

[...] Ma femme me dict : « Prens bien garde
    Que ne te fyes a Guillaume,
    Gaultier, ny Martin »[28].

Désormais en confiance avec les pages, qui ne portent pas les noms proscrits, le nigaud suit leurs conseils, et croit dur comme fer que l'alchimie changera ses provisions en argent. Les œufs sont donc cassés et battus avec le fromage ; le mélange est pilé, chauffé. Cependant, pour obéir aux recommandations de son épouse, le mari bat de la tête : il prend, selon l'habitude de nombreux sots, l'expression *besogner de la tête* au sens matériel. Seule l'arrivée de sa femme fait décamper les pages et cesser le beau train d'« arquemination ». Il faut avouer que ce paysan passe les autres en niaiserie et en propos incohérents ; mais son échec au marché relève de la même cause : une totale inadaptation au rôle de marchand.

---

25. *Mahuet qui donne ses œufs au prix du marché.*
26. Il s'agit évidemment du prix.
27. V. 134-136.
28. V. 157-159.

V. — Conclusion.

Une première série de constatations s'imposent à qui jette un regard d'ensemble sur cette galerie variée des naïfs de la farce. Touchant la distribution des personnages, on observera que la naïveté atteint certaines catégories plutôt que d'autres. On rencontre infiniment plus de naïfs que de naïves. Quelques jeunes filles crédules avec un amoureux [29], une épouse niaise, une tavernière sans malice : ce sont cas d'espèce. Et les farceurs ont su nuancer le portrait de ces mères trop confiantes dans la destinée de fils chéris, mais stupides. Par contre, de la jeunesse à l'âge avancé, les naïfs masculins sont légion, et impitoyablement raillés dans nos farces. Deux groupes ressortent : les jeunes, insouciants, ignorants, niais, ambitieux et maladroits ; les hommes mariés, crédules et sots. Un dernier point mérite d'être souligné, qui apparaît quand on examine l'origine sociale des naïfs : l'omniprésence du campagnard. L'image qui est donnée de lui n'est pas indulgente, particulièrement celle du jeune gars de la campagne. Dans sa famille ou en condition, il fait rire de ses traits de sottise rustique. Quand il affronte l'extérieur — la ville et son marché —, il est une victime ridicule. Veut-il tenter une ascension sociale par l'éducation ? Il manifeste son inaptitude. La farce renvoie le campagnard à sa nature et à son milieu.

Une revue des naïfs éclaire également le monde de la farce. Un personnage comme le badin, qui étale joyeusement ses instincts, témoigne pour tous ses comparses, taillés à l'aune des désirs et des besoins les plus élémentaires. Jeunes paysans mal dégrossis, maris crédules : chez tous l'imbécillité est épaisse, sans nuance. Ce sont des natures humaines bien schématiques que meuvent les farces ! Quant aux rapports entre les hommes, les farces ne les pensent pas autrement que comme des rapports de force, aigus et brutaux, avec leurs vainqueurs et leurs vaincus nettement partagés. Il s'agit bien toujours de tromper ; la femme cherche à bafouer son mari, le client désire berner le marchand, le serviteur son maître [30]. Sans doute est-ce la règle de toute comédie ; mais la farce y apporte une alacrité sans défaillance. N'allons pas faire de ces œuvres des pièces grinçantes ! Nos pères s'esclaffaient en contemplant ces mille et une tromperies, et les mille et un naïfs, victimes désignées des bons tours. Comme l'a souvent noté J. Frappier,

---

29. Adolescentes et jeunes filles restent singulièrement absentes de ce théâtre. La fiancée de Mimin *(Maître Mimin étudiant)*, encore proche de l'adolescence, en a la fraîcheur ; mais cette petite personne décidée n'est pas tout à fait une ingénue.

30. De la tradition ancienne du conflit entre l'aveugle et son valet, on rapprochera *Le Valet qui vole son maître* (P. Aebischer, *Quelques Textes en patois fribourgeois, 2ᵉ partie*).

le Moyen Age ne s'est jamais lassé du spectacle de la ruse, et de la sottise bernée par la ruse.

Précisément parce que les farces ont façonné des personnages assez simples pour que leur conduite, dans sa totalité, réponde aux comportements schématiques et élémentaires de la naïveté, notre collection de naïfs permet de mettre en lumière le principe des conduites naïves. La mauvaise adaptation à la réalité les définit correctement. Les jeunes niais, dans l'ordre du langage comme dans celui de l'action, refusent les normes et les convenances ; ils ne s'ajustent pas au train du monde. Par ambition, les écoliers et leurs parents oublient une réalité désolante, et poursuivent un rêve inaccessible. Engagés dans un conflit, le mari ou le marchand sont trop distraits : chez eux, la méfiance est endormie, l'esprit critique et la lucidité font défaut ; ils sont inattentifs, alors que la vie requiert une intelligence constamment en alerte.

Ce même principe de la mauvaise adaptation à la réalité explique que la naïveté engendre des situations dramatiques et fasse naître le rire. Les dramaturges pourront se contenter d'exploiter le contraste entre les conduites aberrantes du naïf, et celles qui sont habituelles et réputées normales : de situation en situation, le naïf multipliera les fausses notes réjouissantes ; il pourra même introduire le trouble dans une action à laquelle on a le tort de l'associer. Il est encore plus intéressant de voir les naïfs embarqués dans une intrigue qui doit aboutir à une tromperie. Dans des contextes variés, on retrouve un processus identique : pour que la tromperie, dont le naïf est la victime, puisse se réaliser, il convient que celui-ci soit mis en confiance ; tout le jeu consiste à installer chez lui une croyance erronée, à le rendre dupe des apparences et à le maintenir dans l'illusion, en profitant de cette inattention au réel. Et, du même mouvement, le naïf prête à rire, devant une collectivité qui se gausse de sa bêtise, de sa maladresse et de sa crédulité, en pensant elle-même y échapper.

Ainsi les farces élargissent et couronnent toute la tradition médiévale du naïf comique. Elles ont su découvrir de multiples avatars de notre personnage dans les différents domaines de la réalité quotidienne qu'elles transposent sur les tréteaux. Elles ont véritablement élaboré ce personnage dramatique ; la comédie n'a pas fini d'utiliser les personnages et les situations, dont nos farceurs anonymes, trop souvent méprisés, fournissent les structures fondamentales.

On ne peut cacher, cependant, les limites du naïf de la farce. Elles tiennent essentiellement à la conception générale du personnage qui est celle de ce théâtre. Il est parfois bien difficile de reconnaître des caractères au travers des répliques qui sont échangées par les acteurs ; la cohérence même des conduites laisse à désirer. Dans les plus fréquents des cas, la farce reste un théâtre de types : le personnage est réduit aux mouvements élémentaires. N'est-il pas possible de faire du naïf un caractère plus complexe, plus riche et plus fin sur le plan humain, tout en lui laissant ses comportements essentiels et son comique ? Après un siècle d'attente, Molière s'emploiera magistralement à exploiter cette possibilité.

DEUXIÈME PARTIE

LA FORMATION
DE LA COMÉDIE CLASSIQUE
ET LES NOUVEAUX VISAGES DU NAÏF

Chapitre IV

La comédie humaniste
(1552 - 1611)

L'apparition de *L'Eugène* de Jodelle, en 1552, fait pour nous figure de manifeste. Sous l'influence des humanistes, la comédie se constitue comme genre régulier. Du même mouvement qu'elle cherche à définir sa spécificité, elle rompt vigoureusement avec les genres médiévaux ; les théoriciens comme les dramaturges rejettent farces et sotties dans les ténèbres extérieures. Le genre même de la comédie, oublié pendant le Moyen Age, renaît et se tourne vers l'Antiquité pour se définir et se donner des règles. Désireuse de s'enrichir, cette comédie régulière va chercher sources et modèles au-delà des Alpes. Les Latins sont lus, commentés et traduits. Plus importante encore s'avère l'influence des Italiens contemporains ; à travers traductions et adaptations, l'esprit de la *commedia sostenuta* pénètre en France. Ses thèmes, ses personnages, sa morale glissent chez nous avec sa dramaturgie ; des intrigues embrouillées où sont multipliés les bons tours, les *burle,* les conflits qu'amène entre les jeunes et les vieillards, finalement vaincus, la brutale passion de l'amour, des caricatures traditionnelles comme le pédant ou le capitaine ridicules : telle est l'ambiance du théâtre italien, que nos compatriotes s'employèrent à acclimater de ce côté-ci des Alpes.

Est-ce à dire que la comédie humaniste parvint à supplanter et à éliminer les traditions médiévales ? Nullement. Dès sa naissance, le théâtre humaniste est un phénomène restreint, réservé à une élite ; ce caractère le suivra jusqu'à la fin du siècle. Ses premiers auteurs, ses premiers acteurs sont des professeurs, des collégiens ou des amis influencés par eux. Fête littéraire d'un milieu fermé, la représentation d'une comédie, dans les vingt années qui suivent 1552, ne déborde pas les collèges — on joue rarement devant les grands ou à la cour. Passé cette période, il semble que la comédie soit encore davantage une affaire de doctes, d'écrivains qui se coupent de tout public et s'adressent aux meilleurs esprits. Sans doute certaines pièces ont-elles été représentées par des troupes ambulantes ; et les autres ont pu ou auraient pu l'être. Mais, très peu diffusé, ce théâtre a perdu contact avec le large public que drainaient les genres médiévaux. De surcroît, ceux-ci poursuivront une carrière parallèle, et ne demeureront pas sans influence sur la comédie des savants. Paradoxalement, *L'Eugène* reste très proche de la farce. A l'autre extrémité de notre période, la *Nouvelle tragi-comique* ou *La Tasse* marquent un déclin de la comédie régulière et un retour en vogue de la farce.

Entre 1552 et 1611, date à laquelle sont publiées les *Trois Nouvelles Comédies* de Larivey, la comédie laisse peu de témoignages. Pièces originales, adaptations ou traductions se conforment généralement aux normes du genre comique. Elles narrent des aventures qui adviennent, comme l'explique Grévin [1], « par la mesgarde d'aucuns, par la simplicité des autres, par l'astuce des plus rusez » ; c'est dire que, se fondant elles aussi sur des rapports de tromperie, particulièrement autour du thème de l'amour, elles mettront en scène des naïfs [2]. Dans l'analyse de ces derniers, il faudra tenir compte non seulement de ce qu'apportent les nouveaux courants qui touchent notre théâtre, mais rester sensible aux traditions françaises antérieures, qui ne laissent pas de persister chez les imitateurs de la comédie italienne.

Après quelques pages consacrées aux valets, nous retrouverons, à propos du mariage et de l'adultère, des filles séduites, des amoureux trop épris, des maris cocus. Les parents, devenus des obstacles dans l'intrigue amoureuse, apporteront ensuite leur contribution. Enfin, nous envisagerons les méfaits de la passion chez les vieillards, les pédants et les fanfarons.

I. — Les valets.

On se souvient du succès que remportait le valet badin dans les farces. On notera avec intérêt que l'emploi n'a pas disparu à la fin du XVIe siècle, et qu'il a laissé au moins une trace dans un texte littéraire.

---

1. *Brief discours pour l'intelligence de ce théâtre* (éd. Pinvert du *Théâtre complet*, p. 9).
2. Des naïfs comiques se rencontrent en dehors du genre strict de la comédie.

En 1578, Gérard de Vivre, dans une comédie par ailleurs bien morali-sante et peu drôle — *De la fidélité nuptiale d'une honnête matrone envers son mari et époux*[3] —, met en scène un certain Ascanio[4]. Ce « garçon », au service d'un maître, est « accoustré en badin ». Singeant son maître, il veut jouer comme lui les amoureux, en chantant nuitam-ment, avec son luth, sous le balcon des belles. Mais, lui qui comptait séduire ainsi quelque Guillemette, est seulement arrosé et battu. Plaisant sot plutôt que naïf caractérisé, Ascanio témoigne au moins de la persis-tance d'une tradition[5].

La comédie latine utilisait les esclaves imbéciles. Traductions et adaptations du XVIe siècle en renouvellent le souvenir. Le *Miles gloriosus* propose un de ces valets stupides, jouet de plus malins. On sait le soin que Baïf apporta à l'adaptation de ce chef-d'œuvre de Plaute, sous le titre du *Brave*, pièce jouée à l'Hôtel de Guise en 1567 et réimprimée en 1573[6].

En voici la trame. Taillebras, le Brave, maintenant à Orléans, a enlevé Emée, la bonne amie de Constant. Mais ce dernier, de retour, s'est logé dans la maison mitoyenne, a pratiqué une ouverture, et ren-contre ainsi Emée, dans le dos du Brave. Jusqu'au jour où le valet Humevent découvre la supercherie. Quelle parade inventer ?

Finet s'en charge au cours de l'acte II : il imagine une sœur jumelle d'Emée, et tâchera de faire avaler ce mensonge à Humevent, qui risque de tout dévoiler au Brave, en faisant douter Humevent de la réalité de ce qu'il a vu. Mais Humevent tient à ses certitudes et ne veut pas qu'on lui fasse « humer du vent » ; Finet a beau lui faire peur, lui affirmer qu'Emée est chez le Brave et non chez le voisin avec Constant, il persiste :

> Ce que je voy, je le voy bien :
> Ce que je sçay, je le sçay bien :
> Ce que je croy, je le croy bien :
> Tu as beau me venir prescher,

---

3. In *Trois Comédies françoises de Gérard de Vivre Gantois*, 1595, p. 48 sqq.

4. Voir l'acte III.

5. Une résurgence encore plus curieuse se manifeste dans *Joseph le chaste* de Nicolas de Montreux, pièce biblique de 1601 « qui tient à la fois de la tragédie, du mystère et de la farce » (R. Lebègue, *Le Théâtre comique en France de « Pathelin »* à « Mélite », p. 132). Un des passages de farce mêlé à l'intrigue sérieuse (I, 4) narre la mystification dont est victime le porte-vin Nisart, qu'on peut rapprocher des valets. Deux coquins lui font croire que son vin est empoisonné. La preuve ? L'un d'eux en goûte une gorgée, et tombe mort. Tandis que le faux mort se relève, le crédule Nisart s'enfuit, abandonnant la bouteille que convoitaient Robillard et Fribour.

6. Nous suivons l'édition Ch. Marty-Laveaux des *Euvres en rime de J. A. de Baïf*. *Le Brave* se trouve au t. III, p. 183-373.

Si tu me panses empescher
De croire qu'elle soit léans [7] :
Pour vray elle est icy dedans [8].

A la scène 3, Emée paraît, sortant de chez le Brave. Humevent admet le fait, mais continue d'affirmer qu'il a vu la même Emée chez le voisin. En fait, il se trouve en face de deux réalités contradictoires, et qu'il tient toutes les deux pour vraies. Comment les concilier ? Deux solutions. Savoir qu'un passage existe entre les deux maisons ; mais c'est ce que Humevent doit à tout prix ignorer ! Ou bien admettre l'existence d'une sœur jumelle d'Emée ; c'est ce qu'il faut faire croire à Humevent.

La bête est rétive : elle fléchit [9], mais se reprend encore ; Humevent ne veut pas être si « nice ». Il faut parfaire la comédie pour le convaincre. Utilisant le passage entre les deux maisons, Emée paraît chez le voisin, jouant à être sa jumelle. Puis, passant chez le Brave, elle fait constater, à cet endroit, son existence à Humevent, cette fois bien persuadé. La scène 5 parachève la tromperie : le voisin Bontans menace Humevent pour avoir abordé rudement la « jumelle », et le jeu recommence ; Humevent, mené d'une maison à l'autre, admet l'existence de deux femmes, bien ressemblantes pourtant, tandis qu'Emée joue successivement l'une et l'autre en passant par l'ouverture. Le naïf, persuadé par la mystification, affirme à présent « n'avoir vu / Ce que tout asture il a vu [10] », trop niais pour aller chercher une explication vraisemblable aux différents faits dont il est sûr. Bontans peut conclure :

Je ne vy jamais de ma vie
Une plus belle tromperie,
Ny meilleure, ny mieux menee,
Que la trousse qu'avons donnee
A ce benest de Humevent,
Qui a humé son sou de vent [11].

Comme dans les comédies italiennes, à côté du valet astucieux, qui, par ses ruses et ses machinations, vient en aide aux jeunes amoureux et les soutient dans leurs projets, on trouve chez nous des valets balourds, à qui il arrive de montrer leur naïveté ou leur niaiserie un peu précisément. On remarquera toutefois que les exemples en sont rares ; la tradition du serviteur naïf semble s'estomper dans ce théâtre.

---

7. Chez le voisin.
8. II, 2.
9. Voir II, 3 :
      « De moy je ne sçay plus qu'en dire ;
      Et suis contant de m'en desdire :
      Je n'ay rien vu de ce qu'ay vu. »
10. II, 5.
11. *Ibid.*

Tout, dans *Les Esbahis* de Grévin [12], tourne autour du personnage de la jeune Madeleine, courtisée à la fois par le vieux marchand Josse, par l'Avocat et par l'Italien Panthaléoné. Il s'agit de servir les amours des jeunes, l'Avocat et Madeleine, au détriment des autres prétendants. C'est à quoi s'emploie la lavandière Marion, qui utilise à l'occasion la bêtise d'Anthoine, le serviteur de Josse, qu'elle qualifie de « niez ». Celui-ci transporte justement un habit de son maître, qu'on fera revêtir à l'Avocat : à la faveur de ce déguisement, il s'introduira facilement chez Madeleine, et jouira de ses amours. Marion arrête donc Anthoine :

> Anthoine, mon fils et mon Roy,
> Mon petit mignon, je te prie
> De me faire passer l'envie,
> Te donnant la collation :
> Car par ma foy, l'intention
> Que j'ay de banqueter ensemble
> Est plus grande qu'il ne te semble [13].

Comment résister à une offre aussi alléchante ? Anthoine ne soupçonne rien et se jette d'emblée dans les filets de la lavandière, car, dit-il,

> [...] tout ce que plus je désire
> Au monde, c'est de tousjours rire
> Et prendre le temps comme il vient [14].

La perspective d'une bonne partie avec une fille plaisante lui fait oublier la commission dont l'avait chargé son maître. Marion détourne son attention en lui parlant du bon temps passé, et il entre chez elle, porteur de l'habit de Josse. Marion saura endormir Anthoine et lui dérober l'habit.

Chez Larivey, on ne peut mentionner qu'un balourd ; il s'agit d'Hubert, le serviteur du vieillard Anastase, dans *Les Escolliers* [15]. Il ne manque pas de pittoresque. Voyant venir son maître qui parle tout seul tant il est préoccupé, il ne s'en étonne pas : cela lui arrive à lui aussi. Et de poursuivre : « Que voulez-vous d'avantage ? quand j'estrille le mulet, je parle à lui, me semblant proprement parler avecques vous [16] ». Comme son maître lui fait remarquer sa maladresse, il s'excuse, mais revient aussitôt sur le « langage » qu'emploie le mulet avec lui... Il y a là belle simplicité d'esprit, laquelle se poursuit en une franchise qui outrepasse les limites de ce qu'un maître peut accorder de liberté de propos à son valet. Dans une longue tirade, Hubert remontre à son maître qu'il devrait avoir une attitude plus conjugale avec sa femme, la

---

12. *In* Grévin, *Théâtre complet,* éd. citée, p. 115-217.
13. II, 5.
14. *Ibid.*
15. *A.T.F.,* VI, p. 93-185.
16. IV, 5.

mettre au courant de ses projets, bref la traiter d'égal à égale. Et, volontiers sermonneur, Hubert généralise, sans se rendre compte qu'il risque d'indisposer Anastase :

> Je ne puis penser comme il y a des femmes belles, riches et renommées pour beaucoup de perfections, tant sages et continentes que de garder si inviolablement la foy à un mari fascheux, qui, sans occasion, sera quelque fois deux mois sans parler à elles, et ne se donnent en proye ès amoureux embrassemens de ceux qui les ayment et revèrent cent mille fois plus que leurs sots maris, dignes de porter cornes [17].

Il faut toute la niaiserie inconsciente d'Hubert pour pousser aussi loin la critique qu'il fait naïvement de son maître, auquel d'ailleurs il est fort attaché.

II. — Les jeunes filles. Les amoureux. Les maris.

La naïveté des femmes mariées est aussi peu connue des humanistes que des anciens farceurs [1]. Celle des jeunes filles l'est un peu davantage. Mais les jeunes filles, prises brutalement avant le mariage, sont en général plus les victimes de tromperies de la part des garçons que de leur propre naïveté. Remarquons en passant l'impudeur de ce théâtre qui intègre comme élément de l'intrigue un viol, et n'hésite pas à le raconter ; le viol est un moyen courant pour forcer la main d'une fille ou de parents réticents.

La malheureuse Restitue des *Corrivaus* [2] a eu le tort d'écouter trop favorablement les sollicitations du jeune Filadelphe. Pour satisfaire son désir, le bel amoureux n'a pas été avare de promesses. La fille les a crues, et a cédé. La voilà maintenant grosse, tandis que Filadelphe court un autre gibier. La nourrice montre bien la naïveté de la jeune fille :

Hà ! Restitue, Restitue, tu donnes bien exemple aux jeunes Damoiselles

---

17. IV, 5.

1. Dans *La Reconnue* de Belleau, Madame l'Avocate est fort lucide sur l'amour de son mari pour la jeune Antoinette ; néanmoins, sa jalousie est vite dissipée, en III, 2, quand le mari, en la cajolant, lui annonce le mariage d'Antoinette : à ce moment naïve, l'Avocate se réjouit de ce mariage, sans penser un seul instant qu'il doit constituer pour l'Avocat une couverture, afin que celui-ci satisfasse mieux sa passion adultère. Dans *La Tasse* de Benoet du Lac (Cl. Bonet), la femme Jacqueline, sans méfiance et crédule, se fait successivement voler par deux soldats une tasse ciselée et des perdrix ; son mari, l'avare médecin Jérôme, la battra. Si elle a fait preuve de naïveté, à partir de l'acte III son attitude change ; pour se venger, elle trompera Jérôme. Nous sommes en présence d'une vraie farce en cinq actes ; le thème de la première partie de *La Tasse* fait songer à la *Farce du pâté et de la tarte*.

2. Jean de La Taille, *Œuvres*, éd. R. de Maulde, t. IV, p. III-CVI.

de ne se fier tant à ces jeunes hommes qui ont le visage si poupin et poly sus la fleur de leurs beaux ans, car tout appetit soudain se faict en eux, et soudain se meurt, ainsi que feu de paille[3].

Tout devant bien finir, le séducteur volage reviendra à Restitue. Notons toutefois que la séduction de la naïve est une des données de l'intrigue, et qu'elle a eu lieu avant le début de la pièce[4].

Quant aux filles qui sont violées par celui qu'elles n'attendaient pas, leur naïveté s'avère vite plus limitée. Virginie, dans *Le Fidelle* de Larivey[5], aime passionnément Fidèle, qui la dédaigne. Par contre, le cynique Fortuné la poursuit avec ardeur ; peu lui importent les moyens, « que ce soit par ruse ou par force », pourvu qu'il aille se récréer et se « donner du plaisir avec elle[6] ». Comme souvent dans ces comédies, la magicienne-maquerelle Méduse se charge de la ruse, bien décidée à utiliser la naïveté de la fille amoureuse. Elle explique son plan à Fortuné :

> Virginie est amoureuse de Fidelle, et plusieurs fois m'a prié que je fasse quelque sort pour le contraindre s'enamourer d'elle. Je l'iray trouver et luy diray avoir tellement fait par sort et par parolles, que Fidelle est resolu de luy complaire ; mais que pour n'estre cogneu et ne donner aucun soupçon aux voisins, il la veut aller trouver à ce soir desguisé en villageois, pour plus seurement entrer en la maison. Je sçay qu'elle le croira et en sera très contente. C'est pourquoy il faut que dès maintenant vous alliez changer d'habit et veniez frapper à la porte[7]...

Il s'agit bien de jouer à la fois sur la passion de Virginie pour Fidèle, passion qui voudrait satisfaction, et sur sa crédulité à l'égard de Méduse, en qui elle a trop confiance. De fait, l'amoureuse aveuglée ne soupçonnera rien, et la ruse se réalisera. Toutefois, Larivey se contente, par la voix de Méduse, de nous expliquer les raisons de la naïveté et le processus de la tromperie ; il ne nous les montre pas en action. Notons enfin que Virginie n'est pas une innocente ni une ingénue. Elle est d'autant plus prête à recevoir en cachette celui qu'elle aime, que son désir est violent[8]. Perrin traite le même thème avec la Grassette des *Ecoliers*. Mais on ne peut reprocher à celle-ci aucune crédulité ; Corbon en personne, celui qu'elle aime et qui n'a souci d'elle, lui donne un rendez-vous, et s'y fait remplacer par un autre écolier, Sobrin. Grassette est

---

3. III, 4.
4. La Geneviève des *Contens* de Turnèbe, qui n'est pas la proie d'un vil séducteur ou d'un amant indélicat, n'envisageait peut-être pas de se donner à Basile. C'est l'astucieuse Françoise qui obtient un rendez-vous pour Basile (I, 7). Mais Geneviève n'est pas une naïve circonvenue : lucide sur les conséquences d'un rendez-vous, elle trouve au fond, dans l'habile dialectique de l'entremetteuse, des raisons d'accepter ce que ses scrupules lui ont fait d'abord refuser.
5. *A.T.F.*, VI, p. 303-486.
6. IV, 4.
7. *Ibid.*
8. Et exprimé comme tel à Fidèle, sans aucune retenue (III, 3).

lâchement trompée par un procédé révoltant, mais ne se montre nullement naïve.

Entreprenant de satisfaire leur désir avec des femmes mariées, les amoureux marquent plus nettement leur naïveté. D'un mot, on peut dire que chez eux l'amour agit comme puissance d'aveuglement, faussant le jugement droit sur la réalité et autorisant les tromperies dont ils seront victimes.

Tous jugent la femme aimée et ses sentiments, non selon la réalité, mais en fonction de l'amour qu'ils lui portent. Le jeune Protenotaire [9] s'est épris de la trésorière Constante, qui d'ailleurs ne le trompera pas. Mais il ne tarit pas d'éloges sur la « vertu », sur la « perfection » de cette épouse dévergondée. Son valet Boniface commente avec lucidité l'aveuglement caractéristique de l'amour, porté à idéaliser la dame aimée :

> Nous voyons cela tous les jours :
> Ce sont voz premières amours [10].

Pour avoir davantage d'expérience, d'autres amoureux ne se trompent pas moins, en se croyant seuls aimés, ou aimés véritablement. L'exemple de Fidèle [11] prouve combien il est difficile aux amoureux de conquérir la lucidité. Cet ancien amant de Victoire, pourtant assuré de n'être plus aimé, est prêt à croire les manifestations extérieures d'amour ou de repentir de la dame [12], sans trop s'interroger sur leur valeur réelle. Sa clairvoyance n'aura été que passagère ; mais le long et sévère monologue où elle s'exprime définit parfaitement en quoi consiste la naïveté des amoureux :

> Mais ores que la raison m'a osté de devant les yeux ce bandeau par le moyen duquel Amour me rendoit aveugle, je cognoy combien mal fait celuy qui se rend subject à l'appetit, et, complaisant aux sens, se range sous la puissance d'une femme [...] [13].

Dans ces conditions, la femme convoitée se transforme naturellement en trompeuse, qui joue la comédie de l'amour pour attirer les naïfs amoureux et les berner. Selon une conception qui n'est pas nouvelle, le désir entraîne un rapport assimilable à celui qui lie la dupe à un malin. L'aventure du gentilhomme Loys [14] en fournit un bon modèle. Espérant quelque allègement à sa « longue destresse » et à son « torment », il

---

9. Grévin, *La Trésorière*, in *Théâtre complet*, éd. citée, p. 51 sqq.
10. II, 1.
11. Larivey, *Le Fidelle*, éd. cit.
12. Voir particulièrement V, 2.
13. IV, 8.
14. Grévin, *La Trésorière*, éd. cit.

comble la trésorière de cadeaux pour obtenir un rendez-vous galant. Le valet Richard a tôt fait de voir en son maître un amoureux naïf, berné par une femme qui le tond sous de faux espoirs :

Qu'il luy donne tant qu'il vouldra,
De rien plus il n'en adviendra
A mon maistre qu'elle déçoit [15].

De fait, la dame marchande auprès de Loys ses promesses de rendez-vous, et fait passer l'argent reçu au jeune Protenotaire dont elle est éprise et qu'elle fait venir après le départ du mari. Cependant, Loys persiste à penser que l'argent n'entre pour rien dans la promesse fallacieuse que la trésorière lui a faite ; l'amour qu'il a su lui inspirer en serait la seule cause :

[...] De son cueur
Amour en feut le seul vainqueur [16].

Et il aura bien du mal à croire la cautèle de Constante, que lui dévoile Richard [17] ! A Loys, comme à tous les naïfs amoureux, s'applique fort bien l'image de l'oiseau appâté et pris dans les rets de l'oiseleur [18]. Ajoutons qu'une fois détrompés, ces amoureux retrouvent un sens aigu de la réalité et de leurs intérêts : Loys se fait rembourser, en menaçant, les écus précédemment donnés à la trésorière [19] !

De Jodelle à Larivey, la comédie humaniste fait rire des infortunes conjugales. La tradition des maris naïfs et trompés reste vivace ; et le personnage du cocu montre tout ce qu'il doit à la farce médiévale. Toutefois, sauf dans *L'Eugène* de Jodelle, le type, figé, n'apparaît qu'épisodiquement, au sein d'un *imbroglio* qui le dépasse ; la naïveté de ses comportements ne constitue plus le centre de l'intrigue.

La trame de *L'Eugène* [20] est une intrigue de farce. Eugène, abbé bon vivant, est l'amant d'Alix ; pour « couvrir » l'honneur de sa maîtresse, dont il est fort épris, il s'est dit son cousin et lui a fait épouser Guillaume « le bon lourdaut ». Dans la crainte que le cocu ne voie clair,

---

15. I, 1.
16. III, 1.
17. Voir IV, 1.
18. Image développée par Richard en III, 6.
19. V, 1. On rapprochera de Loys le gentilhomme Florimond (Jodelle, *L'Eugène*), qui se trompe fort sur Alix, son ancienne maîtresse, quand il la croit restée fidèle ; sa déconvenue sera pareillement suivie d'un esclandre chez Guillaume le mari : Florimond rosse Alix, puis récupère les biens dont il l'avait comblée (III, 3).
20. *In* E. Jodelle, *Œuvres complètes*, éd. E. Balmas, t. II, p. 9-89. Nous ne partageons pas l'interprétation que l'éditeur propose pour le personnage de Guillaume, en qui il voit « sournoiserie foncière » et cynisme.

Eugène charge son chapelain, Messire Jean, d'amadouer Guillaume. Est-ce nécessaire ? A considérer les premières paroles de Guillaume [21], on demeure émerveillé par sa niaiserie. Se croyant seul, le « badault » ne tarit pas d'éloges sur son épouse et semble complètement aveugle sur sa situation. Sans malice, le bon Guillaume bénit le ciel pour le bonheur de cette femme « tant parfaite » ; il est persuadé d'avoir épousé une sainte. Alix est vertueuse et chaste, même avec son mari, qui, au lieu de « faire le droit du mesnage », doit suivre « la saincte exemple » de Joseph, se mettre en prière et lui tourner « le cul arriere ». Elle est d'un amour plein de délicatesse, surtout quand son époux est malade : elle va aux couvents « pour faire prier », en rapporte toujours de « ces choses petites » qui « ont pouvoir de guarir la fievre », et évite de se coucher avec lui. Ne voulant être en reste, quand Alix se dit malade, Guillaume aussi couche ailleurs. Et elle est souvent malade ! Non seulement Guillaume ne met pas en doute ces fréquents malaises, mais il est un instant tenté de leur donner une explication qui prouve combien il est dupe ; il y verrait volontiers une feinte de sa femme,

> Pour accomplir en sainctcté,
> Quelque beau vœu de chasteté.

Comme le dit Alix, qui, cachée, se réjouit d'une telle naïveté, « les cornes luy séent fort bien » ; totalement dupe du personnage d'épouse vertueuse que joue l'hypocrite et astucieuse Alix, il ne voit ni ne soupçonne l'évidente réalité : Alix est une femme perdue. Notons, cependant, que Guillaume tire des avantages de sa naïveté. Alix est tolérante pour la passion de Guillaume, le jeu, et pour ses écarts de conduite ; elle a même toujours de l'argent pour Guillaume, qui s'en étonne à peine :

> Car c'est de la grace de Dieu
> Que cest argent luy vient ainsi.

Curieuse explication, qui rappelle textuellement celle dont se satisfait Colin, un benêt de la farce [22].

Les événements de l'acte III vont troubler cette quiétude : l'intervention brutale de Florimond au logis de Guillaume dévoile à celui-ci la conduite réelle d'Alix. Or, le monologue que prononce Guillaume à la première scène de l'acte IV, alors qu'il a fui sa demeure et s'apprête à se réfugier chez l'abbé, est significatif. Sa lâcheté refuse les tracas que lui apporte la vérité ; il voudrait se fermer volontairement les yeux sur sa femme, qu'il persiste à appeler « ma pauvre Innocente ». Mais reste-t-il tellement aveugle sur les relations actuelles d'Alix avec l'abbé

---

21. I, 3.
22. Voir *supra*, p. 70.

Eugène ? Ecoutons-le faire l'éloge de ce dernier, un peu plus tard, devant le créancier Matthieu :

A a, que je suis bien allegé
D'estre sous la tutelle et garde
D'un homme tant sainct qui me garde.
Sire, vous ne pourriez pas croire
De quel amour il m'aime, voire
Jusques à prendre tant d'esmoy
De venir mesme au soir chez moy
Pour veoir si je me porte bien.
Il ne souffriroit pas en rien
Qu'on nous feist ou tort ou diffame :
Il aime si tres tant ma femme,
Que plus en plus la prend sous soy [23].

L'équivoque atteint un tel degré qu'on le soupçonne alors de jouer un peu l'idiot, à l'instar des maris badins de notre farce, dont la naïveté s'avère ambiguë.

D'ailleurs, il devra admettre bientôt qu'il est cocu, puisque l'abbé, qui vient de le sauver des griffes de Matthieu, avoue cyniquement son jeu, et réclame de pouvoir poursuivre l'adultère en toute tranquillité ; c'est donc en parfaite lucidité que le trop complaisant mari accepte l'odieuse proposition, et s'empresse de répondre à Eugène :

Je ne vous y veux empescher,
Monsieur, je ne suis point jaloux,
Et principalement de vous :
Je meure si j'y nuy en rien [24].

Et, refusant les soucis, il conclut la comédie dans la joie, non sans recommander à Alix d'aimer fidèlement l'abbé Eugène ! Plus complexe que ses homologues de la farce, Guillaume, qui passe de l'aveuglement complet à la lucidité, finit comme eux dans la résignation la plus lamentable.

D'autres cocus admirent à tort la vertu et la fidélité de leur femme. Au marchand Thomas [25], implacable en affaires, sa femme a fait croire qu'elle allait en pèlerinage, alors que le maquereau Saucisson la réserve aux plaisirs du jeune Eustache. Voyant passer trois personnes — dont l'une est sa propre épouse déguisée, qu'il ne reconnaît pas ! —, il devine un bon tour fait à quelque mari, et remercie Dieu de lui avoir donné « une des plus preudes femmes qui soit d'icy à Nostre-Dame-de-Liesse, là où elle est allée faire un pelerinage, sans que l'hyver et le temps

---

23. V, 2.
24. V, 3.
25. Personnage bien secondaire des *Contens* de Turnèbe (éd. N.B. Spector).

dangereux l'ayent peu destourner de sa devotion [26] ». C'est dire combien
le naïf est convaincu ! Cornille [27], mari en titre de Victoire, est loin de
se douter que sa femme est l'objet de bien des passions : elle a été la
maîtresse de Fidèle, aime à présent Fortuné, tout en étant poursuivie
par le pédant Josse et le fanfaron Brisemur ! De retour de la campagne,
le parfait benêt évoque sa « très chère compagne », dont il est persuadé
qu'elle l'aime « autant que femme peut aimer son mary [28] ». Dans *La
Trésorière*, Grévin montre un peu comment Constante, aussi habile que
la femme de *La Cornette*, renforce l'aveuglement du trésorier. Celui-ci,
véritable usurier, doit s'absenter et laisser seule son épouse, dont il
ignore qu'elle aime le jeune Protenotaire et qu'elle est courtisée par le
gentilhomme Loys. Il est persuadé que Constante aura du mal à supporter son absence [29] ! La trésorière sait confirmer ces illusions, et presse
son mari de partir de jour, en disant craindre pour sa vie [30], alors qu'elle
se dispose à mener beau train d'amour adultère.

Quelques comédies présentent enfin des aspects particuliers de la
crédulité des maris trompés. A l'acte IV de *La Tasse*, Jacqueline, surprise au lit avec son amoureux, parvient à faire douter son mari Jérôme
de ce qu'il a vu, par une habile mystification. Un des témoins que
réclame Jérôme n'est autre que la chambrière de Jacqueline, déguisée
en valet ; tandis que, stupide, Jérôme reste à la porte et laisse les témoins
constater la faute, la chambrière donne les habits de valet à l'amoureux,
qui ressort avec l'autre témoin, et prend sa place dans le lit de Jacqueline.
Après cette substitution qui lui a échappé, le mari est obligé d'admettre
qu'il s'est trompé et a injustement accusé sa femme.

Le mari de Victoire, Cornille, est encore plus malléable. On installera successivement en lui deux convictions contradictoires. Par dépit,
Fidèle veut montrer au naïf qu'il est cocu. Cornille [31], posté de nuit près
de son logis, voit sortir un personnage qui chante son bonheur récent,
sa victoire [32]. Mais c'est une mystification : le personnage en question
est un valet, Narcisse, qui joue la comédie. Voilà donc le mari persuadé
de l'inconduite réelle de sa femme, sur une preuve qui n'en est pas une.
Il sera une deuxième fois le jouet de Fidèle et de Narcisse [33], car l'intérêt de Fidèle n'est plus maintenant que Cornille sache qu'il est cocu.
Par de longs propos généraux, on lui fait comprendre qu'une femme ver-

---

26. IV, 1.
27. Larivey, *Le Fidelle,* éd. cit.
28. III, 10.
29. I, 2.
30. II, 3.
31. Larivey, *Le Fidelle,* IV, 5.
32. Pour Cornille, le mot s'entend avec une majuscule !
33. V, 8.

tueuse peut être la victime de calomnies ; et Fidèle affirme à Cornille :
« Vostre femme a esté blasmée à tort ». Narcisse confirme, expliquant
que s'il a prononcé le nom de Victoire, c'est qu'il parlait de la victoire
remportée sur la servante Blaisine. Il n'en faut pas davantage pour
convaincre notre mari : « Je vous disois bien que ma femme estoit
femme de bien » ; et il ajoute :

> Un mary, se cognoissant estre aimé de sa femme, ne devroit jamais
> adjouster foy ny à ses yeux ny à ses oreilles propres, encores qu'il enten-
> dist ou vist quelque chose trop mal seante [...].

Désormais persuadé d'une manière absolue de la chasteté de sa femme,
Cornille laissera le champ libre à tous les futurs amants.

C'est volontairement que nous avons groupé dans cette section des
personnages que nous avions analysés ensemble dans les farces. Ainsi
apparaît la permanence des traditions, malgré le désir de rupture que
manifestent les dramaturges. Le Moyen Age connaissait fort bien les
filles séduites avant le mariage, les amoureux que perd leur sensualité,
les maris niais et trompés. Les influences italiennes permettent de varier
les situations, d'introduire des développements nouveaux, mais n'apportent rien de radicalement neuf quant à la naïveté de ces personnages.

Par contre, on est frappé par une certaine régression dans l'utilisation et la présentation de tels naïfs. Les jeunes filles sont davantage
trompées que vraiment naïves ; les amoureux reviennent souvent à la
réalité, et le font savoir brutalement ; les maris, comme Guillaume ou
le trésorier, sont bien obligés d'admettre leur disgrâce. Et la naïveté des
uns et des autres reste, en général, peu développée dans l'action. Ces
réserves vaudront pour d'autres naïfs de la comédie humaniste.

III. — Les parents.

L'intrigue d'amour est devenue le sujet obligé des comédies régulières ; elle met particulièrement en valeur les obstacles que rencontrent
les jeunes gens pour la réalisation de leur bonheur en amour, c'est-à-dire,
en général, pour la réalisation du mariage qu'ils souhaitent. Chez les
bourgeois des villes, que la comédie de la Renaissance porte sur scène,
le mariage est considéré sous son aspect de contrat, avec toutes les
conséquences financières ; c'est pourquoi il est l'affaire des pères — ou,
à défaut, des mères —, qui ont tendance à oublier la part de la nature,
du sentiment de l'amour, quand ils concluent une union pour leurs
enfants. De là naissent des conflits entre les amoureux qui visent la
réalisation de leurs désirs, et les parents qui s'y opposent. Parce qu'ils

contrarient les projets de leurs enfants, les parents se retrouvent le plus souvent dans le camp des victimes, à qui l'on en fait accroire et que l'on berne.

Les parents représentent donc de nouveaux naïfs. Mais, ici encore, il faudra constater la rareté des véritables types de naïfs. Si ces victimes marginales de l'intrigue amoureuse que restent les mères et les pères tombent parfois dans les comportements de naïveté, ils ne peuvent pas souvent être considérés comme des naïfs dans la totalité de leurs conduites ; en outre, les tromperies dont ils sont victimes font plus honneur à l'astuce des trompeurs qu'elles ne nécessitent de naïveté de la part des bernés.

Dans le rapport des mères à leurs filles, on remarque la naïveté la plus nette concernant l'idée que se font les unes de la conduite des autres. Dame Jacqueline [1], la mère de Restitue, dont nous savons qu'elle a été engrossée par Filadelphe, croit sa fille irréprochable et pure ; la fierté de la mère, qui a été dupe des apparences, perce dans ce passage :

> Elle ne hante point avec les jeunes hommes, comme je sçay qu'on dit de nos voisines : elle est toujours en prière et en oraison : elle vit proprement en saincte [2].

Enceinte, oui, comme le souligne plaisamment la nourrice qui joue sur les mots, tandis que la mère garde ses illusions.

L'aveuglement maternel est renforcé par la docilité apparente des filles. La Geneviève des *Contens* a su ne pas heurter de front les volontés de sa mère. Louise veut lui faire épouser Eustache, alors qu'elle aime Basile. Mais Geneviève dissimule sa douleur et sa révolte, en déclarant une obéissance entière à Louise [3]. Dès lors, Louise sera trompée : mère autoritaire, elle tient sa fille pour une enfant soumise, peu apte à faire preuve de volonté personnelle, et n'en fait pas assez de cas. Cette fille soumise donne à Basile un rendez-vous aux conséquences fâcheuses. Juste avant de constater qu'un homme se trouve dans le lit de sa fille, Louise en fait l'éloge [4] ; et elle avoue, une fois faite cette découverte qui la ramène au sentiment de la réalité, avoir craint que sa « saincte nitouche » de fille ne se fît religieuse [5] !

Les pères ont le plus grand mal à imposer leur volonté aux filles et à sauvegarder leur honneur. Lucelle [6], qui ne veut pas du baron de

1. Jean de La Taille, *Les Corrivaus,* éd. cit.
2. III, 1.
3. I, 1.
4. III, 7.
5. *Ibid.*
6. Louis Le Jars, *Lucelle,* tragi-comédie.

Saint-Amour imposé, sait cacher sa passion pour Ascagne, et enjôler admirablement son vieux naïf de père. Soumise, réservée au point de l'inquiéter, elle en est adorée [7]. Si elle refuse le mariage projeté, c'est en prétextant habilement les soins qu'elle ne pourra plus donner à son père chéri, une fois qu'elle sera mariée. Loin de deviner que la sainte fille a fixé un rendez-vous nocturne à Ascagne — il faudra la trahison d'un valet pour que le père soit éclairé —, l'aveugle s'attendrit :

> En cela, m'amie, je cognois la bonne affection que vous me portez, pour laquelle mon amitié s'augmente en vostre endroit tousjours de bien en mieux [8].

L'amour paternel est précisément ici à l'origine de la naïveté.

Les pères peuvent bien faire bonne garde autour du logis, ils empêchent rarement les entreprises des amoureux de leurs filles. Gérard [9], le père de Madeleine, veut la marier à son ami Josse. Mais la fille aime le jeune avocat, qui, déguisé avec les habits de Josse, parvient à tromper la vigilance de Gérard, et à rejoindre son amie. Assuré sur son pouvoir paternel, ne tenant aucun compte de sa fille, Gérard se retrouve aisément joué. Anastase [10], le père de Suzanne, tout aussi autoritaire, se méfie des jeunes écoliers qui tournent autour des filles [11]. Voilà pourquoi il est ravi d'avoir trouvé un parti satisfaisant pour la sienne, et s'empresse d'organiser la noce le plus secrètement possible [12]. Mais pas assez pour que Lactance, qui aime Suzanne, ne soit averti ! Le contentement du père naïf est réjouissant [13] ; nous le sentons plein d'une satisfaction extrême, trop sûr de lui justement, et par là empêché de tenir compte des obstacles éventuels, qui ne vont pas manquer de se mettre au travers de sa route. Grave sera sa déconvenue, quand il découvrira que Lactance s'est introduit chez lui et a violé sa fille.

Filles et fils refusent les projets d'avenir bâtis pour eux, et préfèrent suivre leurs sentiments, ou leur plaisir du moment, sans songer à un établissement avantageux : la sagesse des pères ne vaut pas pour eux [14]. Les fils restent les plus activement indociles, n'acceptant aucune entrave à leurs désirs. Comme lorsqu'ils font obstacle aux amoureux de leurs filles, les pères ne sont pas assez vigilants face aux tromperies qu'imaginent leurs fils avec l'aide des valets ; quelque inattention entraîne

---

7. Voir I, 2.
8. II, 1.
9. Grévin, *Les Esbahis*, éd. cit.
10. Larivey, *Les Escolliers*, éd. cit.
11. Voir II, 1.
12. III, 2.
13. IV, 1.
14. On songe inévitablement aux pères de Térence, ces vieux sermonneurs dupés pour s'être mis en travers des entreprises amoureuses des jeunes gens.

leur défaite. Voyons comment Vincent, dans *Les Jaloux* de Larivey, dupe son père Jérôme.

Le jeune homme est amoureux de la courtisane Madeleine, et se soucie peu du mariage que lui propose son père. Comment casser ce mariage ? Vincent gagne d'abord du temps en demandant à voir la fille, qu'on dit laide et difforme. Quoique méfiant, son père accepte [15]. Erreur, car cela permet à Alphonse d'enlever Renée, la fille que Jérôme voulait pour Vincent, et à Vincent d'enlever Madeleine. Mais, alors que ce dernier enlèvement est sur le point d'aboutir, Jérôme paraît et reconnaît son fils [16]. Le valet Gotard doit donc se charger de tromper Jérôme, en l'entretenant de « baliverneries » : il attire son attention sur un incendie imaginaire et invente, au fur et à mesure qu'il parle, une invraisemblable histoire. Au départ, Jérôme reste réticent et ne veut pas s'en laisser conter ; il finit cependant par admettre pour vraies les bourdes du valet, et commente le malheur imaginé par celui-ci ! Il reviendra vite au sentiment du réel ; toutefois, sa naïveté d'un instant a permis à Vincent de parfaire son entreprise [17].

Dans *Le Négromant* [18], Maxime, le père de Cinthien, a apparemment obligé son fils au mariage qu'il avait prévu pour lui. En réalité, Cinthien a épousé secrètement une autre fille, qu'il aime, et feint l'impuissance auprès de l'épouse imposée. Pour conjurer à tout prix ce charme qui empêche Cinthien d'accomplir son devoir conjugal, Maxime veut croire au pouvoir du Fizicien, autour duquel gravite plus d'un naïf. Le nécromant s'attache admirablement sa dupe [19]. Il sait la préparer, la mettre en confiance d'abord, en faisant valoir son honnêteté. L'avare Maxime est bientôt pris au piège, et, pour la réalisation de son désir le plus cher, s'en remet totalement au trompeur, qui lui soutire sans mal tout ce qu'il désire ; comme l'explique crûment le valet du nécromant : « La sansue est à la peau et ne s'en voudra lever tant qu'il y aura sang à sucer. » Mais le Fizicien ne veut pas que le naïf ouvre les yeux. Sachant

---

15. II, 6.
16. IV, 4.
17. Dans *Les Esprits* de Larivey, Séverin ne s'oppose pas à proprement parler à l'inconduite de son fils. C'est pourtant pour la lui cacher que le valet Frontin utilise la crédulité du vieil avare, effrayé par les diables qui sont censés assiéger son logis (II, 3). Séverin manifesta une deuxième fois sa naïveté, quand, les yeux bandés, il ajoute foi à la négociation menée par le sorcier Josse avec les esprits, qui acceptent de décamper contre le don de la bague de Séverin, si nécessaire à son fils Urbain pour payer ses plaisirs (III, 2). Notre vieillard, « à qui les petits enfans mesmes feroient croire que vessies sont lanternes », est tellement convaincu par ces mystifications qu'en III, 5, confronté à la réalité, il ne peut l'admettre.
18. Traduction de l'Arioste par Jean de La Taille (éd. R. de Maulde des *Œuvres* de J. de La Taille, t. IV, p. CVII-CCXXVII).
19. I, 3.

les médisances qui courent sur lui au logis de sa dupe, il prend les devants, et se plaint de ces mauvais bruits à Maxime, effrayé que le Fizicien puisse l'abandonner. Et plus le nécromant s'indigne des accusations, qui disent la vérité sur sa conduite, plus Maxime est disposé à le défendre et à s'aveugler sur la réalité [20]. La naïveté de ce personnage venu d'Italie est complète.

IV. — LES VIEILLARDS AMOUREUX. LES PÉDANTS. LES FANFARONS.

Notre théâtre médiéval n'ignorait pas ces trois types. Tel mari âgé était victime de sa passion sénile ; tel magister montrait sa bêtise prétentieuse ; et les faux braves faisaient éclater leurs fanfaronnades ridicules. Toutefois, on peut affirmer qu'en imitant les Latins et les Italiens, notre comédie du XVIᵉ siècle reconstruit les personnages en question. Elle n'approfondit pas beaucoup leur psychologie : vieillards, pédants et fanfarons restent des caricatures bouffonnes. Mais elle fixe nettement leurs traits conventionnels dans l'intrigue amoureuse.

En effet, tous les trois participent à l'*imbroglio* d'amour et l'enrichissent ; en concurrence avec des amoureux plus jeunes ou plus aimables, ils prétendent aimer ou épouser. C'est justement cette prétention qui permet aux dramaturges de mettre en valeur la naïveté des vieillards, des pédants et des fanfarons. Tous sont naïfs parce qu'ils sont amoureux. Ils ne sont pas faits pour l'amour, ils n'ont pas leur place dans l'univers de l'amour ; ils s'y montrent maladroits, et la loi veut qu'ils en soient rejetés. A travers leur aveuglement et leurs échecs apparaissent bien les rouages de la naïveté.

Les méfaits de la passion sont particulièrement visibles chez les vieillards amoureux, qui restent les plus complètement naïfs. Ils s'abandonnent sans réserve à l'amour, aliénant définitivement leur liberté et leur capacité de réflexion et de critique ; tout leur être tend à l'unique satisfaction de la passion dévorante. Le désir envahissant et tyrannique mène les fantoches. Il entraîne chez eux aveuglement et illusions.

Les vieillards se trompent déjà sur eux-mêmes. Jamais ils ne se sont sentis aussi aimables, aussi gaillards, aussi jeunes en un mot, que depuis qu'ils sont épris. Ambroise [1] s'estime capable, à l'instar d'un jeune galant, d'« entretenir » les dames en société [2] ; et il aura cette belle

---

20. III, 4.

1. Larivey, *La Veuve* (A.T.F., V, p. 103-198). 2. I, 3.
2. I, 3.

exclamation : « Mais, mon Dieu, que ma vieillesse est jeune [3] ! » Josse
se surestime encore davantage, qui affirme avoir toujours « la verte
braiette » :

> Je ne suis pas si vieil qu'on dict ;
> Je ne suis qu'en fleur de mon aage [4].

Ils veulent oublier leur âge, leurs misères physiques et leur décrépitude,
qui feraient obstacle à la passion. On les voit même devenir coquets
pour se rendre plus aimables : Ambroise se parfume ; le Médecin [5]
fait nettoyer sa robe et ses souliers [6]. Tentative vaine et ridicule, car
leurs partenaires féminines n'oublient pas ce qu'ils sont en réalité. La
courtisane Dorothée, qu'aime le Médecin, parle ainsi de lui : « Vieil
pourry, à qui les mains ne sentent que l'urine, ou ne puent que le
clystère [7] ! » Quant au vieillard Lazare [8], il est qualifié de « vieil singe
contrefaict [9] ». Mais les vieillards gardent leurs illusions, et ne perçoivent
pas ce qu'a de déplacé leur passion sénile.

Et ils se lancent dans la réalisation de leur désir, sans imaginer
aucun obstacle. Puisqu'ils se croient jeunes ou encore séduisants, ils
jettent leur dévolu sur des jeunes filles qu'ils sont sûrs de pouvoir
épouser. Ils ne doutent pas d'être aimés. Ils ne se rendent pas compte
qu'en entrant en compétition avec des amoureux plus jeunes — parfois
leur propre fils —, ils pourraient avoir le dessous ; que dans ce conflit,
on cherchera à les tromper. Leur assurance ne prévoit ni les empêche-
ments ni les tromperies. Certains vieillards amoureux en arrivent même
à oublier l'existence de leur épouse ! Le Josse des *Esbahis*, que sa femme
a abandonné, pense pouvoir, malgré son âge, bâtir une vie conjugale
nouvelle avec la jeune Madeleine ; non seulement il est précédé dans
le lit de Madeleine et amené, dès lors, à renoncer à ce mariage, mais il
doit bien reprendre son épouse dévergondée, qui revient. Le Médecin
des *Tromperies*, enflammé par Dorothée, ne songe plus à sa femme,
« sèche et maigre », qu'un traître avertit ; il n'est pas encore dans les
bras de la courtisane que la ménagère le surprend, et ramène bruyam-
ment à la maison l'époux adultère, frustré de sa jouissance et humblement soumis.

Les comédies de Larivey montrent assez précisément, au cours des
tromperies dont les vieillards amoureux sont inévitablement victimes,

---

3. III, 7.
4. Grévin, *Les Esbahis*, I, 2.
5. Larivey, *Les Tromperies* (A.T.F., VII, p. 5-105).
6. I, 3.
7. Larivey, *Les Tromperies*, II, 1.
8. Larivey, *Le Morfondu* (A.T.F., V, p. 293-393).
9. I, 2.

le développement des conduites de naïveté. Obnubilés par cette passion qu'ils veulent satisfaire, ils se trompent sur la réalité, et deviennent les jouets crédules de mauvais tours. Les trompeurs ont vite saisi les illusions des vieillards ; leur jeu consiste à les renforcer, afin de mieux berner ces amoureux hors de saison. Une courtisane ici, ailleurs un maquereau ou une entremetteuse, flattent la passion des vieillards et exploitent leur simplicité.

La courtisane Dorothée mène seule son intrigue, qui est élémentaire : faire croire au vieux Médecin qu'elle l'aime, afin de le peler « jusques aux os ». Aveuglé par son désir, le Médecin ne doute pas un instant d'être aimé. Il se prépare à rendre visite à Dorothée, avec un beau présent, cela s'entend, dont il escompte de savoureux baisers. Comme la fille hypocrite est adroite, et sait entretenir l'illusion du naïf [10] ! Elle lui reproche son retard, se disant même jalouse ; elle lui refuse astucieusement le cadeau apporté [11]. Tout cela rend fou d'amour et de désir le Médecin. Dorothée continuera de le tromper tout au long de la pièce, jouant de sa passion comme d'un instrument, n'omettant rien qui puisse renforcer celle-ci. Elle lui raconte, par exemple, comment elle berne le Capitaine, autre amoureux grugé par elle. Le Médecin ne résiste pas à cette preuve d'amour, et se gausse du Capitaine [12], alors qu'il est berné de la même façon par Dorothée. Bref, il est parfaitement naïf, car il ne cesse de prendre pour réalité l'apparence de l'amour que lui sert Dorothée, en vue de le mieux exploiter ; à son valet qui le met en garde, il rétorque vivement : « Ha ! je jure Dieu qu'elle est perdue en mon amour ; elle court après moy, elle me pince, elle me mort, elle me veut manger tout vif. Quand je dy que je m'en veux aller, elle se desespère, se jette contre terre, bref fait rage [13]. »

Encore le Médecin obtient-il quelques satisfactions ! Dans *Le Laquais* [14] et dans *La Veuve*, Syméon et Ambroise ne gagnent d'autre résultat que d'être trompés et bafoués ; au lieu de coucher avec l'objet de leur désir, ils passent la nuit l'un avec un laquais déguisé, l'autre avec une entremetteuse. Tous deux ont eu le tort de s'en remettre, pour les servir dans leurs amours, à des intermédiaires qui les tondent. Syméon se veut-il jeune et beau, apte à prendre pour femme Marie, la jeune fille

---

10. *Les Tromperies*, II, 1.
11. « Le mal vous mange avec vos presens, si vous pensez que je vous ayme pour cela ! »
12. « Je ne sçay comme aujourd'huy je ne suis crevé de rire : comment est-il possible que ce sot ait esté si grüe ? Ha ! ha ! ha ! ha ! je sçay qu'elles ont tondu le pauvre mouton jusques au vif, et d'une belle façon. Ha ! ha ! ha ! [...] Se peut-il faire qu'un homme soit si aveuglé ! » (III, 2).
13. III, 2.
14. *A.T.F.*, V, p. 7-101.

qu'épousera finalement son fils ? Le maquereau Thomas s'empresse de
le confirmer dans cette illusion : « O quelle belle face ! quel air délicat !
quelle aparance imperiale vous avez maintenant ! Par ma foy, Monsieur,
vous rajeunissez [15] ». Ambroise serait-il un vieillard cassé ? — « Vous me
semblez un cherubin [16] », lui affirme la maquerelle Guillemette ; et un
amoureux capable de percer son aimée « comme on perce les femmes ».
Puisque le vieillard veut se croire aimé de sa veuve, Guillemette se garde
de le détromper : « Je pense, quant à moy, que ceste madame Clemence
vous ayme comme ses menus boyaux, car je ne suis jamais auprès d'elle
qu'elle ne parle de vous ; mais sçavez-vous comment ? d'une telle affection que ne croiriez pas [17]. » Pur mensonge. Mais les naïfs s'aveuglent si
volontiers sur la réalité ! Qu'on flatte leur désir, qu'on leur promette
aide et réussite dans sa réalisation, affolés après leurs amours, ils
admettent tous les mensonges ; et même les plus avares deviennent pro-
digues. Il faut les voir quand on leur assure qu'ils vont bientôt tenir
l'aimée entre leurs bras : « le feu aux rains », enfermés dans leur désir,
ils sont tout à fait incapables d'une perception juste du monde qui les
entoure et des pièges qui leur sont préparés [18].

On pourrait s'étonner, à certains égards, de voir figurer des pédants
parmi les naïfs. Fortement influencé par le *Dottore* de la comédie italienne, le personnage, à travers lequel est présentée la caricature d'une
culture livresque et d'une vaine érudition, se signale surtout par son
caractère abstrait, artificiel. Son érudition le coupe du monde réel ;
avec son latin, ses références à l'Antiquité, le cuistre ridicule vit ailleurs,
en dehors de notre monde.

Toutefois, il arrive à ces citoyens d'ailleurs de vouloir participer à
la vie humaine dans sa réalité, quand ils sont amoureux. Ils manifestent
alors une belle naïveté, en désirant aimer et être aimés. Blessés des
flèches d'Amour, ils expriment leur passion en termes pédantesques [19] ;
celle-ci n'en est pas moins dévorante. En essayant de la satisfaire, ces
inadaptés à la vie vont immanquablement se casser le nez dans la

---

15. *Le Laquais*, I, 2.
16. *La Veuve*, III, 2.
17. *Ibid.*
18. Le vieillard Lazare du *Morfondu* est autrement berné et découragé dans
son entreprise. Puisqu'il est fort jaloux, on décide de lui donner la preuve que sa
promise, Lucresse, couche déjà avec Charles le gentilhomme. Ses adversaires utilisent sa jalousie inquiète pour l'entraîner dans une aventure nocturne, où le vieillard, rendu trop crédule par suite des soupçons qui le taraudent, prend toutes les
mystifications préparées à son intention pour des réalités ; il lui suffit de voir des
personnages déguisés pour être sûr que Lucresse rejoint Charles. — La donnée sera
reprise, en 1665, dans *Les Aventures de nuit* de Chevalier.
19. Voir : Larivey, *La Constance*, II, 4 ; *Le Fidelle*, I, 3, ou IV, 11.

comédie, et être mis en échec. Deux comédies de Larivey le montrent bien.

Fidence [20], qui s'est enflammé pour madame Elisabeth, est victime de sa nouvelle passion et d'une excessive crédulité. Il est le jouet du serviteur Blaise, qu'on a chargé de faire une niche au pédant, « de sorte que l'amour luy sortira de la fantaisie [21] ». Comme Fidence a pratiqué un enchantement pour se faire aimer d'Elisabeth, Blaise gagne d'abord la confiance du pédant en lui annonçant la réussite :

> Cy devant je me suis apperceu qu'icelle, voulant entrer en la maison, se retournoit en arrière pour vous regarder, jettant un si chaud soupir qu'il m'a quasi bruslé le visage [22].

Voilà qui nourrit trop son désir pour que Fidence ne le croie pas ! Dès lors, la tromperie suit son cours, Fidence ne pouvant plus soupçonner Blaise, en qui il voit un auxiliaire de son amour. Blaise lui conseille de changer de vêtements pour plaire à son amoureuse, puis d'aller attendre dans une chambre les dernières jouissances qu'elle lui procurera. Le pédant bondit de joie et s'exécute, persuadé qu'il est d'atteindre la satisfaction. En réalité, il se fait rosser par un comparse, lier et présenter à demi nu au groupe des femmes. Et il est assez sot pour croire à l'intervention maléfique d'un diable dans sa piètre aventure !

Le pédant Josse [23] prend place parmi d'autres rivaux qui convoitent la peu vertueuse Victoire. Pour obtenir celle-ci, il doit évincer ses concurrents et s'insérer activement dans un réseau compliqué de relations. La pièce nous fait assister à ses manœuvres, à ses plans successifs ; mais le succès est toujours remis à plus tard : quelque événement imprévu l'empêche à chaque fois de parvenir à ses fins. Il a surpris une conversation des valets Béatrice et René, qui lui indique que, déguisé en valet, il pourra s'introduire par ruse chez Victoire. Il se déguise donc, et, tout près du but, chante déjà son succès :

> [...] non seulement je pourray tromper Beatrice, mais encores entrer en la maison, et me jetter au champ fleuri des graces de ma très precieuse amante et amiable Victoire, cueillir le fruit très desiré et très merité de mon amour [24].

Las ! Survient Fidèle, et le beau plan échoue. Mais, indifférent à ce revers, il entrevoit la victoire pour l'avenir, et se contente d'espérances. Il en sait assez sur ses deux rivaux Fidèle et Fortuné pour croire qu'il les éliminera et qu'il obtiendra seul la jouissance de la « chose aimée ».

---

20. *La Constance* (A.T.F., VI, p. 191-302).
21. II, 4.
22. *Ibid.*
23. *Le Fidelle,* éd. cit.
24. II, 1.

Le nouveau plan échafaudé ne réussit pas mieux ; ce qu'il a dit à Fidèle, à savoir que Victoire le trahit, pousse même le jeune homme à une vengeance exemplaire, qui détruirait toutes les espérances du pédant. Qu'importe ! Le serviteur Narcisse fait germer en lui une autre idée, celle de se déguiser en mendiant :

> J'iray donc avec ce benoist habit à sa porte demander l'aumosne ; j'entrerai en la maison, je lui declareray que Fidelle l'a accusée à son mary, lequel la veut tuer ; et, en recompense de ce bienfaict, j'en recevray sa grace ; et qui sçait si elle, effroyée et toute tremblante de pœur, se resouldra point de s'enfuyr avec moy [25] ?

C'est alors la déconvenue finale [26]. Arrivé devant le logis de Victoire, il rencontre Blaisine, qu'il prend pour Victoire, tandis que la servante, de son côté, prend le pédant pour Narcisse, et lui dit sa résolution de partir avec lui. Le bonheur de Josse, qui voit dans le déguisement en servante de celle qu'il prend pour Victoire une preuve de passion, sera de courte durée. L'arrivée des sergents, qui emmènent le bonhomme, dissipe le quiproquo.

L'intrigue montre ainsi que l'amour n'est pas pour les maladroits que sont les pédants. Attentif à la seule satisfaction de sa passion, il compte sans les autres, ou calcule mal. Sa confiance en lui et sa persévérance malgré les échecs répétés témoignent d'un manque fondamental de réalisme, qui est le propre de tous ces rêveurs bernés.

Essentiellement modelé sur le patron du *miles gloriosus* latin et du *Capitano* des traditions comiques italiennes, non sans rapport avec l'actualité historique, le type du fanfaron connaît un succès certain dans la comédie humaniste. Mais l'image qui est donnée de lui, figée et exagérée, ne correspond plus à celle des faux braves médiévaux — ces paysans couards qui rêvaient naïvement d'une gloire guerrière contraire à leur nature, avant de revenir plus sagement, de gré ou de force, au sentiment de la réalité. A considérer le comportement des fanfarons sur la scène du XVIᵉ siècle, on se demande même s'ils sont encore des naïfs.

Il semble, en effet, que ces personnages trouvent leur assise davantage dans la folie que dans la naïveté. Si l'on tente d'analyser les rapports qu'ils entretiennent avec la réalité, on constate qu'ils se développent en trois moments. La première phase est celle de l'irréalité pure : le fanfaron se construit, par le discours, un monde faux, où tout n'est pour lui que victoires sur les champs de bataille et succès auprès des belles. Seuls ou aidés de quelque flatteur, ils se persuadent de ces

---

25. IV, 9.
26. IV, 11 et 12.

mensonges, parfaitement opposés à la piètre réalité. Leur imagination fantaisiste suit sa pente, et oublie complètement le réel. Mais arrive l'épreuve des faits. Au cours de cette deuxième phase, le fanfaron bute sur les autres et sur le monde. Le courage en paroles ne suffit plus, il faut le mettre à l'épreuve ; le fanfaron recule. S'il veut s'insérer plus étroitement dans le réseau des rapports humains, singulièrement par l'amour, il est toujours mystifié et trompé. Cet échec ne le convertit pas à la réalité. Comme un équilibriste un instant vacillant, il a tôt fait de retrouver son équilibre dans le monde de l'irréel. Cette troisième phase ne souffre pas d'exception. D'autres mots masqueront et justifieront son échec, afin qu'il se rétablisse dans sa patrie du rêve. Un ressort trop puissant l'entraîne à un nouveau bond dans l'irréel, dans les illusions. Le fanfaron du xvie siècle a son centre de gravité dans l'imaginaire.

Cependant, il restera à cet extravagant la possibilité de montrer sa naïveté en amour [27], au cours de la confrontation obligée avec les autres ; par la passion, le fanfaron tente de s'intégrer dans la réalité. A l'origine de toutes les tromperies dont il devient alors victime, gît sa prétention à être séduisant et aimé. Taillebras [28] croit que toutes les femmes meurent d'amour pour cet Adonis. Le gentilhomme espagnol dom Dieghos [29] ne tarit pas sur ses succès féminins. A Naples comme à Paris, aucun n'est aussi bien vu des dames que lui [30] ; la présence de cet irrésistible séducteur trouble même les femmes à l'église :

> Leurs devotions ont esté bien courtes. Je leur faisois souvent haucer les yeux, et peut-estre le cœur, ailleurs qu'aux saincts et aux sainctes. Je les y ay encores laissées, et pense que tant que j'y eusse esté elles n'en fussent jamais bougées [31].

Il n'a donc aucun mal à croire qu'Angélique l'adore et reçoit avec ravissement ses cadeaux. Quant au Capitaine des *Tromperies* de Larivey, il craint bien, s'il ne s'adonne qu'à l'amour, de rendre nombre de pauvrettes « jalouses jusques au mourir » ; pour l'heure, il est particulièrement sûr que la courtisane Dorothée attend son retour avec grande « devotion » [32].

Il n'en est rien. Mais entretenir les fanfarons amoureux dans de

---

27. Le Fierabras des *Jaloux* de Larivey n'est pas amoureux ; il sera pourtant berné (III, 5). Il fait bonne garde autour de sa sœur Madeleine, mais laisse entrer au logis Vincent, l'amoureux de celle-ci, qui se fait passer pour un vaillant obligé de fuir la justice après quelque carnage. On a su faire vibrer chez le crédule la fibre de la fraternité d'armes.

28. Baïf, *Le Brave*, éd. cit.

29. François d'Amboise, *Les Néapolitaines* (*Fournier*, 2, p. 133 sqq.).

30. I, 3.

31. III, 3.

32. II, 6.

telles illusions s'avère utile pour les berner et les exploiter. Ces personnages sont fort crédules. L'exemple de Taillebras est probant. Il s'agit
d'obtenir que le bravache abandonne Emée, la bonne amie de Constant,
qu'il a enlevée à Nantes. La ruse est facilement trouvée : une courtisane se dira la femme du voisin Bontans, et feindra d'être passionnément éprise de Taillebras. La tromperie est mise en œuvre aux actes IV
et V. Rien n'est omis pour éveiller la sensualité du naïf, pour flatter sa
vanité de bellâtre ; valet, servante viennent le prévenir qu'une belle
femme meurt d'amour pour lui, pour sa beauté, aspirant à l'honneur
d'être prise par lui. Ce n'est qu'après cette préparation que paraît
Fleurie, qui reprend le même jeu, disant même sa crainte de n'être pas
assez belle pour le héros. « O que lon m'aime ! Je le voy [33] », se rengorge la dupe. Pris à la comédie, il aura répudié Emée, mais ne jouira
jamais de Fleurie [34].

Les parasites intéressés savent les premiers manier et gouverner les
dupes. « Quand j'ay abordé quelqu'un, il est bien fin et cauteleux s'il
m'eschappe sans laisser de la plume [35] », affirme l'écornifleur Gaster,
qui explique, dans un long monologue, comment il a apprivoisé le
seigneur Dieghos. Il suffit de lui dire que toutes les femmes l'aiment,
et en particulier Angélique ; entendant ce qu'il veut entendre, le gentilhomme est libéral.

La courtisane Dorothée, qui exploite le Capitaine des *Tromperies*,
montre un art moins sommaire. Avant le départ du brave, elle lui avait
laissé entendre qu'elle était grosse ; pur mensonge, mais capable de
flatter le mâle et de l'engluer mieux. Maintenant qu'il est de retour, il
faut lui jouer la comédie ; les scènes 7 et 8 de l'acte II y sont consacrées. On annonce au Capitaine qu'il a fait « le plus beau petit garçon
du monde », tandis que Dorothée s'est composé une attitude d'accou-
chée dolente et faible, et accueille sa dupe avec les plus tendres démons-
trations d'affection. En voilà trop pour la sensibilité du brave ; il met
généreusement la main à la bourse. Bientôt la mystification redouble :
on lui présente, avec les compliments et agaceries d'usage, un « beau
poupard » qui lui ressemble « plus que mousche », et qu'on l'invite à
caresser. Le Capitaine n'ose saisir le délicat nourrisson, de peur de lui
froisser les os. Mais il ne doute pas, ni ne doutera de cette paternité, qui
le remplit de fierté et le persuade encore davantage de l'amour que lui
porte Dorothée. La mère de la courtisane en profite évidemment pour

---

33. *Le Brave*, V, 2.
34. Autre vaniteux, Dieghos se croit tellement aimé et respecté qu'il admet
sans sourciller les deux mensonges que lui sert Angélique pour expliquer la présence de deux hommes chez elle (*Les Néapolitaines*, III, 6), puis pour se débarrasser de l'importun (III, 7).
35. *Les Néapolitaines*, I, 4.

compléter la liste des dépenses auxquelles doit subvenir le père supposé [36] !

V. — Conclusion.

Au total, le théâtre humaniste, qui ne renie pas aussi complètement qu'il le proclame les traditions médiévales, reste beaucoup moins riche en naïfs que notre farce. Des raisons évidentes existent de ce recul. Le très petit nombre des comédies, l'éventail restreint des situations dramatiques dans l'intrigue d'amour expliquent déjà la relative rareté des naïfs. Quelques dramaturges soucieux de la dignité littéraire d'un genre qui n'attire pas, d'ailleurs, les plus nobles talents, isolés du public, ne pouvaient rivaliser avec une tradition séculaire et bien ancrée ; dotée d'un *corpus* beaucoup plus considérable, habituée à représenter les multiples aspects de la vie quotidienne, la farce avait pu et su faire du naïf un type à la fois souvent reproduit et varié en plusieurs avatars.

Les analyses de ce chapitre auront montré une autre faiblesse de la dramaturgie humaniste : elle semble ne plus savoir saisir les processus de la naïveté avec cette acuité et ce sens du type comique propres aux farceurs médiévaux. Constamment, nous avons dû assigner des limites à la naïveté. C'est qu'il faut tenir compte d'une transformation capitale de la comédie, due aussi à l'influence italienne : la primauté de l'intrigue. La comédie italienne vise à réaliser ce chef-d'œuvre d'horlogerie que constitue une intrigue embrouillée à souhait. Le tour de force du dramaturge consiste à entremêler les fils, à multiplier actions principales et actions secondaires, à parsemer de contretemps fâcheux la réalisation des ruses, à accumuler les interférences et les rencontres qui détruisent les plans des personnages, puis à débrouiller habilement les fils de l'écheveau, afin de parvenir à un dénouement satisfaisant. Larivey est chez nous le meilleur représentant de cette attitude, d'autant qu'il se contente d'adapter. On voit bien, alors, les conséquences de ce déplacement de l'intérêt pour la conception des personnages, et en particulier pour celle du naïf. Là où la farce exploitait toutes les ressources comiques d'un personnage, la comédie du xvie siècle le considère plutôt comme l'élément d'un jeu qui le dépasse, comme une simple pièce dans un vaste échiquier. Si bien que, pour nous en tenir aux naïfs, la bêtise

---

36. Le fanfaron continuera d'égayer nos comédies pendant encore un demi-siècle, avec ses vantardises et ses reculades, l'étalage de ses succès féminins et ses échecs auprès des belles. Mais les dramaturges se soucieront rarement de montrer, chez ce fou, des comportements de naïveté dus à la passion amoureuse. Un P. Corneille, dans *L'Illusion comique*, révélera plutôt toute la fantaisie que recèle la vaine démesure de son Matamore.

du trompé devient moins intéressante pour le dramaturge que le réseau des ruses qui aboutissent à la tromperie. Il devient alors difficile de cerner de véritables types de naïfs. D'une part, la naïveté reste une simple donnée nécessaire à l'*imbroglio* ; elle est impliquée plus que montrée dans sa réalisation. La comédie humaniste se préoccupe moins d'analyser l'enchaînement des comportements de naïveté. D'autre part, les dramaturges ne ressentent plus le besoin de se servir de personnages globalement naïfs : il suffit qu'un personnage manque de lucidité momentanément, ou sur un point particulier de son comportement, pour être victime d'une ruse qui compliquera l'intrigue. Le trompé intéresse davantage que le naïf, qui se marginalise.

Laissons cependant à l'actif de la comédie humaniste l'introduction chez nous de quelques nouveaux naïfs, tous issus de l'intrigue amou-reuse. L'amour, en effet, met en mouvement les personnages vers la satisfaction de leur désir. A cet égard, jeunes et moins jeunes suivent également leur instinct. Mais, du même coup, se noue le faisceau des conflits : les obstacles surviennent, qu'il faut éliminer, les rivalités, qu'il faut résoudre. Les forces sont en place, qui vont s'opposer dans le champ clos de la comédie. Jusqu'au mariage final, l'*imbroglio* d'amour est fondé sur le jeu des tromperies, c'est-à-dire sur l'éternelle lutte entre les forts et les faibles, entre les malins et les bernés. Les naïfs peuvent entrer en scène ; inattentifs ou franchement aveuglés, ils perdent pied dans l'intrigue, ne savent pas éviter les pièges dont leur chemin est rempli, et se retrouvent vaincus au bout du compte. Tous ceux qui pourraient entraver la réalisation des amours que la comédie présente comme normales et sympathiques, deviennent des naïfs ridicules : un valet trop simple, des parents confiants et crédules, des amoureux hors d'âge ou dont la passion paraît déplacée. Notre comédie humaniste a particulièrement mis en valeur cette cécité sur le réel liée à la passion ; vieillards, pédants et fanfarons se trompent sur eux-mêmes quand ils se croient capables d'être aimés ; ils sont à la merci, comme les amants que l'amour aveugle, de tous les trompeurs hypocrites qui, sous couleur de flatter, d'aider ou de satisfaire leur désir, attrapent les naïfs dans leurs filets et les grugent. Pour limitée qu'elle soit, la contribution de la comédie régulière de la Renaissance à l'histoire de notre personnage n'est donc pas indifférente.

Chapitre V

La comédie de 1611 à 1680 : devanciers et contemporains de Molière

Les soixante années qui séparent la publication des dernières comédies de Larivey de la mort de Molière voient un renouvellement total de la production comique en France.

Quasi inexistante pendant le premier tiers du XVIIe siècle — seuls les farceurs font rire les Parisiens —, la comédie renaît aux environs de 1630 grâce à quelques dramaturges soucieux de la dignité littéraire de ce genre, et qui répondent d'ailleurs au goût nouveau du public. P. Corneille en observant les « honnêtes gens »[1], J. Rotrou avec ses intrigues romanesques et invraisemblables[2], alimentent la vogue des comédies sentimentales, qui doivent beaucoup à la pastorale et à la tragi-comédie ; une comédie d'intrigue se cherche également, à travers des emprunts à Plaute ou à la littérature étrangère plus récente[3]. Mais une nouvelle étape est franchie à partir de 1639, quand d'Ouville introduit la mode de la *comedia* espagnole ; pendant vingt ans, avec P. Corneille, Scarron, Boisrobert, Th. Corneille, notre théâtre comique sera dominé par l'influence de la *comedia de capa y espada*. Entre 1640 et 1660[4], qu'elles suivent les modèles espagnols ou italiens, les comédies se distin-

---

1. *Mélite, La Veuve, La Galerie du Palais, La Suivante, La Place Royale.*
2. *Diane, Célimène, Filandre, Florimonde, Clorinde, La Belle Alphrède.*
3. Là aussi le rôle de Rotrou fut important, avec *La Bague de l'oubli, Les Ménechmes, Les Sosies, Les Captifs.*
4. Voir R. Guichemerre, *La Comédie avant Molière (1640-1660).*

guent par la primauté de l'intrigue, d'une intrigue romanesque, et par le goût du jeu verbal.

Les débuts de Molière sont nourris des traditions et des habitudes théâtrales de son temps ; mais l'originalité de sa conception du comique s'affirme d'emblée. Et son influence est réelle sur ses contemporains, qui cherchent à se rapprocher de la vie dans la peinture des caractères ou des mœurs. A son exemple encore, bien des dramaturges s'adonnent à la farce, dont le regain était amorcé dès 1656 [5]. Toutefois, la comédie postérieure à 1660, Molière mis à part, ne semble pas rompre si totalement avec la période précédente. Les sujets et les situations de la comédie d'intrigue des années 1640-1660 persistent. Des formules dramatiques aussi, comme celle que Scarron avait mise au point en 1647, dans son *Don Japhet d'Arménie*. R. Garapon, qui a révélé dans cette pièce le premier modèle de la comédie burlesque — un héros grotesque placé au centre de l'intrigue permet de fondre l'action et le comique —, souligne l'influence de ce modèle au-delà de 1660 [6] ; après Cyrano de Bergerac et Th. Corneille [7], A. de Montfleury ainsi que les auteurs de pièces courtes montrent souvent les bons tours dont est victime quelque extravagant.

Des étapes que nous venons d'esquisser à grands traits il nous faudra tenir compte, en suivant l'évolution des personnages de naïfs. Mais l'analyse de ceux-ci peut être menée d'un seul coup d'aile du début du siècle aux années 1670-1680. Si, au cours de cette longue période, le personnage a pu s'enrichir et se diversifier, aucun renouvellement important ne s'est manifesté. Il faut s'attacher à Molière, auquel nous consacrerons une étude particulière, pour voir le naïf se transformer de manière significative.

Pour le présent, nous retrouverons les naïfs dans la vie conjugale et dans les diverses situations amoureuses. Le valet, type traditionnel qui va prendre, au cours du siècle, une place de plus en plus considérable dans nos comédies, sera examiné ensuite. Enfin, nous présenterons deux types sociaux du temps : le paysan et le noble de province.

---

5. Citons les noms de Chappuzeau, Fr. Pascal, Brécourt, Dorimond, Chevalier, R. Poisson, Hauteroche. Entre 1660 et 1670, on compte autant de farces que de grandes pièces en trois ou cinq actes.

6. Voir son édition de *Don Japhet*.

7. Avec *Don Bertrand de Cigarral*, *Le Baron d'Albikrac* ou *La Comtesse d'Orgueil*.

I. — LA VIE CONJUGALE.

La *Gillette* de Troterel, « comédie facétieuse » qui est en réalité une farce malgré ses cinq actes, nous présente une épouse crédule, la Demoiselle. Alors que son mari le gentilhomme pourchasse assidûment la servante Gillette, l'épouse ne tarit pas d'éloges sur ce « trésor inestimable » qu'est Gillette :

> Que c'est un grand contentement
> Et même un grand soulagement
> D'avoir pour faire le ménage
> Une servante qui soit sage
> Et pleine de fidélité [...] [8].

Mise au courant par une autre servante, Agathe, la Demoiselle sera un instant furieuse. Mais il suffit qu'Agathe, soudoyée par le gentilhomme, se rétracte, pour que la maîtresse soit convaincue de l'innocence de Gillette. Cette Demoiselle, aveugle et peu soupçonneuse dans son ménage, reste le seul personnage d'épouse naïve.

Les amants naïfs, trompés par la dame et son mari, relèvent encore de la farce, qui, à cette époque, s'enrichit de l'influence de la *commedia dell'arte*. La *Deuxième farce tabarinique* de 1623 nous montre la peu fidèle épouse de Tabarin, Francisquine, écoutant d'une oreille favorable deux chauds amants. Rendez-vous est pris successivement, moyennant cent ducats, avec le jargonneur Piphagne, et avec le vieillard Lucas [9], pour minuit et 2 heures du matin. L'événement les laissera inassouvis. Tabarin veille au grain : il a surpris le marché, et se met d'accord avec sa femme pour plumer les amants et les berner ; il se revêt des habits de l'épouse et va aux rendez-vous à sa place. Arrive Piphagne, transporté de passion :

> La nocté obscura é le journo de la mia felicitaé ; le tenebré sarano la
> clartaé radiosa del mia anima et de mes contenti ; [...] la media nocté
> favorisé al mia amor. Francisquina ! Francisquina [10] !

Il paie, puis, quand il se fait pressant, Tabarin se dévoile et le bat. Même réception pour Lucas, que Tabarin déguisé oblige à rosser son rival Piphagne, attaché à un poteau. Puis, se dévoilant à nouveau pour ce qu'il est, Tabarin menace de châtrer les deux amoureux. La passion absolue de nos amants leur a interdit de concevoir le moindre soupçon.

---

8. I, 2.
9. A Francisquine qui le raille sur son âge, il réplique : « Diable m'emporte ! je suis robuste et du naturel des poireaux : j'ai la tête blanche, mais la queue verte » (éd. G. Aventin des *Œuvres complètes* de Tabarin, t. II, p. 151).
10. Edition citée, p. 153.

Il est piquant de retrouver cette tradition médiévale de l'amant naïf chez La Fontaine ; un ballet de 1660, écrit par le fabuliste à l'intention de ses amis de Château-Thierry, *Les Rieurs du Beau-Richard,* présente ce personnage. Il s'agit du marchand de blé, fort amoureux de la femme du savetier ; il propose d'éteindre la dette de celui-ci, en échange des dernières faveurs de la dame. Personnage méfiant en affaires, gonflé d'orgueil par sa réussite, mais un peu crédule, il sera perdu par sa passion. Savetier et savetière se sont, en effet, arrangés : que la dame accepte, fasse d'abord déchirer l'obligation, puis le mari surviendra. Recevant le marchand, la savetière sait minauder ; indignée [11], elle dit céder finalement au destin des pauvres :

> Comme j'ai soin de notre honneur,
> Je ferai tout [12].

Ne se doutant de rien, le naïf, sûr de parvenir à ce qu'il désire, déchire l'obligation, juste avant l'arrivée du mari.

Comme toujours, les maris naïfs paraissent beaucoup plus fréquemment. Au début du siècle, le type du mari trompé est même utilisé dans la tragi-comédie [13], dans la pastorale [14] — ces genres conservent souvent des types comiques traditionnels —, voire dans la tragédie. Une telle curiosité nous est proposée par A. Hardy, dans sa *Lucrèce* [15]. Lucrèce trompe son mari Télémaque avec le beau Myrhène. Une nuit, au sortir du lit de la dame, l'amant glisse et tombe avec fracas ; dans la chambre voisine, l'époux s'éveille, croit à des voleurs, et court prévenir sa femme qu'il est étonné de trouver debout [16]. La nourrice invente une histoire incroyable pour la justifier. Télémaque ne soupçonne rien, et se lance dans des déclarations fanfaronnes contre les supposés brigands. Et Lucrèce de le retenir, pour qu'il n'aille pas s'exposer aux dangers :

> Mes bras empêcheront le mal que j'appréhende,
> Ma bouche impétrera de force ma demande,
> Unie inséparable à ce corps, qui parfait
> Mourir d'amour craintive à toute heure me fait [17].

Pris à ces paroles hypocrites et mielleuses, le naïf ne se doute de rien, et raconte ingénument un songe qu'il vient de faire : des cornes lui

---

11. « Monsieur, pour qui me prenez-vous ?... » (v. 90).
12. V. 102-103.
13. Voir Zorote, dans *Tyr et Sidon* de J. de Schelandre.
14. Voir Sylvain, l'insuffisant mari, crédule et niais, dans *L'Impuissance* de Véronneau.
15. Le sous-titre — *L'Adultère puni* — précise la tonalité : revenu à la lucidité, le naïf se vengera impitoyablement, avant d'être tué à son tour.
16. Acte II.
17. V. 421-424.

poussaient ! Il ne voit aucun rapport avec ce qui se déroule actuellement. Il est vraiment le « bon-homme facile [18] ».

Il faut évidemment se tourner vers les genres comiques pour mesurer la permanence du type. La veine farcesque reste riche en maris stupides et lamentables, de ceux que jouait le farceur Gaultier-Garguille. Dans ses *Corrivaux* — comédie en alexandrins fort proche de la farce —, Troterel nous montre les commencements, si l'on peut dire, d'un futur mari complaisant. Brillant, l'amant de la très convoitée et très impudique Clorette, est berné par son valet Almerin. Celui-ci a endormi son maître, lui a emprunté ses habits, et, profitant d'un rendez-vous donné par Clorette à Brillant, a joui de la fille qui croyait recevoir Brillant. Quand Clorette est amenée à parler de cette nuit, Brillant s'aperçoit qu'il a été trompé ; mais le niais est alors habilement circonvenu par la fine mouche :

> Tout beau, mon cœur, tout beau, ne soyez point jaloux.
> Par mon âme, je mens, et c'était pour connaître
> Un peu de quelle humeur le ciel vous a fait naître [19].

Brillant n'insiste pas... Et il restera convaincu de la fidélité et de la vertu de Clorette [20]. Destiné à l'épouser, il sera un mari idéal pour elle : quelque mensonge apaisera le cocu.

Les farces des années 1660 font bien entendu rire des maris niais. Nous nous limiterons à deux exemples empruntés à Dorimond [21], qui esquisse sommairement les personnages. Le Capitan de *L'Ecole des cocus ou La Précaution inutile,* malgré des conseils prudents, décide de se marier, et choisit, comme Arnolphe le fera, d'épouser une niaise ; avec Cloris, il pense avoir trouvé le salut :

> Avec ma femme enfin, je suis en assurance,
> Car elle ne sait pas ce que c'est que pécher [22].

Il part donc, après l'avoir armée comme un guerrier contre d'éventuels amants ! Cloris sera vite déniaisée. Et la surprise du cocu sera grande de s'entendre avouer par Cloris qu'elle l'a trompé [23]. Le Capitan de *La Femme industrieuse,* mari soupçonneux, est pourtant assez stupide pour confier sa femme Isabelle à la garde d'un valet grossier et rustre, Trapolin ; l'épouse profite du bon temps laissé par l'absence du Capitan.

---

18. V. 551.
19. III, 3.
20. Voir IV, 3.
21. R. Poisson, dans *Lubin ou Le Sot vengé* et dans *Les Faux Moscovites,* campe de purs maris de la farce, grossiers personnages plutôt résignés qu'inconscients.
22. Scène 7.
23. Scène 11.

Mais celui-ci revient et dérange les amants [24]. Pour fuir, l'amoureux Léandre se déguise en fantôme et affirme être l'ombre d'un parent d'Isabelle venu garder sa vertu ; au Capitan effrayé et crédule, il soutient que l'honneur d'Isabelle est resté sauf pendant son absence. « Ah ! vertu sans pareille, ah ! vertu sans seconde [25] », s'écrie le Capitan, pendant que le fantôme trouve encore le moyen d'embrasser devant lui Isabelle ! Le fou restera persuadé d'être « le mari d'une femme d'honneur ».

Tirée du roman de Sorel, la comédie de *Francion,* due à Gillet de la Tessonerie, présente les situations caractéristiques de la comédie d'intrigue des années 1640-1660 ; mais elle continue de faire rire du traditionnel mari bafoué. Valantin est âgé et impuissant. Son épouse Laurette a l'habileté de ne pas lui tenir rigueur de ces défauts, et sait flatter celui qu'elle nomme « cet infâme squelette » devant sa servante complice. De son côté, Valantin, pour se faire pardonner, s'efforce de complaire en tout à sa femme, dont il n'imagine pas le double jeu. Or, Laurette est éprise de Francion. La naïveté de Valantin va servir les entreprises du galant, qui se déguise en « opérateur » et se fait passer pour tel auprès du mari. Par ses boniments, Francion persuade le sot vieillard de ses qualités merveilleuses de médecin, d'autant plus aisément que Valantin désire être guéri de sa honteuse insuffisance ; écoutons celui-ci :

> Vous méritez encore de plus grandes louanges ;
> Je crois que votre esprit tient de celui des anges,
> Et que les justes dieux vous ont conduit ici
> Pour alléger ma peine et guérir mon souci [...] [26].

Dès lors, Valantin ne peut plus deviner l'imposture. Il invite Francion chez lui, le laissant seul avec Laurette ; puis il avoue son mal au faux médecin, à qui il s'en remet totalement [27]. La réalisation de la tromperie manifeste encore la naïveté de Valantin. Parti rejoindre Laurette, Francion a convoqué son patient pour la nuit, dans un bois, et l'a confié à son valet Anselme. Le crédule accomplit sans piper divers rites magiques, et, effrayé, donne tête baissée dans les mystifications d'Anselme. On le retrouve au petit jour, lié à un arbre, la tête détraquée par toutes ces sorcelleries. Un peu plus tard, son impuissance dévoilée devant tous, il devra céder Laurette à Francion [28].

---

24. Scène 20.
25. *Ibid.*
26. II, 2.
27. III, 1.
28. Anselme (Brosse, *Le Curieux impertinent*), jaloux maladif, présente une naïveté bien particulière. Il soupçonne à tort son épouse Clindore, et veut s'assurer de sa fidélité en demandant à Lotaire, un ami, de la courtiser, pour voir combien

La comédie burlesque réserve aux maris un traitement original. Chez Montfleury, Brécourt et Hauteroche, le mari est un jaloux extravagant, qui non seulement accable sa femme de soupçons immérités, mais se permet parfois d'aimer en dehors du mariage. Pour débarrasser les maniaques de leur jalousie, pour réduire aussi leur opposition à quelque mariage entre jeunes gens, leurs partenaires leur jouent de multiples tours. Observons que cette jalousie, au premier chef créatrice d'illusions, facilite les mystifications — au demeurant trop bien agencées : le jaloux se satisfait du moindre indice, ou de l'apparence, et, sans contrôler les faits, se voit déjà cocu [29]. Cependant, nos auteurs font le plus souvent de ces victimes trompées des brutaux et des fantasques, des malades ou des fous [30], plutôt que des naïfs [31].

Seul Carizel [32] fait montre d'une véritable crédulité. La cervelle brouillée par des « visions cornues », il redoute le siège galant que mène le jeune marquis auprès de son épouse Isabelle — encore fidèle, semble-t-il [33]. Un valet, Marin, est chargé, pour le guérir, de mystifier le sot personnage, qui croit aux esprits et les craint. Marin se présente donc en magicien, et, malgré ses bouffonneries, se fait passer pour « le roy Geber, ce fameux enchanteur ». « Ah, Sire ! » [34] dit Carizel en s'inclinant. Le détail des mystifications importe peu ; avec verve, Marin prouve amplement ses qualités de magicien et acquiert la confiance de Carizel, qui ira jusqu'à croire aux vertus d'un bonnet qui rend invisible [35]. Il va de soi que tous les personnages ont le mot, et feignent de ne pas voir Carizel quand il est affublé de son bonnet. La fin de tout le jeu est, pour Isabelle et le marquis, de persuader Carizel de la pureté de leurs intentions et de la noblesse de leurs sentiments ; les propos débités à cet effet par les deux complices, devant l'homme « invisible »

---

de temps elle résistera. C'est être fou, car ce qu'il craint le plus arrive immanquablement : Lotaire devient l'amant de Clindore. Mais, à la suite d'un quiproquo, Clindore, avec la complicité de Lotaire, est amenée à jouer à Anselme, qu'elle sait caché, la comédie de la fidélité outragée. Si bien que le mari crédule perd tout soupçon, alors que sa femme est vraiment infidèle ! — La même donnée sera reprise par Marcel, dans son *Mariage sans mariage,* et par Destouches, dans son *Curieux impertinent.*

29. Sturgon prend Damis pour l'amant de sa femme, alors que le jeune homme aime Jacinte, la sœur de Sturgon (Hauteroche, *Les Apparences trompeuses*) ; M. Le Blanc croit que sa femme le trompe avec un capitaine, qui n'est qu'une fille déguisée (Montfleury, *La Fille capitaine*).

30. Le meilleur exemple est celui de Santillane (Montfleury, *L'Ecole des jaloux*) : l'invraisemblable mascarade turque, qu'on lui fait admettre sans mal, parvient à le convaincre de la vertu, réelle, de sa femme et à extirper sa jalousie.

31. En partie, M. Le Blanc est berné comme un naïf amant par Lucinde, qui lui joue la comédie de l'amour *(La Fille capitaine).*

32. Brécourt, *Le Jaloux invisible.*

33. Elle ne propose que « pitié », « estime » et « amitié » au marquis qu'elle a autrefois aimé d'amour (I, 1).

34. II, 3.

35. Acte III, scènes 2 et suivantes.

qu'ils font mine de ne pas voir, y parviennent aisément. Le naïf pleure de joie, ôte son bonnet magique, et fait, sur le champ, son familier du marquis ; il le retient dans sa maison, et oblige sa femme à l'embrasser [36]. C'est beaucoup de complaisance, et dangereuse, après beaucoup de jalousie.

Des maris naïfs, nous devons rapprocher les tuteurs amoureux et jaloux ; avant le mariage — ce qui peut paraître plus décent —, ils sont bernés dans les mêmes conditions que les maris. Leur méfiance, quand ils en ont, n'est pas suffisante pour empêcher les entreprises du jeune amoureux de la pupille doublement convoitée. Florant [37] en fait l'amère expérience, lui qui mène pourtant bonne garde autour d'Isabelle. Le valet Croctin sait le jouer : il l'apitoie, lui donne une haute idée de sa fidélité de serviteur, si bien que le barbon ravi l'engage comme gardien, ainsi qu'un aide recommandé par Croctin, Clidamant, qui n'est autre que l'amoureux d'Isabelle. « Que j'ai de bons portiers [38] ! » se félicite-t-il, peu avant de retrouver le logis vide de la fille.

M. Grognard [39] est un parfait naïf. Ce riche vieillard, concierge des Petites Maisons, tient pratiquement prisonnière Angélique, la future qu'il doit épouser le lendemain ; sans être la pupille du vieillard, Angélique, qui aime Léandre, mais que son père a livrée à Grognard, se retrouve dans une situation exactement semblable, vis-à-vis de Grognard, à celle d'Isabelle vis-à-vis de Florant. Le jeu de la jeune Angélique est simple : entourer Grognard d'un amour aussi excessif qu'hypocrite, pour lui inspirer une confiance totale. Grognard doit-il s'absenter ? « Si près de nous unir serions-nous séparés [40] ? » minaude-t-elle. « Tu m'aimes trop, mamour », conclut Grognard. Léandre s'est introduit chez les fous, et sait se montrer plaisant, au point de gagner la sympathie de Grognard, qui lui fait chanter un duo d'amour avec Angélique, sans se rendre compte que les jeunes gens le dupent [41]. Au moment du départ du vieillard, Angélique s'attache à son cou, pleure, supplie, circonvenant admirablement le futur, lui-même un peu surpris d'avoir inspiré une telle passion :

Non, absente de vous, je ne pourrais pas vivre :
Ou souffrez que je meure, ou laissez-moi vous suivre [42].

---

36. III, 9.
37. Nanteuil, *L'Amour sentinelle ou Les Cadenas forcés.*
38. III, 7.
39. R. Poisson, *Les Fous divertissants.* Dancourt tirera des trois actes de Poisson une petite comédie en un acte, *Le Bon Soldat.*
40. I, 4.
41. Il admire innocemment : « Dirait-on pas qu'ils sont amoureux l'un de l'autre » (II, 9).
42. II, 15.

Grognard ne reviendra que trop tôt, surprenant les amants en souper fin. On cache Léandre et les mets à la hâte ; et un soldat, qu'Angélique avait dû loger, sauve les amoureux en se disant magicien, capable de faire apparaître des mets, et même le diable qui a préparé le festin. Apeuré, Grognard se détourne, pendant que le diable — c'est-à-dire Léandre — sort, et enlève Angélique !

II. — LES JEUNES GENS ET LES JEUNES FILLES. LES PARENTS. LES VIEILLARDS ET LES PÉDANTS AMOUREUX.

Nous allons retrouver, à l'intérieur de catégories déjà dégagées pour la comédie humaniste, des personnages dont la naïveté reste traditionnelle, tout en étant susceptible de s'estomper ou de s'enrichir.

Certaines jeunes filles crédules se croient aimées d'un galant hypocrite [1]. D'autres, sans soupçons, sont victimes de graves trahisons [2] ; mais les dramaturges se soucient peu d'éclairer leur naïveté, et, s'attachant plus souvent aux trames compliquées qui aboutissent à la tromperie, ils atténuent singulièrement la responsabilité des victimes. Il est rare qu'on nous montre un peu en détail cette franchise naïve, qui ne ruse pas et ne se méfie pas des ruses. De son côté, P. Corneille présente, dans *La Place Royale,* une amoureuse naïve à bien des égards. Son Angélique est peu faite pour un monde d'amours inconstantes et changeantes : elle prend tout au sérieux, elle se montre confiante dans les apparences, et met beau temps à concevoir la trahison d'Alidor ; elle reste un jouet entre les mains des trompeurs. Toutefois, les déceptions de cette jeune fille qui choisit finalement le couvent suscitent davantage la pitié que le rire.

Seule la Clorinde de Mareschal [3] nous fait sourire de sa naïveté. Face à son frère Clarimand le railleur, face à la fine Clytie, elle représente précisément un personnage moins calculateur, plus spontané. Elle refuse le cynisme et la raillerie, pour adopter une attitude loyale, sérieuse. Cela est particulièrement net dans sa conduite en amour. Elle suit le mouvement naturel qui la porte vers Amedor, alors que le machiavélique Clarimand voudrait qu'elle se contente de feindre l'amour. Mais l'hypocrisie révolte Clorinde : comment « avoir un cœur de glace, et le feu dans les yeux [4] » ? Elle aime vraiment Amedor, et

---

1. Voir les victimes d'Orilame (Claveret, *L'Esprit fort*), ou d'Acaste (Rosimond, *Le Volontaire*).
2. Voir Lucille (d'Ouville, *Aimer sans savoir qui*), ou Stratolice (L. Dumas, *Le Cocu en herbe et en gerbe*).
3. *Le Railleur ou La Satire du temps.*
4. I, 1, v. 72.

pâlit en le voyant. Le galant étant un riche financier, Clarimand craint que sa sœur ne se laisse prendre aux apparences du riche, car il la juge encore simple. Sans défense, Clorinde est aussi sans habitude de la galanterie. En présence d'Amedor, « la Niaise rougit [5] », et ne sait comment alimenter la conversation, qu'elle conclut en fille bien inexpérimentée :

> Tout vous sied noblement, et casaque et manteau :
> Dirai-je sans rougir que je vous trouve beau [6] ?

Elle mène son amour sans trace de coquetterie. Ayant poussé l'imprudence jusqu'à donner un rendez-vous, elle avoue à son amant :

> L'heure et la libert[é] de vous parler ici
> Vous disent mieux pour moi mon amoureux souci [7].

A la scène suivante, elle se laisse embrasser, et permet qu'une main s'égare sur son beau sein...

Cloris [8], la femme que choisit finalement le Capitan, est plus franchement une niaise. « Qu'est-ce qu'épouser ? » demande-t-elle. Ou encore :

> Mais étant mon époux
> Dites-moi, s'il vous plaît, que demanderez-vous [9] ?

Tels sont les propos de « la pauvre novice » ! On sait que le Capitan l'a armée de pied en cap, pour défendre son honneur, selon les lois du pays. Quand le beau Léandre lui explique que les lois de son propre pays sont moins dures pour les femmes, la sotte, curieuse, a tôt fait de l'écouter et de le suivre ; Léandre la mettra en plus doux équipage ! Ajoutons que l'innocente avoue très ingénument son forfait au cocu revenu.

Nettement plus intéressantes s'avèrent les « grisettes » de Champmeslé [10], car leur naïveté en amour se fonde sur une ambition sociale, révélatrice d'un souci nouveau — où l'influence de Molière fut décisive — de la part du dramaturge : refléter la société de son temps. Ces « grisettes » sont des petites bourgeoises, filles d'un procureur avare ; elles refusent les plats maris choisis par leur père, un marchand et un apo-

---

5. I, 2, v. 143.
6. V. 163-164.
7. III, 5, v. 931-932.
8. Dorimond, *L'Ecole des cocus*.
9. Scène 5.
10. *Les Grisettes* de 1671, en trois actes ; et *Les Grisettes ou Crispin chevalier*, réfection et réduction de la pièce précédente en un acte, de 1673.

thicaire, et rêvent d'amours brillantes et princières. Les prétentieuses aspirent à changer de milieu, en aimant parmi les nobles ; elles

> Veulent trancher du grand, font les spirituelles,
> Et tiennent les bourgeois beaucoup au-dessous d'elles [11].

Sottise et naïveté que la réalité va mettre en échec.

Dans *Les Grisettes* de 1671, Manon et Catho se croient toutes deux courtisées par le chevalier Acaste ; celui-ci s'emploie à tromper les « grisettes », qui cèdent plus vite que les femmes de la cour. Malgré le double jeu manifeste d'Acaste, chacune veut se croire la seule aimée, et se confirme dans son erreur [12]. Mais il y a mieux. Manon a rencontré, à un bal, un galant masqué ; elle l'a pris pour un noble, et Acaste lui a raconté qu'il s'agissait d'un prince Alcidamas, parfaitement fictif. La naïve a saisi cette chimère :

> Quoiqu'il fût déguisé d'une façon commune,
> On remarquait en lui l'éclat de la fortune.
> Sous son masque il avait un air noble et galant,
> Et l'on voyait en lui quelque chose de grand [13].

Tout sera fait pour façonner cette illusion : envoi, pour un rendez-vous, d'un messager du prince, devant lequel Manon joue son rôle [14], dépit feint par Acaste, qui se plaint d'être supplanté dans le cœur de Manon [15]. Finalement, de nuit, Catho attend le chevalier, et Manon son prince ; Acaste joue les deux rôles ! Une série de méprises amèneront l'éclaircissement. Revenues de leur rêve, Manon et Catho sont abandonnées de leurs futurs bourgeois, et promises au couvent.

Les Grisettes de 1673 ne changent guère les conditions de la naïveté d'Isabelle et d'Angélique. Mais les deux sœurs ont été conquises par un faux chevalier — plus cruelle mystification —, qui n'est autre que le valet Crispin, revêtu des habits de son maître. De plus, l'aînée aime un prince étranger, au nom significatif de prince de Chimère, et elle s'en croit aimée. Or, à la scène 4, Crispin est surpris en valet. La servante Martine sauve la situation : Crispin serait venu en accoutrement de valet pour proposer, de la part du prince de Chimère, le mariage à Isabelle — laquelle s'insurge d'abord contre le mariage, tombeau des amours, avec les enfants qui gâtent le corps ; Crispin-chevalier s'efface évidemment. Ces mensonges sont facilement admis. Isabelle consent à un rendez-vous avec son prince ; Angélique, qui se croit désormais seule

---

11. *Les Grisettes* de 1671, III, 1.
12. I, 8 et 9.
13. II, 1.
14. II, 2.
15. « Que voulez-vous, monsieur ? / C'est un prince », dit Manon pour s'excuser (II, 5).

aimée du faux chevalier, finira par admettre un enlèvement. Car les naïves refusent toujours obstinément les mariages bourgeois préparés par leur père ; Isabelle, par exemple :

> Où donc est le bon sens ? On verrait mon visage
> Parer une boutique, en faire l'étalage [16] ?

Dans le noir, toutes deux attendent donc ce qu'elles rêvent, l'une le chevalier, l'autre le prince ; elles ne trouvent qu'un maladroit Crispin. Sévèrement mystifiées, les deux naïves doivent finalement accepter des époux bourgeois.

Les garçons aussi se fient aux apparences, croient les mensonges, montrent maladresse et inexpérience. Certains, il est vrai, ne peuvent être considérés tout à fait comme des naïfs : un instant inattentifs, trop confiants en autrui ou en eux-mêmes, ils sont trompés ; mais les pièces baroques, qui s'enchantent du jeu des illusions, se soucient peu de développer les étapes d'un aveuglement qui ne marque pas tout le caractère de ces victimes [17]. D'autres restent d'une innocence plus entière et plus continue.

Eraste [18] est un amoureux bien irréfléchi. Voulant persuader Tirsis du bien-fondé de sa passion, il réussit à le rendre amoureux de Mélite, à qui il le présente ; et il se fie bien légèrement à la parole de son ami [19], qui promet de ne rien tenter pour lui enlever Mélite. Eraste est ainsi l'artisan de son malheur : « J'ai donné moi-même accès à ce voleur [20] ». Il ne sera pas plus adroit dans la colère et dans la vengeance : avec sa fourberie des fausses lettres, il parvient seulement à mieux réunir les amants. Et le naïf se félicite de cette ruse mal venue, juste avant d'apprendre son échec et de sombrer dans la folie [21].

Jeune avocat sans malice, « dont l'esprit n'a pas assez de lumière pour se faire jour aux entreprises d'une fille » : c'est ainsi que l'avis au lecteur présente Polydas [22]. De fait, le personnage est bien neuf en amour. Notre jeune homme n'a jamais vu Atalante, qu'il croit riche, mais l'adore déjà sur sa simple renommée ; il avoue :

> Un homme est trop heureux d'en avoir une œillade,

---

16. Scène 8. *Cf.*, scène 9, la réaction des rêveuses. Angélique : « Moi, l'amante d'un prince », devenir la femme d'un bourgeois ! Et Isabelle : « Moi, qui d'un chevalier attire tous les vœux », épouser un apothicaire !
17. Les comédies de P. Corneille en fournissent de bons exemples.
18. P. Corneille, *Mélite.*
19. I, 3, v. 246-247.
20. II, 1, v. 388.
21. IV, 5.
22. Chevreau, *L'Avocat dupé.*

Et si j'osais attendre un tel contentement,
Je craindrais de mourir par un ravissement [23].

C'est dire que, ce bonheur lui étant donné, il perda toute retenue, mais aussi toute prudence et toute lucidité. La passion de l'amour est bien à l'origine de sa naïveté. D'un bout à l'autre de la pièce, Polydas est une victime manœuvrée. Atalante et Izidore sont deux filles ruinées, qui comptent rétablir leur fortune en attrapant Polydas au piège du mariage par un « joli tour » : Atalante fera de Polydas son amoureux, avec l'aide d'Izidore, qui s'introduit chez l'avocat, déguisée en clerc. Polydas a-t-il quelque doute sur la valeur de ce clerc, venu se faire engager sous le nom de Sicandre ? Le faux Sicandre n'a qu'à se faire recommander par Atalante, pour que Polydas l'accepte, lui laisse toute licence, et devienne son ami sans réfléchir. Les deux derniers actes montrent combien l'amoureux peu soupçonneux est berné par chacun. Lors des rendez-vous nocturnes de l'acte IV, avec la suite rocambolesque des quiproquos dus à l'obscurité, Polydas admet tous les mensonges grâce auxquels sa sœur Flaminie se justifie d'une conduite fort répréhensible. A l'acte V, une belle mystification attache définitivement Polydas, qui craignait d'avoir été trahi, à Atalante ; l'avocat reconquis demeure dans la plus complète illusion. Son inexpérience, sa sottise, son aveuglement ont fait de lui une dupe amoureuse parfaite.

Comme Molière, plus tard, avec son *Etourdi,* Quinault, dans *L'Amant indiscret,* utilise *l'Inavvertito* de Beltrame. A la source des situations comiques se trouvent les bévues d'un étourdi, qui, pendant cinq actes, s'acharne à détruire les machinations inventées par un valet rusé pour faire aboutir son amour. Quinault peut ainsi exploiter la naïveté de Cléandre, dont les comportements se répètent plus qu'ils ne s'approfondissent. Le naïf parle et agit spontanément, sans discernement, sans réflexion, et sans calcul. S'il rencontre un ami qu'il n'a pas vu depuis trois ans, imprudemment, pour contenter son « humeur babillarde », il lui raconte en détail sa passion pour Lucresse, sans se douter que Lisipe peut être un rival, à qui il vient de donner des armes. Cléandre a la passion de la vérité, mais toujours dite mal à propos, et qui gâche tout ; comme il n'est généralement pas mis au courant des fourberies de Philipin, le « maître sot » s'empresse de dénoncer les mensonges et les impostures qui sont destinés à le servir. La comédie est nourrie des maladresses de cette franchise stupide ; relevons-en un seul exemple. Philipin déguisé cherche à se faire engager par Lidame, la mère de Lucresse. Cléandre survient, bat Philipin, et soutient mordicus à la mère abusée que ce valet est à lui :

---

23. II, 4.

> Vous vous trompez vous-même ; il n'est que trop certain
> Que depuis plus d'un an il mange de mon pain [24].

Veut-il réparer son erreur, quand il en est conscient ? C'est pour renchérir sur sa première sottise ; et il s'en vantera auprès de son valet, car il se croit toujours fin. Il a donc été trouver Lidame, afin de faire en sorte qu'elle engage Philipin ; mais, pour ne pas paraître suspect à Lidame, il a quitté le ton de l'éloge et présenté « une peinture étrange » des défauts du valet :

> J'ai dit que je t'avais toujours connu menteur,
> Subtil, sournois, malin, bigot, fourbe, imposteur [...] [25].

Soyons assurés que Lidame engagera Philipin, après ce beau rapport ! Jusqu'au dénouement, jusqu'au moment où il sera accepté pour gendre, le niais amant montrera cette impuissance à prendre le recul de la réflexion, cette inaptitude à l'intrigue d'amour [26].

Au début du siècle, Mersant et Molive [27] nous rappellent que les parents restent traditionnellement bien peu lucides sur la conduite de leurs enfants, et fort crédules. Malgré les mauvais bruits qui courent sur le compte de la « jeune garce » Clorette, leur fille, la mère reste persuadée d'avoir enfanté la perle des filles : « elle est en vertu du tout émerveillable [28] ». Ces illusions ne se dissiperont pas. Si les mauvais bruits se font insistants, si l'on prononce le nom de Brillant, il suffit que Clorette affirme à sa mère que le galant va la demander en mariage. « Bien, ne m'en parle plus, c'est assez, je te crois [29] », répond Molive. La nuit suivante, le garçon mène beau jeu dans le lit de Clorette. Quel est ce bruit ? La mère ne s'inquiète pas :

> Hé ! mon Dieu ! taisez-vous, laissez-nous reposer.
> Que serait-ce, sinon qu'un troupeau de vermine
> Qui, cherchant à manger, sur ces coffres chemine [30] ?

Plus soupçonneux, son mari Mersant, qu'elle ne parvient pas à tran-

---

24. III, 11.
25. IV, 4.
26. Nous ne voudrions pas abandonner les jeunes gens sans dire un mot des jeunes premiers de *La Mère coquette* de Donneau de Visé, Arimant et Belamire, qu'il faut analyser ensemble. Sans soupçonner les ruses, sans interroger mieux les apparences, ils croient vite tous les mensonges destinés à casser leur belle entente. Mais c'est en vain qu'ils s'essaient tous deux au dépit, à la rupture ou au change : leur amour reste le plus fort. — Rappelons qu'à cette date, Molière avait déjà montré, dans *Le Dépit amoureux* et dans *Sganarelle*, l'irréflexion des amoureux qui s'adonnent au dépit.
27. Troterel, *Les Corrivaux.*
28. II, 1.
29. III, 2.
30. III, 3.

quilliser, découvre les amants ; mais Clorette se disculpe aisément
auprès de sa mère, en disant qu'elle a été surprise par le traître Brillant —
ce qui est un mensonge.

Une telle crédulité restera l'apanage et des pères et des mères, qui,
plus autoritaires que Mersant et Molive, voudront marier leurs enfants
sans l'avis de ceux-ci et s'opposer à leurs amours. L'obstacle que représentent les parents au mariage souhaité par les jeunes gens est toujours
surmonté, et les parents restent finalement bernés. Quel que soit l'art
des trompeurs, les victimes font toujours montre d'une crédulité suffisante pour faciliter la réalisation des bons tours. Considérons, entre
vingt autres, les exemples que nous proposent Rotrou et Quinault.

Anselme, dans *La Sœur* de Rotrou, à l'occasion soupçonneux et
lucide, devient pourtant le jouet de trompeurs qu'il croit un peu facile-
lement, et ne sait plus sur quelle certitude se fonder. Il faut se limiter
aux données de l'intrigue — au demeurant terriblement compliquée —
nécessaires à la compréhension de la naïveté du vieillard. Son fils Lélie,
au lieu de racheter en Turquie sa mère et sa sœur captives, a ramené
de Venise et épousé secrètement la fille qu'il aime, et il la fait passer,
auprès d'Anselme, pour sa sœur Aurélie ; de son côté, Anselme veut
marier celle qu'il prend pour sa fille Aurélie au vieillard Polydore, et
Lélie à une autre fille, Eroxène. Comment tourner ces volontés ?
L'habile serviteur Ergaste table sur la simplicité d'Anselme, et lui fait
croire que Polydore a dit du mal de lui ; du coup, Anselme n'en veut
plus comme gendre [31]. Mais l'acte suivant oblige les trompeurs à un
nouveau stratagème, car Géronte, le vieil ami d'Anselme, revient de
Constantinople, et lui donne des nouvelles de sa femme, que Lélie avait
dite morte ; de plus, il affirme qu'Aurélie — la vraie — est crue morte.
La perplexité d'Anselme est d'autant plus grande que Géronte démasque
la fausse Aurélie. Une deuxième fois, Ergaste parvient, grâce à la crédulité du naïf, à retourner la situation [32], en faisant croire à Anselme que
Géronte s'est moqué de lui. Ergaste commence par l'étourdir d'un flot
de paroles : Anselme a été victime de sa vieillesse crédule ; Géronte
ment. La preuve ? Le valet l'administre en interrogeant Horace, le fils
de Géronte, qui ne comprend et ne parle que le turc ; on imagine qu'il
lui fait dire ce qu'il veut, en traduisant très librement ses propos du
turc ! Voilà notre homme persuadé que Géronte a voulu le tromper :

La froide raillerie et la franche sottise,
De venir de si loin, et si mal à propos,
Rire aux dépens des morts et troubler leur repos [33].

---

31. II, 2.
32. III, 4.
33. V. 1024-1026.

La bonne dupe fournit même des armes à Ergaste, en disant avoir remarqué que Géronte était pris de vin. Tout cela est pure illusion ; le naïf est parvenu à se persuader de ce qui n'est pas. Ces deux épisodes signalent assez la crédulité d'Anselme, qui, au cours de la pièce, sera de nouveau détrompé, puis abusé ; sans prudence et sans finesse, il a du mal à s'affranchir des filets des trompeurs.

L'Amant indiscret de Quinault présente une mère crédule, Lidame. Surprenant Lucresse avec Cléandre, elle croit, contre l'évidence, les mensonges à l'aide desquels sa fille se disculpe [34]. « Lidame est un peu sotte » : elle est prise à toutes les impostures. Philipin se fait engager par elle sous un déguisement ; le niais Cléandre a eu beau faire échouer la ruse, un autre mensonge de Philipin la convaincra de prendre derechef à son service un valet manifestement fourbe, sans se douter de l'intrigue [35]. Sans difficulté non plus, elle tient pour son frère, disparu depuis longtemps, un simple paysan déguisé. Le plus cocasse : la naïve affirme qu'elle n'est pas « aisée à décevoir » !

Il serait superflu de donner le détail d'autres tromperies fondées sur la naïveté des parents, d'autant que celle-ci n'est pas toujours explicitée dans les situations dramatiques : l'évidente crédulité est une donnée chez les parents opposants, dont l'auteur n'enrichit pas souvent le caractère. D'un autre côté, à considérer ces intrigues, on est frappé par le déploiement des mystifications et des illusions : mensonges et impostures forment un écran bien compact entre les naïfs et la réalité ; il n'est pratiquement pas de pères ou de mères qui ne soient bernés par un déguisement. Mais, parfois, il leur serait bien difficile de ne pas tomber dans le piège, à l'intérieur de pièces de climat baroque ; et il leur arrive de revenir à la lucidité.

Précisons cependant que la crédulité de ces parents peut être renforcée par un sentiment, un désir ou un entêtement, qui ont pour effet de rendre plus plausible l'illusion qu'on leur propose, et de faciliter la tromperie. Si Manille [36] croit facilement la mystification — Lisandre, le gendre refusé, se déguise en Sillare, fils de Manille perdu en même temps que son mari —, c'est que son cœur de mère ne peut résister à l'imposture [37]. L'affection maternelle ou paternelle n'est pas seule à conforter le crédulité. Boniface [38] désire tellement des gardiens pour sa fille qu'il engage les deux premiers venus — des fourbes déguisés, bien entendu. Elise [39] est menée du début à la fin par un faux précepteur —

34. III, 8.
35. IV, 6.
36. Tristan, *Le Parasite.*
37. « Je sens bien dans mon sang un trouble qui me montre
    Que c'est assurément mon fils que je rencontre » (III, 3, v. 839-840).
38. Boucher, *Champagne le coiffeur.*
39. Chevalier, *Le Pédagogue amoureux.*

une fille qui s'est déguisée, et sait entrer dans les idées d'Elise. L'appât du gain joue aussi son rôle : Carlos [40] ou don Fernand [41], croyant tenir le gendre le plus riche, sont pris par des imposteurs. Alcidor [42] ne veut pour gendre qu'un avocat ? Un simple savetier prend le nom d'Ergaste, l'amant refusé, joue l'avocat, et fait signer le contrat de mariage sous le nom d'Ergaste [43]. Crispin [44] a vite l'oreille d'Anselme en se présentant comme savant précepteur ; l'oncle et tuteur opposant est mal armé pour découvrir l'imposture du valet, car il est entiché du savoir. Géronte [45], entêté de médecine, s'inquiète pour la santé de sa fille Lucile, qui feint d'être malade ; il diffère d'abord le mariage refusé par Lucile, parce qu'un faux médecin — encore une fille déguisée —, après avoir examiné la « malade », le lui demande. Bref, ce qu'on dit à propos d'un père s'applique à tous les parents naïfs, auxquels la comédie de cette époque fait assez largement appel :

Ah ! que savoir donner dans le faible des gens
Est un rare secret nécessaire en tout temps [46].

Le personnage du vieillard amoureux ne jouit pas d'une égale faveur au long de la période. Pendant les trente premières années du siècle, il persiste avec ses traits conventionnels dans différents genres ; des barbons ridicules se sentent reverdir dans les farces [47], dans les pastorales [48], dans les tragi-comédies [49]. Cependant, si leurs illusions sur eux-mêmes sont montrées, aucune de ces pièces ne met en œuvre la crédulité spécifique des vieillards amoureux au cours de tromperies, comme savait le faire l'âge précédent. Ensuite, les apparitions du type se font rares. Plus grave encore : celui-ci perd ses caractéristiques de naïf comique. Ainsi, dans *La Suivante* de P. Corneille, le vieillard amoureux Géraste n'est ni ridicule, ni crédule, ni berné. Plus confiant dans ses biens qu'en la vigueur de ses vieux ans pour séduire la sœur de Florame, il manœuvre lucidement, n'hésite pas à livrer sa fille Daphnis à Florame, pour avoir, par échange, Florise [50] ; et il parvient à ses fins. Cela reflète une évolution notable dans le traitement du thème de l'homme âgé qui songe

---

40. Dorimond, *Rosélie.*
41. Th. Corneille, *Don César d'Avalos.*
42. Rosimond, *L'Avocat sans pratique.*
43. On pensera aussi au Chicanneau des *Plaideurs* de Racine.
44. La Tuilerie, *Crispin précepteur.*
45. Montfleury, *La Dame médecin.*
46. Rosimond, *L'Avocat sans pratique*, scène 4.
47. Piphagne dans la *Première farce tabarinique* de 1622.
48. Polite dans *La Folie de Silène.*
49. Aronthe dans *Les Passions égarées* de Banchereau, sieur de Richemont.
50. Voir l'amer et dur propos d'Amarante (V, 9, v. 1693) :
   « Vieillard, qui de ta fille achètes une femme [...] ».

au mariage [51]. Il faut attendre les années 1660-1670 pour constater un certain regain du vieillard amoureux comme personnage de naïf comique.

Chez tous les vieillards, une sensualité hors de saison se manifeste [52], qui les pousse à envisager le mariage avec une jeune personne. Moins caricatural que d'autres, Géronte [53] dit joliment toute l'ardeur de sa sensualité, quand il raconte le lever et la toilette de Belamire [54] : l'habillement léger de la jeune fille, un sein aperçu, la chevelure peignée, les soins de la toilette, tout cela l'a bouleversé au point qu'il est tombé à genoux, a perdu la parole, sentant son sang « bouillir » dans ses veines. Du coup, les barbons oublient complètement ce qu'ils sont ; ils oublient le poil blanc, les misères du corps et du caractère. Ecoutons Boniface [55] :

> Mais quoi, ne suis-je pas un vieillard guilleret ?
> Drôle ? de belle humeur ? de bonne compagnie ?

Comme Oronte [56], le vieux « fol », ils insistent sur leur vigueur :

> [...] j'ai cet avantage
> D'avoir encore assez de force et de courage
> Pour faire à ma maîtresse un couple ou deux d'enfants,
> Puis l'aise me ferait rajeunir de vingt ans [57].

Les valets ont beau railler cette assurance, les mettre en garde contre les dangers du mariage — la dépense, le cocuage —, ils ne s'entêtent pas moins dans des projets matrimoniaux qui ne conviennent pas à leur âge. De plus, ils ne prennent pas garde aux conséquences de leur poursuite ni aux adversaires qu'elle fait surgir : ils viennent au travers des désirs et des plans des jeunes amoureux, et trouvent parfois un rival dans leur propre fils. Par ailleurs, les vieillards sont souvent, en même temps, des pères opposants. Toutes ces raisons font qu'ils sont naturellement destinés à devenir les jouets de multiples tromperies.

Comme il est facile d'entretenir les naïfs dans l'illusion qu'ils sont aimés, et d'en tirer profit ! Le parasite Clite vit aux crochets de l'avare Oronte [58], en lui faisant croire que la jeune Lucille attend avec impatience le plaisir qu'il lui donnera au lit ; Nérine est aussi facilement

---

51. Voir J. Scherer, *Pour une sociologie des obstacles au mariage dans le théâtre français du XVIIᵉ siècle.*
52. Il est parlé de « désirs indécents » dans *Le Riche mécontent* de Chappuzeau.
53. Donneau de Visé, *La Mère coquette.*
54. I, 8.
55. Chevalier, *Les Barbons amoureux*, I, 3.
56. D'Ouville, *Aimer sans savoir qui.*
57. II, 7.
58. D'Ouville, *Aimer sans savoir qui.*

crue, quand elle affirme que Lucille brûle d'amour pour Oronte. Le vieillard amoureux ne doute pas un instant de son succès :

> Vous verrez qu'il est vrai, sans doute je le crois,
> Lucille assurément a de l'amour pour moi.
> Dieux, que je suis heureux [59] !

Comme Géronte [60], son homologue Crémante [61], encore plus cassé et presque plus lubrique, écoute favorablement qui approuve sa passion sénile ; le marquis s'y adonne, et n'oublie pas son intérêt. Polidore [62], l'oncle de Lidamant et son rival auprès d'Isabelle, est aussi amoureux que crédule ; la servante Marine, qui guidera Isabelle, voit en lui une dupe facile :

> Un tel genre d'esprit est facile à duper,
> Et l'espoir d'être aimé les fait souvent tromper [63].

Le principe est allègrement mis en application. Isabelle joue la coquette, se fait gâter ; plus Polidore se montre généreux, plus l'accueil que lui réserve Isabelle est aimable. Le vieillard en vient à préparer une donation complète de ses biens ! Polidore est continuellement mystifié, volé, bafoué ; peu lui importe, puisque parallèlement grandit son espoir d'épouser Isabelle. Comme le lui fait remarquer lucidement son valet :

> On flatte votre amour, mais on pille à bon compte [64].

Avertissement sans effet : à la scène 19, il remet la donation de ses biens à celle qu'il croit être Isabelle — en réalité, un valet déguisé et voilé !

Ailleurs [65], des jeunes gens utilisent la sensualité d'un barbon pour dissimuler leur amour, à quoi il s'oppose. Ce vieillard avare refuse de marier sa fille Isabelle à Cléandre. En l'absence du père, les amoureux se rencontrent ; mais celui-ci survient. A la hâte, on déguise Cléandre en fille. Le jeu va consister à éveiller le désir du barbon pour cette prétendue jeune fille. Le récit d'un valet maladroit y suffit d'abord ; le vieillard est pris :

> Ah ! tu m'en donnes plus d'envie ;
> J'en ai déjà l'âme ravie [66].

Ensuite, caché, il contemple la « fille », et, malgré sa voix grave, ne

---

59. IV, 7.
60. Donneau de Visé, *La Mère coquette*.
61. Quinault, *La Mère coquette*.
62. Rosimond, *La Dupe amoureuse*.
63. Scène 2.
64. Scène 17.
65. Fr. Pascal, *Le Vieillard amoureux*.
66. Scène 10.

laisse pas d'être enflammé [67]. Il aura tôt fait de se déclarer et de proposer le mariage à Cléandre déguisé. « Plus je vous vois, plus je vous
aime », lui avoue-t-il ! La supercherie découverte, il devra se laisser
attendrir par les jeunes gens et lever son opposition.

Les vieilles amoureuses, personnages nouveaux dans notre théâtre,
restent des caricatures aussi grotesques. Leur extravagance est même
plus affirmée que celle des types masculins. A vrai dire, ces ancêtres
de Bélise sont des folles. Laides, ayant passé l'âge d'aimer et d'être
aimées, elles demeurent pourtant persuadées de leur pouvoir d'enflammer les cœurs des jeunes amants. Ecoutons la première d'entre elles, la
nourrice Hélène [68] :

> Mon antique beauté pour se faire adorer
> Trouve encor des martyrs qu'elle fait soupirer.
> Mais l'incommodité quand on est un peu belle !
> Je me sens obligée à faire la cruelle.

Clorinde [69] se repaît des mêmes illusions. Toute tentative pour détromper ces amoureuses caduques reste vaine : elles sont enfermées dans leur
mythomanie. La tante [70], vieille coquette de soixante ans, est à ce point
aveuglée sur elle-même, qu'elle daube chez autrui ses propres défauts ;
parlant d'une marquise de son âge, elle raille :

> [...] Une sempiternelle
> Qui passe soixante ans, et fait encore la belle ;
> Elle aime la fleurette, et la moindre douceur
> Lui fait ouvrir l'oreille, et chatouille son cœur.
> C'est un original [...] [71].

Sans doute se fera-t-on un jeu de les tromper, en utilisant leurs lubies.
Qu'un jeune homme feigne de les aimer, et elles ne soupçonnent pas la
mystification. Hélène est ainsi attrapée par Adraste, Clorinde par Philidamon et Clindor ; la tante, passant d'Oronte à Léandre, puis au faux
baron d'Albikrac, pelaudée à toutes mains, donne dans tous les panneaux. Car tout ce qui conforte leur désir d'être aimées et recherchées
sera accepté comme vrai par elles. Par là, elles reproduisent des conduites de naïveté. Mais elles ne prennent jamais conscience des mystifications, ne reviennent jamais à la réalité, quels que soient leurs échecs.
Carrément situées en marge du réel, ces maniaques ne sont plus des
naïves.

---

67. Scène 11.
68. Le Vert, *Le Docteur amoureux*, I, 2.
69. Fr. Pascal, *L'Amoureuse vaine et ridicule*.
70. Th. Corneille, *Le Baron d'Albikrac*.
71. I, 8.

Le type traditionnel du pédant, servant de repoussoir à l'honnête homme, ne cesse pas de faire rire au XVIIe siècle : farces et comédies font de lui un usage fréquent, selon le patron fixé en Italie et déjà acclimaté chez nous par la comédie de la Renaissance. Ridicule à coup sûr, il finit par être employé comme un simple masque par les dramaturges ; cette caricature bouffonne n'apparaît souvent que dans quelques scènes, de manière marginale. Universitaire, pédant de collège, précepteur, philosophe ou médecin, le personnage présente les mêmes traits : son pédantisme, son langage savant truffé de latin, sa vanité le séparent de la société des hommes ; dès qu'il agit dans le monde qui l'entoure, il manifeste sottise et maladresse [72]. Le rêveur continue ainsi à être un naïf comique, dans la mesure où il prétend aimer et être aimé.

Tout, chez le pédant, le rend inapte à l'amour. Vieux, laid, ridiculement accoutré, sale, il espère séduire ; fier de son jargon pédantesque et de sa cuistrerie étalée hors de propos, il voudrait les utiliser pour conquérir le cœur des personnes du sexe. On ne peut faire d'erreurs plus réjouissantes.

« Je porte un jeune cœur dessous un vieux visage [73] », affirme Hippocrasse pour excuser ses cheveux blancs. Plus tard, il promet, pour montrer sa puissance, de faire à sa future « un fils docteur dès sa naissance » ; Horace, le père de Clarice, conseille cependant au prétendant qu'il accepte de se faire rajeunir par les secours de l'art [74]. Dans l'espérance, aussi vaine, de masquer sa laideur, son âge et sa crasse, Granger [75] sort des coffres le vieil habit de mariage d'un ancêtre, puis prépare son maintien devant un miroir de Venise : comment rire sans découvrir trop la bouche et laisser voir la dégradation de la denture ? Le vieux pédagogue Ariste [76] pense que ses qualités intellectuelles ne l'autorisent pas seules au mariage ; il se dit « gai comme un sautereau », « vif comme le salpêtre [77] ». Sachant que Dorillis n'estime que les gens d'épée,

---

72. Dans *La Femme industrieuse* de Dorimond, le Docteur, précepteur de Léandre, fait l'entremetteur involontaire dans un adultère. Isabelle, la femme du Capitaine, le fait appeler, et — dans l'espérance que ses propos seront répétés à Léandre — se plaint des poursuites, imaginaires pour l'instant, de celui-ci. Le niais Docteur, persuadé de protéger la vertu d'Isabelle, met donc au courant Léandre, qui comprendra vite les appels de la dame !
73. Rotrou, *Clarice*.
74. « Au reste, allez un peu vous mettre à la moderne ;
Mettez bas pour ce soir ces habits de docteur,
Essayez de parler plus courtisan qu'auteur,
Passez par le rasoir le poil de ce visage,
Laissez à la maison ce témoin de votre âge,
Ajustez ces cheveux, ornez-vous, parez-vous [...] » (II, 2).
75. Cyrano, *Le Pédant joué*, III, 1.
76. Du Perche, *L'Ambassadeur d'Afrique*.
77. Scène 4.

Tarasquin [78] a mis bas la robe de pédant pour faire sa cour ; on doute néanmoins de son succès, quand on lit le message qu'il fait transmettre à la jeune fille :

> [...] malgré mes vieilles dents
> Mes feux pour elle sont ardents [79].

Bref, repoussant de toutes les manières, le personnage du pédant amoureux passe pour un « vieil satyre » ; désirant le mariage, il se lance dans une entreprise vouée à l'échec.

On attend toujours le pédant à son jargon [80]. De fait, ses ridicules habitudes mentales et verbales persistent dans l'exercice de la galanterie. « Je cite *L'Enéide* et *Les Métamorphoses,* / Dans tous les bons auteurs je fais quelque butin [81] », affirme Fabrice ; comment pourrait-il se départir de cette culture exclusivement livresque dans ses déclarations amoureuses ? Devant sa glace, après avoir essayé sa voix, Granger prépare aussi — ô vérité du sentiment ! — « des lieux communs tout prêts pour chaque passion » qu'il voudra « vêtir [82] ». On imagine comment il parle de son amour à Genevote, « passion — déclare-t-il à la jeune fille — que je prétends vous prouver par quatre figures de rhétorique : les antithèses, les métaphores, les comparaisons et les arguments [83] ». Le médecin Pancrace [84] poursuit une servante en ces termes :

> Ah ! cruelle ! ah ! bacchante ! ah ! scythique merveille [85] !

Il n'entre pas dans notre propos de multiplier les exemples, parfois truculents, du langage pédantesque [86], souvent analysé. Ce qui nous frappe, c'est le décalage entre cette manière de parler et ce qu'on attend d'un amoureux ; non seulement il fait rire, mais il signale l'impuissance fondamentale des pédants à dire simplement et justement un authentique amour — seul moyen de toucher la femme aimée. Comment, dès lors, s'étonner de leur échec ?

Aussi bien celui-ci est-il sans exception. Certains pédants sont simplement évincés, d'autres plus gravement bafoués. « Vous me parlez

---

78. Brécourt, *La Régale des cousins de la cousine.*

79. Scène 3.

80. Quand, pour le seconder ou le servir dans son amour, le valet d'un pédant s'avise de lui emprunter son langage et sa rhétorique, l'imbécile trébuche ou singe niaisement le galimatias pédantesque (voyez Le Vert, *Le Docteur amoureux,* II, 2 ; ou Cyrano, *Le Pédant joué,* II, 9).

81. Le Vert, *Le Docteur amoureux,* II, 1.

82. Cyrano, *Le Pédant joué,* III, 1.

83. III, 2.

84. Gillet de La Tessonerie, *Le Déniaisé.* Cf. *Le Docteur amoureux, comédie du XVIIᵉ siècle* (éd. Guibert).

85. II, 7.

86. Voyez encore le Docteur du *Soldat malgré lui,* de Chevalier, et Pancrace dans *Le Comte de Rocquefœuilles,* de Nanteuil.

latin ? / Adieu [87] », lance Hélène à Fabrice, qui abandonnera d'ailleurs sa poursuite quand Hélène lui deviendra favorable. Pancrace [88] ne pourra faire admettre sa bouleversante passion à Lisette, simple servante qui ne comprend pas la rhétorique pédantesque du bonhomme, et le rebutera :

Le bel ameublement qu'un amant à calote [89] !

On assure à Ariste [90], bien crédule, qu'il a un rival en la personne d'un ambassadeur, et qu'il est dangereux pour lui de rester sur les rangs. L'ambassadeur n'est qu'un valet déguisé ; mais le pédant se laisse prendre à la mystification, et, copieusement malmené, quitte sa naïve entreprise. Il veut désormais que l'étude soit son unique passion [91].

Dans d'autres pièces, la passion même des crédules esprits est utilisée par les mauvais plaisants ou les trompeurs. Car les naïfs ont tôt fait de se croire aimés. Rebuté par Lucrèce, Hippocrasse [92] a accepté de devenir le gendre d'Horace ; et il se croit « heureux amant », réellement aimé de Clarice. Mais il suffit qu'on lui redonne quelque espoir du côté de Lucrèce pour qu'il le croie et retombe dans sa passion première. Au lieu du baiser qu'il vole demander à la jeune fille, il ne trouve que les coups de Rhinocéronte, qui rosse son rival [93]. D'une manière semblable, Tarasquin se croit aimé de Dorillis, et, transporté d'aise, se rend à son invitation ; il sera battu [94].

Le burlesque Granger [95], qui porte à l'excès les traits des pédants, montre parfaitement aussi comment la passion incongrue les entraîne d'avanie en avanie. Rappelons que notre cuistre, furieusement taraudé par sa nouvelle passion, est le rival de son fils Charlot ; c'est une raison supplémentaire pour que le crédule soit berné de toutes les façons [96]. Préparé comme on l'a vu, il se rend chez Genevote. La jeune fille le raille, mais lui fixe un rendez-vous nocturne [97]. Devant ce bonheur, toute méfiance disparaît ; et il se présente au pied du mur, muni d'une

87. Le Vert, *Le Docteur amoureux*, II, 2.
88. Gillet de La Tessonerie, *Le Déniaisé*.
89. II, 7.
90. Du Perche, *L'Ambassadeur d'Afrique*.
91. Scène 5.
92. Rotrou, *Clarice*.
93. IV, 7.
94. Brécourt, *La Régale des cousins de la cousine*.
95. Cyrano, *Le Pédant joué*.
96. Ainsi, en II, 4, le pédant finit par croire que son fils a été enlevé par les Turcs, en plein Paris. Molière n'oubliera ni la situation, ni le « Que diable aller faire dans la galère d'un Turc », répété et varié au cours de la scène.
97. III, 2. Il l'avait sollicité en termes fort drôles : « Que je transporte mon individu aux Lares domestiques de votre toit, pour humer à longs traits votre éloquence melliflue, et faire sur votre couche un sacrifice à la déesse tutélaire de Paphos. »

échelle pour accéder à la fenêtre de sa belle [98] ! Loin de parvenir à ses fins et d'être satisfait dans sa passion, il est surpris par La Tremblaye, le frère de Genevote, et contraint de laisser sa fille Manon à celui-ci ; le pédant ne donne toutefois son accord qu'à la condition qu'il épouse lui-même Genevote. D'autres avanies ne découragent pas le ridicule amoureux, qui sera définitivement berné à l'acte V, lors de la représentation d'une comédie où les acteurs ne jouent pas autre chose que leur propre histoire. Réalité et fiction se mêlent, au point de faire perdre la tête à Granger. A un moment, Genevote et Charlot, censés jouer un rôle, viennent demander au pédant l'autorisation de s'épouser ; il accepte, croyant donner son consentement à un mariage de comédie. Certes, la dupe se console de son échec en racontant un dialogue tenu par lui avec la Mort, et quitte ainsi notre réalité ; mais toute la pièce montre comment le naïf a été aveuglé par la passion amoureuse qu'il pensait pouvoir contenter. Uniquement préoccupé d'obtenir la jeune fille, croyant être accepté, il est pris à toutes les mystifications ; oui, les yeux de Genevote « ont donné si avant dans la visière de notre bon seigneur qu'ils ont blessé jusques à sa cervelle [99] ».

III. — Les valets et les servantes.

Eminemment traditionnel, le personnage du valet ne va cesser de prendre, à partir de 1610 et au long du XVIIe siècle, une place de plus en plus considérable dans nos comédies [1]. La lignée des serviteurs grossiers et balourds, qui seule nous intéresse, reste fort bien représentée, et plus d'une fois illustrée par ces valets célèbres dont le type fut imposé par un acteur ou par un dramaturge, tels Jodelet, créé par Julien Bedeau, ou Guillot, que l'on doit à Chevalier. Il convient de souligner ici l'influence décisive du *gracioso* espagnol ; mû par ses instincts élémentaires, spontané, bavard et impertinent, le valet de la *comedia* servit de modèle au valet burlesque, dont nos dramaturges firent un bouffon.

Etudier la naïveté des valets de cette période, c'est d'abord envisager les traits d'une nature fruste qu'ils étalent abruptement de comédie en comédie — et parfois avec une fantaisie qui pose des problèmes. C'est ensuite relever quelques situations où leur sottise et leur crédulité les mettent en posture ridicule, ou les destinent aux tromperies.

La grossièreté du valet est bien visible dans l'importance que pren-

---

98. IV, 1.
99. V, 3.

1. Jean Emelina, *Les Valets et les servantes dans le théâtre comique en France de 1610 à 1700*.

nent ses instincts les plus élémentaires. Boire, manger, dormir : voilà ce qui préoccupe nos rustres. Maturin[2], qui avoue que sa principale compétence consiste à vider une bouteille, voit déjà dans son mariage l'occasion d'un banquet :

> Ah ! comme je m'en vais tantôt
> Remplir ma panse de bon rôt,
> Et de cidre mon cher délice [...] [3].

Tout juste débarqué à Paris, Filipin[4] remarque ce qui satisfera sa gloutonnerie :

> Que de morceaux friands ! que de pâtisseries !
> O ! que de charcutiers ! que de rôtisseries [...] [5].

Amenés à prendre le rôle d'un maître, les valets déguisés voient surtout la possibilité de s'emplir le ventre de bons morceaux. C'est en pensant au futur régal que Jodelet[6] accepte le travestissement ; car il ne vit que pour manger. Et Guillot avoue que sa mission ne lui a pas fait oublier son estomac :

> J'ai bu cinq ou six coups et me suis contenté
> Sur l'aimable débris d'un excellent pâté[7].

Ces goinfres se laissent aisément aller au sommeil. Chargé de gêner Philis et Léandre, Jodelet[8] s'acquitte d'abord de sa mission, de manière plaisante ; puis il cesse tout à coup :

> Tout ce qu'il vous plaira, mais ma foi, je m'endors ;
> Je m'en vais dans ce bouge y faire un petit somme[9].

D'autres s'endorment et ronflent sur scène. Filipin[10] exprime bien cette sorte de liberté animale visible chez tous : « Je vais, je viens, je dors, je ris, je bois, je mange [...] ».

Au chapitre de la sensualité et de la vie amoureuse, le valet témoigne du même abandon à l'instinct. Turlupin[11] est un franc paillard, à qui Gros-Guillaume a confié la garde de sa fille Florentine. Dès que son père a tourné les talons, la jeune fille annonce au valet qu'elle est amoureuse ; Turlupin croit aussitôt que c'est de lui. Et le dialogue se poursuit :

---

2. Troterel, *Gillette.*
3. V, 2.
4. Boisrobert, *La Jalouse d'elle-même.*
5. I, 1.
6. Scarron, *Jodelet.*
7. Dorimond, *La Rosélie,* III, 7.
8. Gillet de la Tessonerie, *Le Campagnard.*
9. V, 3.
10. Scarron, *L'Héritier ridicule,* V, 5.
11. *Farce plaisante et récréative.*

FLORENTINE. — Je voudrais que tu m'eusses fait un plaisir.
TURLUPIN. — Tout à l'instant ; si vous voulez, couchez-vous là [12].

Cet autre personnage de farce qu'est le laquais Maturin de *Gillette* s'empiffrera d'autant plus à son banquet de noces qu'il lui faudra être fort pour jouter avec sa « lance naturelle [13] ». Les valets burlesques, aussi lestes de propos que de gestes, ne manquent pas une occasion de lutiner les servantes. Carlin [14] court même deux lièvres à la fois : la servante Dorise et Isabelle, déguisée en suivante, dont le joli visage l'a enflammé. De même, Jodelet [15], déguisé en maître, trouve le moyen de n'être pas insensible à la « fort belle taille » d'Isabelle, qu'il courtise en service commandé, et d'avancer ses affaires auprès de la servante Béatris, devant Isabelle même ; à celle-ci qui s'en étonne, il fournit une réponse significative :

> Plus grand dame que vous est Madame Nature,
> Je suis son serviteur, et le fus de tout temps [16].

De fait, le désir naturel ne tient pas compte des classes sociales. Ragotin [17] courtise Béatrix, dont il se contentera ; mais la vue de l'amoureuse de son maître ne le laisse pas indifférent :

> Malepeste, qu'elle a d'appas !
> Ma foi, la maîtresse me tente
> Tout autant comme la suivante [18].

Plus carrément incongru, Nostradamus [19], qui montre beaucoup d'appétit pour la fille que recherche son maître, veut bien aider celui-ci pour l'enlèvement, mais réclame d'« avoir part aux baisers et caresses [20] ». Grossièreté rare, qui montre bien la force de l'instinct. Aussi bien, quand le mariage est envisagé par un valet, la cour du galant reste des plus sommaires ; se déclarant à Lisette, Moron [21] ne s'élève pas au-dessus de la matière et ignore les sentiments :

> Si tu veux, vois-tu bien, nous ferons des poupons
> Plus jolis mille fois que les autres n'en font.
> Je suis beau, fort bien fait, ta taille est fort bien faite,
> Tes tetons sont plus gros qu'un sou sur une assiette,
> Tu me plais en un mot, si tu le veux savoir [22].

---

12. Scène 4.
13. V, 2.
14. D'Ouville, *La Dame suivante.*
15. Scarron, *Jodelet.*
16. IV, 3.
17. Chevalier, *Les Galants ridicules.*
18. Scène 4.
19. *L'Amant douillet.*
20. I, 10.
21. Nanteuil, *Les Brouilleries nocturnes.*
22. I, 3.

Plus réservées sur la scène, les servantes partagent les mêmes principes. Peu farouches pour elles-mêmes, elles sont également sans timidité pour servir les amours des jeunes gens contrecarrées par les parents ; elles témoignent ainsi de la liberté de l'instinct[23]. Poisson, dans son *Zig-Zag*[24], propose une pittoresque figure de servante amoureuse, avec sa simplicité de sentiments, sa spontanéité, son langage assez dru. Catin sent sa campagne. Amoureuse sans complication de Crispin[25], elle a la franchise de son sentiment élémentaire ; voit-elle arriver le valet d'Octave ?

> J'ai seulement vu son visage,
> Le sang me tribouille partout.
> Je l'aime tout de bout en bout,
> C'est folie à moi de le taire[26].

Aussi bien ne peut-elle comprendre la réserve subite de Crispin ; alors que nos valets sont presque mariés, Crispin s'est énamouré d'Isabelle, la promise de son maître, et reprend la parole qu'il avait donnée à Catin. La fille simple laisse éclater sa peine et sa colère. Elle aura son moment de revanche, quand Octave fera jouer à Crispin le rôle de prétendant ridicule auprès d'Isabelle ; mal reçu de celle-ci, Crispin se retourne vers Catin, qui le raille et ne lui répond que par chansons. Mais que son traître menace de la quitter, et elle lui saute aux yeux : elle n'a pas cessé de l'aimer et de le vouloir pour époux. C'est elle qui conclut l'affaire :

> CATIN. — M'aimes-tu, traître de Crispin ?
> CRISPIN. — Oui, Catin, de toute mon âme.
> CATIN. — Touche donc là, je suis ta femme.
> CRISPIN. — Et je suis ton mari, Catin[27].

La peur aussi est instinctive chez les valets. Jodelet[28] se montre couard de toutes les manières. Dans la nuit, et en présence de son maître, il menace son collègue Estienne ; mais à la fin d'une tirade vigoureuse, il quête l'appui du maître :

> Mon maître, avancez-vous, je commence à mollir,
> Et sans l'obscurité vous me verriez pâlir[29].

---

23. On est tenté de leur faire prendre à leur compte ce propos d'une servante un peu postérieure à notre période (1682), qui conseille droitement à sa maîtresse d'accepter l'enlèvement :
    « A-t-on droit de brider nos désirs innocents,
        Et ne sommes-nous pas maîtresses de nos sens ? »
(Belisle, *Le Mariage de la reine de Monomotapa*, scène 11).
24. Farce incluse dans *Le Baron de la Crasse*.
25. « Y alons, y alons, Godeluriau, / Jour de Dieu je le trouve biau / Ce Crispin [...] » (scène 1).
26. Scène 1.
27. Scène dernière.
28. Scarron, *Jodelet*.
29. I, 2.

Dans le rôle qu'il joue, doit-il se battre pour venger son honneur ? Il
s'en excuse d'abord. Mis face à son adversaire don Louis, il tremble et
cherche sa valeur — comme il dit ; il ne retrouve un peu de courage
que lorsqu'il sent son maître derrière lui, et fanfaronne alors en valet
qu'il est resté :

> Je veux sans voir vous battre, et vous rouer de coups [30].

Nul mieux que le Jodelet d'une autre pièce de Scarron, *Jodelet duelliste*,
ne met en valeur cette lâcheté, en l'associant aux bravades du fanfaron ;
avant de reculer comiquement, le valet fait le fort, en oubliant que sa
nature l'obligera à fuir. Au départ [31], Jodelet a reçu, devant la servante
Béatris qu'il courtise, un soufflet du valet Alphonse. Il n'a pas bronché,
masquant sa poltronnerie, mais il estime que son honneur est en jeu. On
s'aperçoit vite que le seul recours contre son agresseur reste le courage
verbal. Tout seul, il s'excite à la colère et au carnage ; les menaces
tombent à plat dès que paraît l'adversaire. Voici un exemple de ce
mouvement. Jodelet est seul ; il s'écrie :

> Si je te puis trouver, étrange téméraire,
> Ecoute en peu de mots ce que je te veux faire :
> Je te veux... [32]

Il ne peut poursuivre : Alphonse, caché, paraît [33] ; et notre Jodelet se
fait tout aimable, reprenant son rêve de bravoure dès que l'autre a
tourné les talons. Il en sera ainsi jusqu'à la fin de la pièce, où le pleutre,
qui a envoyé un cartel et s'est préparé de manière bouffonne au duel,
dément le cartel devant Alphonse, se fait rosser, et ne retrouve courage
qu'après l'événement.

Le valet n'appartient pas seulement à la nature la plus fruste par
la soumission à ses instincts ; l'épaisse niaiserie du *tronco* témoigne
aussi de cette appartenance : il est ravalé au rang le plus bas par la
bêtise de ses propos et de ses actions. Ecoutons ce dialogue entre Turlupin et son maître, qui lui annonce son départ pour les Indes :

> TURLUPIN. — Q'y faire ? Vous faut-il sortir de la ville de Paris ?
> GROS-GUILLAUME. — O la bête ! Les Indes sont éloignées d'ici d'un grand
> espace.
> TURLUPIN. — Vous embarquerez-vous à Montmartre ?
> GROS-GUILLAUME. — O le gros âne ! C'est par la mer qu'il faut que j'aille
> aux Indes [34].

L'animal inculte ignore ce que chacun sait. Nous sommes encore au
début du siècle ; mais des sottises de ce genre, et bien d'autres, sont

---

30. V, 3.
31. II, 2.
32. III, 1.
33. III, 2.
34. *Farce plaisante et récréative*, scène 2.

lâchées par tous les balourds de la période. Il suffit de relire *Les Plaideurs* ; le bon provincial Petit-Jean ignore par exemple ce que sont les épices de Dandin : il a « tout bonnement couru dans les offices / Chercher la boîte au poivre [35] » ! Nous aurons à apprécier plus loin la fantaisie de certaines de ces naïvetés. D'autre part, d'autres témoignages de la bêtise des valets seront fournis quand nous examinerons différents aspects de leur crédulité. Contentons-nous, pour établir la balourdise du valet, d'analyser un ou deux exemples empruntés à la fin de notre période.

Colin [36] est marqué par son origine paysanne. A l'écouter manier le langage, qu'il écorche, on mesure ses ignorances : il ne sait pas qu'un carrosse n'est ni homme ni femme [37] ; il donne à « pipeux » — pour *pipeurs,* désignant les joueurs qui trichent et plument sa maîtresse Flavie — le sens de « ceux qui fument la pipe » [38] ; il ignore évidemment le sens figuré d'une expression comme « pour enfiler des perles », qu'il comprend au sens propre [39]. Le « pauvre innocent » se montre donc tout à fait incapable de saisir et de décrire ce qui l'entoure et ce qu'il voit. Plus niaisement encore, il rebute la cuisinière dame Anne qui l'invite à aller rire :

> [...] Ho ! non, ma mère ne veut pas.
> Laisse-moi là, fi donc [40].

Fabrice [41], le valet maladroit d'Oronte, est l'antithèse de Cliton, serviteur vif et astucieux ; comme lui, il voudrait pourtant se faire valoir par son « industrie », et gagner quelque pourboire, en portant à son maître une lettre d'amour qui le réjouisse. Il va donc trouver Clarice, l'aimée d'Oronte, mais parle maladroitement de celui-ci ; Clarice, n'étant plus sûre d'Oronte, qui est promis à Léonor, écrit une lettre de rupture, que Fabrice se réjouit de transmettre, mais qui risque d'avoir un piètre effet [42]. Puis la suivante de Léonor, Nérine, lui remet, de la part de sa maîtresse, une autre lettre, plus enflammée ; Fabrice est ravi :

> Et deux. Ah ! c'est mon tour
> A ce coup. Que de biens ! que d'honneur ! que de joie
> Pour ces lettres d'amour que le bonheur m'envoie !
> Tu riras bien tantôt, Cliton, voyant cela [43].

---

35. II, 7, v. 512-513.
36. R. Poisson, *Les Femmes coquettes.*
37. II, 1.
38. IV, 5.
39. II, 8.
40. IV, 5.
41. Rosimond, *Les Quiproquos.*
42. I, 6.
43. I, 8.

En fait, les « lettres d'amour » qu'il brandit avec tant de fierté ne peuvent qu'irriter son maître, qui bat le messager étourdi. Chargé de deux réponses, il inverse les lettres ! A l'acte III, il persévère dans sa bonne volonté, mais se montre encore maladroit, au point de faire arrêter son maître. Belle réussite du niais, qui a voulu une fois de plus imiter Cliton, sans rien comprendre à son jeu ! Il sera renvoyé, criant comme les valets médiévaux : « Valet à louer ! »

Tel il est — doté de sa grossièreté, de ses instincts, de sa bêtise —, tel le valet s'impose à autrui ; sa nature fait fi des conventions et des convenances. Avec une franchise scandaleuse et plaisante, le personnage étale son naturel. Comme l'a montré récemment J. Emelina [44], valets et servantes sont fondamentalement des personnages inconvenants ; leur inconvenance tranquillement affirmée marque la revanche de l'instinct sur la règle, de la nature sur la culture, du principe de plaisir sur le principe de réalité. Cette source du comique a été amplement exploitée par les dramaturges.

Qu'on pense au motif burlesque du valet déguisé ! Dans un rôle d'emprunt bien au-dessus de sa condition, le rustre reste lui-même ; travesti en noble, mais indifférent aux normes et aux usages de ce milieu, il multiplie les bévues, les balourdises, les grossièretés. En un bouffon décalage, il laisse voir la nature derrière le rôle. La manière dont ces galants d'un nouveau genre mènent leur cour est particulièrement cocasse. Jodelet [45] accumule les gaffes. Il désire « guigner un moment » Isabelle, de face ou au moins de profil ; qu'on lui « en montre ou jambe, ou bras, ou main [46] » ! Seul, le faquin se cure les dents, et médite sur ce refrain :

Soyez nettes, mes dents, l'honneur vous le commande.
Perdre les dents est tout le mal que j'appréhende [47].

Cette plaisante incongruité, cette grossièreté à l'égard de la fille comme à l'égard du père, traverse toute la période. Gusman [48], en ambassadeur, s'adresse ainsi à Stéphanie :

Holà, quasi ma femme, et presque ambassadrice,
Venez ; car je vous aime, et je suis cependant
Ambassadeur d'Afrique, et bien ambassadant [49].

Ailleurs, un autre Gusman [50] arrive sur scène en Grand Turc ; il multi-

44. *Op. cit.*, 3ᵉ partie.
45. Scarron, *Jodelet*.
46. II, 7.
47. IV, 2.
48. Boursault, *Le Mort vivant*.
49. II, 3.
50. Montfleury, *L'Ecole des jaloux*, II, 5 sqq.

plie les sottises, et fait éclater sa sensualité inconsciente devant Léonor :

> Vous avez l'œil fripon, la mine un peu coquette,
> La bouche bien fendue, et la gorge bien faite [51].

« Montrez-vous par derrière », demande La Montagne [52] à la tante, que ce prétendu baron de campagne est censé venir épouser. Et quelles outrances dans sa conduite d'amoureux ! Ce sont les flatteries excessives à l'égard de la femme âgée ; c'est la sotte expression de sa forte passion :

> Sans cesse, auprès de vous, le cœur me fait tic tac.
> Tâtez [...] [53] ;

jusqu'au mariage qu'il brusque. Tous ces grossiers personnages malmènent les codes de la galanterie de bon ton.

C'est toutefois dans leurs rapports quotidiens avec leurs maîtres que les valets donnent les plus fréquents témoignages de leur sotte inconvenance. Car la liberté de langage des serviteurs reste grande. Parfois grossiers et railleurs, ces bavards sont volontiers impertinents à l'égard de leur jeune maître, comme les *graciosos* qui leur servent de modèle. Carlin [54] veut-il mettre en garde son maître contre l'apparence des gens ? Il a cette niaise et bien irrévérencieuse comparaison :

> Et sans vous faire tort, je connais des filous
> Qui du moins ont la mine aussi bonne que vous [55].

A son maître qui tente de se donner le bel air de la cour auprès des dames, Jodelet [56] déclare :

> Ma foi, dans vos amours vous n'êtes qu'un cheval [57] ;

et, quand le baron de la campagne échoue et se désole, le valet commente :

> Monsieur, le diable est bien aux vaches [58].

Bref, la franchise des valets — au demeurant attachés à leurs maîtres — ne tient pas compte des barrières qui séparent les uns des autres. « Raisonnons donc, mon maître, et raisonnons bien fort [59] », s'entête Jodelet. Cette attitude vaut pour tous les valets. Dès lors, les reparties bouffonnes,

---

51. II, 6.
52. Th. Corneille, *Le Baron d'Albikrac,* II, 10.
53. III, 5.
54. D'Ouville, *La Dame suivante.*
55. I, 4.
56. Gillet de la Tessonerie, *Le Campagnard.*
57. I, 1.
58. III, 3.
59. Scarron, *Jodelet,* I, 3.

les conseils, voire les reproches, fusent. On aurait tort de n'y voir que
sottises : la franchise des valets n'est pas forcément dénuée de bon sens [60].

Une dernière touche doit être apportée à ce tableau des valets. Car
on peut s'interroger sur la manière dont ils exhibent leur nature rudimentaire. Balourdises involontaires, dissonances inconscientes des
conduites restent assurément dans le droit fil du naturel. Mais l'imitation du *gracioso* espagnol amène les burlesques et leurs successeurs
à construire des personnages caricaturaux, excessifs ; la rusticité du
valet est poussée souvent à l'outrance, à la fantaisie — non sans rappeler notre badin médiéval, dont l'emploi n'est pas tout à fait oublié dans
le premier tiers du siècle [61], et dont le nom sert fréquemment, beaucoup
plus tard, à qualifier les valets [62]. La drôlerie du valet tend donc à
devenir un spectacle pour les autres personnages de la comédie, et le
rustre à se transformer en amuseur [63]. Quand il accumule les grossièretés
et les bourdes, quand il multiplie les insolences, quand ses reparties
atteignent l'extravagance et la fantaisie verbale, quand, dans les rôles
qu'il joue, l'incongruité des gestes et des propos est poussée à la limite,
sa multiforme inconvenance devient un jeu, une fête. Le valet, alors,
nous montre-t-il encore son naturel, ou fait-il le sot ? Lâche-t-il des
balourdises, ou se livre-t-il à des facéties, comme un pitre ? Plus d'une
fois l'ambiguïté s'efface : le valet est totalement un plaisant, un bouffon, qu'il n'est plus possible de dire naïf.

La comédie ne se contente pas de donner un portrait réjouissant de
ce personnage rustique, qui flanque son maître et lui sert de repoussoir.
Elle développe aussi les situations comiques où le valet, devenu prota-
goniste, trouve plus amplement l'occasion de manifester sa sotte
crédulité.

On relèvera, en premier lieu, des personnages de farces, fort proches
des badins par l'aspect fantaisiste que prend leur sottise, et qui sont
manœuvrés ou dupés de manière bien invraisemblable. Grattelard [64],

---

60. Chez les servantes du peuple qui se mêlent des amours de leur maîtresse,
la simplicité et la sincérité restent abruptes. Mais la perspicacité, la sagesse, le
réalisme actif dont elles font montre empêchent qu'on les considère comme des
naïves.
61. Voir particulièrement Maturin, qui, insouciant, ne pense qu'à « rire, gaudir,
danser, sauter », avec une joie pétulante (Troterel, *Gillette*).
62. Un exemple parmi d'autres : celui de Guillot (Chevalier, *Les Amours de
Calotin*). *Son* « humeur gaillarde » s'épanche en belles insolences à l'égard de son
maître, qui le reprend ainsi : « Laisse-le là, Guillot, tu fais trop le badin » ; et le
« maître badin » avoue : « Il est vrai, j'aime à rire » (II, 5).
63. « Tout ce qu'il dit n'est rien que pour vous faire rire », dit-on pour excuser
un autre Guillot (Chevalier, *L'Intrigue des carrosses à cinq sous*, II, 5).
64. *La Farce des bossus.*

au début du siècle, est de ceux-là. Devant transmettre un billet d'amour d'Horace à la femme du bossu Trostole, il prend « missive » pour « lessive », confond volontairement « poulet » et couple de chapons. Mais il va agir, utilisé par la femme de Trostole, qui doit se débarrasser des trois frères bossus. Ceux-ci n'auraient pas dû être reçus au logis, et ont été cachés de justesse au retour de Trostole ; ivres, ils dorment quand Grattelard arrive. La femme en montre un à Grattelard, et lui demande de jeter ce mort à la rivière ; quand il revient de sa mission, elle lui dit que le travail a été mal fait et que le mort — le deuxième bossu exhibé — est revenu. Grattelard la croit, et le jeu se répète ; il accomplit sa tâche trois fois, et pousse le zèle jusqu'à noyer Trostole de retour, qu'il prend pour le bossu toujours revenant !

De tels badins réapparaissent dans les farces des années 1659-1660. Jodelet [65] est un prétendant indésirable ; son père contraint « l'innocent personnage [66] » à épouser Florice, qui désire plutôt Fabrice comme époux. Ses bouffonneries égaient la pièce. Voit-il pleurer sa future ? Il pleure à son tour, tenant qu'un bon mari qui voit pleurer sa femme « doit bien ouvrir aussi le robinet de l'âme [67] ». Devant le silence de Florice, il récrimine :

Jaserai-je longtemps sans vous ouïr répondre ?
Parlez donc, animal que Dieu puisse confondre [68].

Mais il faut casser ce mariage. Fabrice fait peur au plaisant en lui racontant que Florice, peu vertueuse, est sa femme depuis six mois ; craignant la pendaison, Jodelet abandonne la partie, non sans proposer à Fabrice qu'ils se servent tous deux, alternativement, de la fille — Fabrice comme mari, Jodelet comme galant ! Pour que les pères renoncent à leur projet, Jodelet finit par accepter de jouer une invraisemblable comédie, où il contrefait le mort, tandis qu'il se persuade que le valet Turlupin, habillé comme lui et le mimant, n'est autre que son âme. On imagine le jeu plaisant de Jodelet, ce « mort tout nouveau-né ». Le but de la burlesque mise en scène est de faire comprendre que Jodelet, que les trompeurs ont ainsi fait passer pour fou, sera guéri quand on donnera Florice à Fabrice. Notre drôlatique naïf aura admis toutes les machinations de Fabrice et de Turlupin.

---

65. Brécourt, *La Feinte Mort de Jodelet*.
66. Quelle puérile soumission à son père manifeste Jodelet ! Il n'osera refuser net ses ordres :
    « Qui ? moi désobéir à mon papa mignon ?
    Ah ! je n'en ferai rien, foi d'honnête garçon » (scène 5).
67. Scène 2.
68. *Ibid.*

Guillot [69] est un autre « gros sot » facilement manœuvré. Angélique veut qu'il se batte avec La Rocque, et l'envoie lui-même porter le cartel qui le concerne, en lui disant qu'il s'agit d'un poulet [70]. Le messager sans méfiance s'aperçoit bientôt qu'Angélique l'a joué, et va le lui reprocher de manière amusante :

A moi votre pauvre valet,
A moi plus simple qu'un poulet
Qu'on amuserait d'un grain d'orge,
M'envoyer me couper la gorge !
Allez, vous avez très grand tort [71].

Mais Angélique sait se concilier le niais, lui faisant croire que La Rocque n'est qu'un faible, qui fuira à la première colère de Guillot. Dès lors, le naïf jouera le rôle bouffon du fanfaron couard.

Avec Sancho Pansa et les valets burlesques, qui, déguisés avec les habits d'un maître ou jouant le rôle d'un grand, prennent au sérieux ce qui devrait rester une comédie, nous allons rencontrer des comportements de naïveté beaucoup plus originaux et intéressants. La crédulité y sera entretenue par des rêves normalement interdits aux subalternes.

Les personnages de Cervantès paraissent pour la première fois sur notre scène en 1630, dans *Les Folies de Cardenio*, tragi-comédie de Pichou ; huit années plus tard, Guérin de Bouscal consacrera au couple célèbre une trilogie, qui permet d'analyser complètement ce beau personnage de naïf qu'est le compagnon de don Quichotte [72]. Les désirs de Sancho sont connus ; le paysan aspire à la grandeur, à la richesse, ainsi qu'aux bons morceaux :

[...] Je serais misérable
Si j'eusse demeuré parmi les laboureurs ;
Qui veut être empereur hante des empereurs [73].

Il a cru au fameux royaume que lui promet don Quichotte ; c'est assez pour qu'il s'attache à son service, et coure tous les dangers que l'on rencontre à servir un tel maître. Il est persuadé d'aborder un jour cette

---

69. Chevalier, *Le Cartel de Guillot*.
70. Guillot commet le contresens attendu sur le nom du billet d'amour, pose par terre le message, et lui parle ainsi :
« Petit, petit, petit follet !
Un poulet ! souffrez que j'oppose
A cette drolesque de chose
Que qui vivrait de ce gibier
Ferait des repas de papier » (scène 2).
71. Scène 5.
72. *Don Quixote de la Manche I*, *Don Quichot de la Manche II*, et *Le Gouvernement de Sanche Pansa*.
73. *Don Quixote I*, I, 4.

île qu'il doit gouverner. Alors, le gouverneur pourra marier sa fille Sanchique à un comte ; alors, aussi, il pourra « manger à loisir [74] ». Bref, il ne peut dompter le désir qui l'emporte « de posséder une île avant que de mourir [75] ». Sans doute son bon sens rustique lui permet-il de rester lucide sur la folie de son maître ; mais il se garde de le contredire :

> Pourquoi ? Par son moyen je serai gouverneur [76].

Du coup, il est victime des mêmes mystifications que don Quichotte. On assiste parfois au plaisant combat entre son rêve naïf et le témoignage irréfutable de ses sens ; ainsi, devant une fausse reine :

> Que la reine soit reine, il est fort bon pour moi,
> J'en ai bien du plaisir, et vous savez pourquoi ;
> Mais j'en doute. [...] [77]

Toutefois, son bon sens et son réalisme finissent par le quitter, dès qu'il pressent la possibilité d'obtenir son île ; à la frontière du réel et de l'imaginaire, il tombe dans les mystifications qui comblent son désir. Malgré les désillusions, le Sancho des deux premières pièces de Guérin de Bouscal retourne toujours à son rêve [78]. Rien d'étonnant à ce que, dans *Le Gouvernement de Sanche Pansa,* il se croie si fort devenu gouverneur !

Les autres valets revêtent un déguisement qui n'est pas fait pour eux, sans l'avoir recherché. Mais chacun trouve dans le nouveau rôle la possibilité de satisfaire quelque désir. Jodelet [79] l'extravagant a trouvé et revêtu les armes d'un prince meurtrier ; le simple fait d'endosser l'armure d'un noble l'amène à rêver d'en avoir l'état : il se sent « menacé d'une grande aventure [80] ». Les événements lui sont favorables, puisque, fait prisonnier, il passe réellement pour le prince Fédéric. Qu'a-t-il en vue dans ce nouveau rôle ? La possibilité de satisfaire ses instincts. Maître du domicile, il prétend « festiner du matin jusqu'au soir » :

> Allons donc, promptement, grande chère et beau feu [81].

---

74. *Don Quixote I,* I, 3.
75. *Don Quichot II,* II, 2.
76. *Don Quixote I,* I, 4.
77. *Ibid.,* III, 5.
78. Chez Pichou, « cet esprit imbécile » se rend compte *in fine* que ses espoirs étaient fallacieux : « O dieux ! que je connais mon espérance vaine, / Que j'ai mal employé ma jeunesse et ma peine ! » (*Les Folies de Cardenio,* V, 5).
79. Th. Corneille, *Le Geôlier de soi-même.*
80. I, 5.
81. II, 6.

Il apprécie cette « hôtellerie » pour la qualité des vins, la douceur de la couche, où il compte reposer ses os en attendant le repas [82]. Telle princesse éveille aussi sa concupiscence. Ecoutons-le faire sa cour à Laure, en se curant les dents après un bon repas :

> [...] Reine future,
> J'ai fait chère de prince, et trinqué de mesure,
> J'en sens encor pour vous mes désirs plus ardents [83].

C'est un curieux phénomène de compensation qui pousse Crispin [84], valet méprisé et brimé, à rêver de prendre la place de son maître. Crispin a oublié sa Catin, pour s'éprendre de l'inaccessible Isabelle, l'aimée de son maître Octave, lequel compte justement se servir de son repoussant serviteur, pour lui faire jouer le rôle d'un rival préféré par la mère d'Isabelle, et en dégoûter celle-ci. Notre naïf espère bien profiter du travestissement imposé. Quant au Crispin de Champmeslé [85], ravi d'avoir donné dans la vue des deux filles du procureur Griffaut avec les habits de chevalier de son maître, il se prend à son déguisement ; la tromperie lui a tourné la tête. Il s'en explique avec une indélicatesse rare devant Martine, la servante qu'il courtisait naguère, et dont il ferait encore sa maîtresse, si son rêve se réalisait ! L'attrait pour les grisettes [86], l'espoir de la « finance » surtout, et « la gloire d'être un jour le gendre d'un bourgeois », « tous ces brimborions », dit-il à la « pauvre enfant »,

> [...] ont mis ma cervelle en débauche
> Ma raison de travers, et mon bon sens à gauche [87].

Quelles que soient les motivations, tous les valets finissent par croire à leur nouveau personnage ; ils s'assimilent naïvement au rôle qu'il joue avec leur balourdise naturelle. Mystifié par le duc et la duchesse, qui se divertissent en lui faisant croire qu'il est enfin en possession du gouvernement rêvé, le plaisant écuyer Sancho [88] prend très au sérieux sa fonction de gourverneur, dont il ne doutera pas un instant. Certes, il reste lesté de réalité, tout au long de la pièce, trahissant ses origines, les rappelant parfois lui-même, et montrant un intérêt exclusif pour la nourriture [89]. Mais, comme les fous, il vit dans un monde autre, totale-

---

82. III, 5.
83. IV, 4.
84. R. Poisson, *Le Zig-zag.*
85. *Les Grisettes* de 1673.
86. En son langage, cela devient : « le plaisir de coucher auprès d'une femelle, / L'aise d'en voir sortir de petits embryons ».
87. Scène 1.
88. *Le Gouvernement de Sanche Pansa.*
89. Dans son île, tous ses jours devaient être des mardis gras. En fait, l'affamé doit juger avant de dîner (acte III). Et quand notre gourverneur est enfin à table, un docteur fait enlever tous les mets, qu'il déclare mauvais pour la santé de Sancho (IV, 2).

ment faux et illusoire, sans se rendre compte que ce gouvernement n'en est pas un, et qu'il est gouverneur de théâtre. Il faudra la peur terrible qu'il ressent d'une attaque simulée pour le faire renoncer à son gouvernement. La mystification dont il a été victime assume quasiment la fonction d'un psychodrame, et l'aura guéri ; à la fin de la pièce, il examine lucidement ce que fut son ambition naïve, et, dégoûté de l'état si rêvé, il conclut sagement :

Le berger gourverneur retourne à ses moutons [90].

Jodelet [91] n'accepte pas tout de suite d'être le prince : il se connaît et sait qu'il n'est pas prince. Mais la pression d'autrui et la considération des avantages qu'il tire de sa nouvelle condition sont plus fortes ; donc, il se « tâte et retâte », doutant une dernière fois de ce qu'il est, puis conclut :

Mais pourquoi m'obstiner à ne me point connaître ?
Puisque chacun ici d'une commune voix
Soutient que je suis prince, il faut que je le sois.
On est plus grand seigneur quelquefois qu'on ne pense ;
Tâchons de rappeler notre réminiscence [92].

Il va désormais entrer plus complètement dans son nouveau personnage, en en prenant le passé, la famille, les projets de mariage. Petit à petit il se sera « persuadé d'être ce qu'il n'est pas [93] ». Ici encore, la peur risque de provoquer la fin du rôle ; menacé d'être exécuté comme otage, Jodelet revient à lui-même : « Soit prince qui voudra, mais je ne le suis plus [94] ». Il a beau s'excuser, une fois démasqué, en disant qu'il n'a été le prince Fédéric qu'à son corps défendant [95], il n'en a pas moins cru à ce rôle si agréable.

Les autres valets satisfont avec autant de candeur un rêve de revanche sociale un peu moins invraisemblable. Le Crispin du *Zig-zag* [96] s'assimile d'autant mieux à son rôle de commande qu'il est réellement amoureux d'Isabelle, et qu'il ignore que celle-ci, prévenue, se moque en faisant la sensible. Après avoir bredouillé, grimacé, s'être confondu en révérences, encouragé par l'attitude d'Isabelle, il devient audacieux et ose un geste déplacé : il veut toucher le sein d'Isabelle pour prouver la violence de sa passion. Le soufflet qu'il récolte provoque son retour à la réalité et à Catin, après un rêve bien éphémère. Encore plus sot, le

90. V, 10.
91. *Le Geôlier de soi-même.*
92. II, 6.
93. III, 6.
94. IV, 6.
95. V, 11.
96. Scène 9.

Crispin des *Grisettes* persistera plus longtemps dans son illusion. Il n'est pas à la hauteur de son ambition : non seulement sa nature grossière s'étale, mais, devant les difficultés de son intrigue, il reste sans habileté, sans invention ; surpris en habits de valet par le père et par les filles, il bouffonne ou reste court, attendant tout de l'aide de Martine [97]. Cependant, finalement obligé de se démasquer, le niais persistera à se proposer pour gendre...

Un dernier aperçu de la naïveté des valets doit être proposé, à travers l'analyse de tromperies dont ils sont victimes. On peut grouper ces tromperies autour de quelques thèmes.

Le premier, traditionnel, est celui du gardien berné. Le capitaine Scanderbec [98] a eu le tort de confier sa sœur Diane à la garde du niais serviteur Galaffre. L'amoureux de Diane et son valet se présentent au logis de la belle déguisés en ramoneurs ; les deux trompeurs font admettre sans peine ce déguisement à Galaffre, qu'ils poussent à boire et parviennent à éloigner. Ravi de boire aux frais d'autrui, Galaffre ne se méfie plus et laisse Diane s'échapper [99]. Cette situation se retrouve, plus ou moins variée, dans des farces des années 1660 : mis en confiance, l'argus laisse le champ libre aux amoureux. Isabelle, l'épouse du capitaine, et Léandre son galant [100] dupent joliment le sot et grossier Trapolin, utilisant sa bêtise et sa vanité pour gagner sa confiance. Isabelle fait reproche au serviteur d'avoir laissé un ... papillon s'approcher d'elle. « Ah ! la pudique femme [101] », s'émerveille le niais. Ainsi rassuré sur la vertu de sa prisonnière, il va chercher le Docteur, dont Isabelle a besoin pour son intrigue. Quant à Léandre, il voudrait parler à Isabelle ; or, notre Trapolin fait bonne garde, en bouffonnant : « Qui va là, qui va là, qui qui qui [102] ? » Léandre flatte sa valeur, et dit avoir été sauvé par lui jadis ; le fanfaron s'en souvient d'un coup, et relâche sa garde, tandis que, par des propos à double entente, Léandre converse tranquillement avec Isabelle, par-dessus la tête de Trapolin. Le naïf bée d'aise :

On me craint, on m'estime, et l'on fait cas de moi [103].

Plus tard [104], Trapolin s'inquiète d'un billet que tient Isabelle. Elle lui explique alors que c'est une « oraison », et qu'avant de la lire, il faut

---

97. Scène 2 et scène 4.
98. *Les Ramoneurs.*
99. III, 4.
100. Dorimond, *La Femme industrieuse.*
101. Scène 5.
102. Scène 9.
103. *Ibid.*
104. Scène 16.

jeûner trois jours ; Trapolin n'insiste plus ! Quant à Colin [105], il est pris par son amour pour la servante Dorine, qui invente le stratagème suivant [106] : elle fait la fâchée ; pour lui complaire, le gardien accepte d'aller commander un repas, abandonnant du même coup sa fonction [107].

Des comédies imitées de l'Espagne mettent en valeur un autre aspect de la crédulité des valets, qui sont prêts à admettre l'intervention du surnaturel. Carrille [108], campagnard un peu perdu à Paris, tend à expliquer tout événement mystérieux par l'intervention d'« un diable familier » ou de « quelque esprit follet ». Isabelle, passant par une cloison qu'ignorent le valet et le maître provinciaux, est cet esprit follet qui vide les valises, vole les bourses, bat le valet, laisse des lettres d'amour, apparaît et disparaît comme un fantôme. Jusqu'à l'éclaircissement final, la peur de Carrille donnera corps à ce fantasme naïf [109]. En se fondant sur une crédulité du même ordre, le trompeur Philipin [110] joue un tour beaucoup plus cruel au vieux serviteur Mendoce. Philipin profite de la réputation d'astrologue que s'est acquise son maître auprès des faibles cervelles : « depuis que je le sers, je suis demi-sorcier [111] », affirme-t-il à Mendoce ; c'est justement à Philipin que don Fernand a remis Mendoce, afin qu'il satisfasse le vœu le plus cher de celui-ci : être porté par magie dans son pays natal où il compte finir sa vie [112]. Cette extraordinaire simplicité met déjà Mendoce à la merci de Philipin ; l'habile trompeur trouve encore le moyen de faire peur à Mendoce — don Fernand, qui devine les actions en voyant les visages, aura pu connaître les larcins

105. Fr. Pascal, *Le Vieillard amoureux.*
106. Scène 3.
107. Un autre Colin (Chappuzeau, *Le Colin-Maillard*), qui n'est pas exactement un valet, montre une identique naïveté. Le traiteur Croquesole destine sa fille Isabelle, qui aime ailleurs, à ce simple cuisinier. Accompagné d'un cousin, le galant d'Isabelle vient dîner chez le traiteur et combine l'enlèvement, d'accord avec la fille. Colin veille bien mal sur sa future épouse ! On s'en aperçoit quand les dîneurs le mystifient (scène 15). Au moment de payer, les trompeurs, qui n'ont pas un sou vaillant, discutent la note, se disputent pour la régler, parlant de force pistoles — ce qui rassure Colin ; grisé, le garçon accepte finalement d'avoir les yeux bandés : le dîneur qu'il saisira devra le payer. Le naïf ne trouvera aucun payeur, et se fera enlever Isabelle à sa barbe.
108. D'Ouville, *L'Esprit follet.*
109. Filipin (Boisrobert, *L'Inconnue*) se montre aussi crédule ; il lui suffit d'avoir affaire à des femmes voilées pour croire à quelque intervention de puissances surnaturelles maléfiques : « Ah ! trêve de fureur, Madame la sorcière, / D'où diable sortez-vous ? » (II, 6).
110. Th. Corneille, *Le Feint Astrologue.*
111. IV, 12.
112. Mendoce explique les raisons de son recours à la magie :
    « J'y porte quelque argent, le fruit de mes sueurs.
    Mais comme les chemins sont remplis de voleurs,
    Pour y tenir ma bourse à couvert du pillage,
    Et même pour gagner les frais d'un long voyage,
    Je voudrais bien, Monsieur, que par enchantement
    Vous me fissiez chez moi porter en un moment » (IV, 11).

de Mendoce, et risque d'en avertir le maître de celui-ci —, et de pré-
cipiter sa décision de rejoindre son pays grâce à l'enchantement
magique [113]. La tromperie peut se réaliser [114]. Philipin prononce quelques formules magiques, bande les yeux de Mendoce, l'installe, en le
ligotant, sur une palissade du jardin en lui faisant croire qu'il chevauche
une mule ailée, lui vole sa bourse et s'éloigne progressivement. Le niais
ne devine pas la malice :

> Je sens bien que je vole,
> Car à peine j'entends le son de sa parole.
> Quel bonheur ! Je verrai mon pays aujourd'hui [115].

Bref, tandis que Philipin fait du vent avec un soufflet, Mendoce se croit
toujours sur une mule endiablée dans l'air froid des hauteurs ; sans
avoir bougé de sa palissade, il est persuadé d'avoir rejoint sa terre
natale, qu'il baise — avant de découvrir la supercherie !

Guillot [116] se croit très fin : « je suis un drôle / Qu'on n'attrape pas
ainsi », affirme-t-il à son maître qui lui a confié une bague à changer contre de l'argent. Pourtant, il est d'abord trompé par la faute
d'une crédulité assez proche de celle des précédents valets. Un filou
l'aborde [117], qui, sachant ce que Guillot entreprend, se dit devin ; encore
sur ses gardes, Guillot plaisante : « De quel vin, du vin de Sancerre... »
Se croyant malin, il demande :

> Puisque vous savez deviner,
> Devinez un peu quelle affaire
> Mon maître m'a chargé de faire [118].

Emerveillé par la réponse du filou, il le croit véritablement devin et
perd toute méfiance. D'autant que l'autre lui indique un changeur ; le
« brave homme » s'offre même pour montrer la bague au changeur.
Guillot lui abandonne le bijou, avec une très légère réticence que le
maître coquin exploite pour mieux prendre sa dupe : il s'indigne d'être
soupçonné et tend la bague à Guillot. Le niais se garde bien de la
reprendre, et s'en remet totalement au voleur :

> Ce que j'en dis n'est que pour rire ;
> Et suis tellement innocent
> Que même je veux être absent,
> Alors que vous ferez la chose.
> Sur vous seul mon espoir repose [119].

---

113. IV, 12.
114. V, 7 à 13.
115. V, 8.
116. Chevalier, *La Désolation des filous.*
117. Scène 4.
118. *Ibid.*
119. *Ibid.*

Un dernier thème concernerait les valets trop bavards qu'on fait parler étourdiment. Tomire [120] est berné par Célimène. « Je ne hais rien tant qu'un valet babillard », prétend-il. Célimène le félicite, lui donne une bague et lui enjoint de rester bouche cousue. Mais, dès lors qu'elle lui affirme, en mentant, qu'elle est déjà renseignée par Carlos, le maître de Tomire, celui-ci parle, confirmant ce que Célimène invente de chic ; il ajoute même d'autres renseignements. Il lui suffisait de croire qu'on ne voulait pas le faire parler ni le faire désobéir aux consignes de son maître ! Champagne [121], galant de la servante Laurette, est un autre balourd qui ne sait tenir sa langue ; cette fine mouche de Laurette manœuvre constamment le simple, lui fait voir et comprendre ce qu'elle a envie qu'il voie et comprenne, puis utilise son irrépressible caquet pour répandre les nouvelles utiles aux machinations qu'elle élabore. Ainsi, Laurette s'arrange pour que Champagne découvre un billet d'Isabelle et l'interprète comme une trahison de la jeune fille. Laurette a tout préparé, elle lui a suggéré ce qu'il fallait penser ; mais elle félicite le niais de sa perspicacité, dont il se rengorge :

Nous démêlons un peu les ruses les plus fines [122].

Il va sans dire que Laurette obtient ce qu'elle visait avant tout : très content de la découverte qu'il croit personnelle, Champagne s'empresse de la rapporter à qui de droit, dès la scène suivante. Veut-elle que le balourd se précipite pour publier la nouvelle d'un rendez-vous donné par Isabelle ? Il suffit qu'elle la révèle à Champagne, avec la recommandation de n'en rien dire [123] !

Visiblement, la tradition du valet naïf reste florissante au long du siècle, s'enrichissant de situations de crédulité plus originales. Mais il faut mesurer le risque de la mutation qu'imposent les burlesques à l'image du valet : en le transformant en bouffon, ils l'éloignent du naturel, de la rusticité originelle que le naïf révèle, mais que le plaisant fantaisiste joue. Par ailleurs, on assiste à un effacement de la balourdise, chez les valets, au profit de la fourberie, qui prendra des allures inquiétantes à la fin du règne de Louis XIV.

IV. — Pastorales et paysanneries.

De multiples aspects de la vie campagnarde parurent sur la scène médiévale, où bergers et paysans faisaient rire de leur simplicité, de leur

---

120. Montfleury, *Le Mari sans femme*, III, 3.
121. Quinault, *La Mère coquette*.
122. III, 2, v. 842.
123. IV, 1.

grossièreté ou de leurs ambitions déplacées. Cette tradition française semble bien oubliée à la fin du XVIe siècle, quand, participant à un mouvement culturel européen, la France voit se développer la pastorale dramatique ; loin de refléter la réalité des campagnes, le cadre et les personnages des pastorales restent, le plus souvent, marqués au coin de la convention la plus affirmée.

Néanmoins, dans ses variations sur le thème de l'amour tout-puissant, la pastorale fut amenée à présenter quelques rares situations et quelques rares personnages qui ressortissent à notre étude. Nous pensons d'un côté à l'ingénuité amoureuse, de l'autre à la tyrannie de l'instinct. Bergers et bergères ingénus, satyres brutaux et bernés ont beau rester des êtres de théâtre parfaitement conventionnels, ils n'en illustrent pas moins des vérités humaines contrastées.

Célie [1] est une ingénue un peu niaise, qui ignore tout des réalités de l'amour. Elle raconte son enlèvement par un centaure. Liée à un arbre, puis déshabillée, l'innocente qu'on a sauvée de justesse pensait que le centaure voulait la manger ; à son amie Cloris qui la raille doucement, elle rétorque, sans imaginer d'autre explication :

> Dis-moi doncques, pourquoi m'avait-il dépouillée ?
> Pourquoi m'attachait-il ? et de sa main souillée,
> Pour me faire mieux voir quel était son dessein,
> Commençait-il déjà de me toucher le sein [2] ?

D'autres personnages, qui inspirent des sentiments enflammés mais plus décents, n'ont cure d'être pris à leur tour à la passion ; ils n'ont pas fait l'expérience de l'amour et s'y refusent. Tel Caliste [3], « simple », « neuf en l'école d'Amour » ; il joue comme un enfant, sans se soucier des deux bergères qui le poursuivent. Peu intéressé par les « amoureux combats », l'innocent des champs court après les oiseaux, s'étonne de ne pas rattraper son ombre... Constamment poursuivi, sommé de choisir entre Mélite et Corinne, il trouve toujours un biais, une ruse pour s'échapper. Alphée [4] ne reçoit pas mieux son berger amoureux. Comme Daphnis l'accompagne [5], pressant en paroles, elle se bouche les oreilles, puis lui enjoint de marcher devant. Parle-t-il de sa « franchise volée » ? Elle s'étonne, sans comprendre la métaphore galante :

> Moi, retenir chose qui t'appartint ?
> Que mon sujet esclave te retint ?
> Où ? depuis quand ? le moyen ? l'apparence [6] ?

---

1. Du Cros, *La Fillis de Scire* (traduction de Bonarelli).
2. I, 3.
3. A. Hardy, *Corinne.*
4. A. Hardy, *Alphée.*
5. I, 1.
6. V. 47-49.

Puis elle presse le pas. A l'évocation de l'amour, elle affirme tout net :

O qu'à tes pieds présentement j'expire,
Si ce que c'est d'amour je saurais dire [7].

Elle le saura bientôt, comme Caliste et comme Célie, car aucun personnage de la pastorale ne peut se préserver chaste ni ignorer l'amour [8].

Avec les satyres, personnages qui nous paraissent invraisemblables, mais qui furent traditionnels et quasi permanents dans les pastorales, le thème de l'amour s'exprime selon une tonalité fort différente. C'est à eux d'ordinaire qu'échoit de signifier l'instinct sexuel tyrannique ; d'autre part, malgré leurs illusions, ils échouent régulièrement dans leur entreprise.

Aucune pastorale n'invente en ce domaine. Partout on entend le lubrique personnage bramer son désir ; il possède la force et compte s'en servir sur les bergères qui le dédaigneraient. Contentons-nous du témoignage de ces deux satyres qui disent ainsi leur brutal désir :

Descendons dans ces prés ; deux bergères sont là
Du matin jusqu'au soir le plus souvent seulettes,
Qui pillent de ces prés les plus belles fleurettes.
Allons les y surprendre, et malgré leurs efforts
Prenons-les brusquement par le travers du corps [9].

La sensualité débridée des satyres nous renvoie à la nature nue.

Mais ils se font bien des illusions, sur eux-mêmes et sur leur réussite. Certains de ces luxurieux, avant d'user de violence, se veulent séducteurs, et tâchent de conquérir les bergères par l'étalage de leurs qualités ou de leur courage. Les rêveurs se croient beaux ; et il faut voir ces monstres se livrer aux soins les plus burlesques pour plaire ! Parfois même, ils empruntent le langage galant des bergers, leurs rivaux. Mais quelle cour maladroite et vaine ! De toute façon, les satyres n'assouvissent jamais leur désir. La peur gêne ces fanfarons dans l'exécution de

---

7. V. 81-82.
8. Dans une pastorale beaucoup plus tardive, de 1671 — à une époque où le genre, après avoir triomphé et notablement influencé notre théâtre, est tombé en discrédit —, Boyer nous présente une innocente qui s'éveille à l'amour (*Lisimène ou La Jeune Bergère*). Si *époux* et *mariage* sont des mots inconnus d'elle, elle ressent bientôt les atteintes de la passion, qu'elle avoue avec beaucoup d'ingénuité à celui qui en est l'objet — en réalité une bergère déguisée en homme — :
   « Je sens un mouvement si nouveau, qu'il me semble
   Jusqu'ici n'avoir rien senti qui lui ressemble. [...]
   C'est que plus je vous vois, et plus vous faites naître
   Un violent désir de garder près de moi
   D'admirer, et de voir toujours ce que je vois » (II, 3).
L'Agnès de Molière trouve ainsi une sœur en Arcadie !
9. I. Du Ryer, *Les Amours contraires*, II, 1.

leur projet ; et quelque berger survient souvent à temps pour sauver la pucelle, et rouer de coups le chèvre-pied.

Dans *La tragi-comédie pastorale de Carite,* le satyre est même joliment dupé par Rosalie, puis par Carite. L'une [10] a accepté qu'il l'embrasse, mais après s'être lavé ; aveuglé, il ne soupçonne pas de ruse et se rend au ruisseau. Tandis qu'il s'adresse à l'eau qui lui donnera une « beauté divine », et marque sa crainte qu'ensuite les nymphes ne viennent importuner un si attrayant personnage, Rosalie lui attache le pied à un arbre. L'autre [11] fait mine de céder tout de suite, mais lui demande de regarder alentour qu'on ne les surprenne pas ; c'est assez de délai pour appeler à l'aide, et berner le naïf.

Dans le deuxième tiers du XVIIe siècle, des œuvres comme *Les Vendanges de Suresnes,* comédie de Pierre Du Ryer, et *Les Noces de Vaugirard,* pastorale [12] due à Discret, présentent de plus authentiques paysans. Entre 1640 et 1665, avant le *Dom Juan* de Molière, on ne rencontre que trois paysans [13] sur la scène comique. Mais, avec le Gareau du *Pédant joué,* Cyrano propose un vrai paysan de l'Ile-de-France, et fonde du même coup la tradition théâtrale du villageois comique, promise à un bel avenir. A partir de 1666, Brécourt [14], Rosimond [15], Nanteuil [16], Hauteroche [17] et Monfleury [18] situent l'action au village, ou font intervenir épisodiquement, avec leurs traits désormais fixés, des villageois. Il ne s'agit plus des faux bergers de la pastorale dramatique : le paysan de comédie est construit à partir d'une observation assez réaliste de son genre de vie, de ses préoccupations et de son parler. C'est un type social du temps qui monte sur la scène. N'oublions pas, cependant, que les burlesques le dotèrent parfois de traits bien invraisemblables, ni qu'une fois constitué, comme tout personnage de théâtre, le rustre entre en partie dans la convention, avec ses caractéristiques psychologiques et son langage.

---

10. Acte II.
11. Acte IV.
12. Dédiant sa pièce à « ceux qui veulent rire », l'auteur a bien conscience de rompre avec les traditionnelles bergeries. Voici — dit-il à ses lecteurs — une pastorale « où j'ai fait parler les personnages selon que la naïveté des champs les a représentés à mon imagination. »
13. Dupont (Brosse, *Les Songes des hommes éveillés*), Gareau (Cyrano, *Le Pédant joué*), Filipin (Scarron, *Le Gardien de soi-même*).
14. *La Noce de village.*
15. *Le Nouveau Festin de Pierre* et *L'Avocat sans pratique.*
16. *Les Brouilleries nocturnes.*
17. *Le Deuil.*
18. *L'Ambigu comique* (troisième intermède : *Le Semblable à soi-même*) et *Crispin gentilhomme.*

Quoi qu'il en soit de son degré de conformité à la réalité historique, le paysan de nos comédies offre une image de lui-même apte à faire rire les Parisiens. Indéniablement, le public des citadins raille le paysan et le ravale au niveau d'une nature élémentaire. Nos auteurs fournissent plus d'un trait réjouissant de la grossièreté et de la stupidité du rustique personnage, en soulignant ses dissonances plaisantes de conduite et de propos.

Les amours paysannes ? La simplicité la plus abrupte et la niaiserie s'y rencontrent. Marions-nous — propose le vigneron Guillaume à une villageoise de Suresnes — :

En ce temps un peu froid il fait bon coucher deux [19].

Pour lui montrer ses talents et se faire redouter d'elle, Filipin [20] commence par battre sa fiancée Mauricette, sa « grosse dondon », comme il dit ; pourtant la simple fille reste fière de son ami, « l'honneur de tout notre village », car il sait « lire par cœur ». Quand elle pense l'avoir perdu, elle pleure :

Nous nous sommes aimés dès nos plus jeunes ans.
Un loup aura mangé dans le bois ce pauvre homme ;
Je n'en ai pu depuis reposer d'un bon somme [21].

Le laboureur Mathurin [22] évoque ainsi son bonheur avec sa première femme :

[...] j'étions tous deux fous comme deux jeunes chiens,
Et je batifolions parlant de chose et d'autre [23].

Las ! la disparition d'un enfant mis chez eux en nourrice brisa ce bonheur ; ils en devinrent tous deux « jaunes comme des coings », et la « pauvre Simone en crevit ».

D'autres jeunes campagnards sont carrément niais. Floridan [24], qui épouse Amarille contre son gré, a accepté cette clause du contrat qui lui interdit de toucher sa femme pendant six mois. Ses tentatives pour obtenir ne serait-ce qu'un baiser sont vaines : Amarille l'insulte et le raille ; et il s'en va, piteux :

Je n'aurai donc si tôt le fruit de mon amour [25].

19. *Les Vendanges de Suresnes*, V, 8.
20. *Le Gardien de soi-même*, I, 2.
21. V, 3.
22. *Crispin gentilhomme.*
23. I, 4.
24. *Les Noces de Vaugirard.*
25. III, 2. — Amarille disparaîtra d'ailleurs, au moment où le délai d'attente arrivait à sa fin ! Floridan retrouvera sa femme au dénouement, dans le même temps que sont réalisés trois autres mariages, dont celui du vieux berger Pancrace,

Colin [26], sur le point de se marier, se plaint déjà de sa « Glaudenne »,
qui coquette avec Nicolas. Il s'empresse d'aller trouver Nicolas, qui fait
l'étonné : avec qui se serait-il mal conduit ? Colin répond :

> Morguene aveuc Glaudenne ;
> Aux enseigne, aga quien, que tu prenis la peine
> De boutre tes deux mains tout avan son brechet [27].

Notre sot Colin prend l'affront très au sérieux, et pense à la vengeance :
« Se bat-on pas toujour quand qu'on devient cocu ? » Mais il reçoit
un coup dans les dents, puis menace Nicolas... de tout dire à Claudine !
Celle-ci est habile à cajoler le niais :

> Hé cœur de ma poitrenne,
> Petit cochon de lait, qu'as-tu donc [28] ?

Sans succès : Colin pleure, menace la « chienne », puis appelle au
secours. Cela permet l'entrée en scène des pères de Nicolas et de Claudine, Gros-Jean et Grand-François, prêts à en venir aux mains, mais qui
rivalisent surtout de fanfaronnades. Colin en profite pour souffleter
Nicolas, puis explique son geste : « Je crois que Nicolas m'a quasi fait
cocu [29] ». Mais le litige n'est pas pris au sérieux par les deux pères
résignés ; Grand-François :

> Pargué, le grand malheur ! Aga, je le suis bien,
> Et Gros-Jean aussi. [...] [30]

Voilà de suffisants échantillons de la sottise de Colin, qui refusera, puis
finira par accepter le mariage promis, au cours de scènes qui permettent
à Brécourt de présenter d'autres grotesques figures du village d'Auber-
villiers. Tout s'achève dans la liesse des noces campagnardes, avec leur
festin et leurs danses. La vie conjugale de tels niais pourra réserver des
épisodes amusants. Lucas [31], par exemple, s'adresse à un avocat, à qui
il vient expliquer, de manière maladroite et ridicule [32], que sa femme,
sans enfant, l'accuse d'impuissance et désire se démarier !

On ne saurait relever toutes les balourdises de ces campagnards mal
dégrossis, qui trouvent bien d'autres occasions de manifester leur rusticité. Ils sont ignorants, crédules, maladroits. Le paysan Dupont [33], ivre,

---

père d'Amarille, plaisant fanfaron, mais campagnard plein de verdeur ; c'est lui
qui invite tous les nouveaux mariés à « l'amoureux déduit », « afin que le plaisir
dans le lit nous assemble » (V, 4).
26. *La Noce de village.*
27. Scène 1.
28. Scène 2.
29. Scène 3.
30. *Ibid.*
31. *L'Avocat sans pratique.*
32. « Je nous brouillons l'esprit », affirme-t-il (scène 13).
33. *Les Songes des hommes éveillés.*

a été revêtu, pendant son sommeil, de riches habits ; à son réveil, il ne sait nommer les gants qu'on lui a passés, et admire ces « autres mains blanches [34] ». D'ailleurs, il se croit victime d'une diablerie. Dans un patois qui déforme les sons, malmène la syntaxe, s'émaille d'exclamations affectives, de jurons, de proverbes populaires, Gareau [35], vantard et bavard, montre ses ignorances et sa maladresse à utiliser le langage. Il suffit de relire le récit du voyage en Orient [36] pour relever le désordre dans la narration, la platitude dans la manière de rapporter les dialogues, les confusions plaisantes sur les noms géographiques, ou autres. Prétendant de Manon, il met autant de gaucherie à expliquer le gros héritage qu'il espère [37], à vrai dire bien embrouillé et fort hypothétique. Le fanfaron de village qu'est Filipin [38] doit-il haranguer la princesse Constance sur la mort de son père ? Son éloquence rustique a tôt fait de broncher et de sombrer dans le ridicule, si bien qu'on l'arrête. Il enchaîne, sans se préoccuper de la présence d'une princesse :

A son dam ; elle y perd plus que moi. Ma bourrique
Que je ne trouve point me rend mélancolique [39].

C'est de sa crédulité que Nicodème [40] fait rire. On le persuade contre toute évidence que Pirante, à qui il vient de parler, est mort en réalité ; c'est donc à l'esprit du mort qu'il a affaire, à qui il parle, et qu'il éloigne avec sa fourche. Il n'en démordra pas [41]. Quant à Mathurin [42], croyant faire l'éloge de son fils, il se montre bien maladroit. Il énumère d'abord les défauts de Crispin, ajoutant :

Mais, au surplus, parfait autant qu'on le peut être [43].

Puis il insiste sur son embonpoint, son appétit, sa capacité à engendrer, et affirme que « personne ne saurait le regarder sans rire [44] » !

Particulièrement drôles sont les inconvenances de propos dont nos rustres se rendent coupables. Leur nature ignore les usages qui règlent et policent les rapports sociaux entre honnêtes gens ; elle se dit telle quelle, sans précaution. Guillaume [45], le vigneron de Polidor, affirme sans cesse sa tendresse pour la chopine. Devenu messager d'amour auprès de Dorimène, qu'il a trouvée endormie, il raconte sa mission en

---

34. III, 2.
35. *Le Pédant joué.*
36. II, 2.
37. II, 3.
38. *Le Gardien de soi-même.*
39. I, 4.
40. *Le Deuil.*
41. Scène 12.
42. *Crispin gentilhomme.*
43. II, 5.
44. *Ibid.*
45. *Les Vendanges de Suresnes.*

manifestant la sensualité la plus franche ; il avoue carrément à Polidor le goût qu'il a ressenti pour la maîtresse de ce dernier, et conclut :

> En baisant la beauté qui vous gêne si fort
> Je me fusse payé moi-même de mon port [46].

Le Gareau du *Pédant joué,* fort brutal avec Chasteaufort qui se moque de lui [47], n'est guère adroit avec le pédant Granger, dont il veut devenir le gendre ; il lui rappelle ainsi son enfance : « Parguene alez, ous n'esquiai qu'un petit navet en ce temps-là ; ous estes à cette heure-ci une citrouille bian grosse [48] ». Un autre Gareau [49] vient rapporter la mort du bailli en termes bien incongrus : « Ses boiaux sont crevés au milieu de sa panche [50] » ; l'oraison funèbre est sommaire :

> Le bon homme en mourant il a cessé de vivre.
> Chacun en est fâché. [...] [51]

Avec son maître le bailli, Mathurin [52] montre sa niaiserie insolente ; voulant le féliciter, il lui lance :

> Vous avez, vous tout seul, plus d'esprit en partage
> Que n'en avont, morgué ! tous les bœufs d'un village [53].

S'adressant au noble Florisel, le Mathurin du *Crispin gentilhomme* n'est pas plus respectueux : « Ma foi, je vous croyais crevé cent fois pour une [54] », lui déclare-t-il par manière d'accueil.

Ainsi, dans sa vie amoureuse, et, d'une manière plus générale, dans tous ses rapports avec autrui, le paysan révèle sa nature brutale. On notera toutefois que cet être fruste n'est pas forcément un niais avéré. Comme le Gareau de Cyrano, les campagnards savent, à l'occasion, faire preuve de bon sens et d'un indéniable réalisme.

Deux figures du *Crispin gentilhomme* de Montfleury méritent d'être examinées à part ; Crispin et Colin, paysans ambitieux, tentent d'échapper à leur milieu : rêve naïf s'il en est [55].

---

46. III, 5.
47. « Morgué tapons-nous donc la gueule comme il faut » (II, 2) ; et il bourre le brave de coups de poing.
48. II, 3.
49. *Les Brouilleries nocturnes.*
50. III, 4.
51. *Ibid.*
52. Troisième intermède de *L'Ambigu comique.*
53. Scène 6.
54. II, 2.
55. A sa manière, le Filippin du *Gardien de soi-même* réalise momentanément un rêve apparenté. On sait que Scarron fut le premier à adapter en France une donnée de Calderón, que Th. Corneille reprend ultérieurement dans le *Geôlier de soi-même* (voir *supra,* p. 143-144 et 145). Le héros burlesque de Scarron est bien un

Fils de paysan, Crispin a été aux écoles, et est devenu pédant de village. Se jugeant « beau comme un Adonis, sage comme un Caton », cette gloire du canton en est venue à concevoir un fort mépris pour sa naissance ; il faut, déplore-t-il,

> Que je me trouve ici par un coup de malheur,
> Magister d'un village, et fils d'un laboureur [56] !

Donc, quand on lui fait croire qu'il est le fils du colonel Florisel, il se laisse persuader de bonne foi, sans se méfier, et ne peut retenir sa joie, souvent bouffonne. Cependant, cette filiation supposée ne change rien à sa nature de jeune paysan « grossier, laid, maussade, brutal ». On la voit tout au long dans ses rapports avec Florisel. L'accueil que lui réserve Crispin a de quoi effarer le colonel ! Après une harangue pédantesque, le vaniteux assène d'emblée :

> C'est moi qui vous le dis, patron ; je suis d'un tour
> A faire du fracas, et je vous en assure [57].

Bientôt, encouragé dans ses bourdes par le silence de Florisel, il s'enquiert délicatement :

> Quel train me donnez-vous ? Quel est votre équipage ?
> Quand me prétendez-vous faire votre héritier ?
> Qu'aurai-je à dépenser, vous défunt, par quartier [58] ?

Ce n'est qu'un aperçu de ses extravagances. Par la suite, le burlesque personnage les multiplie à satiété, se montrant sensuel, attaché à l'argent, indélicat et incivil, sot, bref, bien « matériel », et parfaitement inapte à tenir la place d'un fils de famille noble. Florisel aura le plus grand mal à détromper le naïf, qui s'acharne à demeurer son fils [59], avant d'admettre qu'il n'est pas et ne peut pas être gentilhomme.

Le valet Colin, âgé de quinze ans, est un jeune imbécile de campagne ; quand son maître est en colère, il le croit possédé du démon [60] ; apprenant l'arrivée de Florisel, il s'enquiert : « La peste ! hé ! qué bête est-ce / Qu'un colonel [61] ? » Mais l'aventure de Crispin l'a ébloui et

---

paysan, qui reviendra à sa Mauricette et à son village. Traité en prince à partir de l'acte II, il finit par se persuader qu'il est prince ; il se trouve bien dans ce rôle, où il reste lui-même, avec sa goinfrerie, son indécence, toutes ses grossièretés déplacées de rustre. Toutefois, Scarron, pour accentuer le contraste comique entre le grossier personnage et le milieu de la cour et des grands, a tendance à faire de Filippin un bouffon, qui poursuit d'ailleurs un rêve bien invraisemblable pour un paysan.

56. I, 5.
57. II, 3.
58. *Ibid.*
59. Voyez l'insolente résistance de Crispin, en V, 7.
60. I, 2.
61. I, 9.

le fait rêver : pourquoi « quelque riche Monsieur par quelque stratagème » ne viendrait pas le prendre pour son fils [62] ? Et voilà notre naïf
qui s'imagine être le fils de Cléomédon, personnage à peine plus âgé que
lui ! Il suffit que Cléomédon le congédie d'un « Adieu, mon pauvre
enfant », pour que l'innocent s'y laisse prendre : « Son pauvre enfant !
voilà mon heur et ma fortune [63] ». Sa naïveté fait contrepoint à celle de
Crispin : les deux paysans rêvent de la fortune, et échouent.

V. — Les nobles de province.

Autant que le paysan, le gentilhomme campagnard est voué au ridicule sur les théâtres de Paris ; ses maladresses et ses échecs flattent
dans le sentiment de leur supériorité les habitants de la capitale et les
courtisans, qui prétendent détenir les règles du bon ton. De 1651 à
1674, une bonne dizaine de comédies, dont quelques-unes de Molière,
font rire du hobereau. Renseignent-elles sur la réalité de cette noblesse
de campagne ? En partie, sans doute ; mais l'outrance burlesque déforme
souvent le personnage en caricature, et fait de lui un fantasque assez
irréel. En tout état de cause, la naïveté compte au nombre des défauts
du noble de province, le plus généralement présenté comme prétendant
maladroit et évincé.

Mis à part le héros du *Baron de la Crasse* [1], tous les hobereaux de
nos comédies ont quitté leur province pour mener une entreprise matri-
moniale. Transplantés dans des milieux où sont connus et respectés les
usages d'une noblesse policée, les gentilshommes de campagne détonnent par leur conduite et leurs propos, révélant leur inadaptation foncière au monde où ils prétendent s'intégrer.

---

62. III, 2.
63. *Ibid.*

1. R. Poisson saisit en effet le baron dans son château du Languedoc, où le
fat personnage vit content. Il désire d'autant moins le quitter, que sa malheureuse
équipée pour voir le roi à Fontainebleau lui laisse un cuisant souvenir. Les premières scènes de la pièce sont justement consacrées au récit, par le baron de la
Crasse lui-même, des humiliations subies à la cour. Il s'y conduisit en novice !
Notre baron avait fait grosse dépense pour être bien mis, et se croyait, dans la
presse des courtisans, « le plus propre de France ». Entendant des hommes « fort
bien faits » se nommer assez haut, et remarquant qu'ils étaient introduits dans
l'appartement du roi, le provincial les imite, sûr que son nom le fera estimer. Las !
Son titre méprisé et son nom ridicule ne provoquent que l'hilarité et la raillerie.
Le provincial de Pezenas, parvenu à la porte du roi, cherche le marteau, et se
résigne, ne le trouvant point, à donner quelques coups de poing : méconnaissance
de l'étiquette. La suite est encore plus grotesque ; l'huissier lui claque la porte au
nez, non sans emprisonner une partie de la chevelure du baron, qui, copieusement
moqué, doit pour se libérer couper un côté de ses cheveux. Un baron de province
n'est pas fait pour la cour ! Chez lui, il peut trancher du noble, mais avec des
ridicules : à l'arrivée des comédiens, il se montre aussi stupide et inculte que fat.

Prenons l'exemple du hobereau de Gillet de la Tessonerie [2], qui passe à juste titre pour le plus proche de la réalité. Il s'agit d'un « baron de la campagne, peu fait à la cour ». Comment espère-t-il séduire Phénice, puis Philis ? Tout ce qu'il montre de lui fait rire, et témoigne de son mauvais goût. Le fat porte des vêtements trop recherchés, souligne indiscrètement qu'il est servi par une valetaille nombreuse. Quand on lui présente des toiles de maîtres [3], il manifeste une véritable inculture : il se récrie devant un nu qu'il voudrait voir habillé ; dans un tableau qui représente la délivrance d'Andromède, indifférent à l'expression des personnages, il considère seulement la race du cheval et la mauvaise tenue du cavalier. Ses défauts éclatent particulièrement quand il fait sa cour aux dames : balourdises dans la méthode, dans les propos, parfois dans les gestes. « Affectant le proverbe et la pointe », il utilise un galimatias amoureux qui est passé de mode [4], et qui paraît ignorance des bonnes manières. Tandis qu'on le raille, « l'agréable amant » cherche à briller par un long récit de sa dernière campagne [5]. Pour se faire valoir auprès de Philis, le vaniteux procède à l'énumération de tous ses biens [6]. Au fond, le maladroit galant se fait illusion : incapable de rivaliser avec les gens du bel air, il ne peut plaire ; son entreprise est à l'avance vouée à l'échec.

Les provinciaux de Th. Corneille [7], de Scarron [8], ou de Montfleury [9], recherchés comme gendres par des beaux-pères généralement cupides et peu soucieux des sentiments de leur fille, quittent leur retraite [10] pour conclure le mariage. Marqués par « le style et l'air des champs [11] », ils multiplient dès leur arrivée les dissonances de comportement. Les nobliaux fiers, voire arrogants, se rendent coupables de mille et une inconvenances. L'indiscrète vanité des personnages, leur bêtise, leur lâcheté, leur grossière indélicatesse surtout à l'égard du beau-père et de la future, soulignent des façons de rustres peu en accord avec le milieu auquel ils doivent s'allier. Avec une invraisemblance qui s'accompagne de beaucoup de drôlerie, les extravagants choquent la délicatesse des autres personnages. Sans retenue, les burlesques ont poussé à l'excès l'écart entre le grotesque hobereau, ses incongruités, et le bon ton ; le

---

2. *Le Campagnard.*
3. II, 5.
4. Voir I, 2.
5. II, 4.
6. IV, 4.
7. *Don Bertrand de Cigarral* et *La Comtesse d'Orgueil.*
8. *Le Marquis ridicule.*
9. *Le Gentilhomme de Beauce* et *L'Ambigu comique* (second intermède : *Don Pasquin d'Avalos*).
10. Séville ou Tolède s'opposent, dans les pièces d'inspiration espagnole, à Madrid, comme, dans un cadre français, le Languedoc ou la Beauce à Paris.
11. *Le Marquis ridicule,* II, 5.

gentilhomme campagnard devient un bouffon. Don Bertrand, don Blaize, le marquis de Lorgnac, le gentilhomme de Beauce ou don Pasquin passent, auprès de leurs partenaires, pour des fous. Eux-mêmes se préoccupent-ils tellement de s'adapter aux autres, de se faire aimer et de réussir ? On en doute. Ils se lancent dans la comédie avec leur extravagance, sans aucun souci d'autrui : « Je me moque de ceux qui se moquent de moi », proclame don Bertrand [12]. Au reste, quand leurs projets de mariage et d'intégration sont entravés, nos originaux s'empressent de quitter la partie de bon gré, prouvant ainsi que ces projets ne leur tenaient pas trop à cœur.

Cependant, durant quelques actes, les prétendants ridicules vont s'efforcer de se faire admettre dans le milieu qui les rejette, et, parce qu'ils constituent un obstacle, devenir les victimes des tromperies ; indésirables, ils doivent être éliminés. C'est alors que nous voyons en eux des naïfs, objets de mystifications plus ou moins fantaisistes, mais auxquelles ils sont pris. Leur échec est total.

Le premier en date de ces hobereaux bernés, le don Bertrand de Th. Corneille, fort jaloux [13], a d'abord du mal à empêcher son cousin Alvar, qui est son rival auprès d'Isabelle, de communiquer avec celle-ci. Sous la fiction d'un récit réclamé par don Bertrand lui-même, don Alvar peut entamer un dialogue amoureux, à la barbe du jaloux [14]. Plus grave se produit : de nuit, don Alvar se retrouve dans la chambre d'Isabelle. Le valet Guzman cherche à éloigner le barbon alerté. Pour endormir sa méfiance et sa jalousie, il lui demande de lire quelque pièce de sa composition, chatouillant sa vanité d'auteur. Le naïf est comblé, et se prépare à développer son œuvre :

> Ma foi, je suis ravi par ce que tu proposes ;
> De te voir curieux d'ouïr les belles choses,
> Je t'en aime encore plus, et veux te faire part
> D'une pièce admirable où j'ai surpassé l'art [15].

---

12. *Don Bertrand de Cigarral*, IV, 1.
13. Une jalousie tyrannique est également la caractéristique du Beauceron de Montfleury, dans *Le Gentilhomme de Beauce*. Assez lucide, le « bourru » organise, en maître, la surveillance autour de sa future Climène. Erreur de penser pouvoir enfermer et surveiller la jeune fille ! Par deux fois, l'argus est berné, il est vrai par des mystifications parfaites, qui atténuent la responsabilité de la dupe ; mais le trompeur lui a fait perdre toute méfiance en flattant ses désirs. Le Beauceron cherche d'abord un Suisse pour garder le logis ; le valet de l'amoureux de Climène se présente, jargonnant, se vantant d'avoir déjà été employé pour garder une femme, bref, s'efforçant en tout de répondre à l'attente du Beauceron (II, 2 sq.). Le jaloux emboelliné l'engage, ravi de son acquisition. Plus tard (III, 6), le même valet, cette fois déguisé en abbé, joue de l'avarice du provincial, et parvient à l'éloigner du logis.
14. *Don Bertrand de Cigarral*, II, 4.
15. III, 8.

Joué un temps par Guzman, il met finalement la main sur don Alvar, qui tâche de se disculper :

> Le soin de votre honneur, comme parent, me touche,
> Et pour y regarder je me cachais exprès [16].

Don Bertrand semble admettre l'excuse ; ce n'est que beaucoup plus tard qu'il se rendra compte de l'amour de don Alvar pour Isabelle. En second lieu, don Bertrand se montrera assez crédule pour être amené à casser son mariage. Guzman encore lui fait comprendre qu'il est pris pour dupe : Isabelle est folle pour avoir lu des romans, et, même mariée, dans sa recherche d'un chimérique amant, caressera tantôt l'un, tantôt l'autre [17]. C'est plus que n'en peut supporter le jaloux, qui croira le mensonge jusqu'au bout. Il fera tout pour se débarrasser de cette fiancée, et pour la donner à don Alvar — qu'il croit punir ! —, au détriment même de son avarice.

Les avanies et l'échec du Campagnard de Gillet de la Tessonerie sont d'autant plus cruels qu'il tient à sa réussite de galant. Mais il est tellement sot ! Il courtise d'abord Phénice, non sans rivaux : Cliton, l'ami qu'il a introduit lui-même chez les jeunes filles, et le gentilhomme Léandre, qui a déguisé sa qualité. Ce dernier fait fond sur la crédulité du Campagnard pour l'évincer auprès de Phénice, en utilisant les services d'Anselme, faux astrologue. Anselme [18] étale sa science devant le Campagnard ébahi, et très désireux de savoir s'il sera heureux en épousant Phénice. Le badaud s'en remet à son trompeur, qui, en guise d'horoscope, lui annonce évidemment que son mariage sera troublé, et qu'il doit abandonner Phénice. Le naïf s'empresse de suivre cet avis ! Il ne sera pas plus heureux dans sa poursuite de Philis, sœur cadette de Phénice, car Léandre aime à présent Philis et la souffle au rustre. Gros-Jean comme devant, le Campagnard reste doublement dupé par ses rivaux : il perd Philis, mais aussi Phénice, qui s'est enfuie avec Cliton. Encore est-il assez prétentieux pour se persuader que Phénice a fui par dépit d'être abandonnée de lui ; et, au dénouement, le fanfaron se lance sur les traces des fuyards, sûr de sa réussite !

Le marquis de Lorgnac [19] est évincé de manière fort spirituelle. Son grand défaut est la fatuité ; chaque femme, au premier regard, doit mourir d'amour pour lui : « où l'on me voit, tout cède [20] », affirme-t-il. On va se fonder sur cette vanité afin de lui faire prendre le faux pour le

---

16. III, 10.
17. IV, 2.
18. *Le Campagnard*, III, 2.
19. Th. Corneille, *La Comtesse d'Orgueil*. Une vingtaine d'années sépare cette comédie de *Don Bertrand de Cigarral*.
20. II, 2.

vrai. La suivante Virginie joue le personnage de la comtesse d'Orgueil, qu'on dit revenue exprès pour voir le marquis. Rendez-vous est donné ; pour s'y rendre le modeste personnage précise qu'il a quitté trois marquises. Habilement flatté par la fausse comtesse [21], qui minaude, se dit vaincue d'amour, le crédule est circonvenu : il s'éprend d'elle, lui promet le mariage et décide d'abandonner Olimpe — tout justement ce qu'on voulait obtenir de lui. Le naïf est à ce point pris par Virginie que, lorsqu'il la rencontre en suivante, il ne soupçonne rien. Virginie lui explique qu'elle s'est déguisée en soubrette d'Olimpe pour veiller à ses amours, et parer à toute menace de cette rivale ; le fat croit un aussi visible mensonge :

> J'ai de ravissement les sens tous égarés.
> Carlin, ai-je le don de charmer les mieux faites ?
> Des comtesses pour moi se changer en soubrettes,
> Se résoudre à servir plutôt que hasarder
> Qu'une autre seul à seul puisse me regarder ?
> Je vaux trop, Dieu me sauve. [...] [22]

Il ne sera détrompé qu'après la rupture officielle de ses engagements avec Olimpe ; il aura fait montre d'une singulière crédulité.

VI. — Conclusion.

On ne saurait négliger l'apport de cette longue période à l'histoire du naïf. A travers une assez grande diversité de situations, notre personnage assure sa permanence, offrant même de nouveaux visages. Des traditions antérieures sont maintenues, qu'elles soient séculaires ou plus récentes ; plus d'un naïf perpétue des motifs de la farce et de la comédie humaniste. Les valets balourds se multiplient, étalant leurs traits naturels. Les paysans remontent sur nos théâtres, avec leur rusticité et leur bêtise ; les nobles de province ridicules et bernés y font leur apparition. Ici et là, on perçoit même la volonté des dramaturges de peindre des naïfs issus de la réalité sociale, et de donner à la naïveté un contenu plus en rapport avec les mœurs contemporaines. Indéniablement, le naïf comique demeure une source du plaisir théâtral.

Pourtant, des restrictions s'imposent. Parmi l'ensemble des personnages qui peuplent nos comédies, les naïfs tiennent une place assez modeste. Les naïfs traditionnels se maintiennent sans renouvellement ; selon une tendance déjà notée au XVIe siècle, ils se marginalisent souvent dans des intrigues où ils représentent de simples ingrédients comiques.

---

21. IV, 8 sqq.
22. V, 5.

Plus gravement encore, les grandes tendances du théâtre comique de cette époque risquent de détruire les comportements de naïveté. Expliquons-nous un peu.

Une des caractéristiques de l'univers comique est alors de présenter un jeu d'illusions, d'apparences trompeuses. Ce trait ne vaut pas seulement pour les comédies de Corneille et le théâtre de Rotrou ; le même esprit — qu'on a pris l'habitude d'appeler baroque — se retrouve dans les comédies d'inspiration espagnole, riches en quiproquos et en méprises, et persiste au-delà de 1660. Dans de telles pièces, les personnages, pris au piège des apparences, multiplient les erreurs et se trompent sur le réel. Sont-ils pour autant naïfs ? Nullement. Les ressemblances, les déguisements, les mensonges finissent par tisser un réseau assez cohérent d'apparences illusoires, qui trompent sans qu'on puisse tenir les victimes pour responsables. Qui n'y serait pris ? La responsabilité personnelle du naïf doit être engagée dans l'erreur qu'il commet sur la réalité. Ici, l'illusion extérieure, objective reste trop puissante. Au demeurant, l'agencement des mystifications intéresse davantage les dramaturges que la mise en œuvre des processus de la naïveté. En ce sens, le naïf n'est pas un personnage baroque.

Une autre tendance — qu'on pourrait également rapporter à l'esprit baroque — marque ce théâtre. Il s'agit du goût pour les personnages extravagants. Les auteurs burlesques ont particulièrement exploité cette veine fantaisiste. Les caricatures outrées qu'ils nous proposent finissent par échapper à la naïveté. Au moment où l'on croit que certains valets vont dévoiler leur nature en toute transparence, on s'avise qu'ils deviennent des bouffons exagérés, sans rapport avec une quelconque réalité. Les maris jaloux de la comédie burlesque, les vieilles amoureuses, la plupart des hobereaux sont peints comme des fous ou des fantasques, qui basculent dans l'irréel. Sans doute sont-ils bernés : leur crédulité permet les mystifications ; mais leur échec dans le réel revêt-il pour eux quelque importance ? Les naïfs s'ajustent mal au monde, où ils commettent maladresses et erreurs plaisantes ; ils cherchent pourtant à y tenir leur place. Les bouffons et les fantasques n'ont plus ce souci ; ils se coupent du réel.

Si l'on jette un regard en arrière, depuis les débuts du théâtre humaniste, plusieurs constatations s'imposent. Au gré des influences prépondérantes, italiennes puis espagnoles, nos auteurs comiques ont accru le répertoire des situations de naïveté ; on peut regretter qu'elles restent le plus souvent bien conventionnelles. Mais, s'ils ont assuré la pérennité du naïf, ils n'ont cessé de lui mesurer la place dans leurs différentes dramaturgies. Ici la primauté de l'intrigue, là le jeu des apparences trompeuses, ailleurs le goût des personnages extravagants concourent à

faire du naïf un personnage de second plan. En lui redonnant — à l'imitation des farceurs — une place importante, sinon centrale, en l'enrichissant par l'observation sociale et la recherche d'une vérité humaine,
Molière donnera sa plus belle chance au personnage du naïf.

TROISIÈME PARTIE

DE L'APPROFONDISSEMENT AU DÉCLIN DU NAÏF

MOLIÈRE ET LE THÉATRE COMIQUE JUSQU'EN 1720

Chapitre VI

L'œuvre de Molière

Ce n'est rien ôter à l'originalité de Molière, ou à son génie, que de constater que ses comédies n'ont pas surgi dans un désert dramatique. Meilleure, même, en sera la compréhension de son théâtre. Parfait connaisseur des traditions de métier, il puise à toutes mains dans le trésor comique accumulé par ses devanciers. Situations et personnages traditionnels abondent dans son œuvre, jusqu'à ses dernières productions. Mais, à l'intérieur des fonctions et des cadres dramaturgiques connus, très vite aussi, notre auteur va amorcer un important processus de transformation et d'évolution. Les protagonistes de ses comédies, ceux qu'il projette au centre de la machine dramatique et comique, ne ressemblent plus guère à ceux des pièces en vogue dans les années 1660-1670. Les naïfs témoignent de ces emprunts et de ces changements.

Pour rendre sensible l'enracinement, nous examinerons en premier lieu le sort réservé par Molière aux différentes traditions du naïf. Il s'agira ensuite de mettre en valeur les découvertes de notre auteur, qui renouvelle radicalement les sources et les manifestations de la naïveté. C'est un effort d'approfondissement qu'il faut saisir, mené d'emblée par Molière dès ses premières productions parisiennes, et poursuivi sans relâche jusqu'à sa mort.

I. — Molière et les traditions du naïf.

La première enquête, destinée à mettre l'œuvre de Molière en perspective par rapport aux traditions du naïf, doit repérer les motifs et les personnages empruntés, tout en montrant la marque originale du dramaturge ; la reprise des types s'accompagne, en effet, de variations, voire de nouveautés qui portent ceux-ci à l'achèvement.

1. *Utilisation sporadique de motifs anciens.*

Un voisin indiscret, une femme superstitieuse et crédule, le couple ridicule d'un étudiant sot et de son père admiratif : voilà quatre types isolés, auxquels Molière redonne vie.

M. Robert, le voisin de Sganarelle dans *Le Médecin malgré lui,* fait songer à ces personnages de la farce qui interviennent maladroitement dans une dispute, tandis que les adversaires se réconcilient à leurs dépens. L'apparition de M. Robert est brève. Désireux de mettre la paix dans le ménage troublé de Sganarelle et de Martine, il voit son intervention mal prise. Tance-t-il Sganarelle de battre sa femme ? Celle-ci le fait reculer, dit vouloir être battue, et, finalement, soufflette l'indiscret :

Et vous êtes un sot de venir vous fourrer où vous n'avez que faire [1].

Selon un jeu de scène parallèle, Sganarelle bouscule à son tour le voisin, le frappe de son bâton et le met en fuite, lui faisant derechef comprendre son erreur : « Et vous êtes un impertinent, de vous ingérer des affaires d'autrui [2] ».

Depuis le XVIe siècle, nous connaissons les victimes naïves des astrologues et autres devins. *Les Amants magnifiques* permettent à Molière de prendre une position sérieuse sur l'astrologie et ses ravages, mais à travers un personnage ridicule, Aristione, bien crédule en la matière. Hésitant sur l'époux à donner à sa fille Eriphile, cette mère pourtant libérale et sensée se fierait volontiers à l'astrologie, dont elle ne met pas la valeur en doute [3]. Elle est dès lors à la merci des machinations d'Anaxarque, l'astrologue charlatan, qui, agissant pour le compte d'Iphicrate, l'un des deux amants « magnifiques » rebutés par la jeune fille, se fonde sur la naïveté de sa dupe :

[...] comme la princesse Aristione est fort superstitieuse, il ne faut point douter qu'elle ne donne à pleine tête dans cette tromperie [4].

De fait, une prétendue apparition de Vénus, ainsi que l'oracle mis dans la bouche de la fausse déesse, sont d'emblée tenus pour vrais par Aristione et imposent silence à tous ses raisonnements [5]. Contrairement à

---

1. II, 2.
2. *Ibid.*
3. III, 1.
4. IV, 3.
5. IV, 2.

l'attente des trompeurs, l'oracle profite à Sostrate, seul aimé, qui obtient Eriphile après avoir sauvé Aristione d'un sanglier. Le hasard a joué contre Anaxarque : dans son esprit, de faux corsaires devaient attaquer Aristione, afin qu'Iphicrate puisse la sauver et gagner sa fille. Il est remarquable que, jusqu'au bout, Aristione croie à l'oracle feint :

> Vous voyez que les dieux se sont expliqués bien plus tôt que nous n'eussions pensé ; mon péril n'a guère tardé à nous marquer leurs volontés, et l'on connaît assez que ce sont eux qui se sont mêlés de ce choix [6].

Thomas Diafoirus semble tout droit venu de notre farce médiévale, et ce dans la dernière comédie écrite par Molière [7]. Comment ne pas penser, en voyant le bêta sur la scène, à ces écoliers sots, à qui les études ne réussissent guère, et singulièrement au badin Mimin [8] ? Thomas, précise Molière, « est un grand benêt, nouvellement sorti des Ecoles, qui fait toutes choses de mauvaise grâce et à contretemps [9] ». Le jeune imbécile montre d'emblée sa maladresse, son inadaptation à la vie. Prétendant en visite officielle chez sa future, il joue mécaniquement, et sottement, un rôle appris par cœur, où ce pédant en herbe manifeste sa seule compétence : tourner de belles phrases, selon une rhétorique creuse ; il reste parfaitement inattentif aux êtres à qui il s'adresse. Poussée par son père, la marionnette s'avance, débite son texte, soucieuse de la seule leçon apprise, quémandant encouragement ou approbation : « Cela a-t-il bien été, mon père [10] ? » D'où ses réjouissantes maladresses. Les personnages ont le tort de ne pas se présenter dans l'ordre qu'il avait préparé pour ses compliments. Il commence donc par débiter à Angélique le discours prévu pour sa future belle-mère. Devant Béline [11], il est vite désarçonné. Une simple réplique courtoise de celle-ci coupe la leçon qu'il récite ; sans en tenir compte, il reprend le fil de son discours interrompu, et tente de le mener à terme. En vain : cette intrusion du réel a troublé sa mémoire, et la belle période préparée lui échappe !

Mais le sot fait sa cour, et voudrait plaire. Comment pourrait-il y parvenir, enfermé qu'il reste dans son pédantisme ? De sa fiancée, il n'a cure : il commence par prendre Angélique pour sa future belle-mère ; et sa première déclaration, surchargée de laborieuses comparaisons, est aussi brillante que vide de sentiments authentiques. De quels présents songe-t-il à gratifier Angélique ? De quels divertissements pense-t-il la régaler ? Il lui offre l'affiche d'une thèse qu'il a soutenue,

---

6. V, 2.
7. *Le Malade imaginaire.*
8. *Maître Mimin étudiant.*
9. II, 5.
10. *Ibid.*
11. II, 6.

prémices de son esprit. Il l'invite à la dissection d'une femme, sur quoi il doit raisonner quelque jour. L'âne infatué se montre maladroit et indélicat ; ce n'est pas ainsi qu'on prend le chemin de se faire accepter d'une jeune fille ! Quand Angélique exprime nettement ses réticences devant le mariage projeté [12], il les combat avec entêtement, en usant d'une argumentation digne des disputes de la Faculté. Il aura Angélique, de gré ou de force, sans délai ; et il pense la convaincre par raisons. Frais émoulu des écoles, il ignore tout des délicatesses du sentiment, des pudeurs et des refus d'une âme de jeune fille, de l'art de plaire. Hissé à grand peine dans le monde artificiel du savoir médical, où il sera désormais redoutable, Thomas est profondément inapte à la vie amoureuse ; les deux scènes nous ont montré un galant à la fois ridicule par son pédantisme, et odieux par son mépris de la jeune fille. Il sera justement rebuté par Angélique, — qui commence par chanter son amour avec Cléante, au nez même du jeune cuistre inconscient [13]. Toute la naïveté de Thomas Diafoirus tient dans son vœu illusoire d'être agréé comme époux par la future [14].

Comme dans les farces, Molière associe au jeune sot un père entiché de sa progéniture. La fierté de M. Diafoirus paraît bien déplacée, quand on a vu le dadais en action. Le père écoute avec satisfaction les deux premiers compliments ridicules débités par Thomas. « J'ai sujet d'être content de lui [15] », avoue-t-il à Argan, en prélude à un long éloge touchant les succès universitaires de ce fils qui suit si bien son exemple ; il se rengorge :

> Je puis dire sans vanité que depuis deux ans qu'il est sur les bancs, il n'y a point de candidat qui ait fait plus de bruit que lui dans toutes les disputes de notre Ecole [16].

Ainsi assuré du génie de Thomas, M. Diafoirus prétend le proposer comme un parti intéressant. Mais avec quelle maladresse il agit ! Avant de souligner les brillants succès de Thomas à la Faculté — et sans doute pour les mieux mettre en valeur —, il insiste longuement sur l'esprit lent, attardé, en un mot sur la sottise de son fils, qui n'a réussi qu'à force

---

12. II, 6.
13. II, 5.
14. Diafoirus le fils ressemble aux pédants de l'âge précédent, qui, voulant s'insérer dans le monde réel, échouaient lamentablement. Molière n'a pas manqué de tirer tout le parti comique possible de l'inadaptation au réel de ces personnages traditionnels, enfermés dans leur savoir, et incapables de s'ajuster à autrui ; qu'on songe seulement à *La Jalousie du Barbouillé*, au *Dépit amoureux* ou au *Mariage forcé*. Mais aucun des pédants n'est aux prises avec la réalité de l'amour ; dès lors qu'ils ne sont plus victimes de leur sensualité, qu'ils ne cherchent pas à plaire et à être aimés, ces rêveurs ne sont plus des naïfs.
15. II, 5.
16. *Ibid.*

d'assiduité et d'acharnement : louange peu habile ; et il n'en a pas conscience. Comme la science n'est pas tout ce qu'on attend d'un futur époux, il précise devant Angélique, avec une rare indélicatesse, que son fils est aussi parfait sur le chapitre des qualités requises à la propagation, « qu'il possède en un degré louable la vertu prolifique et qu'il est du tempérament qu'il faut pour engendrer et procréer des enfants bien conditionnés [17] ». Voilà les arguments que le père naïf estime propres à mettre son fils en valeur, et à le rendre aimable [18].

2. Traditions tombées en désuétude.

Les personnages suivants marquent un abandon par Molière de certains types de naïfs. Les maris, les jeunes filles et les vieillards amoureux traditionnellement naïfs se font rares, ou perdent leurs traits connus, si le dramaturge choisit d'éclairer d'autres aspects de ses créatures.

Le conflit conjugal, avec l'inévitable soumission du mari, fournit son sujet à la première farce attribuée à Molière, La Jalousie du Barbouillé. La situation conjugale est des plus pénibles : « Mon mari est si mal bâti, si débauché, si ivrogne que ce m'est un supplice d'être avec lui [1] », se plaint Angélique ; de son côté, le Barbouillé s'estime si peu satisfait de la « carogne », si misérable qu'il songe d'abord à la tuer [2]... Pour se divertir de ce mari grossier, qui voudrait la confiner au logis, Angélique trouve un consolateur en Valère. Le Barbouillé n'est pas aveugle : « Voilà le certificat de mon cocuage [3] », affirme-t-il en voyant sa femme et Valère. Mais il est fort maladroit dans la réalisation de sa vengeance ; quand la coureuse, à qui il refuse l'entrée du logis, fait mine de se frapper d'un couteau bien pointu et de trépasser, il est inquiet :

Serait-elle bien assez sotte pour avoir fait ce coup-là ? Il faut que je descende avec la chandelle pour aller voir [4].

---

17. II, 5.
18. Comme médecins, les Diafoirus sont de parfaits représentants de la médecine si souvent critiquée par Molière, une médecine plus respectueuse des formes que de la vie du malade, livresque, rétrograde, enlisée dans le verbalisme. A l'égal de beaucoup de leurs confrères dans le théâtre de Molière, ces imbéciles sont sincèrement convaincus de la validité de leur prétendu savoir. Il reste qu'ils participent à une entreprise que Molière dénonce, par les propos cyniques de Filerin (L'Amour médecin, III, 1), comme une hypocrisie, un art de la tromperie : le charlatanisme lucratif des médecins se fonde sur cette peur de mourir qui taraude les hommes faibles et crédules.

1. Scène 3.
2. Scène 1.
3. Scène 4.
4. Scène 11.

Le niais est berné par le bon tour, empêché de rentrer chez lui, et surpris par son beau-père. Innocent accusé, comme le sera Dandin, il doit reprendre le joug conjugal, avec cette lucide résignation, qui limitait déjà la naïveté des cocus de la farce médiévale.

Peut-on rapprocher de ce couple celui du *Médecin malgré lui* ? Sganarelle et Martine paraissent sur le théâtre en se querellant, et violemment. Insultes et coups de bâton pleuvent, dont on sait que Martine se vengera ; et les dernières scènes de l'acte III montrent quelle tendresse règne dans le ménage ! Mais la dureté des rapports conjugaux ne s'accompagne d'aucune naïveté chez Sganarelle : sans illusion sur sa femme — que quelques coups de bâton apaiseront toujours —, le faiseur de fagots continuera de se divertir, de jouer et de boire, sans se soucier des « quatre pauvres petits enfants » qu'elle a sur les bras.

George Dandin montre une autre évolution du traditionnel mari. Le « riche paysan », dont le nom évoque la sottise, la gaucherie, a commis une erreur, naïve si l'on veut. Lui, simple paysan, a épousé, par vanité, une fille de la noblesse, qui ne l'aime pas et qu'il prétend garder toute à lui. Mais l'objet de la pièce n'est pas de développer les processus de cette naïve ambition. Dès la première scène de l'acte I, George Dandin est conscient de l'erreur que représente son mariage :

> Ah ! qu'une femme demoiselle est une étrange affaire, et que mon mariage est une leçon bien parlante à tous les paysans qui veulent s'élever au-dessus de leur condition, et s'allier, comme j'ai fait, à la maison d'un gentilhomme ! [...] George Dandin, George Dandin, vous avez fait une sottise la plus grande du monde.

Dans son déroulement, la pièce montre les conséquences de la faute initiale de Dandin. Alors, Molière souligne surtout une autre ambition de Dandin, et une défaite bien différente. « O Ciel, seconde mes desseins, et m'accorde la grâce de faire voir aux gens que l'on me déshonore [5] », supplie Dandin ; le personnage va tenter de faire admettre, par les autres, la mauvaise conduite d'Angélique, c'est-à-dire son propre malheur. Chaque acte est construit sur ce désir, sur l'espérance de démasquer Angélique, et aboutit à un échec. Trois fois le mari outragé tente de désabuser les Sotenville, de faire reconnaître la vérité, de convaincre. Trois fois il est humilié, réduit au silence et aux excuses, confondu en un mot. Avec cette victime lucide et résignée, prête à « s'aller jeter dans l'eau la tête la première [6] » quand elle a perdu tout espoir de faire admettre sa disgrâce, nous voilà loin des comportements connus de naïveté conjugale !

---

5. II, 8.
6. III, 8.

Il faut chercher le dernier avatar de cette lignée au sein d'un ménage bourgeois, avec le Chrysale des *Femmes savantes*. Sur un point limité, ce « bon bourgeois » médiocre et rétrograde fait preuve d'une certaine naïveté : il rêve d'imposer son autorité à Philaminte, se trompant sur lui-même et sur sa capacité de résistance à la redoutable épouse. Il a reçu du ciel « certaine bonté d'âme » — explique délicatement Henriette —, « qui le soumet d'abord à ce que veut sa femme [7] ». Poussé par autrui, il s'entraîne sans doute à la virilité :

> C'est souffrir trop longtemps,
> Et je m'en vais être homme à la barbe des gens [8].

Mais, qu'il s'agisse du choix d'un mari pour Henriette, du renvoi de Martine ou de la signature du contrat de mariage, il proclame une décision aussi ferme que seront lamentables ses reculs, lors de l'affrontement [9]. Dans un contexte plus décent, ce velléitaire nous fait retrouver la traditionnelle soumission des maris.

Avouons cependant que Molière, avec Chrysale et les deux ou trois autres époux qui le précèdent, a gardé bien peu du mari naïf que lui léguait le théâtre antérieur.

Si l'on met à part Agnès — dont nous aurons à reparler —, les jeunes premières manquent de relief dans le théâtre de Molière. Notre dramaturge ne se soucie pas non plus d'exploiter différents aspects de la naïveté des jeunes filles amoureuses mis en valeur par les générations précédentes, comme la confiance et la crédulité excessives, l'inexpérience et la maladresse dans la conduite de l'amour.

L'Angélique du *Malade imaginaire*, la dernière amoureuse du théâtre de Molière, demeure un bon exemple de ces jeunes personnes sympathiques, sans doute, mais assez pâles et peu naïves. Elle a une manière charmante de dire son amour pour Cléante à Toinette, regardant la suivante « d'un œil languissant », pour qu'elle lui parle la première de cet amour dont elle est pleine : « Je t'avoue que je ne saurais me lasser de te parler de lui, et que mon cœur profite avec chaleur de tous les moments de s'ouvrir à toi [10] ». De fait, tout au long de cette scène, Angélique va chanter sa neuve passion devant une Toinette amusée, et qui n'a que la possibilité d'approuver sa maîtresse. Dans ces conditions, on comprend que son ardeur à être heureuse avec le jeune homme

---

7. I, 3, v. 207-208.
8. II, 9, v. 709-710.
9. Voir II, 4 à 8, et V, 2 et 3.
10. I, 4.

qu'elle aime l'amène à croire que son père veut la marier à Cléante. Elle se livre vite à Argan [11] :

> Puisque votre consentement m'autorise à vous pouvoir ouvrir mon cœur, je ne feindrai point de vous dire que le hasard nous a fait connaître il y a six jours, et que la demande qu'on vous a faite est un effet de l'inclination que, dès cette première vue, nous avons prise l'un pour l'autre.

Las ! le quiproquo est vite aboli, et le prétendant annoncé par Argan n'est autre que Thomas Diafoirus. Dès lors, sous la direction de Toinette, Angélique va apprendre à lutter contre son père, malgré la sincérité de son affection pour lui, et contre sa belle-mère. La jeune première ne sera plus du tout naïve.

Ce qui est vrai d'Angélique l'est aussi des autres amoureuses. Il ne s'agit ni d'innocentes qui découvent l'amour, ni d'ignorantes. Certes, elles disent spontanément le plaisir qu'elles éprouvent d'aimer et d'être aimées, le vœu d'être heureuses, malgré l'opposition qu'elles rencontrent et qui les affole souvent. Mais la fragilité et la fraîcheur de telles jeunes filles s'accompagnent toujours de lucidité, et de la volonté déterminée de vaincre, avec l'aide d'autrui, les obstacles que la réalité oppose à leur amour. D'autres même savent se montrer assez hardies [12].

Le seul personnage [13] qui fasse véritablement montre de la sensualité des vieillards traditionnels est le Sganarelle du *Mariage forcé*. Pressé de satisfaire sa passion, il se croit encore libre de la décision, et réclame à Géromino un avis sincère sur son projet de mariage ; mais si son ami tente de le dissuader d'épouser, il se rebelle : « Et moi je vous dis que je suis résolu de me marier [14]. » Sganarelle vit dans son rêve de naïf ; à cinquante-deux ou cinquante-trois ans, il se croit fait pour le mariage avec une jeune fille :

> Y a-t-il homme de trente ans qui paraisse plus frais et plus vigoureux que vous me voyez ? N'ai-je pas tous les mouvements de mon corps aussi bons que jamais, et voit-on que j'aie besoin de carrosse ou de chaise pour cheminer ? N'ai-je pas encore toutes mes dents, les meilleures du monde ? Ne fais-je pas vigoureusement mes quatre repas par jour, et peut-on voir un estomac qui ait plus de force que le mien [15] ?

---

11. I, 5.
12. La petite sœur d'Angélique, Louison, dans *Le Malade imaginaire*, n'a pas encore atteint l'âge des amoureuses ; l'actrice chargée du rôle avait huit ans. Cette enfant, odieusement utilisée comme espionne par son père, s'efforce de ne pas trahir Angélique, et sait, pour éviter le fouet, trouver la ruse qui inquiètera Argan — elle fait la morte ; mais elle garde l'innocence d'une fillette.
13. Anselme, dans *L'Etourdi*, n'est qu'esquissé comme vieillard amoureux (voir I, 5).
14. Scène 1.
15. *Ibid.*

Cette apologie ridicule s'achève misérablement par une quinte de toux, qui souligne l'âge de Sganarelle. Une femme le dorlotant, une « demi-douzaine » d'enfants autour de lui : tel est le tableau rêvé du mariage. Mais le naïf n'a pas vu que son choix portait sur une jeune coquette, rendant son rêve de bonheur d'autant plus irréel ; il ne sent pas la raillerie de Géromino : « Bon parti ! Mariez-vous promptement [16] ».

Les « démangeaisons de se marier » taraudent de plus belle le malheureux quand il voit sa future ; la tirade galante que Sganarelle lui adresse mérite d'être méditée. Evoquant leur bonheur prochain, il précise sans délicatesse :

> Vous ne serez plus en droit de me rien refuser ; et je pourrai faire avec vous tout ce qu'il me plaira, sans que personne s'en scandalise. Vous allez être à moi depuis la tête jusqu'aux pieds, et je serai maître de tout [17].

Avec une sensualité gourmande, il détaille alors tous les charmes de la jeune fille, s'arrêtant tout juste au bord de l'indécence ; « toute votre personne sera à ma discrétion », conclut-il. De tels propos ne relèvent pas seulement de la lubricité d'un barbon enflammé ; on sent percer une volonté de possession, un rêve de propriété intégrale. Mais Dorimène, sans répondre directement sur le chapitre de la sensualité, développe immédiatement sa conception, tout opposée, du mariage : elle en attend la liberté, la possibilité de sortir, de se divertir, sans être enfermée ni soupçonnée par un jaloux. On comprend que Sganarelle blêmisse ! Frère du Sganarelle de *L'Ecole des maris*, frère d'Arnolphe, il voudrait imposer sa tyrannie à la jeune femme. Cette ambition des hommes d'âge amoureux d'enfermer une jeune fille, d'exercer sur elle leur volonté de puissance constitue chez Molière une forme nouvelle et beaucoup plus intéressante de la naïveté ; on comprend que le portrait traditionnel du barbon amoureux, rendu naïf par son seul désir hors de saison, disparaisse chez notre auteur.

Au demeurant, l'amoureux de Dorimène revient vite au sentiment du réel, en toute lucidité. Les déclarations de la coquette l'amènent à hésiter, puis à refuser le mariage, car il comprend très bien qu'il ne pourra réaliser ce qu'il a rêvé. S'il se marie finalement, c'est sous la contrainte : le frère de Dorinthe rosse le lâche bourgeois qui a refusé de se battre à l'épée, l'obligeant ainsi à tenir la parole donnée pour le mariage. Mais il n'a plus aucune illusion.

Un exemple parfaitement net de l'effacement du barbon amoureux chez Molière nous est fourni par Harpagon. Dans la structure formelle

---

16. Scène 1.
17. Scène 2.

de la comédie, le héros de *L'Avare* assume la fonction du père opposant et rival de son fils en amour. Molière est donc amené à utiliser certains motifs traditionnellement liés au type de l'amoureux âgé. Gagné par la modestie et la douceur de Mariane, Harpagon l'aime à coup sûr : « J'aime une fille, que je veux épouser [18] ». Prétention naïve chez « le plus malgracieux des hommes », comme le souligne La Flèche :

> Lui se mêler d'aimer ! De quoi diable s'avise-t-il ? Se moque-t-il du monde ? Et l'amour a-t-il été fait pour des gens bâtis comme lui [19] ?

Aux mains de la femme d'intrigue, Harpagon ressemble à tous les barbons amoureux. Il n'est pas insensible aux flatteries de Frosine, qui parvient à le persuader de son charme — malgré ses lunettes, malgré les accès de sa fluxion de poitrine ! « Tu me trouves bien [20] ? » lui demande le naïf, convaincu de pouvoir plaire à Mariane malgré son âge, dont il garde la conscience. Et le vieux galant ridicule de l'acte III ne verra rien, d'abord, au jeu de Mariane et de son fils, tant il est assuré de son fait. Pourtant, à l'acte IV, il revient très vite à la lucidité, devine l'amour de Cléante pour Mariane, sait le faire avouer, — et avec quelle rouerie ! Jamais l'amour n'aveugle vraiment Harpagon.

C'est qu'une autre passion s'est emparée d'Harpagon, contrecarrant et tempérant l'amour : la passion de l'argent. Il est résolu à épouser Mariane, à la condition qu'il y trouve quelque bien [21]. Les flatteries de Frosine, à qui il se garde bien de donner salaire, ne lui font pas oublier la question délicate de la dot. Au dénouement, quand il doit choisir entre Mariane et sa cassette, il renonce aisément à l'amour. Frosine voit juste, s'adressant à Mariane :

> Car enfin il vous aime fort, je le sais ; mais il aime un peu plus l'argent [22].

L'avare, même enflammé, ne peut plus être un naïf.

En réalité, l'axe du personnage n'est nullement constitué par l'amour sénile ; celui-ci enrichit seulement son caractère en opposant plaisamment les nécessités de l'amour au vice central d'Harpagon. Molière a déplacé l'intérêt : il veut montrer comment l'avarice devient une manie envahissante chez Harpagon, et le fait basculer dans la folie. L'essentiel reste la prétention déraisonnable d'Harpagon : reconstruire le monde autour de son or. Cette fantaisie sordide met en péril le foyer, pervertit les relations familiales. Le vol, puis la restitution de la cassette permettent le retour à l'équilibre, au prix de l'isolement définitif du

---

18. IV, 4.
19. II, 1.
20. II, 5.
21. Voir I, 4.
22. IV, 1.

chef de famille autoritaire dans son vice assouvi. En éclairant les ravages de cette maladie de l'avarice, Molière dépassait singulièrement la peinture des comportements naïfs d'un barbon amoureux.

3. Reprises et variations.

D'autres motifs et d'autres personnages de naïfs furent plus franchement utilisés par Molière ; mais ces reprises s'assortirent de modulations propres à varier les traditions, et parfois à les enrichir. Un tuteur jaloux de sa pupille qu'il compte épouser, quelques jeunes gens étourdis, des pères qui font obstacle au bonheur de leurs enfants, les nobles provinciaux entrent dans cette catégorie.

La donnée comique sur laquelle est fondée *L'Ecole des maris* — un naïf devenu, sans qu'il s'en rende compte, messager d'un amour qu'il réprouve — n'est pas nouvelle dans la tradition comique ; Dorimond la met en œuvre dans sa *Femme industrieuse,* un an avant la représentation de la comédie de Molière : on se souvient du docteur de cette pièce, qui devient l'entremetteur involontaire dans un adultère [1]. L'originalité de Molière consiste à confier ce rôle au jaloux même qui monte la garde autour de sa future. A partir de situations traditionnelles qu'il transpose, Molière va donc éclairer la naïveté d'un nouveau personnage, dont les mésaventures préconjugales effarouchent moins la bienséance que les habituels malheurs d'un mari cocu : le tuteur possessif, berné à la veille d'épouser la fille qu'il a élevée pour en faire sa propriété.

Sganarelle, que son habillement, son humeur, ses doctrines retranchent de la société présente, prétend enfermer sa pupille. Obsédé par les contacts pernicieux que pourrait avoir Isabelle avec l'extérieur, il la contraint « à ne point voir le monde », et la relègue dans sa chambre ; sa première parole à l'adresse de la jeune fille est une interdiction d'accompagner Léonor à la promenade : « je vous défends, s'il vous plaît, de sortir [2] ». Il s'explique volontiers sur les raisons de cette attitude tyrannique. « Je ne veux point porter de cornes », affirme-t-il en conclusion d'une tirade où il précise sa doctrine [3] : Isabelle devra vivre à la fantaisie de son époux ; vêtue modestement, enfermée au logis, elle devra se consacrer aux choses du ménage, « en personne bien sage », et non écouter les muguets ; pour éviter les tentations, elle ne sortira qu'accompagnée. Voilà les garanties grâce auxquelles Sganarelle pense conjurer les risques du cocuage. Il lui faut priver la jeune fille de la liberté et de l'être, imposer sa domination absolue sur celle qu'il appelle

---

1. Voir *supra,* n. 72, p. 129.
2. I, 2, v. 89.
3. I, 2, v. 115-128.

déjà sa « petite femme ». Le thème est exposé, qui sera repris, appro-
fondi, et beaucoup plus développé dans *L'Ecole des femmes*. Là gît
une forme de la naïveté : il est absurde et impossible de s'assurer d'une
fille en l'enfermant ; Lisette et Ariste montrent à Sganarelle son illusion,
et l'avertissent de son échec futur.

De fait, l'argus est cruellement berné, puisqu'Isabelle, parvenant à
jouer de la crédulité du tuteur jaloux, le transforme en principal artisan
de son malheur. Au long des trois actes, l'intrigue se contente de mettre
en scène ces réjouissantes tromperies. A partir du moment où Isabelle
se dit offensée des poursuites d'un jeune homme, elle confirme chez
Sganarelle l'image qu'il se fait d'elle ; du coup, le tuteur tombe dans le
panneau, se précipite chez Valère, et, croyant le bien morigéner, se fait
innocemment messager d'amour, à son propre détriment ! Au vrai, il
est assez sot, car il ne comprend pas le double sens évident des propos
qu'Isabelle lui fait transmettre, et interprète de travers les réactions de
Valère, qu'il croit confondre [4]. Il est plein du bonheur de voir Isabelle
telle qu'il l'a voulue :

> [...] Elle montre le fruit
> Que l'éducation dans une âme produit :
> La vertu fait ses soins, et son cœur s'y consomme
> Jusques à s'offenser des seuls regards d'un homme [5].

De telles dispositions permettent tous les stratagèmes qu'Isabelle invente
avec de plus en plus d'assurance. Le benêt continue ses va-et-vient entre
les deux amants, transmettant billet et messages amoureux. Le bonhomme est toujours persuadé que la seule vertu pousse Isabelle à
l'envoyer auprès du muguet, pour éloigner celui-ci, qui fait mine
d'accepter son triste sort ; à chaque fois, il dit son ravissement d'une
fille si sage, vrai trésor d'honneur, d'une femme au gré de son désir [6] !
Il faut reconnaître qu'Isabelle joue admirablement la comédie, sachant
même accentuer son pouvoir sur le naïf, en flattant sa tendresse d'homme
mûr :

> J'attends votre retour avec impatience.
> Hâtez-le, s'il vous plaît, de tout votre pouvoir :
> Je languis quand je suis un moment sans vous voir [7].

Notre stupide et consciencieux messager, dupé par Isabelle, dupé par
Valère, pousse le zèle jusqu'à les mettre en présence l'un de l'autre, leur
donnant la possibilité de s'avouer leur amour, et de décider un enlève-

---

4. II, 2.
5. II, 2, v. 445-448.
6. Voir II, 4 et II, 7.
7. II, 7, v. 672-674.

ment [8] ; une fois encore, l'ambiguïté des propos échangés entre Isabelle et Valère permet deux interprétations : celle des amoureux, et celle du naïf qui se croit aimé. L'aveuglement de Sganarelle sur Isabelle, mais aussi le plaisir qu'il ressent de sa supériorité, quand il croit que son frère, le libéral Ariste, est trahi par Léonor, expliquent assez qu'il donne dans les mensonges qu'Isabelle lui sert au dernier acte, avant de s'échapper chez Valère [9]. On sait comment la dupe, croyant joindre Léonor à Valère, pousse et conclut le mariage de celui-ci avec... Isabelle : trop sûr de son fait, il n'examine pas laquelle des deux sœurs se trouve auprès de Valère. Le naïf Sganarelle, qui se voulait si prudent, n'a cessé de montrer une confiance bien excessive dans ce « sexe trompeur ».

La détermination et la ruse sont l'apanage des jeunes premiers de Molière, plutôt que la maladresse et la naïveté. Pourtant, le thème comique de l'irréflexion et de l'étourderie des jeunes gens paraît à plusieurs reprises, longuement exploité dans L'Etourdi et L'Ecole des femmes, de manière très épisodique dans L'Avare.

Après Quinault — dont il n'a pu connaître L'Amant indiscret —, Molière propose une adaptation de l'Inavvertito de Beltrame ; son Etourdi multiplie, de manière mécanique et un peu monotone, les contretemps créés par l'irréfléchi Lélie, qui s'emploie comme systématiquement à annihiler les efforts déployés par l'astuce de Mascarille pour servir ses amours.

Obligé de lutter contre les volontés d'un père, contre les tentatives d'un rival, Lélie montre dès l'abord son désarroi et son incapacité. Les six premiers vers déclarent bravement les hostilités ouvertes contre Léandre [10] ; mais le septième est déjà tout d'abandon à Mascarille [11]. A court d'inventions, il se décharge des plans de bataille sur son valet, dont il attend tout. Lélie, malgré une très passagère volonté d'autorité [12], montrera une soumission peu honorable à ce valet qui le méprise, ne juge pas nécessaire de l'aviser des stratagèmes qu'il invente, le dirige, le malmène de propos, et même de gestes [13]. Le pauvre jeune homme fait pourtant montre d'une désarmante bonne volonté ! Morigéné pour ses bourdes, il s'excuse, admet loyalement sa faute : « Je pensais faire bien [14] », avoue-t-il après sa première bévue ; « s'il est ainsi, j'ai

---

8. II, 9.
9. III, 2.
10. I, 1.
11. I, 2.
12. V. 50-52.
13. En IV, 6, Mascarille profite de la situation — Lélie déguisé en Arménien a été reconnu comme imposteur par Trufaldin — pour rosser son maître, se vengeant ainsi d'un maladroit qui gâte toutes ses ruses.
14. I, 4, v. 191.

tort [15] », admet-il après la seconde. Et il s'engage avec autant de sincérité que d'outrecuidance pour l'avenir : « Non, je serai prudent, te
dis-je, ne crains rien [16] ». La promesse ne sera pas tenue. Juste avant le
dénouement, conscient qu'il a mis le comble à une maladresse dont il
ne parvient pas à écarter la fatalité, Lélie renonce à l'aide de Mascarille,
et, dans son désespoir, songe au trépas :

> Je suis un chien, un traître, un bourreau détestable,
> Indigne d'aucun soin, de rien faire incapable.
> Va, cesse tes efforts pour un malencontreux
> Qui ne saurait souffrir que l'on le rende heureux [17].

Voilà qui est bien d'un novice !

La cascade de ses étourderies permet de préciser la naïveté du personnage. S'il multiplie les bévues, c'est qu'il est aussi spontanément bon
qu'irréfléchi. Honnête, droit, il suit le premier mouvement de son cœur ;
étant lui-même toute franchise et toute candeur, il n'imagine pas que,
dans son propre intérêt, il lui faille réfléchir, calculer, dissimuler, se
défier, se défendre, voire tromper. Il est peu fait pour les conflits et les
ruses. Mascarille trouve-t-il le moyen d'endormir la méfiance de Trufaldin, en lui mentant, et de s'entretenir avec Célie ? Lélie bout d'impatience et ne peut rester dans son coin ; il se précipite, et s'empresse —
le bon jeune homme ! — de détromper Trufaldin et de lui avouer son
dessein sur Célie : « Cessez, ô Trufaldin, de vous inquiéter [18] ». S'il voit
une bourse à terre, sans soupçonner que, volée par son valet, elle lui
profitera, il s'écrie : « A qui la bourse [19] ? », permet à Anselme de
reprendre son bien, et se glorifie de sa bonne action : « Ma foi, sans
moi, l'argent était perdu pour lui [20] ». Comme il a eu peine à admettre
que, pour réussir, Mascarille fasse courir le bruit que son père était
mort [21], sans voir la raison des calomnies sur Célie que Mascarille a
insinuées à Léandre, il s'emballe, détruit cette ruse de son valet, et
dénonce un autre mensonge utile de Mascarille, en affirmant que le
calomniateur est toujours son valet [22].

D'autres maladresses confirment l'inadaptation de l'étourdi au
monde de la fourberie. Anselme use d'un stratagème tout à fait élémentaire — mais notre naïf ne soupçonne rien — pour reprendre à Lélie

---

15. I, 6, v. 277.
16. II, 1, v. 467.
17. V, 6, v. 1851-1854.
18. I, 4, v. 173.
19. I, 6, v. 259.
20. V. 265.
21. Voir II, 1, v. 489-496.
22. III, 3 et 4.

l'argent qu'il avait finalement lâché[23]. Après avoir été longuement sermonné par un valet derechef bien familier, Lélie joue si mal son rôle dans la mystification de l'acte IV qu'il la fait échouer. Veut-il inventer lui-même, faire preuve d'initiative ? Intervenant en aveugle dans les trames ourdies par Mascarille, il les gâche irrémédiablement[24]. Cependant il croit sincèrement agir dans son intérêt, et se montre très fier de son « imaginative » ! Ainsi, les complications de l'intrigue permettent à Molière d'envisager tous les aspects de l'étourderie invétérée de Lélie, qui garde quelque chose d'ingénu.

La manière dont Horace, dans *L'Ecole des femmes*, persiste dans les imprudentes confidences faites à Arnolphe — car il ignore le double nom du barbon — finit par paraître légèrement invraisemblable, à l'égal de toute l'intrigue de la comédie, qui repose précisément sur la continuelle étourderie du jeune homme. Toutefois, cela montre déjà l'irréflexion du « jeune éventé » : à peine étonné que ses projets successifs aient été découverts et traversés, il garde en Arnolphe une confiance inébranlable, s'empresse de lui confier Agnès qui a fui son tuteur[25], et implore même son appui contre les projets de son père[26] !

Mais les raisons profondes de la naïveté d'Horace sont parfaitement montrées. Qu'on se reporte à la première entrevue entre Horace et Arnolphe[27], et l'on verra que l'essentiel y est posé. Pour chacun des deux hommes, cette rencontre est une surprise joyeuse. Arnolphe retrouve en Horace le fils, devenu jeune homme, d'un ami cher ; rien d'étonnant à ce qu'il lui offre spontanément sa bourse. Quant à Horace, il cherchait en Arnolphe la seule attache connue dans une ville nouvelle pour lui. Très vite donc, s'établit un climat d'amitié, qui entraîne, chez Horace, la confiance et les confidences. Il est remarquable qu'à chaque entrevue avec Arnolphe, Horace invoquera cette amitié pour entretenir le barbon de ses affaires, lui demander conseil ou aide[28]. Car on ne cache rien à un ami. Prêt à l'épanchement, tout à fait franc, un peu vain aussi de sa bonne fortune, l'imprudent Horace livre vite son secret, dès cette première rencontre. Les confidences ultérieures auront le même mobile. Trop plein de lui, de son aventure amoureuse, de ses échecs et de ses bonheurs, l'étourdi veut les faire connaître à Arnolphe ; il parle inconsidérément, sans d'ailleurs assez prendre garde aux réactions d'Arnolphe, dont la fureur mal masquée indique qu'il ne partage guère

---

23. II, 5.
24. Voir I, 9, II, 11 et III, 7 et 8.
25. V, 2.
26. V, 6.
27. I, 4.
28. Voir : I, 4, v. 305 ; III, 4, v. 965 ; IV, 6, v. 1176 ; V, 2, v. 1434 ; V, 6, v. 1647.

le bonheur de son jeune ami ! Modeste variation sur le thème de la naïveté des jeunes gens, sans doute, mais qui ne manque pas de vérité.

L'Avare montre que ce personnage de naïf a été plus tard abandonné par Molière. Cléante n'est pas un étourdi : il lutte habilement contre l'avarice et contre les projets matrimoniaux de son père ; il le dupe même cruellement lors de la venue de Mariane chez Harpagon[29]. Mais le vieillard a soupçonné l'amour de son fils pour Mariane ; pour s'en assurer, il manœuvre très habilement le jeune amoureux, qui se montre trop confiant[30]. Quand Harpagon feint d'être dégoûté de Mariane, Cléante le pense sincère, et s'imagine agir à son profit en renforçant le dégoût paternel. En réalité, Harpagon voit plus loin et lance son « je te l'aurais donnée, sans l'aversion que tu témoignes ». C'est assez pour obliger Cléante à se dévoiler complètement et à renseigner son père sur ses sentiments réels. Pris au piège, Cléante se révolte d'autant plus qu'il a été mieux trompé : il a cru à la sincérité et à la bonté d'Harpagon. Et son désir de Mariane est si grand qu'il admet, contre toute vraisemblance, que maître Jacques a su arranger à son avantage la rivalité entre le père et le fils : il se confond devant son père en excuses et en remerciements fondés sur un quiproquo[31]. Toutefois, Cléante guérit vite de sa maladresse passagère, pour revenir à la résistance et à l'insolence[32].

Molière devait inévitablement rencontrer le personnage du père berné qui remplit, dans l'intrigue de la comédie, la fonction d'obstacle[33]. La tradition avait façonné un type, que Molière ne néglige pas, puisqu'il l'utilise dans cinq de ses pièces : *Le Médecin volant*, *L'Amour médecin*, *Le Médecin malgré lui*, *Monsieur de Pourceaugnac*, *Les Fourberies de Scapin*. Observons aussitôt que la fonction dramaturgique des parents opposants, comme élément formel de la structure de l'action, se retrouve dans d'autres comédies, mais assumée par des personnages qui présentent des traits singulièrement différents des minces caractéristiques

---

29. III, 7 à 9.
30. IV, 3.
31. IV, 5.
32. Le Damis du *Tartuffe* n'est pas un amoureux maladroit, comme Lélie, Horace ou Cléante. D'autre part, sa lucidité reste entière sur les manœuvres du faux dévot et le trouble qu'il introduit dans la famille d'Orgon. Mais, à l'impulsivité héréditaire, il ajoute l'emportement de la jeunesse. A côté d'une Elmire avisée, d'un Cléante pondéré, Damis est bouillant, entier, inexpérimenté, maladroit parce que partisan des solutions extrêmes ; il éclaire un aspect de la naïveté des jeunes gens. Justement révolté, il est porté aux éclats : il refuse tout compromis avec le mal, tout délai dans l'action contre Tartuffe, dans la guérison de son père. On sait ce qu'il adviendra de cette manière brouillonne : en III, 6, loin de détruire l'illusion d'Orgon, il ne réussit qu'à la mieux confirmer ; et le voilà renvoyé, maudit et déshérité !
33. Il paraît dans sa première comédie littéraire, *L'Etourdi* ; mais Pandolphe, joliment berné en I, 7 par Mascarille, ne joue aucun rôle important dans la suite.

conventionnelles. Ce qui est remarquable, c'est que les deux tendances — reprise du type connu et dépassement radical de celui-ci au profit d'un caractère original — coexistent tout au long de la carrière de Molière : après le Gorgibus du *Médecin volant,* le tuteur de *L'Ecole des femmes ;* accompagnant la gestation du *Tartuffe,* dont le héros est un père buté, le Sganarelle de *L'Amour médecin,* le Géronte du *Médecin malgré lui,* l'Oronte de *Monsieur de Pourceaugnac ;* avant Philaminte et Argan, les deux vieillards des *Fourberies.* Ces exemples montrent que, pour Molière, l'utilisation des traditions ne se limite pas à une période chronologique de son théâtre, qu'il aurait ensuite quittée pour se consacrer à de nouvelles et géniales créations. De plus, chez lui, la tradition n'est pas reprise sans nuances.

La communauté du thème rapproche *Le Médecin volant, L'Amour médecin* et *Le Médecin malgré lui :* l'obstacle paternel y est levé par des mystifications qui se fondent sur la crédulité des pères concernant la médecine, appelée en renfort pour guérir de fausses malades.

Gorgibus, Sganarelle et Géronte, pères opposants, sont d'abord joués par leur fille. Lucile « contrefait la malade [34] » afin de différer le mariage honni que son père avare a décidé pour elle. Sganarelle, ce veuf assez sot, a reporté toute son affection sur sa fille Lucinde, seule survivante parmi ses enfants [35] ; la grande langueur dont Lucinde fait montre n'a qu'une raison : son père refuse de la marier. Pour expliquer cette obstination, quel singulier coup de sonde lance Molière dans les abîmes de l'égoïsme paternel ! Sganarelle ne contentera pas le désir de sa fille : « je veux garder mon bien et ma fille pour moi [36] ». Géronte est plus traditionnel : à Léandre, qui aime Lucinde, il préfère un gendre plus riche [37] ; pour éviter celui-ci, la jeune fille feint d'être muette. Mais tous ces pères gardent assez d'affection pour s'inquiéter de la maladie supposée des filles et pour vouloir y porter remède. « Monsieur, j'ai grand peur qu'elle ne meure [38] », déclare Gorgibus au médecin mandé. Devant la mélancolie de Lucinde, la tendresse bêtifiante de Sganarelle se désole de son impuissance [39] ; la trompeuse Lisette n'aura pas de mal à inquiéter le bonhomme, qui pleure déjà en croyant sa fille morte, alors que la suivante se contente finalement de lui annoncer un évanouissement de Lucinde [40]. « Ah ! ma fille ! ma pauvre

---

34. *Le Médecin volant,* scène 1.
35. *L'Amour médecin,* I, 1.
36. I, 5.
37. *Le Médecin malgré lui,* II, 1.
38. *Le Médecin volant,* scène 4.
39. *L'Amour médecin,* I, 2.
40. I, 6.

fille », clame-t-il. Géronte ne met pas davantage en doute l'infirmité de sa fille, et fait quérir un médecin.

Crédules par affection paternelle, nos personnages le sont davantage encore devant les médecins, ou plutôt devant ceux qui se prétendent tels. Les boniments burlesques du valet Sganarelle déguisé n'inquiètent pas Gorgibus, qui, au départ, avait mis toute son espérance dans le fameux médecin annoncé ; « j'étais là dedans avec le plus savant homme [41] », explique-t-il à l'avocat. Sganarelle fait chercher en hâte, et en nombre, les médecins, car il a grand respect pour « ces messieurs-là [42] ». Et il est d'autant plus préparé à être mystifié par le faux médecin Clitandre que les vrais membres de la Faculté l'ont laissé dans la plus grande incertitude, le réduisant à acheter de l'orviétan auprès d'un opérateur ! Certes, il trouve d'abord ce nouveau médecin bien jeune, mais il a tôt fait de croire à ses remèdes astrologiques : « Voilà un grand homme [43] ». Les bouffonneries du médecin malgré lui ne détruisent en rien la révérence de Géronte pour la science médicale du fagotier déguisé en robe et en chapeau pointu ; lors de la consultation [44], les apparences les plus ridicules du savoir médical plongent Géronte dans l'humilité et dans l'admiration pour ce pitre de Sganarelle : « Ah ! le grand homme ! » Le faux médecin n'aura donc aucun mal à introduire le galant Léandre, sous les apparences d'un apothicaire nécessaire à la guérison de Lucinde.

Les trompeurs exploitent complètement cette confiance aveugle des pères dans la médecine, même si celle-ci relève de la plus visible imposture. Dans *Le Médecin volant*, persuadé que Sganarelle est un médecin, Gorgibus, quand il le rencontre dans son habit de valet, croit sans mal qu'il a affaire à un jumeau, et, pris aux mensonges du médecin volant, s'emploie activement et candidement à la réconciliation des deux frères supposés. Excessive naïveté, qui permet aux jeunes amoureux de se rejoindre. Dans *Le Médecin malgré lui*, mise en présence de son amant — tandis que Sganarelle entraîne Géronte à l'autre bout du théâtre —, Lucinde retrouve la parole, mais pour mieux s'opposer à son père ; Sganarelle va encore « médicamenter cette affaire : il ordonne à l'apothicaire Léandre d'administrer à la patiente

[...] une prise de fuite purgative, que vous mêlerez comme il faut avec deux drachmes de matrimonium en pilules [45].

---

41. *Le Médecin volant*, scène 7.
42. *L'Amour médecin*, II, 1.
43. III, 5.
44. *Le Médecin malgré lui*, II, 4.
45. *Ibid.*, III, 6.

Ravi de voir le médecin capable de guérir l'obstination de sa fille, à qui il se glorifie de tenir tête, à peine surpris de la nouveauté des drogues prescrites, Géronte s'aperçoit un peu tard que les amants, en exécution de l'ordonnance, ont pris la fuite.

Le Sganarelle de *L'Amour médecin* est mystifié d'une manière plus fine [46]. En habit de médecin, l'amoureux Léandre n'est pas un bouffon. Il mène sa consultation le plus sérieusement du monde. Et il sait capter la complète confiance du père : il affirme avoir deviné la maladie de Lucinde — pour cause ! —, mais s'empresse d'entrer dans les vues de Sganarelle en jugeant extravagante et ridicule l'envie du mariage ; il mentionne même son aversion personnelle pour le mariage. Flatté dans ses idées, dans son autoritarisme, derechef persuadé qu'il a affaire à un « habile homme » et à un « grand médecin », notre naïf admet pleinement la comédie que le faux médecin propose comme remède : faire croire à Lucinde que le médecin est venu lui demander sa main. Sganarelle, amusé de cette mystification thérapeutique par laquelle sa fille semble si bien dupée, pousse lui-même le jeu : s'étouffant de rire, il unit les jeunes gens et fait établir un bon contrat de mariage par devant notaire. Mais il n'avait pas prévu que le jeu demeurerait vérité ; la mascarade lui retombe sur le nez !

Dans un contexte fort différent, l'Oronte de *Monsieur de Pourceaugnac* reste d'une extraordinaire crédulité. Il paraît dans huit scènes, mais six fois pour être victime d'un mensonge ou d'une plus grave imposture. Sbrigani lui-même, ou des acteurs par lui manipulés viennent successivement le mystifier : un médecin l'informe d'une maladie supposée qui empêcherait M. de Pourceaugnac de se marier [47] ; déguisé en marchand flamand, Sbrigani lui signale les dettes considérables qu'aurait contractées le futur gendre [48] ; alors que notre beau-père prévenu reçoit fraîchement M. de Pourceaugnac, Lucette en Languedocienne de Pézenas [49], puis Nérine en Picarde de Saint-Quentin [50], se prétendent anciennes épouses du malheureux provincial, et viennent réclamer contre lui devant Oronte. Enfin, Sbrigani annonce l'enlèvement, par M. de Pourceaugnac, de Julie [51], qu'Eraste, le prétendant maintenant refusé au profit de M. de Pourceaugnac, affirme reconduire au foyer paternel, contre le gré de celle-ci [52] — prélude à une mystification beaucoup plus subtile sur le plan psychologique, qui couronnera les

46. III, 6 et 7.
47. II, 2.
48. II, 3.
49. II, 7.
50. II, 8.
51. III, 6.
52. III, 7.

tromperies. Devant ces mensonges, ces déguisements, ces mystifications remarquablement agencés, le naïf ne réfléchit pas, ne critique pas ; les apparences lui suffisent, entraînant sa conviction, et le font réagir dans le sens voulu par les trompeurs. Il reproche à son futur gendre ce que les premiers calomniateurs lui ont appris, sans prendre en considération les dénégations du provincial abasourdi [53]. La comédie de Lucette le fait pleurer ; et il en déduit aussitôt, sans contrôle, que M. de Pourceaugnac est un « méchant homme [54] ». Il est pareillement pris à celle de Nérine, qu'il conclut avec une indignation aussi rapide qu'entière pour celui qui devait devenir son gendre : « Allez, vous ferez bien de le faire punir, et il mérite d'être pendu [55] ».

Malgré l'accumulation fantaisiste des mystifications, on aurait tort de tenir la naïveté d'Oronte pour totalement invraisemblable ; le naïf ne manque pas de vérité. Alors qu'Oronte désire et croit avoir trouvé pour gendre un homme riche et honorable, les témoignages s'accumulent, qui semblent prouver le contraire. Les calomnies choisies sont les plus aptes à inquiéter l'honnête bourgeois — donc les plus crédibles —, et à le dégoûter de M. de Pourceaugnac ; la peur d'être pris pour dupe dans cette affaire par l'avocat de Limoges, qu'il ne connaît pas directement, renforce sa crédulité.

Quant à la dernière mystification, elle est rendue possible par le caractère de la dupe, dont les trompeurs Eraste et Julie ont une parfaite connaissance. Désormais certains que le naïf ne voudra plus de M. de Pourceaugnac comme gendre, les jeunes gens jouent chacun un rôle bien approprié dans cette comédie. Eraste, en ramenant à Oronte sa fille qui aurait voulu suivre un Pourceaugnac chargé de tant de crimes, se présente comme un défenseur désintéressé de l'honorabilité du père, à l'égard duquel il multiplie les témoignages de soumission résignée et de respect ; « et si je n'ai pu être votre gendre, au moins serai-je éternellement votre serviteur [56] », lance-t-il en faisant mine de se retirer. Quant à Julie, elle feint au contraire baucoup d'amour et d'estime pour M. de Pourceaugnac, heurtant de front son père. Tout naturellement, Oronte, touché de la prétendue bonne action d'Eraste et flatté par le jeune homme, l'arrête et lui donne sa fille, avec d'autant plus de détermination que Julie fait mine de refuser ce mariage. L'habile tactique consistait à ménager l'autoritarisme d'Oronte, autant par la soumission jouée d'Eraste — qui comble cet autoritarisme —, que par la rebellion feinte de Julie — qui lui permet de s'exercer. Le père naïf ne se rend pas

53. II, 6.
54. II, 7.
55. II, 8.
56. III, 7.

compte qu'on l'a manœuvré depuis le départ : on lui a fait prendre le faux pour le vrai au sujet du gendre qu'il voulait, et on l'en a dégoûté ; on lui laisse croire qu'il décide lui-même ce mariage à quoi il est en réalité acculé. En somme, totalement retourné entre le début et la fin de la pièce, Oronte mystifié a l'impression d'imposer le mariage auquel il s'opposait !

La gaieté des *Fourberies de Scapin* doit beaucoup aux mauvais tours dont sont victimes les deux pères Argante et Géronte, dernières apparitions de notre type traditionnel. Les barbons opposants restent sèchement dessinés, à traits sommaires : l'entêtement dans les préjugés sociaux, l'avarice, la peur, la crédulité. Les réussites du grand art de Scapin se fondent sur la naïveté des vieillards.

La première tentative de Scapin auprès d'Argante [57] paraît sans résultat : furieux que son fils ait osé se marier sans son consentement, Argante reste fermement décidé à casser ce mariage ; attaqué de tous côtés par le fourbe, il ne démord pas de sa résolution et rompt tout net l'entretien : « Finissons ce discours qui m'échauffe la bile ». Toutefois, Scapin a déjà commencé de circonvenir le barbon, sachant se poser en conseiller dévoué, cherchant à excuser Octave tout en flattant Argante ; il tirera plus tard les fruits de cette manœuvre d'enveloppement. En effet, dès le début de la deuxième rencontre, le ton d'Argante a changé ; mis en confiance, le vieillard préoccupé s'épanche dans le giron d'un Scapin compatissant et compréhensif. Celui-ci s'est déjà entremis pour servir Argante :

> [...] car je ne saurais voir d'honnêtes pères chagrinés par leurs enfants que cela ne m'émeuve ; et, de tout temps, je me suis senti pour votre personne une inclination particulière [58].

Désormais, le bonhomme sans défiance n'est plus qu'un jouet entre les mains du fourbe : « Je te suis obligé », répond-il au valet. On sait le mal qu'aura Scapin à lui extorquer les deux cents pistoles. S'il y parvient finalement, c'est grâce à l'intervention du faux spadassin [59] : le crédule mystifié est trop peureux pour suivre plus longtemps son avarice ; après une ultime réticence, que Scapin lève en faisant l'outragé, la dupe laisse l'argent à celui qu'il croit le défenseur de son intérêt.

Scapin a moins de mal à attraper Géronte dans ses filets — il est vrai qu'il est le valet de son fils. Parfaitement amenée par le jeu de Scapin, la fausse nouvelle de la détention de Léandre chez les Turcs est crue

57. I, 4.
58. II, 5.
59. II, 6.

d'emblée par le crédule [60]. Ici, un reste d'affection paternelle va venir à la rescousse pour vaincre l'avarice et arracher cinq cents écus au père. Celui-ci sera plus méchamment berné par Scapin, dans la fameuse scène du sac [61]. On y retrouve la crédulité de Géronte, qui donne dans le mensonge de Scapin ; il se pense réellement menacé et poursuivi. La peur le fait se réfugier auprès de Scapin : « Que ferai-je, mon pauvre Scapin ? » Le valet tient la bête au piège : Géronte tremble si fort qu'il trouve bonne l'invention du sac, croyant ainsi échapper aux coups, dont il sera au contraire copieusement gratifié. Comment soupçonner un valet qui vient de lui affirmer qu'il a trop de tendresse pour laisser son maître sans secours ? Ajoutons que Géronte, comme Argante, sera victime de la dernière fourberie de Scapin ; les vieillards le croient si bien à l'agonie qu'ils lui pardonnent, juste avant que le roi des fourbes ne ressuscite [62] !

Quand il fait rire du noble de province, Molière exploite une veine burlesque ; de 1668 à 1671, trois de ses comédies mettent en scène de ridicules provinciaux. Comme les autres dramaturges, il sait flatter ses publics. *George Dandin, Monsieur de Pourceaugnac* et *La Comtesse d'Escarbagnas,* comédies composées pour des divertissements royaux, furent d'abord proposées à la noblesse de cour, ravie de se moquer des hobereaux ; reprises devant le public de la capitale, elles comblaient le particularisme parisien. Mais Molière évite l'outrance des burlesques ; fondés sur l'observation, ses portraits montrent à la fois plus de vérité et plus de variété.

La satire du couple des Sotenville, dans *George Dandin,* est féroce. Plus d'un trait souligne leurs ridicules : leur nom, les « mamours » qui émaillent leurs dialogues, la paraphrase mécanique des propos de l'un par ceux de l'autre, qui lui fait écho, l'apparition finale du couple réveillé qui arrive sur la scène en habits de nuit [63]. L'essentiel reste toutefois leur vanité nobiliaire ; fiers d'une noblesse de campagne assez dérisoire, ils se pensent autorisés à écraser d'un mépris odieux leur gendre Dandin, simple paysan enrichi, dont l'argent a pourtant permis de « reboucher d'assez bons trous » dans leurs affaires « fort délabrées [64] ». Il faut les entendre louer la vertu des filles de leur race [65]. Il faut surtout suivre M. de Sotenville dans sa première démarche auprès de Clitandre [66] ; partageant d'abord les doléances de son gendre, le

60. II, 7.
61. III, 2.
62. III, 13.
63. III, 7.
64. I, 4.
65. *Ibid.*
66. I, 5 et 6.

nobliau infatué exigera ensuite que Dandin fasse d'humiliantes excuses à Clitandre, après les dénégations vite crues de ce dernier. Voilà comment il défend celui qui a l'honneur d'être son gendre ! « Tout notre gendre que vous soyez, il y a grande différence de vous à nous [67] », lançait déjà Mme de Sotenville ; la morgue insultante du propos révèle les sentiments profonds des époux à l'égard d'un Dandin qui ne fait pas partie des personnes de qualité.

Dans ces conditions, on conçoit que les Sotenville soient prévenus en faveur de leur fille. Comment ces nobles vaniteux pourraient-ils admettre qu'Angélique, « jeune fille élevée à la vertu [68] », puisse forfaire ? Comment pourraient-ils vraiment ajouter foi aux accusations d'un Dandin, gendre qu'ils méprisent ? Dès lors, ils se montrent fort crédules vis-à-vis des mensonges d'Angélique et de Clitandre. Par trois fois, Dandin tente de leur dire, de leur montrer la vérité ; par trois fois, ils croient les apparences trompeuses plutôt que leur gendre. Au premier acte, l'aplomb des menteurs suffit à convaincre les parents de l'innocence de leur fille ; « Hé bien ! vous le voyez [69] », dit-on à Dandin, sans autre examen. A l'acte suivant, Angélique, sur le point d'être surprise avec son galant, fait mine de le renvoyer, en le battant : autre comédie jouée à l'intention des parents, qu'elle feint de ne remarquer qu'assez tard. L'imposture emporte l'adhésion des Sotenville, ravis de voir une fille si digne de sa race ; écoutons Mme de Sotenville qui, une fois encore, fait écho à son époux :

> Embrasse-moi aussi, ma fille. Las ! je pleure de joie, et reconnais mon sang aux choses que tu viens de faire [70].

Au dernier acte, victime de la même mésaventure que le mari de *La Jalousie du Barbouillé*, George Dandin est déjà en position d'infériorité quand les Sotenville arrivent : mis à la porte de chez lui, il est tancé par Angélique, qui le fait passer pour un ivrogne et un époux indigne. C'est lui l'accusé qu'on ne croira pas, qu'on ne veut même pas entendre. Pris aux mensonges d'Angélique, les Sotenville accablent Dandin et l'obligent à s'agenouiller devant Angélique pour lui demander pardon [71]. L'aveuglement des naïfs devant cette ultime mystification est d'autant plus complet que, par deux fois, Angélique s'était lavée à leurs yeux des accusations portées par Dandin.

Avec le héros comique de *Monsieur de Pourceaugnac,* nous retrouvons un prétendant évincé. Venu de Limoges, le provincial affiche plus

---

67. I, 4.
68. II, 8.
69. I, 6.
70. II, 8.
71. III, 7.

d'un ridicule incompatible avec sa vanité de gentilhomme, — au demeurant mal fondée : ce gentilhomme limousin « a étudié le droit » et sent bien sa pratique, quoiqu'il s'en défende [72] ; la noblesse de l'avocat n'est pas de race. Son nom, sa mine, son accoutrement, ses manières, sa lâcheté dégradent le prétentieux, qui arrive persuadé que le roi sera ravi de le voir faire sa cour au Louvre. Mais l'objet de son équipée à Paris est autre : choisi par Oronte comme gendre, M. de Pourceaugnac voudrait prendre place dans la famille bourgeoise. Entreprise vouée à l'échec, puisqu'elle trouble les projets amoureux des jeunes gens. D'emblée, le gendre imposé est considéré par eux et par leurs auxiliaires comme un étranger à exclure : « [...] nous lui jouerons tant de pièces, nous lui ferons tant de niches sur niches, que nous renverrons à Limoges Monsieur de Pourceaugnac [73] », proclame Nérine, à la première scène. La comédie va donc accumuler les mauvais tours et les mystifications destinées à fatiguer le provincial et à le faire déguerpir. Happée par le rythme étourdissant des machinations, médusée, accablée [74], la victime comprendra l'erreur de son incursion parisienne.

Si certaines punitions [75] infligées à M. de Pourceaugnac ne mettent nullement en cause sa naïveté et le montrent lucide, le provincial reste homme, comme le dit Sbrigani, « à donner dans tous les panneaux qu'on lui présentera [76] », tant est grande sa sottise crédule. Elle éclate dès sa pittoresque arrivée à Paris ; « tout neuf » dans cette ville, le provincial est pris en charge par Sbrigani, puis par Eraste. Furieux d'être raillé par les badauds, M. de Pourceaugnac trouve en Sbrigani un défenseur qui le flatte et se met à son service. « Je vous assure que je suis tout à vous », « c'est du fond du cœur que je parle [77] », affirme l'homme d'intrigue napolitain ; vite conquis, sans soupçon, le crédule n'en doute point. Cet accueil a suffi pour instaurer la confiance. A la scène suivante [78], Eraste joue un jeu semblable. Il feint d'être « le meilleur ami de toute la famille des Pourceaugnac », ravi de rencontrer le provincial et empressé de lui offrir l'hospitalité. Sans doute, M. de Pourceaugnac reste-t-il d'abord surpris et incrédule. Mais il est assez sot pour donner lui-même à l'imposteur tous les renseignements dont celui-ci a besoin pour prouver le prétendu lien d'amitié ; et il admire qu'Eraste connaisse

---

72. Voir II, 10.
73. I, 1.
74. Voir les plaintes du provincial, en II, 10 : « Ah ! je suis assommé. Quelle peine ! Quelle maudite ville ! Assassiné de tous côtés ! »
75. Il n'est pas responsable du fait que médecins et apothicaires le malmènent (I, 8) ; il est réduit à clamer vainement son indignation devant Nérine et Lucette déguisées, qui se prétendent ses épouses (II, 7 et 8).
76. I, 2.
77. I, 3.
78. I, 4.

toute sa parenté ! « Voilà une connaissance où je ne m'attendais point »,
avoue la dupe, finalement convaincue. Sbrigani et Eraste ont pris le sot
personnage au piège d'une cordialité dont il se défie d'autant moins
qu'elle succède à l'humiliation rencontrée pour ses premiers pas à
Paris. Il accepte donc — lui qui prétend se méfier des fourberies ! —
de descendre au logis d'Eraste, qui lui ménagera une cruelle réception
par le corps médical.

A peine remis de son cauchemar médical, et ayant trop tard compris
que le prétendu ami, « avec ses grandes embrassades », n'était qu'un
fourbe, M. de Pourceaugnac confie à Sbrigani son projet de mariage
avec la fille d'Oronte [79]. Le valet fait alors le réservé, le mystérieux,
inquiète notre naïf, qui lui donne une bague et le presse de parler :
« Est-ce que vous n'êtes pas de mes amis ? » affirme la bonne dupe.
Pour défendre un « étranger qu'on veut surprendre », « un gentilhomme
plein de franchise » pour qui il se sent de l'inclination, Sbrigani, ayant
pleinement assuré son pouvoir sur le provincial, accepte de parler. Il
fait des révélations telles sur la future, présentée comme une « galante »,
une « coquette achevée », que M. de Pourceaugnac, tremblant déjà pour
son honneur de mari, arrive à la décision qu'on voulait de lui : il rompra
le mariage projeté ; il faut ajouter que Julie confirmera l'illusion du
provincial par ses caresses excessives [80], dont le vaniteux se rengorge —
« Comme nous lui plaisons ! » —, mais qui le renforcent dans son
intention d'abandonner une telle « égrillarde » ; M. de Pourceaugnac ne
veut pas être pris pour dupe !

Accusé de polygamie, le provincial s'en remet encore à Sbrigani,
qui n'a aucun mal à le convaincre que la justice le recherche pour le
pendre. Effrayé, le naïf se déguise en fille et s'apprête à fuir la « maudite
ville », — non sans être victime d'autres comédies, toutes montées par
Sbrigani : deux Suisses le lutinent [81], un exempt feint de le reconnaître
et de l'arrêter [82] ; Sbrigani lui-même fait mine de le tirer des griffes de
l'exempt, en soutirant encore de l'argent au provincial [83]. M. de Pourceaugnac ne met évidemment en doute aucun de ces mensonges, aucune
de ces mystifications. Depuis qu'il a mis sa confiance en Sbrigani, il a
cru tout ce que celui-ci a voulu lui faire croire ; il le prend finalement
pour son sauveur, et quitte Paris sur cette réflexion d'une belle naïveté :

Voilà le seul honnête homme que j'ai trouvé en cette ville [84].

---

79. II, 4.
80. II, 6.
81. III, 3.
82. III, 4.
83. III, 5.
84. *Ibid.*

Dans *La Comtesse d'Escarbagnas*, Molière propose une dernière caricature de la noblesse provinciale, et de ses prétentions au bel air [85]. La comtesse marque sa naïveté dans le désir de paraître noble, dans un « perpétuel entêtement de qualité », renforcé par un séjour à Paris, où elle a pu approcher l'air de la cour. Revenue à Angoulême, elle cherche encore plus obstinément à se construire un personnage de grande dame, afin de conforter son rêve ; mais, quoi qu'elle veuille, elle ne peut échapper à ses ridicules provinciaux, et à une réalité peu brillante. De ce décalage entre le rêve entretenu et la réalité persistante naît tout le comique du rôle.

Désespérée du peu de respect que la société d'Angoulême rend à sa qualité, elle veut qu'on la distingue dans sa supériorité ; fière de sa noblesse de campagne, croyant avoir acquis en deux mois le ton du beau monde parisien, elle redoute par-dessus tout d'être assimilée aux gens de province, ses semblables. « Me prenez-vous pour une provinciale, Madame [86] ? » lance-t-elle à l'adresse de Julie ; ce mot la peint. Nous la voyons donc reconstruire le monde autour d'elle, afin qu'il coïncide avec son rêve ; mais elle ne cesse de buter contre le réel, qui résiste. Son hobereau de mari devient « feu Monsieur mon mari [87] » ; parlant du jeune benêt qui viendra débiter deux vers de la grammaire de Despautère sur la scène, elle annonce « mon fils le Comte », qui « est arrivé ce matin de mon château avec son précepteur [88] » ; de ces deux autres fils, elle parle comme du marquis et du commandeur [89] — titres fort douteux. Il faut la voir avec ses serviteurs ! « Cela est étrange, qu'on ne puisse avoir en province un laquais qui sache son monde [90] » ; de fait, Andrée et Criquet savent mal servir la prétentieuse comtesse. Mais comment leur parle-t-elle ? Comment les traite-t-elle ? En termes triviaux. Elle reproche à Andrée de lui avoir *saboulé* et *déboîté* la tête ; la pauvre fille est traitée de « grosse bête », de « butorde », voire de « bouvière » ou de « tête de bœuf ». La comtesse voudrait faire croire à une valetaille nombreuse : elle appelle Andrée en criant « filles » ; réclamant des sièges, elle convoque tous ses gens, qui se réduisent à deux ou trois serviteurs : « Filles, laquais, laquais, filles, quelqu'un. » On s'aperçoit surtout, grâce à la simplicité des valets, que la comtesse veut faire et se faire illusion en maquillant le réel ; comme les précieuses, elle croit changer le réel

85. « Il expose les ridicules d'une provinciale entestée de sa noblesse et voulant sortir de sa sphoere, prétendant aux grands airs de la cour et les contrefaisant plus qu'elle ne les imite, sans bon sens, sans sagesse », dit très justement d'Argenson, dans la notice qu'il a consacrée à notre pièce (éd. H. Lagrave, t. I, p. 240).
86. Scène 2.
87. *Ibid.*
88. Scène 5.
89. Scène 6.
90. Scène 2.

en changeant les noms. Une armoire devient « garde-robe », un grenier « garde-meuble », Criquet « ce petit fripon de laquais », maître Charles son « écuyer » ; qu'elle parle de l'antichambre, de son Suisse, qu'elle évoque le service de sa chambre, et la voilà assurée d'être une personne de qualité. Elle voudrait épater avec des flambeaux d'argent et leurs bougies de cire ; mais Andrée, qui fait ressurgir impitoyablement le réel, n'a jamais vu céans que du suif. Se fait-elle apporter une soucoupe pour boire son verre d'eau comme les gens de qualité ? Andrée casse le verre, et s'attire cette réplique peu digne de la noblesse : « En vérité vous me paierez mon verre. » Bref, toutes sortes de dissonances révèlent la vanité des prétentions de notre comtesse.

Le chapitre important de ses amours s'avère aussi révélateur. La provinciale ne manque pas d'insister sur ses succès à Paris : « [...] tout ce qui s'appelle les galants de la cour n'a pas manqué de venir à ma porte, et de m'en conter [91] », assure-t-elle ; on en doute. A Angoulême, l'éva-porée se croit véritablement aimée du Vicomte ; quelques apparences ont dû suffire à la vaniteuse, qui affirme avoir suffisamment « de beauté, de jeunesse [92] et de qualité » pour « faire naître une passion assez forte [93] ». Il est vrai que le Vicomte représente une conquête plus brillante que le conseiller Tibaudier ou le receveur des tailles Harpin, ses autres amants, — « amants un peu bien minces, pour une grande comtesse comme vous », souligne la railleuse Julie [94]. Néanmoins, elle accepte les hommages de Messieurs Harpin et Tibaudier :

> Ce sont gens qu'on ménage dans les provinces pour le besoin qu'on en peut avoir ; ils servent au moins à remplir les vuides de la galanterie, à faire nombre de soupirants [...] [95].

La réponse révèle bien les prétentions de la comtesse : une femme de qualité s'entoure de soupirants, et exige dans les affaires de la galanterie l'application d'un code précis, plus respecté par la soumission de Tibaudier, qui gît aux pieds de la comtesse, que par la franchise du receveur Harpin, qui lui dit droitement son fait. Sans doute traite-t-elle le provincial Tibaudier de haut ; mais, flattée que Tibaudier lui témoigne tout le respect qu'on doit aux personnes de sa qualité, elle apprécie le don campagnard qu'il lui fait des poires de son jardin [96], à l'égal du billet doux burlesque qui les accompagne [97], et elle trouve « fort beaux »

91. Scène 2.
92. Sur sa jeunesse, elle reviendra avec beaucoup de coquetterie, en affirmant qu'elle s'amusait encore avec une poupée quand elle fit le jeune comte (scène 7).
93. Scène 2.
94. *Ibid.*
95. *Ibid.*
96. Scène 3.
97. Scène 4.

les vers ridicules du conseiller[98]. Au demeurant, dans ses jugements littéraires, incapable de la culture d'une femme du monde, elle montre son ignorance et sa sottise, allant jusqu'à confondre Martial le poète latin, et Martial le parfumeur et gantier à la mode[99] ! En somme, la comtesse reste une provinciale. Son rêve s'écroule dans les deux dernières scènes. L'éclat que provoque Harpin, à la scène 8, dévoile un autre aspect des galanteries de la comtesse : les besoins de notre provinciale l'amènent à ne pas dédaigner l'argent du receveur des tailles. A la scène suivante, ulcérée que le Vicomte ait joué une personne de sa qualité, elle décide d'épouser Tibaudier « pour faire enrager le monde ». On comprend son dépit : ce mariage ne correspond guère à ses rêves ; mais elle l'accepte, car il lui est utile. Toutes ses poses, auxquelles elles voulait croire et auxquelles elle voulait que les autres croient, cachaient mal une situation et des soucis singulièrement plus misérables.

4. Reprises et achèvement.

En se saisissant de la tradition fort ancienne des valets, et de celle des paysans, nouvellement revivifiée par la comédie, Molière ne se contente pas d'utiliser les traits connus. L'acuité de l'analyse et le renouvellement des situations lui permettent de mener certains personnages traditionnels à la perfection comique.

Si, dans le théâtre de Molière, les lourdauds l'emportent en nombre sur les valets intrigants et fourbes, le rôle des premiers est rarement très développé, et se réduit parfois à d'épisodiques apparitions. Avant de présenter quelques naïfs originaux et assez complètement campés, nous allons retrouver chez d'autres lourdauds un aspect abondamment exploité par les prédécesseurs et les contemporains de Molière : cette simplicité naturelle, cette rusticité d'autant plus franche que bien des valets restent proches de leur origine paysanne.

Touchant les traits de nature, Molière en use avec plus de réserve que les burlesques ; il sait toutefois faire rire de ses valets frustes. Ceux-ci écorchent parfois le vocabulaire, notamment les mots un peu compliqués. Marotte, qui n'a pas lu Mlle de Scudéry, n'a pas pu apprendre « la filofie dans Le Grand Cyre[1] » ; se disputant avec Georgette, Alain s'exclame : « Le plaisant strodagème[2] ! » Dans l'ensemble, probablement dégrossis par la ville, les valets malmènent peu le langage ; ils gardent cependant un parler populaire, familier, direct, à l'occasion

---

98. Scène 5.
99. Ibid.

1. Les Précieuses ridicules, scène 6.
2. L'Ecole des femmes, I, 2, v. 211.

plat ou cru : plaisant décalage avec le style des maîtres, surtout de ceux qui prétendent au beau langage affecté. Ne demandons pas aux valets de pousser un raisonnement ! Voulant se lancer dans une diatribe contre les femmes, Gros-René s'embrouille, perd le fil de ses arguments, s'enlise dans la comparaison, pour conclure abruptement, au bout d'une cinquantaine de vers : « Les femmes enfin ne valent pas le diable[3] ». Ignorances, maladresses, incongruités sont le lot des valets. Ayant enfin ouvert à leur maître, Alain et Georgette continuent de se disputer, et le coup destiné à Georgette atteint Arnolphe ; M. de la Souche doit ensuite ôter par trois fois le chapeau de dessus la tête d'Alain, qui ne comprend pas qu'on doit parler tête nue à son maître[4]. En demandant à ses serviteurs Andrée et Criquet une soucoupe, la comtesse d'Escarbagnas les jette dans une grande perplexité : ils ignorent ce qu'on désigne par ce mot ; Andrée placera d'ailleurs une assiette *sur* le verre, avant de le casser[5].

Les sottises réjouissantes abondent dans les propos et dans les actions. Agnès fut-elle triste du départ de son tuteur ? A cette question d'Arnolphe, Georgette répond d'abord spontanément par la négative ; mais elle se reprend bientôt et ment, avec une grosse sottise :

Elle vous croyait voir de retour à toute heure ;
Et nous n'oyions jamais passer devant chez nous
Cheval, âne ou mulet, qu'elle ne prît pour vous[6].

Andrée, la suivante de la comtesse d'Escarbagnas, « toute neuve encore », ne s'aperçoit pas qu'elle ruine toutes les vanités de sa maîtresse par sa simplicité et sa franchise, qui soulignent cruellement les réalités que la comtesse veut oublier. Le Mascarille du *Dépit amoureux* est un bavard et un étourdi ; par deux fois, il est manœuvré. Alors qu'Eraste feint l'indifférence pour Lucile, le naïf lâche le secret de Valère[7]. Plus tard, Valère le fait jaser de la même manière, quand il soupçonne que c'est Mascarille qui l'a trahi auprès de son père ; il fait semblant d'être heureux de la chose, et le valet s'empresse d'avouer avec fierté sa mauvaise action : « C'est moi, vous dis-je[8]. » Plus dévoué à son maître, La Montagne multiplie pourtant les occasions de l'irriter. Eraste est-il pressé de se rendre à son rendez-vous amoureux ? Il le retarde de cruelle manière, en arrangeant son habillement[9]. Est-il chargé de suivre Orphise ? Au lieu de s'acquitter de sa mission, il revient sans cesse sur

---

3. *Le Dépit amoureux*, IV, 3, v. 1286.
4. *L'Ecole des femmes*, I, 2.
5. *La Comtesse d'Escarbagnas*, scène 2.
6. *L'Ecole des femmes*, I, 2, v. 228-230.
7. I. 4.
8. III, 7, v. 947.
9. *Les Fâcheux*, I, 1.

ses pas, posant des questions stupides [10]. A-t-il une nouvelle importante à transmettre ? Il s'attarde sur les circonstances extérieures, sur son zèle, conseille à son maître de modérer sa curiosité, retient le récit sous un vain prétexte, faisant mourir Eraste d'impatience [11]. Un dernier exemple de la niaiserie de ces simples nous est fourni par le Galopin de *La Critique de L'Ecole des femmes*. Il ne comprend pas qu'il faut savoir fermer la porte aux visiteurs, en mentant à l'occasion. Sermonné, il propose d'aller dire que sa maîtresse est absente à la visiteuse qu'il a déjà introduite [12]. Plein de bonne volonté, il veut appliquer la consigne à l'entrée du marquis, et soutient — alors que le marquis aperçoit Uranie — que celle-ci n'est pas là ; pour se disculper, il ajoute ce mot :

Vous me grondâtes, l'autre jour, de lui avoir dit que vous y étiez [13].

Nos valets témoignent d'une nature bien élémentaire dans leurs soucis, leurs désirs ou leurs amours. Huit jours à faire galoper de mauvais chevaux ont fatigué Gros-René [14], qui a dû suivre son maître inquiet pour son amour. Irrité par la selle, « tous les membres roués », il n'aspire qu'au repos, et à « manger un morceau » ; par trois fois, il insiste pour qu'on se restaure, jugeant préférable de satisfaire la faim par un bon repas, plutôt que de s'inquiéter pour un « sot amour ». Indolents quand il s'agit d'aller ouvrir au maître du logis, Alain et Georgette se montrent tout à coup très empressés, quand ils sont menacés de la privation de nourriture [15] ; on observera que lorsque Alain tente d'expliquer à Georgette la jalousie d'Arnolphe, il parvient à se faire comprendre grâce à une comparaison empruntée à la nourriture : « La femme est en effet le potage de l'homme » [16]. Comme tous les valets, ils sont cupides ; quand Arnolphe, jouant le rôle d'Horace venu soudoyer les valets, veut faire répéter à ceux-ci leur rôle de cerbères, Alain et Georgette se prennent au jeu, insultent et bousculent Arnolphe [17], et, autorisés qu'ils se sentent par la fiction, ils gardent son argent [18]. Criquet, assez sot pour sortir dans la rue quand la comtesse, désirant le reléguer dans l'antichambre, lui ordonne d'aller dehors [19], convoite devant sa maîtresse le pourboire

---

10. I, 2.
11. II, 3. On pense à Du Bois, qui, dans une situation différente, met à rude épreuve la patience d'Alceste, en faisant attendre quelques éclaircissements nécessaires pour expliquer son affolement (*Le Misanthrope*, IV, 4).
12. Scène 2.
13. Scène 4.
14. *Sganarelle*, scène 7.
15. *L'Ecole des femmes*, I, 2.
16. II, 3, v. 436.
17. Occasion aussi d'une revanche plus ou moins consciente de leur fidélité et de leur soumission d'inférieurs à un maître despotique. Le théâtre de Molière propose d'autres jalons pour une réflexion sur la condition d'inférieur.
18. IV, 4.
19. *La Comtesse d'Escarbagnas*, scène 2.

qu'elle vient de donner au serviteur de Tibaudier [20]. Il ne faut pas
s'attendre chez les valets aux sentiments raffinés ! Il suffit de voir
comment Gros-René traite ses amours avec Marinette. Un hymen entre
valets « est chose bientôt faite » :

> GROS-RENÉ. — Je te veux ; me veux-tu de même ?
> MARINETTE. — Avec plaisir.
> GROS-RENÉ. — Touche, il suffit [21].

Sans doute, à leur niveau, les valets ont manifesté leur amour par quelques petits cadeaux délicats ; l'amusante scène de dépit [22], qui double
celle des maîtres, en énumère quelques-uns. Mais cet amour se dégage
mal de la matière. Derechef, Gros-René est « acoquiné » aux appas de
Marinette, laquelle « est sotte après son Gros-René [23] » ; on ne va guère
au-delà de l'instinct : « Quand l'hymen aura joint nos deux peaux [24] »,
déclare Gros-René...

Un personnage comme Moron — rôle comique tenu par Molière
lui-même dans *La Princesse d'Elide* — cristallise les traits de la nature
sommaire des valets ; cette figure burlesque détonne dans le monde des
grands aux mœurs galantes. Notre anti-héros est un couard : peur
panique d'un sanglier dont le souvenir le fait encore fuir [25], lâcheté
devant un ours [26]. Il se montre bien rustique en amour. Le vaniteux
s'est enflammé pour Philis, « la voyant traire une vache » : ses doigts
« pressaient les bouts du pis d'une grâce admirable [27] ». Las ! Philis est
devenue une coquette ; les façons grossières de Moron, qui malmène
les conventions de l'amour galant, ne peuvent lui plaire. Il s'essaye à
chanter son martyre, comme un berger de la pastorale ; voici l'envoi de
sa chanson à Philis :

> En seras-tu plus grasse
> De m'avoir fait mourir [28] ?

Et il se garde bien de prouver son amour en se tuant ! Avec les grands,
il multiplie les incongruités et les inconvenances. Mais tout cela fait
partie de son rôle : Moron est le « plaisant de la Princesse [29] ». Comme

---

20. Scène 3.
21. *Le Dépit amoureux*, I, 2, v. 187-188.
22. IV, 4.
23. V. 1455 et 1456.
24. V, 8, v. 1788.
25. I, 2.
26. Scène 2 du deuxième intermède. Il fera le fanfaron une fois le danger
passé.
27. Scène 1 du deuxième intermède.
28. Scène 2 du quatrième intermède.
29. Voir, dans un rôle moins appuyé des *Amants magnifiques*, Clitidas, autre
« plaisant de cour ».

le *gracioso*, il doit faire rire par l'excès ; le comportement du bouffon, finalement, relève plus de la fantaisie que de la peinture du naturel des valets.

On observera enfin que les lourdauds, s'ils dévoilent la nature dans sa trivialité, ne manquent pas, à l'occasion, de bon sens. Après touf, Alain juge parfaitement la passion possessive d'Arnolphe, quand il parle de « cette amitié goulue [30] » du barbon égoïste pour Agnès. Et Andrée a raison, dans sa naïveté, de démystifier les prétentions de la comtesse d'Escarbagnas. Traditionnellement, une certaine sagesse populaire était dévolue aux valets ; il en va de même chez Molière. Mais notre auteur développera plus volontiers les personnages de serviteurs sensés, sous la forme de ces servantes et de ces suivantes au verbe franc, lucides, dévouées pour défendre ceux que menacent les passionnés et les égarés. Une Dorine, une Nicole, une Martine, une Toinette [31] parlent peut-être selon la nature ; leur sagesse spontanée intéresse seule Molière, et non plus des comportements de rustres ou de simples.

Venons-en à ces valets qui présentent des comportements particuliers de naïveté. Sur une dizaine d'années, nous rencontrons quatre intéressants naïfs : le Mascarille des *Précieuses*, le Sganarelle du *Dom Juan*, Sosie, dans *Amphitryon*, maître Jacques enfin, dans *L'Avare*.

Avec le troisième avatar du personnage de Mascarille dans le théâtre de Molière, nous songeons aux valets burlesques, qui, déguisés des habits de leur maître, jouent le rôle d'un noble en service commandé, mais finissent par se prendre eux-mêmes à l'illusion qu'ils sont chargés de donner aux autres. Le spectateur n'oublie jamais qu'il a affaire à un valet qui agit sur ordre : Mascarille a peur des coups dont le menace le porteur [32] ; il agrémente son rôle de trop d'extravagances, de bouffonneries et de sottises pour faire illusion à d'autres qu'aux pecques crédules [33]. Mais il semble bien que, quant à lui, Mascarille se prenne constamment au jeu, — sauf peut-être dans la première partie de la scène 11 : son compère Jodelet, jouant avec lourdeur sa partie dans la comédie, lui rappelle, par sa présence ainsi que par des répliques qui peuvent être comprises à double sens, leur commune condition.

Qui est Mascarille ? Un valet original qui passe « pour une manière de bel esprit » ; son maître La Grange précise :

---

30. *L'Ecole des femmes*, II, 3, v. 443.
31. *Tartuffe, Le Bourgeois gentilhomme, Les Femmes savantes, Le Malade imaginaire*.
32. Scène 7.
33. Scènes 9 à 12.

C'est un extravagant qui s'est mis dans la tête de vouloir faire l'homme de condition. Il se pique ordinairement de galanterie et de vers, et dédaigne les autres valets, jusqu'à les appeler brutaux [34].

L'occasion sera trop belle pour lui d'oublier ce qu'il est et de se croire un instant ce qu'il veut être, grâce aux habits de son maître, qu'il va supplanter auprès des pecques : un marquis et un bel esprit. On le vérifie dès son entrée. Son costume rutilant et extravagant, son insolence avec les porteurs, un sonore « Allez, venez me reprendre tantôt pour aller au Louvre, au petit coucher [35] », tout montre d'emblée le plaisir qu'il éprouve à se poser en marquis. Quelle verve, une fois qu'il est introduit auprès des pecques [36] ! Si les sottes sont ravies d'accueillir le beau monde, Mascarille ne l'est pas moins d'être pris pour un bel esprit ; les deux rêves naïfs se rejoignent et se confortent mutuellement. Faire croire qu'il vit au milieu des beaux esprits, faire admirer son ridicule impromptu en le glosant terme par terme, faire contempler chaque pièce de son habit, c'est, pour Mascarille, se persuader de la réalité de son rôle ; il se prend à ses poses. Grâce aux mots, il devient encore un guerrier émérite. Le voilà à tous égards l'égal des ducs et des comtesses, au demeurant le gentilhomme de France le plus mal servi par ses laquais [37]. L'apothéose de son rêve se réalise dans le « bal à la hâte » dont il régale les dames [38].

Mais le danseur est près de la chute ; les maîtres trouvent que le jeu a trop duré. Après les premiers coups de son maître, qu'il a reçus sans broncher, Mascarille tente de poursuivre le rêve : « Ce n'est rien : ne laissons pas d'achever [39]. » C'est impossible après la seconde intervention de La Grange et Du Croisy [40] : à l'instar de Jodelet, il est désigné comme laquais aux yeux des pecques, et déshabillé sur scène, perdant la défroque sur laquelle il fondait son rêve. Malgré ce brutal retour à la réalité, notre naïf s'efforce de garder quelque dignité à sa sortie, qu'il veut différente de celle d'un valet confondu ; qui se dit victime de la Fortune supporte mal le « maraud » que lance Magdelon : « Traiter comme cela un marquis [41] ! »

Comme les autres valets de théâtre, le Sganarelle du *Dom Juan* fait rire de ses traits rustiques. Il est tenaillé par toutes sortes de peurs : il

---

34. Scène 1.
35. Scène 7.
36. Scène 9.
37. Scène 11.
38. Scène 12.
39. Scène 14.
40. Scène 15.
41. Scène 16.

craint la mort [42], les dangers [43] ; la statue animée du Commandeur le laisse sans voix [44], et son apparition chez dom Juan met le comble à la panique du valet : « Ah ! pauvre Sganarelle, où te cacheras-tu [45] ? » Sa gloutonnerie fournit l'occasion de plusieurs lazzi dans le goût italien [46]. De son aventure avec dom Juan, Sganarelle ne retiendra que la perte de ses gages [47]. Ses idées sont aussi médiocres que sa personne : il suit la morale commune ; de ridicules superstitions populaires lui tiennent souvent lieu de religion. Il lui arrive d'ailleurs d'entrevoir son incapacité profonde à la formulation d'idées et d'arguments ; ébloui par le lyrisme que vient de déployer dom Juan dans l'exposé de ses théories amoureuses [48], il ne sait quoi leur opposer : « J'avais les plus belles pensées du monde, et vos discours m'ont brouillé tout cela [49]. » S'il est sot, Sganarelle fait preuve d'une sensibilité de brave homme : le sort des paysannes victimes de dom Juan l'apitoie [50] ; l'ultime intervention d'Elvire auprès de son maître le fait pleurer [51].

Mais on ne peut dégager l'originalité de Sganarelle — et, partant, sa naïveté — qu'en examinant le couple du valet et du maître. Couple étrange, et presque toujours réuni sur la scène ; il est bien rare que Sganarelle ne flanque pas son maître et lui échappe. Face au grand seigneur méprisant, à l'aristocrate beau parleur qui transgresse les normes, on retrouve sans cesse le serviteur balourd, piètre représentant du peuple, des simples gens honnêtes, qui se scandalise d'un maître qu'il ne peut complètement saisir. On ne pourrait imaginer deux personnages plus contrastés. Sa condition servile oblige Sganarelle à suivre un maître dont il a horreur comme du mal, car dom Juan détruit toutes les convictions de Sganarelle, tout son univers de croyances, même floues. N'entretient-il pas quelque secrète admiration pour ce maître qu'il abhorre ? En tout cas, avec les autres, Sganarelle est volontiers faraud et tire fierté de son dom Juan, qu'il croit comprendre mais reste incapable d'expliquer ; devant son congénère Gusman médusé, le fanfaron se targue — de quel ton supérieur ! — de l'originalité inquiétante du maître qu'il sert [52].

---

42. II, 5.
43. En III, 3, il se garde bien de suivre son maître sur le lieu du combat.
44. III, 5.
45. IV, 7.
46. *Ibid.*
47. V, 6.
48. « Vertu de ma vie, comme vous débitez ! » s'exclame-t-il niaisement (I, 2).
49. I, 2.
50. II, 4.
51. IV, 6.
52. I, 1.

Comment dire sa réprobation viscérale, alors que la crainte du maître bride continuellement ses sentiments ? En l'absence de dom Juan, il peut médire, non sans prendre ses précautions avec Gusman [53], ni sans se rétracter devant les paysannes, dès que son maître survient [54]. Avec dom Juan, il est trop souvent réduit à applaudir à ce que son âme déteste [55] : il se moque du ciel, comme son maître [56] ; il pousse le pauvre au blasphème, en contradiction avec ses propres principes [57]. L'impertinence n'est pas aisée. Plus d'une fois Sganarelle préfère s'arrêter net dans ses remontrances [58], ou les garder pour lui, en parlant finalement à l'encontre de son sentiment [59]. Sa liberté de paroles reste mesurée, et le conflit est plaisant entre l'indignation spontanée et la peur d'irriter son maître. Il faut pourtant qu'il parle :

> Mais, Monsieur, cela serait-il de la permission que vous m'avez donnée, si je vous disais que je suis tant soit peu scandalisé de la vie que vous menez [60] ?

On aura remarqué la précaution du tour ; et comme dom Juan n'aime pas « les faiseurs de remontrances », notre « maître sot » attaque de biais, jusqu'au moment où dom Juan le coupe d'un « Paix ! ». Plus tard, son habit de médecin lui donnant de l'esprit, il revient à la charge :

> [...] je me sens en humeur de disputer contre vous : vous savez bien que vous me permettez les disputes, et que vous ne me défendez que les remontrances [61].

Dom Juan le laisse raisonner : il s'amuse de lui. Enfin, l'hypocrisie de son maître le révolte à un point tel que Sganarelle explose :

> [...] je ne puis m'empêcher de parler. Faites-moi tout ce qu'il vous plaira, battez-moi, assommez-moi de coups, tuez-moi, si vous voulez : il faut que je décharge mon cœur, et qu'en valet fidèle, je vous dise ce que je dois [62].

Cette irrépressible franchise, ce continuel besoin de dire spontanément sa réprobation, de morigéner son maître nous mènent au cœur de la naïveté de Sganarelle. Le bon benêt tente de ramener son maître sur

---

53. Voir I, 1 : « Mais s'il fallait qu'il en vînt quelque chose à ses oreilles, je dirais hautement que tu aurais menti. »
54. Voir II, 4, *in fine.*
55. Pour reprendre la propre expression de Sganarelle expliquant sa condition à Gusman (I, 1).
56. I, 3.
57. Voir III, 2 : « Va, va, jure un peu, il n'y a pas de mal. »
58. En II, 2, il n'ose prononcer entièrement le mot « criminelles » à propos des amours de dom Juan, et se fait la leçon à lui-même : « Paix ! coquin que vous êtes ; vous ne savez ce que vous dites. »
59. En IV, 5.
60. I, 2.
61. III, 1.
62. V, 2.

le chemin du bien, et entretient l'espoir que dom Juan se convertira :
« Si le remords le pouvait prendre [63] ! » commente-t-il après la première
intervention d'Elvire ; s'il raisonne, c'est pour ramener dom Juan à la
foi et lui éviter de se damner [64]. A partir de l'acte IV, il souligne toutes
les manifestations du surnaturel et y montre des signes adressés à dom
Juan pour le convaincre de changer de vie ; après l'apparition du
spectre, il formule une dernière prière : « Ah ! Monsieur, rendez-vous
à tant de preuves, et jetez-vous vite dans le repentir [65] ». On comprend
fort bien que Sganarelle se prenne naïvement au discours hypocrite que
dom Juan adresse à dom Louis, car il a toujours espéré le salut de
dom Juan :

> Ah ! Monsieur, que j'ai de joie de vous voir converti ! Il y a longtemps
> que j'attendais cela, et voilà, grâce au Ciel, tous mes souhaits accomplis [66].

L'espoir est vain, comme est vaine son ambition d'ébranler et de
convaincre le libertin ; le naïf entretient des illusions sur ses capacités.
Quand il prétend défendre les intérêts du ciel, il se lance dans des
discours grotesques. Il ne dispose pas des moyens d'argumenter. Avec
son « petit sens » et son « petit jugement » qu'il estime supérieurs à
tous les livres, il aura bien du mal à démontrer l'existence de Dieu [67] :
pour prouver que tout a une cause, il utilise des comparaisons incongrues, se raccroche au concret, voire au trivial, énumère sans lien et
sans logique, et ne parvient pas à conclure ; il en est finalement réduit
à faire mouvoir cette merveille du Créateur qu'est son corps, comme un
pitre, jusqu'à sa chute sur la scène. Indifférent au vœu du burlesque
dialecticien qui ne peut disputer qu'en s'appuyant sur la contradiction,
dom Juan se garde d'intervenir ; son silence transforme Sganarelle en
spectacle : il se donne le plaisir de le voir échouer. Le valet qui pensait
convaincre n'est qu'un objet de divertissement pour le grand seigneur :
« Bon ! voilà ton raisonnement qui a le nez cassé. » La dernière tentative de Sganarelle [68] aboutit au même échec. Le bouffon croit fonder
logiquement la damnation de son maître, alors qu'il s'est livré à une
suite de propos incohérents, le dernier mot de chaque proposition fournissant le premier de la proposition suivante ; cette fatrasie, engendrée
par la simple association de mots, ressortit à la fantaisie verbale, et ne
peut porter sens. Bref, l'ambition de raisonner et de convaincre dépasse
les moyens du sot valet. Sganarelle est naïf de ne pas comprendre qu'il
restera impuissant face au grand seigneur.

---

63. I, 3.
64. III, 1.
65. V, 5.
66. V, 2.
67. III, 1.
68. V, 2.

A l'égal de celui de Sganarelle, le rôle de Sosie, sur qui repose la plus grande part de la fantaisie et du comique d'*Amphitryon*, fut vraisemblablement tenu par Molière. L'attachement de Sosie aux bons morceaux, sa peur et ses fanfaronnades sont traditionnels ; des réflexions plus inattendues sur son état confirment le bon sens du serviteur, lucide et résigné. Ajoutons que ce bavard se révèle parfois un maître du verbe [69], et fait rire souvent de ses propos et de sa verve. Mais un seul aspect du plaisant valet doit nous retenir : la crédulité, parfaitement visible dans son aventure avec Mercure, son double. L'embarras dans lequel le dieu plonge Sosie avait déjà fait l'objet de beaux passages comiques chez Plaute [70], et plus récemment dans l'adaptation de Rotrou [71] ; Molière part de ces données pour achever le portrait de son Sosie.

Le premier choc avec Mercure, qui a pris la forme de Sosie, est brutal [72] ; après avoir souffleté le faraud, Mercure entreprend de lui voler son identité. A force de coups, d'abord, il s'agit de faire admettre au valet qu'il n'est plus Sosie ; le pleutre plie assurément sous les coups, mais demeure persuadé — et ne peut s'empêcher de proclamer — qu'il est Sosie, le valet d'Amphitryon : « Et puis-je cesser d'être moi [73] ? » Ensuite, Mercure fournit des preuves qu'il est Sosie ; la taille, la mine, l'ascendance, la femme, le passé, les actions les plus personnelles et les plus cachées du valet semblent bien appartenir à Mercure. Voilà Sosie dépossédé de son être, et ébranlé par ce double si plausible :

Et de moi je commence à douter tout de bon.
Près de moi, par la force, il est déjà Sosie ;
Il pourrait bien encor l'être par la raison [74].

Il ne se peut que cet inconnu ne soit Sosie ; mais il ne se peut que Sosie ne soit pas lui ! Devant la mystification divine, insoupçonnable pour lui, le valet ne sait plus qui il est ; il ne se reconnaît plus dans le réel.

Sosie gardera toujours la certitude de son moi et le sentiment de son être, refusant qu'on le « dés-Sosie ». Toutefois, le naïf admet comme possible et vraie l'existence d'un double de lui-même, d'un deuxième moi ; et c'est ainsi qu'il explique son aventure à Amphitryon, qui n'y voit que propos d'ivrogne, de fou ou de mauvais plaisant [75]. Sosie recon-

69. Voir, en I, 1, le récit qu'il prépare pour Alcmène, avec les réponses supposées de celle-ci.
70. *Amphitruo.*
71. *Les Sosies.*
72. I, 2.
73. V. 427.
74. V. 485-487.
75. II, 1.

naît bien que son explication choque le sens commun, mais « cela ne laisse pas d'être [76] » ; notre valet a fini par croire l'incroyable. De cette croyance en deux moi, les réponses de Sosie à son maître tirent évidemment de cocasses effets. Comment Sosie peut-il s'accommoder de l'existence d'un double ? La lâcheté et la faiblesse d'esprit n'expliquent pas tout. Sosie, en effet, se complaît certainement dans cette image améliorée de lui-même que lui renvoie Mercure. S'il a été convaincu par l'apparence de Mercure, c'est qu'il a cru s'y reconnaître :

> Des pieds jusqu'à la tête, il est comme moi fait,
> Beau, l'air noble, bien pris, les manières charmantes [77].

Sosie se trompe sur son charme. Par contre, il se sait poltron et respecte fort le courage de son double, « ce moi plus robuste que moi [78] », « ce moi vaillant [79] ». Ainsi, pris aux apparences, et secrètement satisfait de cet invraisemblable dédoublement, Sosie persistera dans sa naïve certitude jusqu'à l'aveu final de Mercure. Auparavant, on l'aura vu tenter — en vain — d'amadouer l'autre Sosie, le moi brave et généreux qui entend bien être le seul Sosie, et barre la porte du festin : « Faisons en bonne paix vivre les deux Sosies [80] ! »

S'il tient une place relativement modeste dans *L'Avare,* maître Jacques, le cocher-cuisinier d'Harpagon, plus proche de la réalité bourgeoise et française, reste une figure assez originale. Sa première apparition sur scène, avec le reste de la domesticité d'Harpagon [81], campe suffisamment le personnage. Vaniteux, il fait le spirituel en *a parte,* souligne l'importance de ses deux fonctions ; supplanté par Valère, il ne peut s'empêcher de dire aigrement sa jalousie ; sans illusion sur son maître, il lui reste sincèrement attaché, même s'il le déclare de manière stupide [82]. Comme chacun des serviteurs que nous venons de présenter, maître Jacques est doté par Molière de traits de naïveté spécifiques. En un mot, le sot personnage parle et agit étourdiment, avec une maladresse qui lui vaut en général des revers.

Voyons-le agir avec Harpagon. Que sa franchise est maladroite [83] ! Il a parfaitement compris le jeu de Valère, et la manière dont l'intendant flatte l'avarice de son maître ; il enrage de cela, et il lui faut proclamer

---

76. V. 776.
77. V. 783-784.
78. V. 811.
79. V. 816.
80. III, 6, v. 1766.
81. III, 1.
82. « Car enfin, je me sens pour vous de la tendresse, en dépit que j'en aie ; et après mes chevaux, vous êtes la personne que j'aime le plus. »
83. III, 1, *in fine.*

son indignation. Il sait aussi la mauvaise réputation d'Harpagon au dehors ; il en est fâché, et il lui faut le dire. Il ne se fait guère prier pour rapporter à Harpagon tous les brocards qui courent sur lui. Il prévoit bien la colère de son maître, mais les assurances de ce dernier lui suffisent, tant est pressant son besoin de parler. Il se libère donc et jette à la face d'Harpagon toutes les médisances du voisinage, en une longue tirade, où le sot, comme entraîné par le tableau pittoresque et fort bien composé qu'il brosse, oublie complètement qu'il parle à son maître. Cette sincérité intempestive obtient le résultat attendu : l'impudent est battu [84].

Il se montre aussi maladroit vis-à-vis de Valère, qu'il hait. Non content de lui avoir dit son fait devant Harpagon [85], il croit d'abord, quand ils se retrouvent seuls [86], que l'intendant le craint, et il menace de le rosser. Imprudente fanfaronnade : maître Jacques n'imagine pas quel est le rang de Valère et s'attire les coups de bâton dus à un faquin insolent. Une fois encore, il a agi sans réflexion, suivant son premier sentiment. Il cherchera à se venger sournoisement et méchamment, mais sans plus de succès. Sa rancœur le pousse à accuser le « cher intendant » du vol de la cassette [87] ; et il est amusant de voir maître Jacques, effrayé de son faux témoignage quand il voit arriver Valère, prendre ensuite de plus en plus d'assurance [88] : à la faveur du quiproquo sur le « crime » de Valère, il pense avoir deviné juste et se réjouit du châtiment promis à Valère. Las ! la vérité éclate, et l'imposteur est menacé de pendaison [89] — ce que le benêt, tout à la satisfaction de sa vengeance, n'avait pu prévoir. Maître Jacques s'est révélé aussi maladroit dans la sincérité que dans le mensonge.

Après Cyrano et quelques autres, Molière ne dédaigne pas de recourir au comique paysan ; entre 1665 et 1668, le répertoire de plusieurs saisons théâtrales comporte la création d'une comédie située pour partie ou en totalité dans un cadre campagnard. D'emblée, l'acte paysan du *Dom Juan* témoigne de la maîtrise du dramaturge : avec Pierrot, il donne tout le relief voulu à la figure du *rusticus* ; avec Charlotte surtout, il crée véritablement un personnage de naïve paysanne. Mais Molière

---

84. Toujours attaché à son maître, il se mêlera plus tard, en IV, 1, d'apaiser le conflit entre Harpagon et son fils. Plein de l'importance de son rôle de conciliateur, le sot va du père au fils, trahit les intentions de chacun auprès de l'autre, et croit les avoir ainsi mis d'accord ; il vient seulement de créer un beau quiproquo. Et il s'attend à ce qu'Harpagon récompense ses bons offices !
85. III, 1.
86. III, 2.
87. V, 2.
88. V, 3.
89. V, 6.

reviendra au naturel paysan assez amplement dans *Le Médecin malgré lui,* plus épisodiquement dans *George Dandin* [90].

L'étonnante structure du *Dom Juan* nous conduit, au début de l'acte II, chez les paysans. Pierrot, utilisant un langage parfaitement invraisemblable dans la bouche d'un paysan de Sicile — il parle un patois stylisé de l'Ile-de-France —, se lance presque aussitôt dans un long récit, dont la saveur, au-delà de la déformation des mots, vaut d'être précisée [91]. Pierrot raconte à Charlotte, sa mie, pour se faire valoir devant elle ; il se donne l'initiative et la gloire du sauvetage extraordinaire réalisé avec son ami Lucas : « [...] car, comme dit l'autre, je les ay le premier avisez, avisez le premier je les ay. » Au passage, le gars de la campagne se révèle dans le récit : on voit ses jeux stupides avec le gros Lucas, sa manière de ne pas oublier de ramasser les enjeux qu'il a gagnés à la suite du pari. Ressort surtout la maladresse de sa narration : des stupidités [92] ; un récit d'abord très lent [93], entravé de répétitions et de redondances [94], où le narrateur, embarrassé de surcroît avec les incises nécessaires au dialogue rapporté au style direct [95], ne peut se dégager de la succession exhaustive des paroles et des faits bruts ; un récit enfin, qui, alors qu'il arrive au fait, s'accélère tout d'un coup [96] et se boucle en une seule phrase accumulative [97] — plaisant contraste avec la lenteur mise à raconter les inutiles circonstances préliminaires ; le tout s'achevant par cette plate conclusion :

Vla justement, Charlotte, comme tout ça s'est fait.

Notre paysan a été émerveillé par le grand seigneur qu'il a tiré de l'eau : « [...] il faut que ce soit queuque gros gros Monsieur, car il a du dor à son

---

90. *Mélicerte,* « comédie pastorale héroïque » inachevée, dont l'action est située dans la vallée de Tempé, occupe une place à part. On y rencontre un pâtre assez lourdaud, Lycarsis. Le bavard propose une relation amusante de l'arrivée du roi et de sa cour, qui l'ont émerveillé (I, 3, v. 128-146). Peu après, quand deux bergères, amoureuses de celui qu'il croit son fils, viennent déclarer cet amour — en termes parfois ambigus — à Lycarsis, notre pâtre vaniteux prend cela pour lui ; comme feue son épouse, ajoute le sot, il montre beaucoup d'humanité aux désirs d'autrui (I, 4) ! Bref, le décalage est sensible entre le rustique personnage et les conventions galantes de la pastorale.
91. II, 1.
92. « Je voyois cela fixiblement, et pis tout d'un coup je voyois que je ne voyois plus rien. »
93. La lenteur du récit calque la lenteur des deux rustres à se remuer lors des événements ; celle-ci est plaisante quand on sait qu'il s'agit de sauver des hommes de la noyade !
94. « Je nous amusions à batifoler » ne suffit pas ; il faut que Pierrot précise : « [...] le gros Lucas aime à batifoler, et moy par fouas je batifole itou. En batifolant donc, pisque batifoler y a [...]. »
95. Huit fois « çay je fait » ou « çay je dit », dont quatre dans la même courte phrase ; six fois « ce ma til fait » ou « ce ma til dit ».
96. « O donc tanquia, qua la par fin pour le faire court [...] ».
97. Cinq fois « et pis » dans cette unique phrase.

habit tout de pis le haut jusqu'en bas. » Il fut béatement ébloui par l'ajustement de dom Juan, que ses gens ont rhabillé de sec devant lui : « Mon quieu, je n'en avois jamais veu s'habiller, que d'histoires et d'angigorniaux boutent ces Messieus-là les Courtisans, je ma pardrois là dedans pour moy, et j'estois tout ebobi de voir ça. » Et la description qu'il tente pour Charlotte est fort drôle : les mots exacts manquent à l'ignorant pour désigner les pièces de cette brillante parure qu'il n'a pas l'habitude de voir [98] ; mais il la qualifie et la juge de manière réjouissante.

N'oublions pas que le rustre est aussi un amoureux de village. Dans la même scène [99], Pierrot retient Charlotte, déjà intéressée par le grand seigneur sauvé des eaux, et lui adresse droitement des reproches : « Vois-tu, Charlotte, il faut, comme dit l'autre, que je débonde mon cœur. Je t'aime, tu le sçais bian, et je somme pour estre mariez ensemble, mais marquenne, je ne suis point satisfait de toy. » Du coup, il précise ce que des fiancés de village attendent l'un de l'autre. Pour sa Charlotte, Pierrot achète des rubans au colporteur, se rompt le cou à dénicher des merles, fait jouer les « vielleux ». Or, Charlotte ne sait pas répondre à ces cadeaux paysans ; au lieu de suivre l'exemple de la grosse Thomasse assotée du jeune Robin — « alle est toujou autour de ly à lagacer, et ne le laisse jamais en repos. Toujou al ly fait queuque niche, ou ly baille quelque taloche en passant » —, elle reste comme une souche de bois devant Pierrot. Elle n'aime pas comme il faut :

[...] quand en a de l'amiquié pour les personnes, lan en baille toujou queuque petite signifiance.

Son cœur soulagé, et satisfait de la promesse de Charlotte qu'elle fera tout ce qu'elle pourra pour se montrer plus amoureuse, Pierrot laisse imprudemment sa fiancée en présence de dom Juan, pour aller « boire chopaine » ! S'il a une conception bien fruste de l'amour entre promis, Pierrot saura défendre fermement son bien [100]. Sa révolte devant l'attitude du grand seigneur séducteur et la facilité de Charlotte à se laisser cajoler s'exprime spontanément et sans détour. Il bouscule dom Juan : « Testiguenne ! parce qu'ous estes Monsieu, ous viendrez caresser nos femmes à notre barbe ? Allez-v's-en caresser les vôtres. » Il ne récolte que soufflets, fuit les coups, mais résiste de manière bien irritante pour dom Juan. Et, suivant son mouvement naturel, il n'hésite pas à exprimer son regret d'avoir sauvé le grand seigneur : s'il avait su ça, il se

---

98. Il recourt à des périphrases ou à des équivalents pittoresques pour désigner la perruque, l'ample haut-de-chausses, le collet de dentelle, les canons.
99. II, 1.
100. II, 3.

serait gardé de le tirer de l'eau et lui aurait « baillé un bon coup d'aviron sur la teste ». Quant à Charlotte, qui se voit déjà l'épouse de dom Juan, elle s'attire cette peu délicate mais sincère réplique de notre amant rustique : « J'aime mieux te voir crevée que de te voir à un autre. »

La naïveté de Charlotte est des plus intéressantes : Molière retrace toutes les étapes de sa séduction par le grand seigneur. Nous savons que la promise de Pierrot ne manifeste pas avec beaucoup de flamme son amour au jeune gars, qui lui reproche précisément d'être « trop froide pour les gens [101] ». Voit-il juste quand il se plaint qu'elle ne l'aime point ? Charlotte s'en défend : elle l'aime autant qu'elle peut ; mais elle reconnaît bien que la passion, qui doit naître spontanément, ne l'a pas encore touchée : « Eh bian, laisse faire aussi, et ne me presse point tant, peut-estre que ça viendra tout d'un coup sans y songer. » Cela explique son irritation des reproches ressassés par Pierrot ; elle est mal à l'aise dans le monde où le paysan, selon son idée de l'amour réciproque, lui marque sa place. On comprend aussi sa disponibilité pour une aventure qui viendrait de l'extérieur. Dès la fin de la relation de Pierrot, on s'aperçoit que la curiosité de Charlotte est éveillée et déjà précisément orientée ; elle pose d'emblée cette question :

> Ne m'as-tu pas dit, Piarrot, qu'il y en a un qu'est bien pû mieux fait que les autres [102] ?

Sans qu'il s'en rende compte, Pierrot, avec son émerveillement sur l'habillement de dom Juan, nourrit la curiosité de Charlotte ; elle n'a plus qu'une idée en tête : « Par ma fy, Piarrot, il faut que j'aille voir un peu ça. » L'admiration pour le beau seigneur inconnu lui rend encore plus insupportables les sempiternelles récriminations de son amoureux. D'ailleurs, elle a tôt fait d'oublier celui-ci, quand le « Monsieur » paraît ; elle s'écrie, avec une spontanéité à laquelle le grossier paysan ne fait pas attention :

> Ah, mon quieu, qu'il est genty, et que ç'auroit esté dommage qu'il eust été nayé.

La séduction peut se dérouler [103]. Seule devant dom Juan, qui l'intimide et l'attire, notre paysanne cesse de parler patois. Secrètement comblée et déjà conquise par les flatteries du grand seigneur, elle ne s'offusque pas de son indélicatesse, qu'elle ne perçoit pas, à la considérer en détail comme un bel objet ; mieux même : elle regrette de ne

---

101. II, 1.
102. Faut-il souligner une inconsciente sensualité dans la deuxième question qu'elle pose sur le « gros Monsieur » sauvé de la noyade ? Voici la réplique : « Est-il encore cheux toy tout nu, Piarrot ? »
103. II, 2.

s'être pas préparée à ses hommages, en lavant ses mains noires avec du son. Bref, elle se défend mal devant des louanges si galamment exprimées, et auxquelles une paysanne n'est pas habituée : « Monsieur, tout ça est trop bien dit pour moi, et je n'ai pas d'esprit pour vous répondre. » On imagine que les propositions d'amour faites par dom Juan, qui lui offre un meilleur sort que celui d'être la femme d'un paysan, éblouissent, ravissent et désarment l'innocente. Sans doute formule-t-elle la crainte d'être trompée et déshonorée ; mais cette résistance est faible en face du charme qui émane des paroles de dom Juan et du désir qu'elle entretient de les croire. Le plus remarquable reste que les réponses de Charlotte, parfaitement transparentes, laissent voir au séducteur tous les mouvements de sa proie :

> Aussi vrai, Monsieur, je ne sais comment faire quand vous parlez. Ce que vous dites me fait aise, et j'aurais toutes les envies du monde de vous croire ; mais on m'a toujou dit qu'il ne faut jamais croire les monsieux, et que vous autres courtisans êtes des enjoleus, qui ne songez qu'à abuser les filles [104].

Dom Juan n'a pas de mal à convaincre cette fille qui semble d'avance lui être vouée. Un amour bien rapide, une offre de mariage bien invraisemblable de la part d'un seigneur n'empêchent pas la jeune paysanne de croire les promesses de dom Juan et de s'abandonner au rêve brillant et ambitieux de devenir sa femme : « [...] vous voyez comme j'y vais à la bonne foi », avoue notre naïve.

Et Pierrot ? Toute à son rêve, elle l'avait éliminé. Mais il s'interpose brutalement [105]. Les réactions de Charlotte prouvent à quel point elle s'est éloignée du paysan, qu'elle devait pourtant épouser. Elle veut le calmer, avec une admirable inconscience et un bel égoïsme : « Ce monsieur veut m'épouser, et tu ne dois pas te bouter en colère », affirme-t-elle ; et Pierrot ne devrait-il pas être bien aise de voir sa Charlotte « Madame » ? La consolation qu'elle lui propose montre combien Charlotte tient à son rêve : « Va, va, Piarrot, ne te mets point en peine : si je sis Madame, je te ferai gagner queuque chose, et tu apporteras du beurre et du fromage cheux nous. » Elle s'est évadée de sa condition, et réserve désormais à Pierrot un rôle bien limité. Il faudra la confrontation avec Mathurine, à qui dom Juan a fait les mêmes promesses, et le propos de Sganarelle pour que les deux paysannes puissent revenir au sentiment du réel et cessent de croire au mariage avec le séduisant seigneur ; écoutons le valet :

---

104. On remarquera le retour discret du patois. En exprimant ses dernières réticences, Charlotte fait-elle ressurgir la petite paysanne prudente qu'elle cesse d'être quand elle se laisse aller au beau rêve ? Ce retour au patois s'accentuera devant Pierrot revenu, à la scène suivante.
105. II, 3.

Ah ! pauvres filles que vous êtes, j'ai pitié de votre innocence, et je ne puis souffrir de vous voir courir à votre malheur. Croyez-moi l'une et l'autre : ne vous amusez point à tous les contes qu'on vous fait, et demeurez dans votre village [106].

Avec *Le Médecin malgré lui*, nous rencontrons une pièce totalement paysanne ; il s'agit d'une véritable farce campagnarde : on y patoise à l'envi, on y étale ses traits rustiques.

Relevons cet aspect commun à tous les paysans de la comédie — sauf Martine, et pour cause — : leur crédulité à l'égard du faux médecin Sganarelle. Lucas et le domestique Valère sont si désireux de trouver un médecin qu'ils admettent sans réfléchir les particularités pour le moins curieuses de celui que leur propose Martine ; deux récits de guérisons parfaitement invraisemblables plongent Lucas dans l'admiration et le convainquent : « Testigué ! velà justement l'homme qu'il nous faut. Allons vite le charcher [107] ». On sait comment ils forcent « le plus grand médecin du monde » à les suivre. La consultation bouffonne de Sganarelle n'altère en rien la confiance qui lui est accordée. Ma fille « est devenue muette », a expliqué Géronte. « Voilà un pouls qui marque que votre fille est muette », conclut gravement Sganarelle après un court examen du cas. Et Jacqueline, la femme de Lucas, de s'extasier : « Voyez comme il a deviné sa maladie [108] ! » Sganarelle se lance-t-il dans un raisonnement pseudo-scientifique adorné de citations latines fantaisistes, et souligné de diverses plaisantes postures ? Les époux restent médusés :

JACQUELINE. — L'habile homme que velà !
LUCAS. — Oui, ça est si biau, que je n'y entends goutte [109].

L'apparence la moins vraisemblable suffit à nourrir l'admiration des ignorants. Le paysan Thibaut et son fils Perrin ne font que passer sur scène [110] ; attirés par la renommée du nouveau médecin, ils viennent le consulter pour la pauvre mère « qui a nom Parette » : « Je voudrions, Monsieur, que vous nous baillissiez quelque petite drôlerie pour la guarir. » Tout le plaisir comique de la scène vient de la maladresse de langage de Thibaut, qui a bien du mal à décrire l'« hypocrisie » —

---

106. II, 4.
107. I, 4.
108. II, 4. Pour elle-même, Jacqueline reste très réticente à l'égard du traitement préventif que lui propose Sganarelle : elle se porte bien, et ne veut point faire de son corps « une boutique d'apothicaire » !
109. Même réaction à la fin du raisonnement de Sganarelle, qui n'explique en rien la maladie de Lucinde :
    « JACQUELINE. — Ah ! que ça est bian dit, notte homme !
    LUCAS. — Que n'ai-je la langue aussi bian pendue ? »
110. III, 2.

entendons : l'hydropisie — de son épouse, et se perd dans le vocabulaire médical. Une fois payé, Sganarelle leur donne, pour tout remède,
un simple morceau de fromage. Remède trop simple : les crédules
esprits attendent plus merveilleux de la médecine ; du coup, Sganarelle
leur explique qu'il s'agit d'un fromage préparé, où il entre quantité de
choses précieuses. Les deux nigauds de père et de fils peuvent s'en aller,
confiants et reconnaissants : « Monsieur, je vous sommes bien obligés ;
et j'allons li faire prendre ça tout à l'heure. »

Le couple de Lucas et de la nourrice Jacqueline permet de préciser
certains aspects du naturel chez les paysans. « Un franc animal, un
brutal, un stupide, un sot » [111] : c'est ainsi que Sganarelle dépeint Lucas.
Il ne se trompe pas sur le rustre, dont le patois rend plus savoureuses
les balourdises de propos. Plus remarquable que sa sotte tentative
d'esprit paysan [112], il faut retenir son incapacité à penser et à réagir
personnellement ; Lucas constitue souvent une sorte d'écho burlesque
aux propos d'autrui. Ainsi, plus d'une réplique de Valère se trouve
répétée par Lucas, mais dans son langage paysan, donc dégradée [113].
Voici un spécimen de ce jeu comique, quand Valère et Lucas battent
Sganarelle pour le convaincre de sa qualité de médecin :

VALÈRE. — Pourquoi, Monsieur, nous obligez-vous à cette violence ?
LUCAS. — A quoi bon nous bailler la peine de vous battre ?
VALÈRE. — Je vous assure que j'en ai tous les regrets du monde.
LUCAS. — Par ma figué ! j'en sis fâché, franchement [114].

Quand il veut, après Géronte, faire taire Jacqueline, il dilue la remon-
trance et la ponctue niaisement de coups frappés... sur la poitrine ou
l'épaule de Géronte [115] ! Au demeurant, Lucas est un mari jaloux mais
soumis. On le voit quand Sganarelle, qui a vite repéré le « joli meuble »
qu'est Jacqueline, se permet des privautés de langage et de gestes.
Malgré son respect pour la médecine, Lucas tente de garantir sa femme
des assauts de l'égrillard [116] ; excédée, Jacqueline finit par bousculer
son époux : « Ote-toi de là aussi ». « Je ne veux pas qu'il te tâte,
moi [117] », se plaint le nourricier remis à sa place. La belle nourrice a
conscience de sa supériorité [118]. Et de fait, chez elle, le naturel n'est pas
sottise ; il s'exprime à l'occasion par une saine sagesse, énoncée droite-

---

111. III, 3.
112. Quand Martine a décrit l'habillement de Sganarelle, il lance : « Un habit
jaune et vart ! C'est donc le médecin des paroquets ? » (I, 4).
113. Nombreux exemples en I, 5 et II, 1.
114. I, 5.
115. II, 1.
116. II, 2 et 3.
117. II, 3.
118. Voir III, 3, où Sganarelle entreprend de séduire la nourrice de son cœur.

ment. Qu'on se reporte à l'affrontement de Jacqueline avec Géronte à propos de la maladie de Lucinde [119]. Selon elle, les médecins n'y feront rien, « et la meilleure médeçaine que l'an pourrait bailler à votre fille, ce serait, selon moi, un biau et bon mari, pour qui elle eût de l'amiquié » ; et, au nom du bon sens, elle conteste le choix fait par le père avare d'un gendre riche : « contentement passe richesse », affirme-t-elle, en prenant une illustration dans l'entourage villageois.

Le seul rustre qui nous fasse rire dans *George Dandin* est le gros Lubin ; ce paysan ne parle d'ailleurs pas le patois. Sa manière amoureuse est des plus directes et des plus sommaires [120] ; saisissons ce dialogue avec Claudine :

> LUBIN. — Morgué ! je t'aime.
> CLAUDINE. — Tout de bon ?
> LUBIN. — Oui, le diable m'emporte ! tu me peux croire, puisque j'en jure.
> CLAUDINE. — A la bonne heure.
> LUBIN. — Je me sens tout tribouiller le cœur quand je te regarde.

Et la conclusion de sa cour est enlevée [121]. Mais Lubin s'est épris d'une fine mouche, qui sait déjà lui imposer ses conditions et sa volonté. Elle ne veut pas d'un mari soupçonneux, ni avare ; le niais acquiesce à tout : Claudine aura pleine liberté et Lubin sera de ceux qui ouvrent leur bourse. « Hé bien, bien, nous verrons », répond seulement Claudine, qui ne permet au sensuel ni une caresse, ni le moindre petit baiser à rabattre sur le futur mariage. Dépité et renvoyé, Lubin lance, dans son adieu, de plaisantes apostrophes à la « beauté rude ânière », dont il déplore l'insensibilité. Sa soumission d'amoureux reste inquiétante pour l'avenir.

En servant Clitandre, le paysan sot et assez vaniteux [122] montre ce dont il est capable. Chargé de transmettre secrètement à Angélique les messages de Clitandre, il s'empresse de tout dévoiler au mari trompé. Surpris par Dandin, dont il ignore l'identité, au sortir du logis de celui-ci, il lui recommande la discrétion, au moment même où il commence à faire des confidences bien étourdies :

---

119. II, 1.
120. *Ibid.*
121. « Vois-tu, il ne faut point tant de beurre pour faire un quarteron : si tu veux, tu seras ma femme, je serai ton mari, et nous serons tous deux mari et femme. »
122. Lors de l'ouverture nocturne de l'acte III, il demande gravement à Clitandre « pourquoi il ne fait point jour la nuit ». Enhardi par la familiarité railleuse de l'amoureux d'Angélique, il affirme : « Si j'avais étudié, j'aurais été songer à des choses où on n'a jamais songé. » Et il se vante d'expliquer du latin sans l'avoir appris, parce qu'il a su traduire le mot *collegium* écrit sur la grande porte du collège (III, 1).

C'est que je viens de parler à la maîtresse du logis, de la part d'un certain monsieur qui lui fait les doux yeux, et il ne faut pas qu'on sache cela. Entendez-vous [123] ?

Persuadé de faire les choses secrètement, comme on le lui a recommandé, le babillard parle, entraîné par un désir intempestif ; petit à petit, il lâche tout le secret, fournissant autant de précisions qu'en souhaite Dandin [124]. L'imprudent et indiscret benêt, qui se croit « fin matois », quitte donc un Dandin bien renseigné, en souhaitant encore une fois que le mari berné ne sache rien ! Lubin ne s'apercevra jamais qu'il a informé lui-même le mari. Rencontrant à nouveau Dandin [125], il l'accuse d'avoir parlé au mari, et regrette de devoir punir le « causeur » : « Si vous n'aviez point babillé, je vous aurais conté ce qui se passe à cette heure. » Mais, tout en affirmant qu'il ne dira rien, l'innocent laisse échapper une précieuse information :

> Point d'affaire. Vous voudriez que je vous disse que Monsieur le Vicomte vient de donner de l'argent à Claudine, et qu'elle l'a mené chez sa maîtresse. Mais je ne suis pas si bête.

Ainsi, la comédie moliéresque fait un très large emploi des traditionnels naïfs ; à quelque époque que ce soit, on y retrouve ces personnages façonnés par des générations de dramaturges. Molière opère évidemment des choix dans la tradition ; et si certains types retenus par lui sont assez continûment utilisés, d'autres apparaissent peu, en général parce que leurs traits fixés de naïveté n'intéressent plus notre auteur. Il convient surtout de souligner le rôle créateur de Molière au sein même des traditions. Les personnages acquièrent chez lui tout leur relief comique. En outre, par son souci de l'observation et de la vérité psychologique, il enrichit notablement le legs du passé ; la tradition du naïf se trouve variée, approfondie, s'épanouissant même dans des personnages aux traits nouveaux. Mais Molière n'en reste pas là.

II. — LE RENOUVELLEMENT DES NAÏFS.

« Lorsque vous peignez les hommes, il faut peindre d'après nature. On veut que ces portraits ressemblent ; et vous n'avez rien fait, si vous n'y faites reconnaître les gens de votre siècle [1]. » Tel est le but que Molière, par la bouche de Dorante, assigne à la comédie. En se rappro-

---

123. I, 2.
124. Et même au-delà : il parle de son salaire pour le message, de l'astucieuse et jolie Claudine qui a gagné son amour.
125. II, 5.

1. *La Critique de l'Ecole des femmes*, scène 6.

chant de la réalité sociale, il devait être amené à bouleverser les cadres traditionnels de la naïveté. Les nouveaux naïfs tirent leur intérêt de leur insertion dans une société donnée, celle de la deuxième moitié du XVIIe siècle ; les comportements de naïveté y trouvent un contenu vivant, précis et riche. Très tôt aussi, Molière a placé ses naïfs au centre de la comédie, s'attachant à leur complexité humaine, aux ressorts profonds qui expliquent, entretiennent ou font cesser la naïveté. Autre manière de faire plus vrai. Ces raisons, qui expliquaient déjà l'enrichissement des traditions du naïf, rendent compte aussi de leur dépassement, et de l'approfondissement de la naïveté. Les grands naïfs moliéresques vont témoigner d'une réflexion morale et sociale singulièrement poussée de la part de leur créateur.

La présentation de ces personnages reflètera la diversité des situations, mais soulignera aussi certaines constantes chez les naïfs. L'ingénue Agnès et Orgon, victime de l'hypocrisie religieuse, restent uniques dans leur genre. Pour différents qu'ils soient, des naïfs comme les précieuses, les femmes savantes et le bourgeois gentilhomme poursuivent tous, plus ou moins obstinément, des chimères en refusant leur nature ou leur condition. Quant à Arnolphe et à Alceste, une commune illusion les réunit : leur moi prétend plier les autres à ses desseins.

1. L'ingénuité.

Malgré un rôle extrêmement court, Agnès reste, parmi les jeunes filles de Molière, celle dont l'aventure nous introduit le plus profondément et de la manière la plus touchante dans ce mystère de l'être qu'est l'éveil du cœur. En toute transparence, l'ingénue évolue, grâce à l'amour, du silence à la parole [2], de l'ignorance à la connaissance, de la dépendance à la liberté, bref, de l'innocence vers la maturité.

Agnès se montre vraiment [3] au cours de la célèbre scène où Arnolphe mène l'interrogatoire sur les événements survenus pendant son absence [4]. Platitude, banalité, monotonie : telle est l'impression que donnent les toutes premières répliques de la jeune fille. Puis, très vite, apparaît l'aveu entier de la transgression qu'elle a faite des défenses d'Arnolphe, au nom, déjà, du plaisir. Cette sincérité marque sa transpa-

---

2. Voir B. Magné, « *L'Ecole des femmes* » ou la conquête de la parole, article de 1972.
3. En I, 3, les quelques répliques insignifiantes qu'elle prononce laissent voir déjà « cette honnête et pudique ignorance » dont se félicite Arnolphe ; Agnès ne peut évidemment saisir l'allusion aux projets matrimoniaux de son tuteur, quand il lui assure qu'elle aura dans peu de temps quelqu'un pour chasser les puces qui l'incommodent.
4. II, 5.

rence. Loin de cacher sa rencontre avec Horace, Agnès va en détailler les circonstances, la chanter ; elle ne sait pas dissimuler, et elle vit une deuxième fois son bonheur en redisant son émoi. Du récit on peut dégager plusieurs traits. Agnès déroule complètement sa narration, n'omettant même aucune incise du dialogue avec la vicille qu'elle rapporte au style direct ! Ce qu'elle raconte de son comportement dénote une grande igno-rance. Elle ne sait pas interpréter les révérences d'Horace ; sans voir leur signification déjà amoureuse, elle a répliqué par une autre série de révé-rences, pour éviter qu'il la « pût estimer moins civile que lui [5] ». Elle ignore le sens figuré des mots du langage galant : pour elle, une blessure ne peut être que physique [6] ; elle ne comprend pas que ses yeux puissent faire du mal. Et, avec sa bonté naturelle, elle a voulu guérir le mal qu'elle avait involontairement causé :

> Et pouvais-je, après tout, avoir la conscience
> De le laisser mourir faute d'une assistance,
> Moi qui compatis tant aux gens qu'on fait souffrir
> Et ne puis, sans pleurer, voir un poulet mourir [7] ?

Mais Agnès raconte surtout sa découverte de l'amour. C'est d'abord, pour elle, la naissance d'un plaisir nouveau, auquel elle ne peut s'oppo-ser : rencontrer « un jeune homme bien fait ». Puis Agnès a été sensible au bonheur d'être aimée, à la caresse des mots d'amour :

> Il jurait qu'il m'aimait d'une amour sans seconde,
> Et me disait des mots les plus gentils du monde,
> Des choses que jamais rien ne peut égaler,
> Et dont, toutes les fois que je l'entends parler,
> La douceur me chatouille et là-dedans remue
> Certain je ne sais quoi dont je suis toute émue [8].

Plaisir de la présence, des cadeaux, des propos, des gestes d'amour : tels sont les prémices du sentiment naissant, que le cœur simple dévoile devant nous.

Nous assistons bientôt au heurt de l'innocence d'Agnès avec la morale incarnée par Arnolphe. Au fond, Agnès ignore le mal, et témoi-gne d'une attitude prémorale. Le plaisir nouveau de l'amour n'est pas à cacher : elle a tout dit au tuteur. Et aucune défense n'aurait pu en empêcher l'exercice ; la naïve imagine même qu'Arnolphe, s'il avait été présent au déroulement de l'aventure, aurait approuvé l'attitude de sa pupille ! On voit là la conséquence de l'éducation d'Arnolphe ; demeu-rée sotte, ignorante de la vie et de l'amour [9], elle ne peut soupçonner le

---

5. V. 502.
6. Voir v. 512-516.
7. V. 539-542.
8. V. 559-564.
9. Un galant fait-il d'autres choses que de baiser les mains et les bras de sa maîtresse ? s'enquiert Agnès (v. 582), dont la naïveté ne laisse pas de faire sourire.

danger de son idylle, ni qu'elle est réprouvée par Arnolphe. Méconnais-
sant les valeurs, Agnès ne voit pas le mal ; aucun interdit, aucune bar-
rière ne la retiennent dans le plaisir qu'elle prend : si Horace avait
demandé davantage, elle aurait tout accordé [10]. C'est cette différence
d'appréciation morale qui permet le quiproquo sur le fameux « le »,
tant reproché à Molière. Arnolphe pense au « dernier point ». Agnès,
sentant la réprobation contenue du tuteur, ne sait plus que dire ou
cacher, ignorant ce qui est mal à ses yeux ; elle se reproche seulement
d'avoir laissé prendre un ruban que lui avait offert Arnolphe. Quand
celui-ci, reprenant la direction du dialogue, introduit l'idée de la tromperie, puis du péché, bref, l'idée du mal, l'ingénue s'étonne tout naturellement. Comment l'abandon spontané au plaisir d'être aimée pourrait-il être un « péché mortel », contre quoi le ciel se courrouce ? « C'est
une chose, hélas ! si plaisante et si douce [11] ! » Arnolphe n'est pas fondé
à s'adresser à la conscience morale de la jeune fille. Au reste, dans ce
nouveau débat, la logique de l'innocente garde le dernier mot : si le
mariage supprime le péché, qu'Arnolphe la marie !

On comprend donc sa joie, quand elle croit que le mariage annoncé
par le tuteur l'unira avec son jeune amant ; dans son candide amour,
elle n'a pas mesuré l'opposition d'Arnolphe, qui, de plus, ne s'est jamais
ouvert à elle de ses propres desseins. Las ! le quiproquo est vite dissipé,
et des instructions sévères données pour éconduire le blondin. La jeune
fille tente bien de défendre son bonheur menacé, mais Arnolphe ne lui
en laisse pas le loisir ; à peine a-t-elle prononcé quelques mots, que le
tyran la coupe durement d'un « Ah ! que de langage ! », et lui reprend
la parole. La rébellion n'est pas encore de mise. Mais l'événement de
l'amour — dont l'apparition fut d'autant plus fulgurante qu'à dix-sept
ans, « cette grande fille en retard [12] », cloîtrée, laissée dans l'ignorance du
monde, est encore proche de la simplicité et de l'innocence de nature —
n'a pas fini de bouleverser l'être d'Agnès.

Devant le terrible sermon que lui assène le tuteur [13], Agnès ne dit
mot ; et, apparemment soumise, elle débite, vraisemblablement sans
bien les comprendre, les dix premières maximes du mariage. Mais,
depuis la première entrevue, la prisonnière d'Arnolphe a senti son amour
et son bonheur menacés, et s'est déjà employée à les défendre en se
cachant de son tuteur. D'un coup, malgré son ignorance et sa simplicité,
elle a su imaginer avec beaucoup d'esprit et mettre en œuvre avec

---

10. V. 585-586.
11. V. 604.
12. Selon le mot de Mme Dussane.
13. III, 2.

hardiesse un tour propre à abuser Arnolphe, dont les ordres ont été suivis à la lettre, mais tournés en fait : le grès destiné à Horace était accompagné d'un billet. Horace, qui raconte l'aventure à Arnolphe [14], y voit à juste raison un miracle de l'amour : « Il le faut avouer, l'amour est un grand maître [15] ».

Si l'esprit est venu à l'innocente, qui a pris la parole, ce qu'elle écrit à Horace [16] montre encore de la naïveté. Merveilleux instant où l'esprit s'éveille ! Rendue heureuse et éclairée par le sentiment neuf, Agnès découvre qu'elle a besoin de se dire et de communiquer avec celui qu'elle aime. Comment s'y prendre ? Car on a fait d'elle — ce dont elle prend également conscience — une ignorante, incapable d'utiliser et de maîtriser la langue. « Je me défie de mes paroles », ajoute Agnès ; touchant la formulation de ce qu'elle ressent, elle craint que son langage n'outrepasse les limites de ce qu'il est convenable de dire. Mais l'heure n'est pas aux réticences ; la lettre d'Agnès est belle de sa transparence, comme le remarque Horace :

> Tout ce que son cœur sent, sa main a su l'y mettre,
> Mais en termes touchants et tout pleins de bonté,
> De tendresse innocente et d'ingénuité,
> De la manière enfin que la pure nature
> Exprime de l'amour la première blessure [17].

Sans doute l'expression de son amour, qu'elle ne nomme pas encore, reste-t-elle maladroite ; mais, dans cet essai du langage, elle s'efforce de décrire ses sentiments, avec une loyauté et un élan entiers. Qu'on en juge :

> En vérité, je ne sais ce que vous m'avez fait ; mais je sens que je suis fâchée à mourir de ce qu'on me fait faire contre vous, que j'aurai toutes les peines du monde à me passer de vous, et que je serais bien aise d'être à vous.

La pure nature s'abandonne à la spontanéité de l'aveu. Et quelle confiance dans l'aimé ! Elle ne peut l'imaginer trompeur, et s'en remet à lui avec la plus parfaite candeur :

> Dites-moi franchement ce qui en est ; car enfin, comme je suis sans malice, vous auriez le plus grand tort du monde, si vous me trompiez ; et je pense que j'en mourrais de déplaisir.

La métamorphose d'Agnès se poursuit, et continue de se déchirer le voile d'ignorance et de stupidité dont le criminel tuteur a voulu étouf-

---

14. III, 4.
15. V. 900. Ce vers, à peu près au centre de la comédie, éclaire bien son titre.
16. Le billet est lu par Horace en III, 4.
17. V. 941-945.

fer le beau naturel de sa pupille [18]. De plus en plus, Agnès s'émancipe, tranquillement, indifférente à la colère et aux reproches d'Arnolphe [19], toute à la satisfaction de son penchant amoureux. Violant les interdits, elle a reçu Horace dans sa chambre ; elle espère encore tromper la surveillance du jaloux pour accueillir son amant, à qui elle a accordé un rendez-vous nocturne. Elle conquiert sa liberté contre Arnolphe, qui la contraint à la dissimulation et à la tromperie. Agnès ne suit que les conseils que son amour lui donne [20] : l'échec de la tentative d'Horace la pousse à quitter le logis du tuteur et à se confier, en toute innocence, à la foi de son amant. Celui-ci la laisse-t-il aux mains d'un inconnu [21] ? Ne pouvant supporter la séparation, elle sait dire avec fraîcheur le besoin profond qu'elle ressent de la présence de son aimé [22] ; et dans le reproche qu'elle lui adresse éclate l'aveu de l'amour, cette fois nommé :

> Non, vous ne m'aimez pas autant que je vous aime [23].

Le dernier affrontement entre Arnolphe et Agnès [24] marque le terme de l'évolution de l'ingénue. Arnolphe, recouvrant sa proie, se heurte à une personne : Agnès a conquis l'indépendance et la parole ; désormais elle raisonne et répond. Il convient de souligner encore sa spontanéité et sa franchise, par quoi elle blesse, mais sans volonté de blesser, au nom seul de l'intégrité de son être. Que doit-elle à Arnolphe, qui a fait d'elle une bête et une sotte ? Horace, au contraire, lui a appris tout ce qu'elle sait, en l'éveillant à la vie. Chez l'un le mariage est « fâcheux et pénible » ; chez l'autre « rempli de plaisirs ». Oui, elle aime Horace, et le dit à la face du tuteur ; que faire contre le sentiment irrépressible ? Comment résister à ce qui fait plaisir ? Tout aussi sincèrement, elle affirme son indifférence pour le tuteur qui n'a pas su se faire aimer. La dernière et dérisoire tentative d'Arnolphe pour quêter l'amour d'Agnès est fatalement vouée à l'échec ; d'une réplique, elle la réduit à néant :

> Tenez, tous vos discours ne me touchent point l'âme :
> Horace avec deux mots en ferait plus que vous [25].

---

18. Voir les vers 950-956.
19. Voir la réflexion de celui-ci (IV, 1, v. 1013-1015) :
    « De tout ce qu'elle a fait elle n'est point émue ;
    Et bien qu'elle me mette à deux doigts du trépas,
    On dirait, à la voir, qu'elle n'y touche pas. »
Le calme d'Agnès est d'autant plus admirable que, pendant qu'elle écoutait les reproches d'Arnolphe, Horace était enfermé dans l'armoire !
20. V. 1409.
21. V, 3.
22. V. 1465, par exemple : « Quand je ne vous vois point, je ne suis point joyeuse. »
23. V. 1469.
24. V, 4.
25. V. 1605-1606.

Les menaces du tyran ridiculisé n'y feront rien ; le bon destin de la comédie accordera la liberté et le bonheur à l'ingénue, dont l'être s'est éveillé et épanoui à la lumière de l'amour.

2. Une victime de l'hypocrisie.

Parmi les vices de son siècle, auxquels le dramaturge a mission de s'attaquer, l'hypocrisie tient une place de choix, car elle est « un vice à la mode [1] ». C'est ce qui poussa Molière à faire une comédie « qui décriât les hypocrites, et mît en vue, comme il faut, toutes les grimaces étudiées de ces gens de bien à outrance, toutes les friponneries couvertes de ces faux-monnayeurs en dévotion, qui veulent attraper les hommes avec un zèle contrefait et une charité sophistique [2] ». On voit de quelle vérité sociale est chargée la naïveté d'Orgon, la victime du faux dévot Tartuffe.

D'un point de vue dramaturgique, l'aveuglement d'Orgon, dupé par un coquin, forme le centre du Tartuffe. D'emblée installé au « plus haut degré de son entêtement », renforcé dans son illusion après la maladroite intervention de Damis, le naïf ne sera désabusé qu'à la fin de l'acte IV ; les efforts déployés pour tirer Orgon de son erreur, pour le faire revenir au sentiment du réel forment « proprement le sujet de la pièce [3] ». Du même mouvement, Molière montre à quelle profondeur s'enracine la naïveté de son héros comique.

Que — selon le mot de Dorine — Orgon aime Tartuffe « cent fois plus qu'il ne fait mère, fils, fille et femme [4] », on le vérifie au retour du chef de famille. Après deux jours d'absence, il se préoccupe du seul objet de sa passion, Tartuffe, le directeur de conscience qu'il a laissé s'impatroniser au logis [5]. Comment cet honnête bourgeois, cet homme sage a-t-il pu prendre un hypocrite pour un saint, s'enticher de lui au point que sa pensée et son cœur en soient pervertis, et devenir sa dupe ? Répondre à cette question, c'est tenter de cerner les sources et les manifestations de la naïveté du personnage. Sont éclairantes, à cet égard, la dernière scène du premier acte, où Orgon doit se justifier devant Cléante,

---

1. Dom Juan, V, 2.
2. Premier Placet présenté au roi sur la comédie du « Tartuffe ».
3. Les expressions citées sont empruntées à la Lettre sur la comédie de l'Imposteur (éd. G. Couton des Œuvres complètes de Molière, t. I, p. 1152). Cette Lettre de 1667, dont Molière a vraisemblablement suivi la rédaction, s'appuie sur la représentation de Panulphe ou L'Imposteur ; elle reste néanmoins un document fort précieux pour la compréhension du Tartuffe définitif.
4. I, 2, v. 186. Toute la tirade de la lucide Dorine (v. 179 sqq.) éclaire bien la tendresse quasi amoureuse qui lie Orgon à « son tout, son héros ».
5. I, 4.

et les deux premières scènes du second acte, au cours desquelles le père dénaturé veut imposer à sa fille le mariage avec Tartuffe et rencontre l'opposition résolue de Dorine.

S'il est incapable de donner des raisons à son admiration pour Tartuffe [6], Orgon redit dans l'extase la rencontre qu'il fit de lui à l'église [7]. Mais alors qu'Orgon veut donner la preuve de la justesse de son attachement, Cléante et le spectateur ne voient dans ce récit que l'hypocrisie manifeste de Tartuffe et l'aveuglement de sa victime. Chaque geste, chaque attitude, chaque repartie de Tartuffe représentaient un calcul de l'imposteur, un signe excessif destiné à la dupe. Naïf, Orgon s'est laissé berner par les apparences. Aveuglé par les « vaines simagrées » du façonnier, il n'a pas fait la distinction entre la fausse monnaie et la bonne, entre l'hypocrisie et la vraie dévotion. « Par un faux éclat je vous crois ébloui [8] », affirme son beau-frère Cléante, en conclusion de deux longues tirades qui voudraient éclairer Orgon.

Dans l'illusion d'Orgon, on peut discerner la marque d'une nature impulsive, qui se porte d'emblée aux extrêmes ; Orgon devait être séduit par la piété vétilleuse, excessive, ostentatoire et extérieure [9] d'un Tartuffe. Plus profondément, nous touchons à la religion d'Orgon. Selon Molière, Orgon tente de réaliser son aspiration au salut par des moyens radicalement faux. Et si Tartuffe a pu s'emparer de l'esprit d'Orgon, c'est qu'il comble son attente religieuse ; là gît le fondement ultime de la naïveté d'Orgon à l'égard de Tartuffe. L'exemple et les préceptes de Tartuffe lui semblent vrais par leur exagération même. Il entre du simplisme et de la sottise dans ce goût de l'absolu qui lui fait admirer le zèle de son Tartuffe contrit d'avoir tué une puce en priant. Mais écoutons le disciple se louer de suivre les préceptes du maître :

> Qui suit bien ses leçons goûte une paix profonde,
> Et comme du fumier regarde tout le monde.
> Oui, je deviens tout autre avec son entretien ;
> Il m'enseigne à n'avoir affection pour rien,
> De toutes amitiés il détache mon âme ;
> Et je verrais mourir frère, enfants, mère et femme,
> Que je m'en soucierais autant que de cela [10].

---

6. Voir, en I, 5, le fameux vers 272 : « C'est un homme... qui,... ha ! un homme... un homme enfin. »

7. Pour I, 5, v. 281 sqq., Fernand Ledoux, dans la mise en scène du *Tartuffe* qu'il publia en 1953, donne cette indication : « Orgon face au public, hagard, intense, s'échauffant. »

8. I, 5, v. 407.

9. De même que la piété de Tartuffe lui en a imposé, il dit récuser en Valère un gendre qu'il soupçonne d'être un peu libertin, parce qu'il ne hante point ostensiblement les églises (voir II, 2, v. 524-525).

10. I, 5, v. 273-279.

Davantage encore : prenant Tartuffe pour un saint, il veut se l'attacher pour réaliser son salut. Orgon tient d'autant plus à Tartuffe qu'il voit en lui la meilleure voie d'accès au ciel. C'est pour cette raison qu'il l'a recueilli [11]. En se remettant tout entier à lui, en lui laissant régenter la famille, Orgon pense gagner la vie éternelle :

Enfin avec le Ciel l'autre est le mieux du monde,
Et c'est une richesse à nulle autre seconde [12].

Mais l'égoïste fait supporter l'effort par autrui ; pour satisfaire sa passion de Tartuffe qui lui est moyen de salut, il impose le faux dévot comme époux à Mariane, croyant mieux unir ainsi Tartuffe à sa famille [13]. Sacrifier le bonheur de sa propre fille pour se rendre le ciel favorable, c'est mettre le comble au scandale d'un christianisme assez faux à de multiples égards. On constate par quelles fibres profondes Orgon est lié à son Tartuffe ; des raisons essentielles expliquent, nourrissent et renforcent l'aveuglement de notre personnage.

Vouloir détromper Orgon semble une entreprise vouée à l'échec. Non seulement il est emporté, têtu, autoritaire. Mais il a trop besoin du faux dévot pour qu'on puisse perdre celui-ci dans son esprit ; son illusion sur Tartuffe lui est nécessaire. Cléante ose-t-il douter du nouveau saint [14] ? Orgon le rejette dans les ténèbres extérieures du libertinage et n'écoute plus ses raisonnables observations. Quand il prend la peine de répondre aux objections de Dorine [15], on s'aperçoit qu'il reste dans l'illusion : dans la gueuserie de Tartuffe, qu'il croit gentilhomme, il ne voit que le « trop peu de soin des choses temporelles » et la « puissante attache aux choses éternelles [16] ». Bref, rien ni personne ne peut lui faire admettre la vérité sur Tartuffe, lui faire découvrir son jeu au logis. Le naïf reste muré dans son illusion.

L'intérêt des dernières scènes du troisième acte [17] est de montrer comment ce qui devrait éclairer et désabuser notre naïf, aboutit au contraire au renforcement de son illusion et de sa dépendance à l'égard de Tartuffe.

En voulant faire éclater brutalement la vérité aux yeux de son père, Damis commet une maladresse insigne. D'une part, l'accusation portée

---

11. Geste aux conséquences si bénéfiques qu'Orgon y voit l'inspiration de la Providence : « Enfin le Ciel chez moi me le fit retirer » (I, 5, v. 299).
12. II, 2, v. 529-530.
13. Voir II, 1, v. 454.
14. I, 5.
15. II, 2.
16. Voir les vers 485-494.
17. III, 5 à 7.

contre Tartuffe est par trop incompatible avec la sainteté que lui prête Orgon. D'autre part, discréditer Tartuffe aux yeux d'Orgon, c'est menacer son bonheur présent et ses espoirs de salut. Donc, au lieu d'examiner la dénonciation, il expliquera instinctivement cette nouvelle attaque venue d'autrui contre Tartuffe comme un complot destiné à bannir le saint personnage :

> Vous le haïssez tous ; et je vois aujourd'hui
> Femme, enfants et valets déchaînés contre lui ;
> On met impudemment toute chose en usage,
> Pour ôter de chez moi ce dévot personnage [18].

La vérité ne peut pas atteindre Orgon.

De fait, sa première réaction [19] à ce qu'a dit Damis est l'incrédulité. L'habile artifice de Tartuffe va renforcer sa conviction que Damis ment. Loin de répondre à l'accusation particulière formulée contre lui, l'hypocrite s'accuse et se condamne lui-même en insistant avec humilité sur son universel péché, et en s'offrant à la vengeance d'Orgon : « Et comme un criminel chassez-moi de chez vous [20] ». Dans cette feinte humilité, Orgon retrouve un Tartuffe conforme à l'image qu'il admire de lui, et frémit à l'idée de perdre son directeur. S'adressant à son fils, il montre bien comment il considère sa dénonciation :

> Ah ! traître, oses-tu bien par cette fausseté
> Vouloir de sa vertu ternir la pureté [21] ?

Dès lors, Tartuffe peut pousser l'audace, laissant entendre que Damis dit la vérité, mettant Orgon en garde contre les apparences que lui-même donne d'un homme de bien, s'humiliant aux genoux de Damis. La conviction d'Orgon est faite, et tout ce jeu de Tartuffe ne sert qu'à renforcer sa certitude que le directeur chéri est bien la sainte victime des calomnies de Damis. Le jeune homme a échoué à lui faire admettre la vérité ; c'est lui le « traître », l'« infâme », le « coquin » qu'Orgon empêche de parler.

Tartuffe profite de l'occasion pour confirmer son avantage [22]. Il faut qu'Orgon, sans soupçon pour le présent, soit persuadé, pour l'avenir aussi, que toutes les médisances dont la « sainte personne » sera l'objet — spécialement de la part d'Elmire — visent à noircir le frère auprès de son frère ; Tartuffe doit s'assurer qu'Orgon ne les écoutera pas davantage qu'aujourd'hui. L'hypocrite obtient d'autant plus facilement

---

18. III, 6, v. 1119-1122.
19. « Ce que je viens d'entendre, ô Ciel ! est-il croyable » (III, 6, v. 1073).
20. V. 1084.
21. V. 1087-1088.
22. III, 7.

la promesse qu'il menace Orgon de quitter le logis. Douloureusement humilié de l'offense faite à Tartuffe par son fils, bouleversé, Orgon supplie son directeur, auquel il est totalement livré : « Non, vous demeurerez : il y va de ma vie [23] ». Le faux dévot réussit un coup de maître : il dit se résigner, par mortification, à demeurer en un lieu d'où il risquait d'être chassé, il se fait demander de fréquenter Elmire et il accepte, pour se conformer à la volonté du ciel, la fille et les biens d'Orgon ! Il a su faire jouer deux ressorts de l'âme d'Orgon : le besoin vital qu'il a de Tartuffe, et l'entêtement du chef de famille isolé à braver tous les siens [24]. Le naïf Orgon reste au comble de l'aveuglement, et plus que jamais prisonnier des pièges de Tartuffe.

Elmire parviendra à dissiper l'aveuglement de son mari. S'il n'ajoute pas foi aux rapports des siens, cet homme qui ne veut croire que les apparences [25] devra admettre le témoignage de ses propres yeux. Est-il ébranlé par l'obstination d'Elmire à lui faire voir « avec pleine lumière », « clairement » toute la vérité ? Accepte-t-il la proposition d'Elmire comme une sorte de défi, où il compte bien l'emporter, puisqu'il est sûr de son « homme de bien » ? Quoi qu'il en soit, il se prête à l'expérience et rejoint sa ridicule cachette [26]. Les faits le détromperont bientôt ; avec Elmire, Tartuffe baisse le masque, et dévoile son visage de scélérat [27]. Difficile retour au réel de notre naïf ! Il sort de dessous la table abasourdi, dépossédé de son illusion :

> Voilà, je vous l'avoue, un abominable homme !
> Je n'en puis revenir, et tout ceci m'assomme [28].

Son saint homme de Tartuffe ? « Rien de plus méchant n'est sorti de l'enfer [29] ». Le dernier acte montre le trouble d'Orgon désabusé, devant subir les conséquences de sa totale confiance dans le fripon qui lui en a imposé. Mais l'impulsif [30] n'est pas revenu à la droite raison, et verse d'un excès dans l'autre ; après s'être enflammé pour les apparences d'un

---

23. III, 7, v. 1165.
24. Voir III, 6, v. 1123-1126, et III, 7, v. 1172-1178.
25. « Je suis votre valet, et crois les apparences » (IV, 3, v. 1317).
26. IV, 3 et 4.
27. On observera que cet inquiétant scélérat n'est pas épargné par la naïveté. Pour satisfaire son désir, il s'est mis à la merci d'Elmire (III, 3). La femme d'Orgon en profite dans notre scène (IV, 5), où le sensuel imposteur est son jouet.
28. IV, 6, v. 1529-1530.
29. V. 1535.
30. Comment ne pas mentionner la responsable de l'impulsivité de toute la race, Madame Pernelle ? Egalement coiffée de Tartuffe, elle fournit un habile contrepoint à notre naïf. On la verra persister plus longtemps dans l'erreur que son fils, lequel — ironie du sort ! — tente désespérément de l'éclairer sur l'imposteur (V, 3). Seules les menaces brutales de Monsieur Loyal dessillent les yeux de la mère d'Orgon : « Je suis toute ébaubie, et je tombe des nues » (V, 6, v. 1814).

faux dévot qui l'a trompé, il ne veut plus croire à la possibilité d'une dévotion sincère :

> C'en est fait, je renonce à tous les gens de bien :
> J'en aurai désormais une horreur effroyable
> Et m'en vais devenir pour eux pire qu'un diable [31].

3. *Le refus de soi-même.*

Chez les personnages qui vont maintenant nous retenir, la naïveté trouve sa source dans un refus. L'être oublie ou refuse d'admettre ce que la nature et la société ont fait de lui ; il veut se changer, devenir autre. Poursuivant sa chimère, le naïf se trouve presque inévitablement victime des trompeurs, qui savent entretenir ses illusions. Le dénouement ne marque pas toujours le retour au sentiment du réel : si les précieuses ridicules et les femmes savantes constatent l'échec de leur rêve, Jourdain, loin d'être détrompé, bascule définitivement dans la folie, cessant par là d'être un naïf.

Dans *Les Précieuses ridicules,* Molière développe sa critique de la préciosité en montrant la naïveté de ces deux caricatures que sont Magdelon et Cathos ; la sottise des donzelles ridicules juge leurs aspirations.

Nos deux pecques renient leur nature et rejettent le destin normal de la fille et de la nièce d'un « bon bourgeois ». Le mariage avec d'honnêtes garçons choisis par Gorgibus, et qui viennent tout uniment faire leur cour en annonçant leur désir d'épouser ? C'est « du dernier bourgeois », et « il ne se peut rien de plus marchand que ce procédé [1] ». Pour celles qui connaissent « le bel air des choses », « le mariage ne doit jamais arriver qu'après les autres aventures [2] » ; l'amour doit se soumettre aux intrigues, aux rites et aux règles de la vraie galanterie, telle qu'elle est développée dans les romans précieux dont les sottes se sont intoxiquées. Au nom de cet idéal parfaitement artificiel, elles ont donc renvoyé les prétendants [3]. Le refus de l'idée bourgeoise de l'amour et du mariage se greffe sur le refus plus profond de leur origine, de leur passé. Magdelon trouve son père bien vulgaire [4], et en a honte :

---

31. V, 1, 1604-1606.

1. Scène 4.
2. *Ibid.*
3. Cathos va plus loin, et refuse l'idée même du mariage : « Comment est-ce qu'on peut souffrir la pensée de coucher contre un homme vraiment nu ? »
4. Elle n'hésite pas à le lui dire sèchement, au cours de l'affrontement de la scène 4.

J'ai peine à me persuader que je puisse être véritablement sa fille, et je crois que quelque aventure, un jour, me viendra développer une naissance plus illustre [5].

L'une et l'autre ont décidé de changer leur nom, trop plat pour ce qu'elles rêvent d'être. Les provinciales n'ont qu'un désir : se changer pour briller à Paris, « le grand bureau des merveilles, le centre du bon goût, du bel esprit et de la galanterie [6] ». Aussi ont-elles adopté d'autres habitudes pour leur toilette, d'autres manières, un autre langage ; mais ce faisant, les snobs n'ont attrapé que les outrances et les ridicules de la mode précieuse.

Elles devaient être prises aux apparences du bel air que Mascarille, puis Jodelet, leur proposent [7]. L'un s'annonce en marquis, l'autre en vicomte ; nos provinciales sont persuadées d'attirer les beaux esprits de l'aristocratie : « Ma toute bonne, nous commençons d'être connues ; voilà le beau monde qui prend le chemin de venir nous voir [8] ». Mascarille et Jodelet comblent trop leur attente pour qu'elles puissent soupçonner l'imposture. Mascarille surtout, avec ses propos galants, son ajustement élégant, ses talents poétiques, la bravoure d'homme d'épée qu'il affiche, correspond exactement à leur idéal du gentilhomme galant, spirituel et enjoué. D'un coup, il leur permet de croire à la réalisation de leur rêve ; il les entraîne dans le monde merveilleux auquel elles aspiraient. Comment résister, par exemple, à cette promesse du faux marquis d'établir chez elles une académie de beaux esprits ? Pendant quelques scènes, les naïves se croient des dames du bel air, dignement diverties et fêtées. Dira-t-on que la bouffonnerie des valets déguisés aurait pu les détromper ? Non pas. L'extravagance n'est pas pour éclairer de sottes provinciales ; l'excès même renforce leur crédulité. « Que tout ce qu'il dit est naturel [9] ! » s'exclame Magdelon, à propos d'une galanterie particulièrement alambiquée de Mascarille. L'échec de Magdelon et de Cathos sera cinglant : leur vœu de devenir autres ne s'est réalisé qu'à la faveur d'une mystification d'autant plus dérisoire qu'elle est l'œuvre de deux valets.

Molière revint aux problèmes du féminisme, non plus dans une farce, mais dans la comédie des *Femmes savantes*. Il s'agissait cette fois de plus hautes prétentions : la culture à laquelle aspirent Philaminte, et, à sa suite, Bélise sa belle-sœur et Armande sa fille, s'élargit à la philosophie et à la science. A chacune des femmes savantes le dramaturge a

5. Scène 5.
6. Scène 9.
7. Scènes 9 à 12.
8. Scène 11.
9. *Ibid.*

donné sa personnalité propre : une jeune fille qui sera victime de son platonisme, une vieille fille assez folle pour obstinément se croire aimée du jeune Clitandre, une mère de famille autoritaire qui met en péril l'équilibre du foyer. Mais on peut dégager l'erreur commune aux trois personnages, erreur dont profite un coquin.

Elles refusent le destin séculaire de la femme. C'est jouer au monde un bien petit personnage que de se « claquemurer aux choses du ménage »,

> Et de n'entrevoir point de plaisirs plus touchants
> Qu'un idole d'époux et des marmots d'enfants [10] !

Armande invite donc sa sœur à mépriser les sens et la matière, afin de s'élever à de plus nobles occupations, celles de l'esprit. A quoi sa mère et inspiratrice Philaminte fait écho :

> [...] je veux nous venger, toutes tant que nous sommes,
> De cette indigne classe où nous rangent les hommes,
> De borner nos talents à des futilités,
> Et nous fermer la porte aux sublimes clartés [11].

La grammaire, la littérature, la philosophie, la science : rien n'échappera désormais aux beaux esprits féminins. La moins grave des conséquences de tels choix est la désorganisation du ménage : « nous voyons aller tout sens dessus dessous [12] », se désespère le médiocre Chrysale. Plus inquiétant : Henriette, rebelle à ce féminisme, se voit contrainte d'épouser Trissotin ; par ce biais, Philaminte pense amener une fille, qui trouverait son épanouissement aux joies viles d'un foyer, aux valeurs de l'esprit [13].

Molière souligne cruellement l'inanité de l'ambition des savantes. Parties à la recherche d'une nouvelle identité, elles n'atteignent que des chimères et se discréditent par leurs excès et leurs ridicules. Peu sensées, manquant d'intelligence et de vraie culture, elles ne peuvent réaliser leur rêve. Puristes à l'office, elles renvoient une servante qui a manqué aux préceptes de Vaugelas. Se faisant juges des œuvres littéraires, elles se pâment, à l'instar des précieuses ridicules, sans discernement et sans goût, sur les vers de Trissotin, en faveur de qui elles sont d'ailleurs prévenues [14]. Il faut voir ces dames toucher à la philosophie [15] ! En moins de dix vers, Aristote, Platon, Epicure et Descartes sont passés en revue ; c'est dire que de la pensée de chacun, elles n'ont attrapé qu'un

---

10. I, 1, v. 27-30.
11. III, 2, v. 853-856.
12. II, 7, v. 570.
13. III, 4.
14. III, 2.
15. *Ibid.*

mot ou une notion. Philaminte *aime* le platonisme, Epicure *plaît* à Armande, Bélise *s'accommode* des atomes d'Epicure... Jugements et éclectisme de sottes. Comment ne pas sourire après cela des orgueilleux projets d'une académie des femmes, où l'on appronfondira toutes les sciences, où l'on jugera les ouvrages, où, surtout, on travaillera au retranchement des syllabes sales ? Ces bourgeoises ne semblent pas faites pour le savoir : superficielles, elles se paient surtout de mots, échouant à saisir les réalités de l'esprit.

Nos « femmes docteurs » étaient destinées à s'enticher de Trissotin. Un nigaud de pédant à la plume prolixe, et d'une rare fatuité : voilà l'homme que Philaminte prend pour un bel esprit, un grand philosophe et un merveilleux poète galant — « et qui n'est, comme on sait, rien moins que tout cela [16] », nous dit Ariste. L'erreur de jugement n'étonne pas ; on voit bien ce qui a poussé Philaminte à faire de Trissotin « son héros d'esprit » : il prend au sérieux et flatte sa manie. Après avoir délicieusement respiré l'encens qui monte du chœur des trois sottes, Trissotin, qui vient de les honorer d'un sonnet et d'une épigramme, prête la main à leur chimère. Il invite Philaminte à faire admirer ses productions, applaudit à ses ambitieux projets, car il sait rendre hommage à l'esprit des femmes [17] ; il introduit ensuite le savant Vadius, qui désire s'honorer de la connaissance des beaux esprits féminins [18] ; plus tard, il choisira même le salon de Philaminte, dont il sait le goût pour l'astronomie, pour annoncer le passage d'une comète [19] ! Bref, il entretient les « folles visions » des trois femmes, en les prenant ostensiblement pour ce qu'elles veulent être. Non sans arrière-pensées. Henriette est jolie ; et ses parents ont du bien : comme l'écrit Vadius, la philosophie de Trissotin n'en veut qu'aux richesses. Dans le bel esprit qui entretient son illusion de se croire savante, Philaminte sera longtemps à ne pas voir le coquin intéressé ; seule la supercherie d'Ariste, à la dernière scène, lui permettra de découvrir l'âme mercenaire de ce Trissotin que, dans son entêtement, elle voulait donner à sa fille. Aveuglées, les femmes savantes se sont ainsi méprises et sur la qualité intellectuelle et sur la qualité morale du trompeur qui a su s'insinuer chez elles.

Armande mérite une analyse particulière. Sa naïveté vient de la contradiction entre l'angélisme qu'elle affiche et les postulations profondes de sa nature féminine ; elle se croit capable, avec son mépris de la chair, de faire taire en elle la jeune fille amoureuse. Elle échouera à se changer.

_____

16. II, 9, v. 694.
17. III, 2.
18. III, 3.
19. IV, 3.

C'est elle qui exprime le plus agressivement et le plus orgueilleuse-
ment le platonisme commun aux trois savantes ; elle est aussi la seule
que ce choix philosophique concerne vraiment, dans son être de jeune
fille : vouloir conserver « le beau nom de fille » requiert d'elle un
coûteux sacrifice. Dans le mariage et « tout ce qui s'ensuit », Armande
ne veut voir qu'une vulgarité à soulever le cœur, par quoi nous nous
égalons aux bêtes ; ayant donné l'exemple, elle prêche à Henriette
l'amour de l'étude :

> Loin d'être aux lois d'un homme en esclave asservie,
> Mariez-vous, ma sœur, à la philosophie [20].

Le refus d'un époux n'entraîne pas le refus d'un adorateur [21]. En fait,
Armande voudrait purifier l'amour entre l'homme et la femme de tout
ce qui rappelle la matière, le commerce des sens et les sales désirs ; la
beauté du parfait amour ne se rencontre que dans « cette union des
cœurs où les corps n'entrent pas [22] ». Tel est le pur amour dont elle
rêve ; cette revendication va la déchirer dans ses vœux les plus profonds.

On pourrait même dire que son platonisme se formule avec d'autant
plus d'éclat et de dureté qu'elle a du mal à l'admettre véritablement.
Armande se ment ; ses propos masquent une réalité dont elle ne veut
pas convenir, mais qui paraît clairement aux yeux des autres. Dans
l'affrontement entre les deux sœurs qui ouvre la pièce, nous sentons
très vite que l'opposition de doctrine s'enracine sur une rivalité amoureuse, dont l'enjeu est Clitandre. Aimée de lui, Armande l'a refusé au
nom de ses principes ; Henriette a su lier ce cœur rebuté. L'aigreur
qu'en conçoit Armande s'explique par un dépit d'amour, par un désir
refoulé ; ce n'est pas seulement un adorateur qu'elle perd, c'est un mari
qu'elle a cru pouvoir refuser. Plus d'un signe montre qu'elle est poussée
par une inconsciente jalousie. Craignant secrètement d'entendre qu'on
ne l'aime plus, elle refuse les éclaircissements de Clitandre sur de vaines
raisons [23] ; quand Clitandre la conjure de ne plus essayer de se faire
aimer de lui, elle se cabre en laissant lire la vérité derrière les mots
mensongers [24]. Voit-elle l'accord entre les deux amants ? Elle se trahit
encore par son apparent détachement :

> Vous triomphez, ma sœur, et faites une mine
> A vous imaginer que cela me chagrine [25].

---

20. I, 1, v. 43-44.
21. I, 1, v. 103-104.
22. IV, 2, v. 1196.
23. I, 2, v. 125-128.
24. I, 2, v. 155-156 :
       « Eh ! qui vous dit, Monsieur, que l'on ait cette envie,
       Et que de vous enfin si fort on se soucie ? »
25. I, 2, v. 179-180.

Son acharnement à détruire le bonheur de Clitandre et d'Henriette, ses menées assez odieuses, sa tentative pour reprendre Clitandre, répondent mal à son refus initial du jeune homme et à la philosophie qu'elle professe, mais éclairent singulièrement son cœur. Quelle joie méchante quand Philaminte commande à Henriette d'épouser Trissotin [26] ! Quelle application mauvaise à renforcer Philaminte dans sa décision de donner Henriette au bel esprit, et à perdre Clitandre, « ce petit Monsieur », auprès de sa mère [27] ! Armande a elle-même conscience qu'on peut croire son attitude dictée par « quelque dépit secret » ; qu'elle le nie encore une fois signale justement qu'elle parle bien « en fille intéressée », et que la philosophie ne lui est d'aucune aide pour surmonter sa déception [28]. Clitandre étant intervenu, elle lui reproche son infidélité, et son incompréhension de l'amour platonique, « où l'on ne s'aperçoit jamais qu'on ait un corps [29] ». La réponse de Clitandre, toute empreinte d'un sain naturalisme, lui fait prendre d'un coup conscience de la mystification qu'a été au fond pour elle le choix du pur amour ; son langage ment encore un peu, mais une digue s'est rompue en elle, par où s'échappe la vérité de son être, celui d'une jeune fille amoureuse, simplement amoureuse de Clitandre :

Hé bien, Monsieur ! hé bien ! puisque, sans m'écouter,
Vos sentiments brutaux veulent se contenter ;
Puisque, pour vous réduire à des ardeurs fidèles,
Il faut des nœuds de chair, des chaînes corporelles,
Si ma mère le veut, je résous mon esprit
A consentir pour vous à ce dont il s'agit [30].

L'aveu est trop tardif. Et le dénouement consacrera l'échec de cette pitoyable victime d'un platonisme trop ambitieux. En voulant nier sa nature, refouler sa passion et s'imposer un sacrifice auquel elle n'a jamais vraiment consenti, Armande a détruit son bonheur.

Le rire du *Bourgeois gentilhomme* dénonce une ambition d'un autre ordre. Monsieur Jourdain refuse, en effet, de rester un bourgeois, et aspire à devenir gentilhomme ; au lieu d'accepter la place que la nature et la société lui ont assignée, il désire acquérir une autre identité. L'entreprise est vouée à l'échec : Jourdain fait erreur sur les moyens de devenir autre et demeure, quoi qu'il en ait, irrémédiablement bourgeois. Mais les trompeurs sont légion à exploiter la manie du naïf. Même les siens, dont il menace le bonheur en refusant de donner sa fille à

---

26. III, 5.
27. IV, 1 et 2.
28. Voir IV, 2, v. 1141-1147.
29. IV, 2, v. 1212.
30. IV, 2, v. 1235-1240.

Cléonte qui n'est pas gentilhomme, devront user d'une mystification pour lui faire admettre ce mariage ; et Jourdain, heureux de se croire Mamamouchi, s'installera définitivement dans l'illusion, qui seule lui permet de satisfaire son ambition.

Issu de « bonne bourgeoisie », ce fils de marchand enrage de n'être pas né comte ou marquis ; refusant ses origines et méprisant son train de vie bourgeois, il s'est mis dans la tête de hanter la noblesse et de se changer en homme de qualité. Cette ambition reste assez inoffensive pour l'ordre social : aucune âpreté dans le désir de Jourdain. Ses fantaisies visent surtout à satisfaire une vanité candide ; il veut paraître noble. Ainsi, une fois habillé comme les gens de qualité, il s'apprête à montrer par la ville l'habit dans lequel il vient de se pavaner et fait marcher ses nouveaux laquais sur ses pas, afin qu'on voie bien qu'ils sont à lui [31].

Comment devenir noble ? En imitant en tout les personnes de qualité. « Je me fais habiller aujourd'hui comme les gens de qualité [32] », déclare-t-il d'emblée aux maîtres de danse et de musique. Pendant les deux premiers actes, nous le voyons en train d'acquérir tout ce qui lui manque pour se conformer à sa nouvelle personnalité de noble. Le goût de la musique, la pratique de la danse, le maniement des armes, le savoir et l'esprit caractérisent un gentilhomme ; Jourdain s'entoure donc de spécialistes, dont les leçons réaliseront la métamorphose de ses manières. On n'est pas gentilhomme sans fréquenter les gentilshommes : Jourdain a su se lier au comte Dorante, un seigneur considéré à la cour. Il s'est même lancé dans la galanterie de haute volée avec une marquise ; non qu'il l'aime d'une grande passion, mais plutôt parce que cette intrigue avec une grande dame fait de lui un gentilhomme : « Une femme de qualité a pour moi des charmes ravissants, et c'est un honneur que j'achèterais au prix de toute chose [33] », avoue-t-il à Dorante. Et il s'apprête à recevoir dignement ce beau monde, après avoir envoyé la bourgeoise Madame Jourdain dîner chez sa sœur. Ajoutons que Jourdain serait aussi gentilhomme que faire se peut s'il avait un gendre gentilhomme.

L'erreur du bourgeois est de penser qu'il deviendra gentilhomme en singeant maladroitement les seuls comportements extérieurs de la noblesse. Dans sa fièvre à faire comme les gens de qualité, il ne s'attache qu'aux apparences, et manque l'essentiel de ce qui doit faire le gentilhomme. On ne devient pas noble parce qu'on porte un riche habit taillé à la mode, ou parce qu'on se fait accompagner de deux laquais. Qui

---

31. III, 1.
32. I, 2.
33. III, 6.

s'adonne à la danse et à la musique recherche des divertissements qui
« ouvrent l'esprit d'un homme aux belles choses [34] » ; Jourdain les
apprend uniquement pour faire comme les gens de qualité. C'est dans
la même intention qu'il a pris un maître d'armes, sans imaginer l'existence de tout un code de l'honneur derrière la technique [35]. Les belles
manières sont autre chose que la réussite d'une révérence ; la culture
et l'esprit autre chose que l'habileté à tourner un compliment galant.
Jourdain se déguise, mais ne se change pas.

Quoi qu'il fasse, il demeure un bourgeois bien rustre. Avec ses différents maîtres, l'élève manifeste son ignorance, son absence de goût,
sa sottise, sa médiocrité en un mot. Voyons-le avec le maître de philosophie [36]. Bien vite, son appétit des belles connaissances l'abandonne.
La logique ? Elle est trop rébarbative. La morale ? « Il n'y a pas de
morale qui tienne, je me veux mettre en colère tout mon saoûl, quand il
m'en prend envie. » La physique ? « Il y a trop de tintamarre là-dedans,
trop de brouillamini. » Il bornera donc ses désirs à apprendre l'orthographe et l'almanach, « pour savoir quand il y a de la lune et quand il
n'y en a point ». Et le sot s'extasiera devant la puérile démonstration
de l'articulation des voyelles et des consonnes, avant de s'émerveiller
d'apprendre qu'il fait de la prose quand il dit : « Nicole, apportez-moi
mes pantoufles, et me donnez mon bonnet de nuit » — exemple d'un
propos particulièrement élégant ! Du maître de philosophie, comme des
autres spécialistes des disciplines auxquelles il a voulu se frotter, Jourdain n'aura rien appris qui puisse le transformer ; il reste ce qu'il était.

Son échec lui est cruellement signifié au début de l'acte III, par
Nicole et par Madame Jourdain, en qui il ne voit que des bêtes ignorantes, et qui représentent cette réalité bourgeoise si insupportable à
notre rêveur. Décrassé de sa bourgeoisie par les leçons des maîtres,
revêtu de son bel habit, Jourdain se croit noble. Mais sa servante lui
rit au nez : « vous êtes si plaisant [37] ». Sa femme ne le prend pas
davantage au sérieux :

> Qu'est-ce que c'est donc, mon mari, que cet équipage-là ? Vous moquez-
> vous du monde, de vous être fait enharnacher de la sorte ? et avez-vous
> envie qu'on se raille partout de vous [38] ?

---

34. I, 2.
35. Voir la question qu'il pose à son maître d'armes (II, 2) : « De cette façon
donc, un homme, sans avoir du cœur, est sûr de tuer son homme, et de n'être point
tué ? »
36. II, 4.
37. III, 2.
38. III, 3.

L'illusion béate de Jourdain se trouve détruite par les siens. S'acharne-t-il à prouver l'utilité de ses efforts pour se mettre au niveau de la noblesse ? Les témoignages qu'il fournit de sa culture et de son habileté aux armes sont grotesques. Madame Jourdain ne voit en tout cela que les fantaisies d'un fou. Jourdain n'est pas reconnu dans le nouvel être qu'il a voulu se donner.

D'autres savent profiter de l'ambition de Jourdain. « Ce nous est une douce rente que ce Monsieur Jourdain, avec les visions de noblesse et de galanterie qu'il est allé se mettre en tête [39] », avoue carrément le maître de musique. Tous les professeurs doivent au fond penser de même, et agissent en conséquence : ils entretiennent le bourgeois bon payeur dans ses lubies de qualité, et le grugent. On fait tout admettre à Jourdain, pourvu qu'on lui dise qu'ainsi font les personnes de qualité. Le final du deuxième acte [40], dans la fantaisie d'un ballet que soutient la musique, donne la traduction scénique la plus caricaturale et la plus vraie de la naïveté du bourgeois : après l'avoir vêtu de son habit de noble, les garçons tailleurs, réclamant un pourboire, lui donnent successivement du « Mon gentilhomme », du « Monseigneur », du « Votre Grandeur » ; cet assaut de flatteries accroît la béatitude de Jourdain qui, chaque fois, puise généreusement dans sa bourse !

Dorante, qui utilise pareillement la folie du maître de céans, est un trompeur de plus haut rang, plus inquiétant aussi. Notre bourgeois ne peut résister aux caresses d'un comte qui l'honore de ses visites, l'appelle son cher ami et le traite comme son égal. « Il le gratte par où il se démange [41] », dit Madame Jourdain, qui a percé à jour les manœuvres de l'« enjôleux ». Noble lui-même, Dorante offre au naïf la meilleure garantie que ses vœux se réalisent ; grâce au jeu de Dorante, Jourdain peut croire qu'il est en train de devenir le gentilhomme qu'il désire être. Le trompeur peut donc emprunter impudemment à sa dupe des sommes considérables ; le bourgeois, qui a établi un petit mémoire de l'argent prêté et jamais remboursé, ne fera aucune difficulté à prêter encore : « Voulez-vous — dit-il à sa femme — que je refuse un homme de cette condition, qui a parlé de moi ce matin dans la chambre du roi [42] ? » Dorante pousse l'escroquerie au-delà en se servant du goût de Jourdain pour la marquise ; complètement mystifié, Jourdain se ruine pour plaire à Dorimène, alors que Dorante, qui se pose pour l'intermédiaire du bourgeois, détourne tout à son profit. C'est ce qui se produit pour le

---

39. I, 1.
40. II, 5.
41. III, 4.
42. *Ibid.*

fameux repas offert par Jourdain à Dorimène et Dorante[43]. L'amphitryon ridicule[44] régale, offre les divertissements ; mais Dorante l'empêche de parler, de dire surtout ses sentiments à Dorimène et ce qu'il a
déjà fait pour sa cour. Berné, réduit à tenter quelques maladroits compliments, Jourdain reste ravi : il reçoit des gens de qualité chez lui, il voit
la belle marquise... Une fois encore, c'est Madame Jourdain qui, inter-
rompant la galante réception, brise le rêve de son mari, au moment
même où « en humeur de dire de jolies choses[45] », il se sentait assez
d'esprit pour faire comprendre son amour à la marquise.

La déception de Jourdain sera de courte durée : une autre mystification va lui faire rejoindre le royaume de ses chimères. Puisque le
bourgeois refuse pour gendre un Cléonte qui n'est pas noble, le valet
de celui-ci, Covielle, invente une mascarade dont le principe n'est pas
nouveau : il s'agit toujours de s'accommoder à la manie de Jourdain,
de s'ajuster à ses visions. Sous un déguisement, après avoir assuré à
Jourdain, ravi et vite convaincu, que son père — un marchand, en
réalité — était « un fort honnête gentilhomme[46] », Covielle lui fait
admettre l'invraisemblable : le fils du Grand Turc désire devenir son
gendre et le fera Mamamouchi. C'est combler à la fois tous les vœux du
bourgeois ! Cléonte peut paraître en Turc, la cérémonie turque pour
ennoblir le bourgeois se dérouler : Jourdain adhère pleinement à la
mystification fantaisiste ; à sa femme qui, une dernière fois le déclare
fou et le fait buter sur la plate réalité, il rétorque :

Paix ! insolente, portez respect à Monsieur le *Mamamouchi*[47].

Il est bien devenu un dignitaire turc ! Jourdain, qui ne reviendra pas
à la réalité, a ce mot admirable : « Voilà tout le monde raisonnable.[48] »
Chez lui, la naïveté débouche sur une folie comblée. Son Altesse turque,
dans l'extase, a réalisé complètement son rêve d'être autre[49].

---

43. III, 16 et IV, 1.
44. Malgré les leçons, il rate son entrée auprès de Dorimène, s'empêtrant dans
les révérences et s'embrouillant dans les compliments (III, 16).
45. IV, 2.
46. IV, 3.
47. V, 1. Excédé par Madame Jourdain qui l'a trop rappelé au sentiment du
réel, le bourgeois, dans la dernière réplique qu'il prononce, la donne « à qui la
voudra » !
48. Acte V, scène dernière.
49. Jusqu'au bout, Molière s'attaqua aux illusions que l'homme nourrit sur
lui-même ; il mourut en faisant rire d'un malade imaginaire. Argan s'est persuadé
qu'il est malade et s'est entouré de médecins ; la médecine assure son salut et lui
permet de conjurer son angoisse de la mort. En dépit de sa nature, en dépit d'un
indéniable fonds de santé, Argan s'est installé dans son nouvel état de malade.
Ce refus de soi n'est plus simple naïveté, mais véritable maladie de l'imagination.
Les médecins, dont il s'est « embéguiné » savent entretenir son illusion, et vivent
aux dépens de ce malade qui s'est remis entièrement entre leurs mains : « Ce

4. Le moi et les autres.

Plus d'un personnage de Molière, pour satisfaire son moi, tend à nier autrui. Ce mépris d'autrui est au cœur de la naïveté d'Arnolphe et d'Alceste. Le tuteur de *L'Ecole des femmes* croit pouvoir façonner un être à sa convenance ; il apprendra à ses dépens que les autres existent et lui résistent. Le héros du *Misanthrope* prétend réformer autrui et plier la femme aimée à ses exigences ; rejeté de tous, il devra s'éloigner. Les illusions que nourrissent Alceste et Arnolphe aggravent singulièrement le contenu de la naïveté.

Avec Arnolphe, Molière reprend et approfondit la méditation amorcée, à propos du Sganarelle de *L'Ecole des maris,* sur les tuteurs possessifs et jaloux qui, à l'âge d'un père, prétendent épouser leur pupille amoureuse d'un jeune homme. Désireux de posséder Agnès qu'il s'était réservée, Arnolphe voit ses précautions tournées, et doit accepter que l'ingénue lui échappe. Mais *L'Ecole des femmes* ne se contente pas de mettre en scène les mésaventures d'un sot dont les jeunes gens ont finalement raison ; elle montre les prétentions, les difficultés et les échecs de la volonté de puissance du tuteur amoureux.

Décidé à épouser sa pupille, Arnolphe paraît très sûr de lui. Ce bourgeois moqueur ne se fait pas faute de dauber sur les mésaventures conjugales d'autrui. En ce pays, les épouses sont aussi coquettes que les maris sont patients ; les galants ont le champ libre pour faire des cocus. Ces contes gaillards sont pour lui un plaisant divertissement. En épousant, Arnolphe ne se prête-t-il pas au risque du fâcheux accident qu'il raille sans retenue chez autrui ? de cet accident dont la peur le taraude ? S'il rit d'autrui, c'est qu'il se croit à l'abri d'un sort sembla-

---

Monsieur Fleurant-là et ce Monsieur Purgon s'égayent bien sur votre corps ; ils ont en vous une bonne vache à lait », lance crûment Toinette (*Le Malade imaginaire,* I, 2). Argan n'est pas entièrement dupe : il remarque que son apothicaire l'écorche de manière impudente ; mais il reste livré à ces charlatans dont l'art lui paraît véritable et indispensable. Comme les médecins, Béline confirme Argan dans son nouvel être de malade, dans son illusion, avec l'espoir de capter ses biens ; elle fait assurément d'Argan un naïf. Elle le plaint, le soigne, l'entoure d'une tendresse attentive, quasi maternelle — ne trouve-t-on pas, parmi les termes affectueux qu'elle emploie, un « mon fils », et même un « mon petit fils » ? —, dans laquelle le malade se cale douillettement, comme dans les oreillers qu'elle dispose autour de lui dans le fauteuil ; l'hypocrite se montre aimante, désintéressée. Argan est pris à ce piège si doux : il se croit aimé par la garde-malade, et s'apprête à la récompenser en frustrant ses enfants. Sur ce point, Argan sortira de son entêtement et de sa naïveté. Mais son entêtement pour les médecins, comme sa maladie en imagination semblent incurables ; selon le vœu de Béralde, la joyeuse mascarade finale, au cours de laquelle notre fou se croit véritablement fait médecin, apte à se soigner lui-même, s'accommode aux fantaisies d'Argan, rendues désormais inoffensives pour le bonheur de sa fille.

ble : « Bien huppé qui pourra m'attraper sur ce point [1] », rétorque-t-il à Chysalde qui le met en garde. L'outrecuidance éclate, que toute la comédie aura pour fonction de mettre à mal. Contre le cocuage, Arnolphe croit avoir pris toutes les « sûretés » : imbu d'une conception du mariage dépassée, il a trouvé en Agnès, qu'il a élevée et modelée pour cela, une femme à son gré. Le mariage est ainsi devenu sans risque.

Seules l'innocence et l'ignorance de l'épouse lui paraissent aptes à garantir l'honneur du mari. Pour obtenir un tel résultat, Arnolphe a mené une entreprise diabolique. Pris de tendresse pour une enfant de quatre ans, il l'a acquise pour la façonner à sa mode. Pervertissant le geste créateur, transformant ce jeune être en objet, il s'est arrogé le droit de l'éloigner du monde, de tuer en elle l'intelligence, la possibilité de savoir, afin de « la rendre idiote autant qu'il se pourrait [2] ». Méthodiquement, il lui a fait une destinée d'esclave, réservée à la jouissance paisible du barbon. A la veille du mariage, il se félicite du résultat et s'assure de l'avenir :

> Je ne puis faire mieux que d'en faire ma femme.
> Ainsi que je voudrai, je tournerai cette âme ;
> Comme un morceau de cire entre mes mains elle est,
> Et je lui puis donner la forme qui me plaît [3].

Ce vœu de toute-puissance sur l'âme d'une jeune fille, ce rêve d'appropriation totale d'un autre être humain constituent la naïveté la plus radicale d'Arnolphe. Il se fait illusion quand il croit pouvoir tirer le fruit de sa politique, quand il espère avoir « mitonné » pour lui, pendant treize ans, l'innocente.

L'erreur d'Arnolphe est de nier la liberté d'Agnès. Le sort conjugal qu'il lui prépare pousse à l'absurde ce mépris de l'adolescente qu'il a rendue stupide. En préambule à l'atroce sermon sur le mariage qu'il va lui asséner, Arnolphe, qui se croit docilement écouté de la niaise, lui rappelle qu'elle n'est rien, en termes odieux et d'une réjouissante vanité : il la tire de sa « bassesse » pour la faire « monter au rang d'honorable bourgeoise » ; Agnès doit être persuadée de son bonheur, de la bonté de cet homme de quarante-deux ans qui va lui faire l'honneur de jouir de sa couche et de ses embrassements [4] ! Et, avec un terrible sérieux, notre sermonneur présente sa conception du mariage [5], illustrée par les fameuses maximes que doit lire Agnès. Pour la femme, le mariage est fait d'une absolue soumission à « son mari, son chef, son

---

1. I, 1, v. 74.
2. I, 1, v. 138.
3. III, 3, v. 808-811.
4. III, 2, v. 679-694.
5. V. 695-718.

seigneur et son maître [6] » ; ce lien de dépendance engage « à d'austères devoirs » ; après avoir été interdite d'éducation, Agnès sera exclue de la vie sociale, car Arnolphe tient à son propre honneur. Bref, à la tyrannie du tuteur succédera la tyrannie du mari. Agnès continuera d'être séparée du monde extérieur et de ses risques, toujours assimilés à la perdition : se conduire comme les coquettes du temps, écouter les blondins, c'est se soumettre aux assauts du diable, pécher et mériter de « bouillir dans les enfers à toute éternité [7] ». On appréciera l'usage personnel que fait Arnolphe du christianisme et de l'effrayante imagerie de l'enfer ; il y trouve une caution religieuse à son inacceptable égoïsme.

Cet égoïsme ne tarde pas à être mis en échec, les certitudes à être ébranlées, les précautions à être tournées. L'irréalisme du tuteur va éclater. Après dix jours d'absence, Arnolphe retrouve d'abord une Agnès conforme à ses vœux et à sa politique, c'est-à-dire sotte à souhait et soumise ; il peut chanter victorieusement sa certitude devant « cette honnête et pudique ignorance [8] ». Mais l'accueil que lui a réservé Agnès est trompeur ; l'étourderie d'Horace lui apprend bientôt que le système de précautions s'est avéré inefficace : le galant a su parvenir jusqu'à Agnès et toucher son cœur, en dépit du jaloux [9]. Et l'ingénue ne fait aucune difficulté à avouer toute l'aventure, où elle n'a pas tenu compte des défenses du tuteur [10]. La séquestration a échoué : mise à l'écart, entourée de simples, Agnès a pu communiquer avec le monde. Arnolphe avait asservi et modelé cette âme ; mais il n'avait pas prévu que, dotée d'un cœur, Agnès pourrait inventer sa liberté en se livrant à l'amour. Il se fondait enfin sur la sottise d'Agnès ; mais celle-ci, ignorant le mal, s'est abandonnée sans scrupule à ce qu'Arnolphe considère comme le péché ; l'innocence d'Agnès, voulue par lui, a joué contre lui. Le système d'Arnolphe est battu en brèche ; son assurance se révèle illusoire. L'orgueilleux, qui ne voulait pas démordre de son opinion, connaît l'échec, la souffrance, mais aussi l'humiliation. Ravi de savoir la bonne fortune d'Horace qui désignera à sa raillerie un nouveau cocu, il apprend qu'il est la victime du galant, et, insulté, il doit se taire. Pour savoir d'Agnès jusqu'où il a été trompé, il doit également calmer sa fureur et dissimuler.

Puni dans sa naïve assurance, Arnolphe ne renonce pas à ses ambitions. L'aventure qu'il a apprise le touche au vif de sa peur du cocuage, car en Agnès il voit déjà son épouse :

---

6. V. 712.
7. V. 737.
8. I, 3, v. 248.
9. I, 4.
10. II, 5.

> J'y prends pour mon honneur un notable intérêt :
> Je la regarde en femme, aux termes qu'elle en est ;
> Elle n'a pu faillir sans me couvrir de honte [...] [11].

C'est à protéger son honneur et à conserver son bien qu'il va donc s'attacher ; devant les premières alertes, il développe les premières parades. Dès qu'il sait le détail de l'affaire, le voilà rassuré et à nouveau confiant dans ses précautions :

> Grâce aux bontés du Ciel, j'en suis quitte à bon compte ;
> Si j'y retombe plus, je veux bien qu'on m'affronte [12].

L'événement ne lui a rien appris. Ainsi, après les aveux d'Agnès, il croit un instant, dans sa rage de posséder la jeune fille, que celle-ci se réjouit à l'idée d'épouser son tuteur [13] : il ne peut admettre Agnès amoureuse d'un autre. Arnolphe revient à son système ; le mariage sera brusqué, le damoiseau brutalement renvoyé et Agnès plus que jamais soumise au silence et à la clôture : « Je suis maître, je parle : allez, obéissez [14]. » A l'acte III, Arnolphe a retrouvé son assurance. « Oui, tout a bien été, ma joie est sans pareille [15] » : il croit que ses ordres ont été suivis, que la menace du damoiseau est écartée. Le tyran se pense en sécurité et se félicite à nouveau de l'éducation qu'il a donnée à Agnès : parce qu'elle est innocente, il a pu facilement remettre Agnès dans le droit chemin [16]. Se croyant maître des événements et des cœurs, il attend le récit de la défaite d'Horace, et se prépare à le railler *in petto* ; le naïf a recouvré ses illusions.

Une fois encore, la chute est brutale [17] ; Arnolphe passe de la jubilation à la débâcle. Horace lui apprend l'échec de ses précautions, l'audace d'Agnès qui a trompé son tuteur et écrit son amour au jeune homme. Une fois encore mortifié, le tuteur doit accepter sans broncher qu'Horace — qui ne connaît son interlocuteur que sous le nom de M. de La Souche — le juge et l'insulte. Les deux monologues qui suivent [18] sont capitaux : dans la colère et la souffrance, Arnolphe approfondit la conscience de son échec. Le geste d'Agnès réduit à néant le projet si soigneusement calculé d'Arnolphe, le dépossède du fruit de sa longue patience : le choix d'une enfant, l'éducation qu'il a voulue pour elle, l'espérance qu'il en jouirait tranquillement le jour venu, tous ses soins et ses espoirs sont dérisoirement détruits ; un « jeune fou dont elle

---

11. II, 1, v. 381-383.
12. II, 5, v. 587-588.
13. II, 5, v. 613-625.
14. II, 5, v. 642.
15. III, 1, v. 643.
16. III, 3.
17. III, 4.
18. III, 5 et IV, 1.

s'amourache » vient lui enlever Agnès « jusque sur la moustache », alors qu'elle était à demi sa femme [19]. Déçu dans ses calculs, dépouillé de son bien, blessé dans son honneur de quasi-mari, Arnolphe perd aussi une jeune fille qu'il aime :

> Je souffre doublement dans le vol de son cœur,
> Et l'amour y pâtit aussi bien que l'honneur,
> J'enrage de trouver cette place usurpée,
> Et j'enrage de voir ma prudence trompée [20].

Au moment où il va la perdre, Arnolphe découvre l'étendue de sa passion pour Agnès : « [...] il est bien fâcheux de perdre ce qu'on aime [21] ». Sans doute entrait-il, dans le choix fait treize ans auparavant, de la sensualité, et même une sensualité inquiétante : la tendresse d'Arnolphe avait discerné des promesses chez la fillette ; et il a surveillé leur mûrissement afin d'en déguster les fruits. Mais Arnolphe s'aperçoit maintenant qu'il a besoin d'Agnès. Il a voulu faire de la jeune fille sa chose, tout lui donner et ne rien lui devoir ; or, son bonheur dépend d'un être humain. Arnolphe avait compté sans l'amour, et il y est pris :

> Ciel ! puisque pour un choix j'ai tant philosophé,
> Faut-il de ses appas m'être si fort coiffé [22] !

Le « lâche tour » d'Agnès n'y fait rien : il l'aime jusqu'à ne pouvoir se passer de cet amour [23] ; la tranquillité de la « traîtresse » devant les reproches redouble l'« amoureuse ardeur » du tuteur et enflamme ses désirs [24]. Arnolphe niait la personnalité d'Agnès ; il prend ici conscience qu'elle lui est nécessaire.

S'il sait maintenant qu'il n'est pas aimé, Arnolphe garde Agnès en sa puissance ; et le jaloux dévoile cyniquement le caractère odieux de ses projets d'appropriation :

> De l'objet qu'on poursuit je suis encor nanti ;
> Si son cœur m'est volé par ce blondin funeste,
> J'empêcherai du moins qu'on s'empare du reste [25].

Il prend derechef des précautions plus sévères pour que son bien ne lui échappe pas, assuré qu'il reste de déjouer les tentatives d'Horace. En fait, Horace parvient malgré tout à enlever Agnès ; mais il s'empresse de la confier à son ami M. de La Souche. Momentanément, Arnolphe reprend donc possession de sa proie. Il est maître du corps d'Agnès.

---

19. IV, 1, v. 1026-1034.
20. III, 5, v. 986-989.
21. V. 993.
22. V. 994-995.
23. V. 998-999.
24. IV, 1, v. 1018-1023.
25. IV, 7, v. 1207-1209.

Mais le débat qui s'instaure entre la pupille et son tuteur, au cours de leur dernier dialogue [26], manifeste les transformations qui se sont réalisées chez l'un comme chez l'autre. Agnès n'est plus l'ingénue apparemment docile : dans sa personnalité acquise, elle se dresse face à Arnolphe. Amoureux, Arnolphe ne peut se contenter d'être maître du corps d'Agnès, de la traiter en « bête indocile » : il voudrait être aimé. Or, il bute contre la liberté d'Agnès, qui a spontanément donné son cœur à Horace plutôt qu'à Arnolphe. « Pourquoi ne m'aimer pas, Madame l'impudente [27] ? » demande d'abord le tuteur. Cependant, il admet bientôt la nécessité d'une réponse libre d'Agnès : « aime-moi [28] », supplie celui qui n'a pas su se faire aimer. Métamorphose capitale : Arnolphe reconnaît l'existence de l'être qu'il avait voulu façonner comme sa chose, et se livre à sa volonté. Dans une tirade désespérée et grotesque [29], il tente de prouver sa flamme et de mendier l'amour de la jeune fille, allant jusqu'à renier ses principes les plus constants [30] pour obtenir la réponse désirée à sa passion. Nous sommes au point ultime, et le plus intérieur, de la défaite d'Arnolphe : le tuteur se dépouille de sa volonté de puissance.

Les contorsions de ce galant âgé, ridicule et encore bien possessif ne peuvent toucher l'amoureuse du jeune Horace ; et la froideur de la réponse d'Agnès rejette Arnolphe dans une attitude tyrannique. Le dénouement se chargera de berner le tyran : la pupille qu'il pensait éloigner et définitivement ôter à Horace était réservée à celui-ci. Quand il quitte la scène, transporté de fureur, sans pouvoir prononcer une parole, Arnolphe est un être berné, bafoué dans ses précautions, volé : un « bourreau de destin » l'a poursuivi, a rendu vains sa prudence, sa réflexion, ses plans longuement mûris pour éviter la disgrâce dont il se moquait chez les autres ; en sa maturité, le tuteur jaloux s'est vu la dupe « d'une jeune innocente et d'un jeune éventé [31] ». Ce bourgeois si sûr de lui s'est défait sous nos yeux ; à sa prétention déraisonnable et vaine de détruire la personnalité et de nier la liberté d'Agnès pour se la mieux accaparer sont infligés des revers cruels : Agnès s'éveille à l'être, donne à un autre un amour dont Arnolphe découvre le besoin au point de le quémander humblement, et fuit le tyran égoïste.

Le Misanthrope éclaire d'un jour tout aussi net les entreprises du moi sur autrui. Avant de quitter ses semblables, Alceste aura voulu les

---

26. V, 4.
27. V. 1533.
28. V. 1583.
29. V. 1586-1604.
30. « Tout comme tu voudras, tu pourras te conduire », promet-il (v. 1596).
31. IV, 7, v. 1187.

changer ; s'il est abandonné par Célimène, c'est qu'il aura désiré l'avoir à sa merci. Cette double ambition, nourrie d'illusions sur les hommes et sur lui-même, constitue la naïveté du personnage, qui échouera à s'imposer aux autres.

Dégoûté du monde présent où triomphent l'injustice, l'intérêt, la trahison, la fourberie, et surtout cette lâche habitude de flatter, qui échauffe particulièrement sa bile, l'atrabilaire a décidé de dire à chacun son fait :

> Je n'y puis plus tenir, j'enrage, et mon dessein
> Est de rompre en visière à tout le genre humain [32].

La sagesse serait de prendre « tout doucement les hommes comme ils sont [33] », et de les supporter ainsi. Alceste, épris d'absolu, ne se résigne pas ; il lui faut dénoncer le mal. Il entreprend de corriger les hommes en usant d'une sincérité qu'il veut complète. La révolte est justifiée, et cette sincérité avec laquelle il clame son indignation ne manque pas de panache — Eliante y voit à juste titre quelque chose « de noble et d'héroïque [34] ». Mais la part de l'illusion est grande. On perçoit chez Alceste un idéalisme assez juvénile : il voudrait les hommes meilleurs qu'ils ne peuvent être : « Le monde par vos soins ne se changera pas [35] », lui rappelle Philinte. Le misanthrope sera d'autant plus impuissant à réformer la nature humaine que sa méthode, agressive et cassante, le rend insupportable aux autres.

Malgré sa haine du genre humain, Alceste s'avise d'aimer, et d'aimer une coquette, fort marquée par les mœurs d'à présent ! Sans doute ne s'aveugle-t-il pas sur les difficultés de cet attachement « terrible », de « ce fatal amour », dans lequel il se débat, mais dont il ne peut se déprendre, lié par le charme de Célimène. Mais il ne désespère pas de corriger ses défauts, qu'il connaît et blâme :

> J'ai beau voir ses défauts, et j'ai beau l'en blâmer,
> En dépit qu'on en ait, elle se fait aimer ;
> Sa grâce est la plus forte ; et sans doute ma flamme
> De ces vices du temps pourra purger son âme [36].

Et il s'efforcera d'obtenir la jeune femme. Son ambition est bien de réduire Célimène à son gré et de la posséder exclusivement : « Un cœur

---

32. I, 1, v. 95-96.
33. I, 1, v. 183.
34. IV, 1, v. 1166.
35. I, 1, v. 103. Voir les vers 157-158 :
    « Et c'est une folie à nulle autre seconde
    De vouloir se mêler de corriger le monde. »
36. I, 1, v. 231-234.

bien atteint veut qu'on soit tout à lui [37]. » Qu'elle chasse donc la « cohue » de ses soupirants pour mieux complaire à Alceste ! Qu'elle choisisse parmi ses amants et déclare nettement sa préférence pour Alceste ! Dans son « amour extrême », Alceste va jusqu'à souhaiter que Célimène n'ait rien et ne soit rien, afin de s'acquérir la gloire de donner tout à un être qui dépendrait entièrement de lui [38]. La proposition finale d'Alceste révèle la même prétention : devenue son épouse loin de la société, Célimène devrait trouver tout en lui. Exigence naturelle, pourrait-il sembler ? Pourtant, cette passion absolue ne peut qu'inquiéter une coquette. En lui demandant de s'attacher à un seul, de supprimer tous ces hommages galants qui font le bonheur de sa vie mondaine, en voulant l'éloigner de son salon, Alceste porte atteinte à la nature de Célimène et tend à nier sa liberté, son être même. Comment peut-il espérer qu'il la changera et l'aura toute à lui ?

Alceste se trompe donc sur les autres. Il se trompe aussi sur lui : ce chevalier de l'idéal, qui se pense le seul représentant de la vertu des vieux âges, est aussi orgueilleux qu'égoïste. Etabli dans le vrai et dans le bien, il juge sans indulgence et pourfend sans ménagement le vice chez autrui. Il méprise les autres et veut les corriger au nom de sa supériorité, qu'il ne met pas en question. S'il s'insurge contre les grimaces de la politesse mondaine, c'est qu'elle traite pareillement l'honnête homme et le faquin, c'est qu'on « loue aujourd'hui tout le monde [39] ». Or, l'orgueilleux avoue d'emblée : « Je veux qu'on me distingue [40] ». La violence presque fanatique de ses croisades, les éclats de sa sincérité, son esprit de contradiction même satisfont son orgueil. Son attitude brutale montre aussi le peu de cas fait par Alceste de ce respect d'autrui nécessaire aux rapports sociaux. Le triomphe du mal et ses échecs le haussent enfin sur un piédestal de vertu, en le justifiant de sa haine de la nature humaine. Quant à ses prétentions sur le cœur de Célimène, elles dévoilent un égoïsme aussi tyrannique que celui d'Arnolphe ; Alceste ne tient pas compte de la personnalité de celle qu'il aime, et dont il désire s'emparer pour lui seul. De toutes les façons, le misan-

---

37. I, 1, v. 240.
38. Il faut citer ces vers étonnants (IV, 3, v. 1425-1432) :
      « Oui, je voudrais qu'aucun ne vous trouvât aimable,
      Que vous fussiez réduite en un sort misérable,
      Que le Ciel, en naissant, ne vous eût donné rien,
      Que vous n'eussiez ni rang, ni naissance, ni bien,
      Afin que de mon cœur l'éclatant sacrifice
      Vous pût d'un pareil sort réparer l'injustice,
      Et que j'eusse la joie et la gloire, en ce jour,
      De vous voir tenir tout des mains de mon amour. »
39. III, 5, v. 1069.
40. I, 1, v. 63.

thrope impose sa nature aux autres. Contre ce vœu despotique, les autres ne tardent pas à se rebeller.

Loin d'être sensible aux exigences d'Alceste, la société a tendance à le punir de son manque d'adaptation à la vie commune. Dans un monde où la grande règle est de plaire, Alceste se rend incommode à tous. Ses bizarreries de comportement donnent partout la comédie. Dans le salon de Célimène, ses mercuriales et son entêtement font rire, laissant les mondains à leurs plaisirs et à leurs défauts [41]. Rejeté par le rire des autres, Alceste subit parfois des avanies plus graves, comme dans l'affaire du sonnet et dans son procès. Incapable de flatter Oronte, dont le sonnet est mauvais à son goût, Alceste, après avoir biaisé malgré sa doctrine de la sincérité, finit par laisser échapper son jugement cassant et méprisant. Quelle suffisance ! Rien ne l'assure de la vérité de son opinion ; pourtant, persuadé de détenir la vérité, il a jugé et blessé, au nom de sa sincérité [42]. Refusant de démordre de son premier avis, cette « âme à manier si dure » rend l'accommodement de l'affaire très difficile. Raideur inutile et dangereuse : Oronte reste aussi convaincu de ses talents poétiques, et il deviendra un ennemi d'Alceste [43]. Dans son procès, Alceste ne sollicite pas ses juges. Position absolue, qui écarte tout compromis avec des habitudes sociales jugées mauvaises, mais qui ne changera rien au cours des choses. Notre idéaliste est évidemment condamné. Loin de faire appel, il prend prétexte de sa condamnation pour s'exclure du commerce de ses semblables :

Tirons-nous de ce bois et de ce coupe-gorge.
Puisque entre humains ainsi vous vivez en vrais loups,
Traîtres, vous ne m'aurez de ma vie avec vous [44].

L'accord est également impossible avec Célimène. « Pour l'homme aux rubans verts — écrit celle-ci [45] — il me divertit quelquefois avec ses brusqueries et son chagrin bourru ; mais il est cent moments où je le trouve le plus fâcheux du monde. » En effet, quel déplaisant amant ! Se débattant dans cette passion malheureuse, il multiplie les indélicatesses. « Je sens qu'il faudra que nous rompions ensemble [46] », lance-t-il d'emblée à Célimène ; ou encore : « [...] c'est pour mes péchés que je vous aime ainsi [47] ». En privé, il lui déclare tout net : « De vos façons d'agir je suis mal satisfait [48] » ; en public, il condamne hautement la médisance

---

41. Voir II, 6.
42. Voir I, 2.
43. Voir V, 1, v. 1505-1516.
44. V, 1, v. 1522-1524.
45. Dans la lettre révélée à la scène dernière.
46. II, 1, v. 450.
47. II, 1, v. 520.
48. II, 1, v. 448.

spirituelle de Célimène, mettant ses soins « à bien injurier » celle qu'il aime, au milieu de sa cour de flatteurs[49]. Devant partir sans avoir obtenu ce qu'il désirait, il annonce à Célimène : « Je reviens en ce lieu, pour vuider nos débats[50]. » Beau langage d'amant ! Au quatrième acte, ses transports de jalousie passent toute mesure avec la « traîtresse[51] ». Jusqu'au dénouement, il répètera sa volonté de « haïr » Célimène, de laquelle pourtant il n'a pu, et ne peut pas se déprendre. Ces comportements et ces propos extravagants choquent le ton aimable de la galanterie de salon, et constituent autant d'atteintes blessantes à Célimène.

Au demeurant, l'amour « grondeur » d'Alceste n'obtient rien de la jeune femme, qui ne cesse, au long de la pièce, de se dérober. Elle reçoit avec autant de complaisance les soupirants, sans jamais faire une déclaration franche en faveur du seul Alceste. Dans la grande scène de l'acte IV, alors que l'apôtre de la sincérité supplie Célimène de lui donner au moins les apparences de la fidélité, la coquette ne lève pas l'ambiguïté[52]. Au fond, à chaque fois que les exigences d'Alceste dépassent ce qu'elle peut accorder, Célimène y fait obstacle, laissant son amant insatisfait. Au moment où Alceste compte faire l'épreuve de l'amour de Célimène en lui proposant de l'accompagner dans son désert[53], éclate l'humiliation publique de la jeune veuve ; confondue, abandonnée, c'est ainsi que la voulait Alceste. Mais si elle est maintenant résolue à fixer son cœur sur Alceste et à l'épouser, Célimène ne peut pas quitter le monde. La solitude, l'abandon total à Alceste effraient cette femme de vingt ans. Alceste rompt enfin : « [...] mon cœur à présent vous déteste[54] ».

L'échec des ambitions d'Alceste est consommé. Il n'a pas changé les hommes ; il les a plutôt blessés et se les est aliénés, en mettant en péril un art de vivre qu'il n'accepte pas. Il n'a pas obtenu Célimène. Mal adapté à la réalité des rapports humains, il est exclu. Le rejet des autres devant la menace de son moi l'a amené à prendre une décision de retraite qu'il pressentait inévitable dès sa première réplique. « Laissez-moi, je vous prie[55] », disait-il en fuyant Philinte ; durant la comédie, la menace de rupture reste suspendue, et sa conduite n'a cessé de l'isoler. Il a maintenant perdu ses dernières illusions sur autrui. Dans un ultime éclat, le misanthrope annonce son départ loin de la ville, l'orgueil restant sauf :

---

49. II, 4.
50. II, 6, v. 776.
51. Voir IV, 3.
52. IV, 3.
53. Voir V, 1, v. 1579-1580 :
    « Je vais voir si son cœur a de l'amour pour moi,
    Et c'est ce moment-ci qui doit m'en faire foi. »
54. V, 4, v. 1779.
55. I, 1, v. 1.

Trahi de toutes parts, accablé d'injustices,
Je vais sortir d'un gouffre où triomphent les vices,
Et chercher sur la terre un endroit écarté
Où d'être homme d'honneur on ait la liberté [56].

Le renouvellement de la naïveté est radical. Nous n'avons plus affaire à des types traditionnels, tirés à plus d'un exemplaire, que Molière reprenait et variait. Chacun des personnages que nous venons d'examiner présente une totale singularité. Les situations où se révèle leur naïveté délaissent les chemins connus pour explorer des domaines neufs. La nouveauté vient assurément de l'acuité du regard que Molière porte sur ses contemporains. Elle tient aussi au fait que la naïveté et ses comportements se trouvent fournir une explication approfondie des personnages d'une riche humanité que le dramaturge lance sur la scène. C'est cette force du génie, capable de sonder les tréfonds de l'être, qui provoque l'admiration. La naïveté est à chaque fois éclairée à sa source et développée dans le détail de ses processus essentiels : les erreurs sur le réel, puis le retour au sentiment juste du réel. L'ingénue Agnès, qui était vouée à l'ignorance, accède à la connaissance et s'adapte à la vie ; les autres — sauf Jourdain qui choisit définitivement de vivre au royaume de ses rêves —, enfermés dans leurs chimères, souvent trompés, se retrouvent finalement dépouillés de leurs illusions.

III. — Conclusion.

L'apport de Molière à la tradition théâtrale du naïf s'avère considérable. Simultanément tout au long de sa carrière, il renouvela, enrichit le legs du passé, et mena une entreprise solitaire sur des terres inconnues. Sollicité par l'actualité sociale, décidé à pousser l'analyse morale, il consacra le meilleur de son effort à remplacer les naïfs sommaires de ses prédécesseurs par des personnages dotés d'une réelle profondeur humaine. Avec Molière, le personnage du naïf accède enfin à sa pleine stature.

L'abondance et la variété des naïfs moliéresques auront frappé le lecteur ; Molière semble s'être complu à montrer les maladresses, la crédulité et les différentes chimères de ces personnages mal ajustés à la vie, que la comédie mène à l'échec. On rencontre des naïfs proches encore de la nature par l'ingénuité ou par la rusticité ; on rencontre des étourdis et des sots. La crédulité se taille évidemment une part de choix. Un tuteur jaloux, des pères qui s'opposent à leurs enfants, un provin-

---

56. **V**, 4, v. 1803-1806.

cial désireux de s'intégrer au monde parisien sont traditionnellement
pris aux mensonges qu'on leur sert. Chez d'autres, Molière déchiffra
les raisons intérieures qui font que les naïfs sont dupes des apparences : qu'on pense seulement aux précieuses ridicules, aux femmes savantes, ou à Orgon. Surtout, le dramaturge ne cessa de dénoncer un certain
nombre de rêves, d'ambitions ou de prétentions abusives qui s'emparent des naïfs et les jettent dans l'erreur, voire dans la déraison ; c'est
élargir remarquablement le champ de la naïveté. Les grandes créations
de naïfs — une Armande, un Jourdain, un Arnolphe, un Alceste —
révèlent deux ambitions sévèrement condamnées par Molière : celle de
devenir autre et celle de nier autrui en le soumettant aux exigences du
moi. De tels vœux mettent en péril tant le bonheur individuel du naïf
que l'équilibre familial ou l'ordre social ; parce qu'ils ne s'acceptent
pas, avec les limites de leur nature ou de leur condition, parce qu'ils
n'acceptent pas les autres et ne respectent pas leur liberté, ces personnages généralement passionnés, entêtés dans leur erreur, doivent admettre leur défaite.

Molière ne chercha pas seulement à divertir par le spectacle de la
folie des hommes : soumettre leurs illusions souvent dangereuses à la
sanction du rire, c'était leur indiquer les voies d'un bonheur possible. On
s'aperçoit finalement que l'étude des naïfs peut introduire au centre de
l'entreprise moliéresque.

CHAPITRE VII

De Molière à Marivaux
(1680-1720)

A peu près au moment où tous les Comédiens Français sont réunis en une seule troupe et où les Comédiens Italiens, installés à l'Hôtel de Bourgogne, vont solliciter la collaboration d'auteurs français, commence une période nouvelle pour notre comédie. Epoque florissante : des expériences théâtrales particulières, comme celle des Italiens et celle de la Foire, se joignent aux diverses tentatives des héritiers de la comédie classique. Molière devient l'objet d'un culte qui risque de paralyser ses successeurs ; mais la comédie sait se dégager de l'étude des caractères universels, ou même de la prédication, par la peinture de la nouvelle société. C'est le triomphe d'une comédie de mœurs, qui offre un miroir sans indulgence à la vie française contemporaine, dans un climat de fantaisie et de gaieté sensible aux observateurs de l'actualité théâtrale du temps[1]. On peut faire courir cette période jusqu'à la Régence ; les débuts de Marivaux chez les Italiens, avec l'*Arlequin poli par l'amour*, marquent assez bien son terme. Au-delà s'intensifient les ruptures : le massif du théâtre marivaudien, d'un côté ; de l'autre, des pièces moralisantes ou larmoyantes, qui mènent au drame bourgeois.

Quelle part fut réservée aux naïfs ? Une première enquête mesurera la permanence et l'évolution de nos personnages, à travers l'étude de la production globale des années envisagées. Quelques masques

---

1. Songeons au marquis d'Argenson, dont les notes, rédigées vers le milieu du XVIIIe siècle, ont été éditées récemment.

italiens, aptes à enrichir la lignée des naïfs, seront ensuite examinés. Nous esquisserons enfin l'apport de Marivaux à la tradition du naïf.

I. — L'évolution du naïf de 1680 a 1720.

Sur tous les théâtres, les naïfs continuent de faire rire, par leur rusticité, leur niaiserie, leur ingénuité, leur crédulité surtout — car l'âpreté avec laquelle chacun court à la satisfaction de ses appétits ou de ses passions multiplie les dupes. La comédie de mœurs introduit des transformations notables, qui ne représentent que trop rarement un enrichissement de la dramaturgie de la naïveté. Nous allons mesurer ces changements, en nous attachant successivement aux diverses victimes de l'intrigue de comédie, aux adolescents et aux jeunes gens, aux valets, aux paysans enfin.

1. *Les victimes de l'intrigue.*

Au nombre de celles-ci, on reconnaîtra des naïfs qui poursuivent une carrière ancienne ; maris, amants, amoureuses et amoureux âgés, parents restent bien traditionnels. On distinguera ensuite quelques personnages plus neufs, dont certains reflètent nettement les mœurs du siècle : les bourgeoises ambitieuses, les prétendants de province et les riches galants exploités.

Maris et amants naïfs ne sont que de pâles survivances. Dans une scène ajoutée à *La Baguette de Vulcain*[2], que Regnard et Dufresny présentèrent chez les Italiens, passe un Nigaudin, étonné d'être père au bout de quatre mois et demi ; le niais est tôt rassuré quand on lui explique qu'en ajoutant les jours et les nuits, il est facile d'obtenir le total de neuf mois ! Toujours sur la scène italienne, Dufresny proposa un mari velléitaire, le bailli Jeannot de *L'Opéra de campagne* ; sans cesse sur le point de reconquérir l'autorité dans le ménage, le fanfaron se fait illusion et capitule devant Madame Prenelle. C'est à Dancourt que l'on doit la résurgence de la figure farcesque de l'amant, que son désir fait berner par le mari et la femme liguées ; dans *Le Vert Galant*, l'agioteur Tarif, hypocritement reçu par Madame Jérôme, est surpris par le mari teinturier, qui teint le galant en vert.

Femmes âgées et vieillards en proie à l'amour continuent de fournir des personnages comiques.

---

2. Scène 3 de *L'Augmentation de La Baguette.*

A plus de cinquante ans, Araminte[3] aime à la folie un petit chevalier à la mode et formule naïvement ses projets :

L'âge, comme je crois, peut encore me permettre
D'aspirer à l'hymen, et d'avoir des enfants[4].

Les caduques amantes oublient leur âge et s'estiment toutes capables de plaire, d'être aimées et épousées, même par des jeunes gens. Et comme elles s'enflamment aisément ! Il sera facile de berner de telles naïves. Elles se croient aimées, mais ne le sont pas ; de feintes galanteries comblent leur aspiration à l'amour et les aveuglent sur la réalité : on en veut à leur fortune[5], ou l'on s'efforce de briser leur opposition au bonheur des jeunes amoureux, en soutirant à nos folles l'argent si nécessaire aux projets de la jeunesse. Ainsi, à partir du moment où elle s'éprend d'une jeune fille déguisée en cavalier, Madame Argante donne dans toutes les mystifications qui sont successivement montées, et se ruine en vain pour obtenir son faux comte — il s'agit en réalité de l'amoureuse de son fils, au mariage duquel elle s'oppose[6]. Quant aux deux tantes avares qui font obstacle au bonheur de Valère, Bélise et Araminte, un valet déguisé parvient à les rendre amoureuses ; elles doivent donc payer à leur neveu le dédit promis au cas où elles se marieraient[7].

Parmi les vieillards amoureux, donnons la première place à Argan, personnage assez bien dessiné par Dufresny, dans sa *Coquette de village*. Fortuné et donc recherché, Argan s'est épris pour sa part de la jeune Lisette, fille du fermier, aussi cupide que trompeuse, avec laquelle il compte fonder une famille après l'avoir secrètement épousée. La fille est tellement habile qu'elle a réussi à faire croire au vieil homme qu'elle l'aime et de manière désintéressée ; Argan en est transporté d'amour :

Quel plaisir, à mon âge, à cinquante et quatre ans,
D'être aimé pour moi-même ! oui, là, pour ma personne ;
Car elle refusait mon bien que je lui donne,
N'en voulant que pour moi... [...][8]

L'aveuglement d'Argan se montre durable pour la coquette paysanne, qui sait toujours se tirer d'un mauvais pas[9] : en feignant un discours tendre, elle tient le vieillard crédule. Argan sera tardivement désabusé.

---

3. Regnard, *Les Ménechmes ou Les Jumeaux.*
4. I, 5.
5. Voir la comtesse dans *Le Joueur* de Regnard, et dans *Le Chevalier joueur* de Dufresny.
6. Dancourt et Madame Ulrich, *La Folle Enchère.*
7. Dufresny, *Le Dédit.*
8. I, 10, v. 338-341.
9. Voir II, 6.

Les vieillards amoureux sont souvent des tuteurs bien décidés à épouser leur jeune pupille, malgré la différence d'âge et de sentiments dont ils font fi. Robinot [10], épris de sa très jeune pupille à qui il a pris son bien et qu'il compte épouser à petit bruit, croit qu'il peut être aimé et heureux : « Ah ! mignonne, je ne me sens pas de joie, et je vais cabrioler comme un jeune homme de quinze ans [11]. » Autre vieil amant, Albert [12], tuteur jaloux à qui une servante montre ses erreurs :

> Allez, vous êtes fou de vouloir, à votre âge,
> Pour la seconde fois tâter du mariage ;
> Plus fou d'être amoureux d'un objet de quinze ans,
> Encor plus fou d'oser la griller là dedans [13].

De fait, les jeunes filles parviennent toujours à échapper au tuteur et à rejoindre leur aimé, car nos vieillards sont des plus crédules. Le Robinot du *Colin-Maillard* est un vrai sot : il accepte de jouer au colin-maillard — le jeu favori avec lequel il pense divertir sa pupille Angélique ! — et, tandis qu'il a les yeux bandés, Angélique file avec son Eraste. Dans *La Ceinture magique* de J.B. Rousseau, les deux tuteurs imbéciles s'en remettent, pour connaître l'avenir de leurs amours, à un feint astrologue qui, sous prétexte de leur passer une ceinture magique, les attache ensemble et permet aux jeunes amants de décamper ; pour être libres, Trufaldin et le Capitan doivent signer les contrats de mariage. Il sera plus difficile d'arracher Agathe au tuteur Albert des *Folies amoureuses*. On y parviendra cependant : d'un côté Agathe simule la folie ; de l'autre, son galant Eraste, qui s'est insinué dans l'esprit du tuteur en approuvant sa jalousie et ses prétentions, propose comme fameux médecin son valet Crispin. Albert, affolé, se fie aux trompeurs pour la guérison espérée, et tombe dans toutes les mystifications ; il finit par s'éloigner un court instant : la « brebis avec soin enfermée » peut fuir.

Des pères enfin s'avisent d'aimer, marchant ainsi sur les brisées de leurs fils. Amour hors de saison et voué à l'échec : comment pourraient-ils se faire aimer ? Dancourt en propose un bel exemple dans son *Notaire obligeant*. Rival de son fils auprès d'Angélique, Oronte se sent rajeuni par l'amour. Une suivante adroite flatte cette passion et suggère à Oronte de faire donation de ses biens à Angélique, s'il veut gagner son assentiment [14]. Le vieil homme s'exécutera ; de plus, croyant parapher son mariage avec Angélique — les trompeurs se sont assurés les services d'un notaire malhonnête —, il s'engagera à épouser Madame Gérante,

---

10. Dancourt, *Colin-Maillard*.
11. Scène 23.
12. Regnard, *Les Folies amoureuses*.
13. I, 3.
14. II, 2.

qui n'est autre que la mère d'Angélique, également amoureuse d'âge, rivale de sa fille, et comme telle, exploitée et bernée ! L'avare Grifon [15], amoureux sur le tard, s'obstine, malgré son âge dont il a conscience, à rechercher Léonore, l'aimée de son fils, en mariage : « [...] je lui ferai des enfants pour te faire enrager [16] », déclare-t-il à ce dernier. Sûr de déjouer les fourberies, il est néanmoins trompé, spolié et évincé [17].

Au moins formellement, le pouvoir des parents reste absolu quand il s'agit de marier leurs enfants ; mais leur opposition au bonheur des jeunes amants se voit tournée allégrement : tout semble permis pour renverser cet obstacle. N'est-ce pas un avocat, lui-même père opposant, qui conseille l'enlèvement [18] ? Il le justifie ainsi :

> Et quand un père usurpe un pouvoir tyrannique,
> On peut, pour s'affranchir, mettre tout en pratique [19].

La dramaturgie comique continue donc d'user couramment de ces personnages qu'on force à renvoyer le gendre qu'ils avaient choisi et à admettre celui qu'ils refusaient ; à l'occasion du conflit qui les oppose à leurs enfants, ils deviennent naïfs, manifestant beaucoup d'aveuglement face aux tromperies dont on les persécute. Nous nous contenterons de quelques illustrations ; la fantaisie des mystifications mises en œuvre s'accompagne en général de la pauvreté psychologique des naïfs [20].

---

15. Regnard, *La Sérénade.*
16. Scène 10.
17. Géronte, la belle dupe du *Légataire universel* de Regnard, est conforme au type du vieux prétendant pendant plus d'un acte. Malgré ses soixante-huit ans et tous les maux dont il est affligé, il veut épouser Isabelle, celle-là même que courtise son neveu Eraste ; il posséderait ainsi une garde-malade zélée, à qui il ne désespère pas de pouvoir faire quelques enfants (I, 7). Très faiblement amoureux, il est plutôt soulagé quand on le refuse comme gendre (II, 5 et 6). S'il reste un parfait naïf, c'est dans la mesure où il est berné par Eraste, qui s'efforce de lui arracher un testament en sa faveur : Géronte ne devine pas le jeu du neveu hypocrite, et tombe dans toutes les mystifications qu'on lui sert.
18. Il s'agit de Trigaudin, dans *Les Vendanges ou Le Bailli d'Asnières*, pièce inachevée de Regnard.
19. Scène 10.
20. Une comédie de caractère, *Le Flatteur* de J.-B. Rousseau, propose un père opposant plus fouillé ; mais il s'agit alors d'une situation différente : le père fait preuve de naïveté en s'entêtant pour un trompeur qu'il voudrait comme gendre, puis revient au sentiment du réel. L'imitation de Molière est nette, sans atteindre la profondeur du modèle. Développons un peu. J.-B. Rousseau nous présente un vieux gentilhomme riche et fort vaniteux, Chrisante, chez qui, à force de flagorneries, s'est impatronisé le flatteur Philinte. Comblé dans sa vanité, Chrisante est complètement aveugle sur le jeu du coquin, qu'il croit sincère et attaché à sa personne. Le flatteur convoite évidemment la fille de Chrisante, Angélique, auparavant promise à Damon ; sournoisement, il s'emploie d'un côté à calomnier Damon auprès de Chrisante, de l'autre à brouiller les jeunes amants. Mais quand le naïf propose Angélique à Philinte, le trompeur joue la surprise et accepte modestement. La dupe est prise à ce jeu : « Ce n'est pas lui qui m'a sollicité à ce mariage, au moins. Le pauvre garçon n'y consent que pour m'obliger, et parce que je l'en ai prié, car

Le médecin Grichard [21], esprit chagrin qui se rend incommode aux autres par sa manie de « gronder et criailler sans cesse », avait accepté de marier ses enfants Hortense et Térignan selon leurs vœux. Sur un coup de tête, il rompt à présent son dessein : il donnera sa fille à un sot et c'est lui qui épousera la promise de son fils, Clarice — non qu'il l'aime, mais parce qu'il l'a surprise un jour grondant une suivante, comme lui ! Pour le dégoûter d'elle, Clarice se montre à l'excès amie des plaisirs, des frivolités et de la gaieté. Convaincu par ces comédies, le naïf renonce à Clarice. Il reste à lui faire admettre les deux mariages initialement prévus pour ses enfants : à partir d'une fausse nouvelle initiale — son jeune fils de quinze ans aurait été enrôlé de force —, une chaîne de mensonges, qu'il croit tous, l'amène à exiger de Térignan puis d'Hortense qu'ils épousent justement le partenaire élu. D'autres parents sont forcés de donner leur fille à celui qui la désire. Monsieur et Madame Valentin [22], bourgeois que la curiosité a amenés au camp de Compiègne, gardent de près leur fille Angélique, éprise de l'officier Clitandre. Un bon tour, joué par un comparse à Valentin, permet à Clitandre d'obtenir Angélique : le crédule, accusé d'espionnage, est sauvé par Clitandre, en échange de son assentiment au mariage des jeunes gens.

Certains pères approuvent sans en avoir conscience le mariage auquel ils s'opposaient. Acante [23] désire un gendre brillant ? Mascarille entre en lice :

> Le père d'Isabelle en veut faire une reine.
> Nous allons satisfaire à son ambition,
> Et relever l'éclat de sa condition [24].

On se déguise ; et Acante croit recevoir les envoyés du roi de Monomotapa — ce roi oriental dont un astrologue avait prédit qu'il épouserait Isabelle. Le contrat de mariage est signé par l'ambassadeur, qui se révèle être Lizandre, le gendre refusé par l'ambitieux Acante. Le financier

---

c'est le meilleur ami » (III, 1). La scène 2 de l'acte III fournit un bel exemple des manœuvres du trompeur. Feignant de s'effacer, puisque Angélique aime Damon, Philinte convainc Chrisante de sa délicatesse, et le provoque justement à s'entêter dans son projet d'obtenir un gendre qui lui est si nécessaire. Mais ne reprochera-t-on pas à Philinte d'avoir évincé, lui le dernier arrivé, Damon ? Sous prétexte de se garantir du reproche, Philinte amène Chrisante à lui signer une promesse de mariage antidatée, accompagnée d'un dédit ; l'imprudente dupe ne devine pas le tour malhonnête ! Il faudra au naïf des preuves tangibles pour accepter d'être détrompé sur le flatteur : cet honnête et scrupuleux ami n'est qu'un gueux qui s'apprêtait à voler sa victime.

21. Brueys et Palaprat, *Le Grondeur*.
22. Dancourt, *Les Curieux de Compiègne*.
23. Belisle, *Le Mariage de la reine de Monomotapa*.
24. Scène 12.

Griffard [25] est autrement trompé : pour le faire consentir, on table sur sa passion pour Cidalise, jeune personne secrètement mariée. « Elle vous aime à la fureur [26] », lui assure-t-on ; et Cidalise joue le jeu. Attrapé par ces mensonges, Griffard ne se tient plus de joie ; quand Cidalise lui demande de participer à une noce — feinte bien entendu —, et d'apposer sa signature au contrat, l'amoureux signe aveuglément, forçant même sa fille Mariane à signer elle aussi. Ce contrat lie en réalité Mariane à celui que Griffard ne voulait pas pour elle.

L'ambition sociale n'est pas un phénomène nouveau ; mais, à travers les dramaturges, on sent particulièrement l'actualité des appétits d'une bourgeoisie riche. Nos auteurs s'attachent de préférence aux femmes qui espèrent s'intégrer à la noblesse.

La plupart de ces bourgeoises sont des veuves, désireuses de réaliser leur vœu en épousant un noble. Madame Martin [27] veut oublier son origine bourgeoise — même son père ne doit l'appeler autrement que « Madame » ; pour accéder au rang des personnes de qualité, elle a jeté son dévolu sur un marquis. Madame Patin [28], veuve d'un très riche financier, se met également à mépriser son entourage ; elle renvoie l'homme de robe à qui elle avait promis sa main et, pour éviter d'être insultée du titre de bourgeoise, se jette à la tête d'un chevalier. Madame Robin [29] fait de même. Comment pourrait-elle supporter un Mouflart, un marchand ? La bourgeoisie lui « pue horriblement à l'heure qu'il est [30] » ; avec un officier, le chevalier de Fourbignac, elle se voit déjà à la tête d'un bataillon — ce qui vaut mieux que de commander à des garçons de boutique ! « L'air de cour est son faible », dit-on d'Olimpe [31] ; cette bourgeoise en puissance de mari, fille de procureur, a inculqué sa folie à sa fille Angélique. La jeune orgueilleuse ne cherche qu'à s'élever : n'est-elle pas, avec sa beauté, du bois dont on fait les duchesses ? De telles ambitions seront l'occasion de diverses tromperies ; pour berner les naïves, il suffira d'entrer dans leur manie.

Les nobles maris escomptés n'ont souvent de leur rang que le nom et l'apparence ; ils espèrent attraper l'argent des bourgeoises. Ainsi, le chevalier de Fourbignac [32] profite du goût de Madame Robin pour les officiers : il se l'attache en lui faisant savoir qu'il l'aime ; Madame

---

25. Dancourt, *La Foire de Besons*.
26. Scène 22.
27. *La Bourgeoise madame*.
28. Dancourt et Saint-Yon, *Le Chevalier à la mode*.
29. Dancourt, *Les Curieux de Compiègne*.
30. Scène 9.
31. Hauteroche, *Les Bourgeoises de qualité*.
32. Dancourt, *Les Curieux de Compiègne*.

Robin n'en doute pas ! Encore aura-t-elle le chevalier qu'elle désire [33]. Par contre, Madame Patin [34] subira une déconvenue. Son chevalier à la mode, parfaitement démuni de ressources, utilise ses bonnes fortunes pour capter l'argent des dames riches ; et il court plusieurs lièvres à la fois. N'importe ! La bourgeoise est tellement éprise et désireuse d'épouser son chevalier, que celui-ci parvient à se tirer de toutes les situations embarrassantes. Un seul exemple. Le chevalier a oublié par mégarde chez Madame Patin, qui compte brusquer le mariage, la liste de ses maîtresses. La bourgeoise en est ébranlée, mais elle se laisse convaincre par les justifications du chevalier ; plus il s'accuse, se donnant des airs de martyr injustement blâmé, plus notre bourgeoise est prise [35]. A la scène suivante, devant le notaire, le fourbe fait mine de se désintéresser des articles du contrat ; la dupe doit presque le forcer à accepter une donation complète de ses biens [36]. Madame Patin désire vraiment être trompée ! Mais, son chevalier étant finalement confondu, elle devra épouser le robin qu'elle refusait.

Les autres bourgeoises entichées de qualité, aveuglées, donnent dans toutes les mystifications. Madame Martin [37] est particulièrement crédule. Le valet trompeur Champagne gagne se confiance en flattant ses aspirations à la noblesse et son désir d'épouser le marquis, en lui donnant du « Madame la comtesse de Saint-Martin [38] ». Une prétendue marquise la gruge en venant la complimenter sur sa beauté, qui l'emporterait à la cour [39]. On la persuade aisément que Champagne est un comte déguisé, qui l'aime et veut l'épouser. « Comtes, marquis, je crois que tout le monde m'aime [40] », se rengorge la dupe. Ces manœuvres aboutissent au résultat voulu : la naïve abandonne la poursuite du marquis, aimé d'Isabelle, et, détrompée sur le faux comte, accepte d'épouser le père d'Isabelle. Angélique et sa mère [41] sont également les jouets des trompeurs qui cherchent à éliminer l'obstacle que représentent les deux folles. La plus grave mystification qu'on leur sert consiste à déguiser un valet en comte. L'imposteur, qui se garde de bouffonner, s'insinue facilement auprès des ambitieuses en encourageant leur vœu de briller à la cour [42]. Voilà Angélique désireuse d'obtenir la main du faux comte, qui

---

33. Dans *Le Moulin de Javelle* de Dancourt, on trouvera la réplique masculine de ce personnage, avec le riche bourgeois Ganivet, désireux d'accéder à la noblesse.
34. Dancourt et Saint-Yon, *Le Chevalier à la mode.*
35. III, 5.
36. III, 6.
37. *La Bourgeoise madame.*
38. Voir II, 2 et III, 1.
39. II, 5.
40. IV, 4.
41. Hauteroche, *Les Bourgeoises de qualité.*
42. Voir II, 4 et III, 6.

lui a donné dans la vue, et par lequel elle accèdera enfin à un milieu digne d'elle [43]. Sa déconvenue sera cruelle, d'autant qu'elle ne pourra même pas se rabattre sur un marquis, authentique celui-là, que son orgueil a rebuté.

Depuis le milieu du XVIIe siècle, le noble de province fait rire de ses maladresses, de ses ambitions, et des avanies qu'il subit comme prétendant. La présente période ne s'attache pas au hobereau en tant que tel [44] ; elle s'intéresse à tous les provinciaux, nobles ou non, venus épouser hors de chez eux, et évincés parce qu'ils perturbent les desseins des amoureux [45]. Plus ou moins jeunes, plus ou moins extravagants, qu'ils soient de Bourges, de Limoges ou de Carpentras, qu'ils soient normands, beaucerons ou gascons, tous restent des sots ; sûrs de leur fait, mais facilement trompés, ces crédules malmenés doivent finalement abandonner la partie et rejoindre la province [46]. Donnons quelques témoignages de leur naïveté [47].

Christophe Nigaudinet [48], venu pour épouser Angélique, débarque de Pont-l'Evêque au beau milieu de la foire Saint-Germain. Accosté par Colombine, qui veut le conduire à Angélique, il craint quelque libertine, et refuse en ces termes : « Je vous remercie, mademoiselle, je n'aime point à être seul avec les filles [49]. » Ce n'est qu'un prélude à d'autres

---

43. Voir V, 1.
44. La marquise proposée par Brueys, dans son *Important,* reste un cas d'espèce. Cette provinciale vaniteuse est prise aux apparences du comte de Clincan, hobereau fat, endetté et coureur de dot ; flattée par un homme qui se fait passer pour si considérable, qui lui assure que la cour et toute l'Europe sauront le beau mariage de sa fille, elle est prête à le prendre pour gendre.
45. Le Nigaudeville des *Eaux d'Eauplet* échappe à la règle. Il veut briller, mais se fait attraper comme un béjaune : un coquin lui fait croire qu'il a donné dans la vue d'une comtesse — une fille d'Opéra en réalité —, et se propose pour faire passer comme cadeau à celle-ci le diamant du sot...
46. On notera un fait nouveau : à côté du provincial évincé à Paris, on rencontre un provincial de Falaise venu épouser à Marseille et éliminé (Barbier, *Le Cours de Marseille, avec les plaisirs de la Bastide*), et même plusieurs Parisiens ridicules et exclus de la société de province (Barbier, *La Diligence de Lyon* et *La Fille à la mode ;* Pierre-François Biancolelli, *Les Salinières ou La Promenade des Fossés*). Le renversement est particulièrement net dans *La Fille à la mode :* Godinet, « grand badaut » de vingt-deux ans, s'étonne de trouver à Lyon une rivière, des rues, des boutiques, des carrosses, et des filles faites comme celles de Paris ; le fat ne tournera pas la tête des jeunes Lyonnaises, mais sera éliminé. De telles pièces étaient évidemment destinées à un public provincial.
47. Tous les provinciaux évincés ne sont pas des naïfs ; on le voit bien chez Regnard. M. de Sotencour (*Le Bal*), proche des originaux du burlesque, affiche surtout son extravagance ; s'il échoue et retourne à Falaise, il n'est pas victime de sa crédulité. Sans doute le Ménechme provincial (*Les Ménechmes ou Les Jumeaux*) a-t-il tort, en arrivant à Paris, de se fier à un coquin de valet ; mais il est abasourdi par une situation qui le dépasse, sans faire montre d'une particulière naïveté.
48. Regnard et Dufresny, *La Foire Saint-Germain.*
49. II, 3.

mésaventures. S'apercevant que son épée lui a été dérobée par un voleur, il ordonne à son valet — à qui il donne du « fantassin », puisqu'il veut se faire homme d'épée et acheter quelque régiment à bon marché — : « Va chercher cet homme dans la foire, et dis-lui qu'il me rapporte mon épée, car j'en ai affaire [50] ». Ce badaud tombe ensuite sur Arlequin, recule et tremble, avant de lui demander : « N'est-ce point vous, monsieur, qui avez pris mon épée [51] ? » Avanie plus grave : persuadé que Scaramouche le tricheur gagne toujours aux dés, il laisse sa bourse, un diamant, une montre, une bague comme enjeu ; et Scaramouche perd tout [52] ! Nigaudinet fuit donc la foire, ses filous et Paris, abandonnant toutes ses prétentions [53].

S'ils sont moins niais, le Gascon Dardibras et le Limousin Fatignac [54] sont victimes d'une belle mystification. Oronte, père de deux filles, les voudrait pour gendres et a même commis l'imprudence de signer promesses de mariage et dédits. La cousine des deux filles, Hortense, qui sait à la fois la vanité des prétendants d'Aquitaine et leur avidité pour les écus, se charge de la tromperie. Elle se présente, sous une apparence des plus séduisantes, successivement aux deux provinciaux fraîchement reçus par leur future : pour Dardibras, elle est une jeune fille bien dotée ; pour Fatignac, une veuve riche. Dans ces deux rôles, la trompeuse minaude et fait l'amoureuse. Les nigauds sont pris, et n'hésitent pas à se défaire des fameux dédits, dans l'espoir d'avoir l'un son innocente, l'autre sa veuve. C'est tout ce qu'il fallait obtenir d'eux ; ils se repentiront de cet aveuglement en rejoignant leur province.

Ailleurs, on s'arrangera pour dégoûter les prétendants de la fille qu'ils convoitent et de sa famille, par des mensonges et des impostures ; ce motif comique apparaît dans plusieurs comédies. Dans *Les Vendanges de Suresnes*, de Dancourt, le provincial indésirable est Monsieur Vivien, infatué de sa race — il est Monsieur Vivien de la Chaponnardière ! Trois imposteurs déguisés, se donnent pour la promise, son père et son cousin, fournissant à Vivien une image repoussante et inquiétante de ceux avec qui il compte s'allier : « Par ma foi, voilà une vilaine famille [55] », constate le provincial sans malice. Cela suffirait à le faire abandonner de son propre chef ; calomnié ensuite, il sera renvoyé. Le jeune vicomte

---

50. II, 3.
51. II, 4.
52. II, 5.
53. On rapprochera de ce normand un Dandinet, gentilhomme venu de Beauce (Legrand, *La Foire Saint-Laurent*). Le niais promène son humeur badaude et plaisante parmi les attractions de la foire, pendant qu'on lui enlève sa future.
54. Legrand, *La Femme fille et veuve*.
55. Scène 11.

de Genicourt [56] « tient du sot, du fat et de l'extravagant [57] » ; il voudrait imiter les petits-maîtres de Paris. Persistant à épouser Marianne contre son gré, il sera berné. On lui fait tenir une fausse lettre qui laisse prévoir que le père de Marianne ne disposera plus de la dot promise au vicomte. Le vicomte croit d'autant plus la nouvelle que Marianne feint maintenant de se réjouir de son mariage avec lui. Sûr qu'on veut le duper, il se félicite de déjouer la manœuvre et se désiste. Autre original, venu cette fois de Provence, le vicomte de Carpentras [58] est une dernière victime crédule. Une suivante gagne sa confiance et lui fait croire que la promise est pire que sorcière, qu'elle a commerce avec le diable ; effrayé, le vicomte renonce à ses projets : « J'abandonne à jamais ce funeste pays [59]. »

Les tromperies dont sont victimes les riches amoureux tondus par une coquette témoignent de l'âpreté d'une époque.

Une autre race de femmes remplace décidément les jeunes personnes amoureuses qui pouvaient devenir la proie d'un amant indélicat [60]. Les rôles s'inversent. Et ces coquettes nouvelles ne se contentent pas de jouer avec le cœur de leurs dupes amoureuses [61] ; elles grugent allégrement les naïfs, qu'elles choisissent riches. Ce thème fut mis en œuvre successivement par Baron, Fatouville, Dancourt et Lesage, sans que les dramaturges prennent toujours la peine de dessiner précisément la figure des naïfs. Promesses d'amour, promesses de mariages, propos doucereux et feints suffisent à attacher les galants qui prouvent leur flamme en se montrant généreux. Durcet et Basset [62] se croient aimés d'une jeune veuve qui leur fait espérer le mariage ; ils s'emploient donc pour elle et la gâtent. Simon et Griffard [63], hommes mariés, sont amoureux chacun de l'épouse de l'autre ; comme « de pauvres diables bien amoureux ne donnent toujours que trop aisément dans tous les panneaux qu'on leur veut tendre [64] », les épouses, qui sont d'accord entre elles, ruinent les galants crédules en faisant mentir les serviteurs : on extorque deux cents pistoles à Griffard sous prétexte qu'Angélique aurait perdu au jeu ; on soutire mille écus à Simon en lui faisant croire

56. *Le Petit-Maître de campagne ou Le Vicomte de Génicourt.*
57. Scène 2.
58. Le Brun, *L'Etranger.*
59. Scène 11.
60. Au nombre de ces survivances, on comptera Lucinde, qui s'aveugle par amour sur le volage Moncade (Baron, *L'Homme à bonnes fortunes*).
61. Comme Angélique et Cidalise, dans *L'Eté des coquettes* de Dancourt. Cidalise dit bien la naïveté des galants attrapés : « Ces petits messieurs sont fanfarons ; ils ont trop peu d'esprit pour s'apercevoir qu'on les raille, et trop bonne opinion d'eux-mêmes pour ne pas croire qu'on les aime » (scène 8).
62. Baron, *La Coquette et la fausse prude.*
63. Dancourt et Saint-Yon, *Les Bourgeoises à la mode.*
64. III, 9.

qu'Araminte, faute de pouvoir payer cette somme, va se jeter au couvent.

Fatouville s'attacha à montrer un peu mieux cette sorte de naïveté. Dans une des scènes du *Banqueroutier* [65], le financier Persillet est aux prises avec une veuve de qualité, qui le flatte, affirme son penchant pour lui, demande à être exclusivement et fidèlement aimée et se dit tout à fait désintéressée. « Les gens de notre profession aiment toujours et donnent toujours », répond Persillet, qui rappelle sans cesse que ses coffres sont pleins ; s'il croit attraper toutes les femmes de qualité grâce à son argent [66], il va d'abord être attrapé ici. Sûre qu'il se croit aimé d'elle, la veuve le plume sans scrupule. Un sergent fait irruption pour instrumenter — la veuve aurait des dettes. Elle fait mine de ne pas vouloir parler de ses petits embarras à son galant ; la dupe se précipitera pour éteindre cette dette. Et la veuve, qui regarde le financier d'un air languissant, de se montrer désolée : « Fallait-il m'ôter le plaisir d'une tendresse désintéressée ? » Voilà Persillet aux pieds de sa veuve, quand le frère de celle-ci arrive, l'épée à la main, menaçant de tuer le séducteur. Une bague de deux mille écus et une lettre de change de quatre cents pistoles, transmises par la veuve qui se montre toujours gênée de ces bontés, calmeront ledit frère. Ailleurs [67], le marchand Friquet pense être aimé de la jeune Isabelle, qui, pour vivre en attendant d'épouser celui qu'elle aime, berne différents amoureux en leur promettant le mariage. Une lettre tendre invite le vieil amoureux à souper, et à apporter cinq cents pistoles avec lui [68]. La dupe finit par se rendre à l'assignation galante [69] et se vante d'avoir allongé une douzaine de bottes à un rival. « Vous n'êtes pas blessé ? » s'inquiète Isabelle, qui feint de s'évanouir tant elle a craint pour son amant. Du coup, Friquet laisse sa bourse et se jette aux pieds de la jeune fille en lui baisant les mains : « Ah, charmante damoiselle, est-il possible que vous preniez tant d'intérêt à ce qui me regarde ! » L'amoureux est bien pris au piège. Il jouira peu de son bonheur : des masques arrivent, qui le malmènent et le font sortir.

C'est assurément Lesage qui donna le plus de relief à ce personnage, dans son *Turcaret*. Le traitant Turcaret reste un terrible homme en affaires ; mais il est des plus naïfs en amour. Sans doute cache-t-il à ses maîtresses qu'il est marié ; et il s'imagine les attraper parce qu'il leur promet de les épouser. En attendant, celles-ci savent le plumer : « Il faut s'attacher

---

65. *Scène du financier.*
66. « Il n'en échappe pourtant guère à nous autres financiers. »
67. Dans *Le Marchand dupé,* autre pièce de Fatouville représentée chez les Italiens.
68. II, 3.
69. II, 8.

à Monsieur Turcaret, pour l'épouser ou pour le ruiner[70] », est-il conseillé à la baronne, jeune veuve qui a fait « la précieuse conquête » de Turcaret. Car le parvenu est une bonne dupe, un « excellent sujet ». « Il a de l'argent, il est prodigue et crédule ; c'est un homme fait pour les coquettes[71]. » La baronne s'emploie à le gruger avec un art consommé. Turcaret vient d'envoyer à celle-ci un petit coffret contenant un billet au porteur de dix mille écus et un quatrain galant bien ridicule — la prose et les vers de l'homme d'affaires ! La coquette le complimente d'abord sur ses vers, dignes d'un Voiture. Adroite flatterie : le traitant se pique de bel esprit et aspire à la qualité ; et la baronne laisse à sa suivante le soin de parler la première de la prose, se montrant ainsi désintéressée. De fait, elle gronde Turcaret sur sa prodigalité, menace de renvoyer le billet au porteur, dont elle fait mine d'ignorer le montant, et se dit offensée :

> En m'accablant tous les jours de présents, il semble que vous vous imaginiez avoir besoin de ces liens-là pour m'attacher à vous[72].

« Qu'elle est franche ! Qu'elle est sincère ! » s'exclame le niais, qui se croit ainsi aimé pour lui-même.

La baronne va poursuivre ce jeu jusqu'à la confusion et la ruine finales du traitant. Sans suivre la trame de toutes les tromperies dont on le ligote, insistons sur quelques scènes où il manifeste un particulier aveuglement. Il faut mentionner le dialogue au cours duquel la baronne, dénoncée par la suivante Marine auprès de Turcaret, parvient à retourner sa victime[73]. Turcaret arrive essoufflé, furieux, insultant la baronne, brisant glace et porcelaine dans sa chambre. Avec sang-froid, la baronne se disculpe en montrant en Marine une scélérate, qui reprochait à sa maîtresse son inclination pour le peu brillant Turcaret et son refus d'un marquis. Voilà pourquoi elle a chassé Marine, qui s'est vengée par un faux rapport. Et de se plaindre à Turcaret : « Fallait-il vous laisser si facilement prévenir contre une femme qui vous aime avec trop de tendresse ? » Turcaret, qui avale l'histoire sans broncher, n'a plus qu'à demander son pardon à genoux ! Plus tard[74], le marquis dénonce en Turcaret un ancien laquais et un sordide usurier ; la baronne prend discrètement la défense de Turcaret humilié devant celle qu'il aime. Elle le rassure : « Ces sortes de mauvais contes ne font aucune impression sur mon esprit ; vous êtes trop bien établi dans mon cœur[75] » ;

---

70. I, 1.
71. I, 6.
72. I, 5.
73. II, 3.
74. III, 4.
75. III, 5.

et elle ajoute que Turcaret a trop l'air et les manières d'une personne de condition pour qu'on le soupçonne de ne l'être pas ! Ainsi embobeliné, le traitant ne peut se défendre d'une dernière mystification : un fourbe déguisé en huissier vient réclamer à la baronne une dette de dix mille livres ; tout en faisant mine de s'en défendre, la rouée laisse payer cette dette-là à Turcaret [76]. Parce qu'il est amoureux, parce qu'il se croit aimé, le naïf Turcaret aura été systématiquement exploité [77].

2. L'adolescence et la jeunesse.

Même si, le plus souvent, il ne leur confie qu'un rôle marginal, ce théâtre marque un goût indéniable pour les êtres sortis de l'enfance [1], mais qui ne sont pas encore des adultes. C'est leurs réactions face aux réalités de l'amour qu'analysent évidemment les dramaturges. La naïveté propre à cet âge se rencontre d'abord chez quelques garçons ignorants de l'amour. Les jeunes filles sont plus nombreuses à marquer la même ignorance ou à s'éveiller pour la première fois à l'amour ; non seulement la période renouvelle bien peu la peinture de l'ingénuité féminine, mais elle présente des adolescentes qui ne méritent plus le nom d'ingénues. Par contre, un couple d'amants campagnards nous offrira, en 1720, une image originale de l'innocence qui découvre l'amour sans le savoir.

Chacun à sa manière, Blaise Bouvillon et Harpagon le fils méconnaissent encore l'amour. A la veille d'épouser Isabelle, Blaise Bouvillon [2] ne pense qu'à lui jouer des tours stupides. A minuit, il veut faire éclater un pétard à sa porte, sans s'étonner outre mesure de la présence d'un rival. Parfaitement niais — il se montre incapable d'apprendre deux vers par cœur, dont il a demandé s'ils étaient en prose [3] ! —, il ignore tout de l'amour. Harpagon le fils [4], victime d'une éducation confinée, ne vaut guère mieux : « Je ne suis pas encore sorti

---

76. IV, 7.
77. La baronne n'échappe pas à la même naïveté. Elle refuse longtemps de reconnaître l'évidence : le chevalier qui fait le passionné auprès d'elle, et qu'elle veut croire sincère, n'est qu'un fourbe qui l'exploite, et à travers elle, ruine le traitant. Cycle implacable de la tromperie que Frontin, le valet du chevalier, décrit avec un cynisme allègre : « J'admire le train de la vie humaine ! Nous plumons une coquette ; la coquette mange un homme d'affaires ; l'homme d'affaires en pille d'autres : cela fait un ricochet de fourberies le plus plaisant du monde » (I, 10). Ce train du monde présent est sévèrement dénoncé par Lesage.

1. Des enfants paraissent aussi, comme la petite fille Charlotte, innocente et babillarde (Dufresny, *Le Faux instinct*).
2. Champmeslé, *Ragotin ou Le Roman comique*.
3. Voir III, 15 et IV, 7.
4. Caillet, *Les Mariages inopinés*.

de l'état d'innocence[5] », avoue-t-il de lui-même. Brutalement lancé à la recherche d'une épouse, sans aucune expérience du sentiment amoureux ni de la galanterie, il se met à courtiser les dames comme un petit pédant de collège ; à Orphise qu'il déclare aimer, il fait cette promesse : « Vous verrez, mademoiselle, quand je vous parlerai de ma passion avec plus de loisir, comme je vous ferai comprendre ce que c'est que l'amour ; de quelle manière il s'engendre, s'entretient et finit[6]. »

Signalons ce motif du garçon qui reste insensible aux agaceries de la sensualité féminine. Nigaudin[7] se soucie peu de son charme auprès des filles : « Tenez, j'en ai connu quelques-unes qui m'ont fait mille malices ; elles me pinçaient partout, et quand je me plaignais de cela, elles disaient que je n'avais qu'à leur en faire de même. Oh ! c'est une race bien malicieuse que les femmes[8]. » C'est le même qui ignore comment deux personnes mariées doivent s'y prendre pour avoir famille ! Jeannot[9] met le comble à cette sorte d'innocence qui ne sait pas interpréter les gestes de l'amour : parce que Nicole le tourmente toute la journée, lui tire les cheveux, lui pince les joues, lui donne des taloches, il est persuadé qu'elle ne l'aime pas ; si elle l'aimait, elle le laisserait en repos !

On doit à Champmeslé[10] le curieux personnage de Lélie. Cet adolescent enfermé, à qui l'on a délibérément caché l'existence des femmes et de l'amour, se sent inquiet ; il voudrait sortir, cesser d'être ignorant, savoir ce qu'on lui cache, savoir comment on est père... Echappé, il voit deux filles, qu'il prend pour des hommes ; mais quelque chose s'éveille en lui : « Voilà deux jeunes garçons joliment habillés. Je n'en ai point encore vu comme ceux-là : je voudrais bien les aborder ; mais je suis tout hors de moi-même, et je n'ai pas presque la force de parler[11]. » Il est dommage que l'auteur abandonne à ce point l'analyse de la découverte de l'amour, et laisse son Lélie aussi ignorant sur la vie conjugale au jour même de son mariage.

Il est des filles aussi ignorantes. Comment dormir auprès d'un mari ? se demande Babet[12]. Ayant repoussé l'entreprenant Arlequin, qui voudrait devenir son amant, Rosette[13] s'exclame : « Et qu'est-ce que c'est, s'il vous plaît, qu'un amant ? [...] à quoi cela sert-il[14] ? » La jolie petite

---

5. V, 5.
6. IV, 1.
7. Abeille, *La Fausse Alarme de l'Opéra.*
8. Scène 8.
9. Lesage, *Les Eaux de Merlin,* scène 4.
10. *La Coupe enchantée.*
11. Scène 11.
12. Valentin, *Le Franc Bourgeois.*
13. Barbier, *L'Heureux Naufrage.*
14. II, 6.

couturière Margot [15], qui mourrait de peur si elle touchait « seulement un homme du bout du doigt », ne voit pas le mal. Elle refuse de se montrer et de regarder les hommes pour suivre les ordres de son parrain, « un des gros fermiers », bienfaiteur de toute la famille. Les intentions de ce monsieur Harpillon sont évidentes sur la jeune fille ; mais celle-ci ne les imagine pas : « C'est un homme qui n'a que de bons desseins ; il m'a promis de m'épouser. » Margot a d'ailleurs de ces reparties naïves qui dénoncent son âge. Colombine se plaint-elle du manteau qui ne permet pas qu'on voie sa gorge ? « Ce n'est peut-être pas la faute du manteau », rétorque la couturière. Que Margot fabrique pour Colombine des faux seins, ou lui prête les siens ! suggère le grossier marquis. Et l'adolescente de répondre : « Je n'en ai pas trop pour moi, et j'ai eu assez de peine à les voir venir. » Peu pressée de prendre un mari, Isabelle [16] reçoit cependant Octave [17] ; elle montre alors son ignorance des manèges de la galanterie. Octave, à qui elle n'a pas permis de prendre sa main, se pâme et se laisse aller dans ses bras ; « Je crois qu'il est mort », dit-elle en pleurant. Au galant ressuscité, la naïve explique qu'elle suit les conseils de sa servante : « Colombine dit que quand une fille a les mains prises, elle ne saurait plus se revancher. »

A l'instar d'Agnès, les jeunes filles ressentent, avec un cœur neuf, le trouble et le plaisir d'aimer, qu'elles disent ingénument. Isabelle [18] ressemble beaucoup à la pupille d'Arnolphe ; elle naît à l'amour et s'interroge : ce que son cœur sent peut-il se nommer amour [19] ? Il en va de même pour Marianne [20], qui pénètre mal ses propres sentiments : « Je n'ai pas encore assez d'expérience pour débrouiller ce qui se passe dans mon cœur. » Elle ne laisse pas de constater sa joie d'être courtisée, même si elle ne comprend pas les galanteries qui la ravissent ! « Jeune innocente » à peine sortie du couvent, Jacinthe [21] s'est éprise de Dorante. De l'amour, elle a encore une idée bien irréelle ; elle rêve d'une grande passion : « Je veux que tu m'apprennes si ce que je sens, c'est proprement ce qu'on appelle amour dans les romans [22] », demande-t-elle à sa suivante. Quoi qu'il en soit, elle se livre à cet amour et s'efforce d'obtenir son Dorante comme époux, non sans être victime de sa franchise et de son inexpérience du monde.

15. Regnard, *La Coquette ou L'Académie des dames*, III, 4.
16. Regnard et Dufresny, *Les Chinois*.
17. III, 2.
18. Regnard, *Le Distrait*.
19. Voir III, 1.
20. Barbier, *Les Soirées d'été*, II, 4.
21. Dufresny, *La Joueuse*.
22. II, 1.

Tout cela reste bien sommaire. Un Dufresny s'attache de manière un peu plus précise aux ingénues de campagne touchées par l'amour. Trois comédies, dont les deux premières furent présentées chez les Italiens, reprennent ce personnage.

La Thérèse de *L'Opéra de campagne* est la fille de Jeannot, le bailli du village. Depuis qu'elle a aperçu Octave, elle est toute rêveuse. Mise en présence d'Octave, elle montre sa simplicité et sa maladresse ; elle avoue sans réticence qu'elle veut être heureuse avec le jeune homme [23]. Dira-t-on du mal du mariage ? « Il me semble qu'il y a plus de plaisir à être à deux [24] », répond Thérèse. « Nature va toujours son train [25] », même chez la plus sotte. Témoin cette niaise de Jacqueline, la fille du fermier, dans *Attendez-moi sous l'orme*. Cette fille ne sait rien d'elle-même ; en tout elle suit l'avis de son père. Est-elle assurée d'être une fille sage ? Sans doute, puisque son père le lui a dit. Mais elle ignore tout à fait ce que cela signifie, n'ayant aucune idée des fautes que peut commettre une jeune fille. Préfère-t-elle Pierrot ou Arlequin ? — « Je disais hier à mon père qu'il me semblait que j'aimais mieux Arlequin ; mais il me soutint lui, que c'est Pierrot que j'aime le mieux, et qu'il faut que je l'épouse. Dame, mon père se connaît mieux à ça qu'une fille [26]. » C'est Colombine qui lui fait prendre conscience de son choix personnel, de son amour. Le moyen ? Que Jacqueline s'imagine en face des deux prétendants ; sera son mari celui qu'elle embrassera. L'innocente n'hésite plus et affirme avec une belle spontanéité : « Oh ! vraiment, c'est donc Arlequin que j'aime, car j'irais l'embrasser aussitôt [27]. »

Dans *Le Jaloux honteux*, Dufresny mêle davantage à l'intrigue la petite jardinière Hortense. Cette fille de la campagne, d'esprit et de langage rustiques, est promise à un domestique âgé, laid, idiot et jaloux, le « vilain maussade » de Thibault. Mais elle a vu le valet Frontin, qui l'a d'emblée séduite. Comment exprimer et expliquer ce charme ? « Thibault me dit que l'y a des hommes, que c'est comme des sorciers, qui ont de la maladie dans leurs paroles : faut que ça soit, car quand Frontin me parloit hier, j'étois tout je ne sçais comment [28]. » Maladresse amusante et touchante. En présence de Frontin, elle est aussi simple [29]. Oui, elle a remarqué l'amour de Frontin : les yeux doux, les soupirs, les petits tremblements dont il accompagnait ses paroles, tout cela était « si joli », et si clair. Sans mal, Frontin lui fait avouer qu'elle l'aime — la naïve

---

23. II, 4.
24. III, 3.
25. *Ibid.*
26. Scène 5.
27. *Ibid.*
28. I, 7.
29. II, 5.

dit même son trouble quand il lui a pris la main. Que Frontin ne s'inquiète pas de Thibault ! Elle n'aime pas du tout ce dernier « pour être mariée avec lui » ; « pour ça », elle aimerait cent fois mieux Frontin. Désormais sûre de son amour, elle s'arrangera pour évincer Thibault au profit de Frontin. Hortense allie les ignorances de la paysanne inculte à la fraîcheur de cœur des adolescentes.

A travers tous ces témoignages se trouvent rassemblées les formes diverses que prend la véritable ingénuité féminine chez les dramaturges du temps. Mais nous devons à Dancourt et à certains de ses confrères des personnages de toutes jeunes filles différents et assez inquiétants ; ces adolescentes parfois à peine âgées d'une quinzaine d'années ne sont plus des ingénues [30]. Sans doute leur comportement ressortit encore par certains aspects à la naïveté. Que connaissent-elles vraiment de l'amour et du mariage ? Tout juste sorties de leur enfance, elles en ont encore la spontanéité, la franchise, l'indiscret bavardage, l'inexpérience aussi, qui les fait se fier aux apparences avec bonne foi, les empêche de calculer, les pousse à l'imprudence ; bref, elles ne connaissent pas bien le monde. Mais qu'elles sont pressées d'imiter leurs sœurs plus âgées ! Elles manifestent une curiosité et un goût bien précoces pour l'amour. Est-ce l'influence de la société qui les entoure ? A l'âge où l'on reçoit encore des remontrances, elles se cherchent amoureux et maris ; et elles donnent des rendez-vous nocturnes, envisagent froidement enlèvements et mariages secrets. « C'est une belle chose que la nature. Cela songe au mariage dès la coquille [31] », est-il dit à propos d'une de ces fausses innocentes. Ainsi, nos petites personnes offrent un mélange étonnant de puérilité et d'aspiration prématurée à la liberté, aux plaisirs et aux amours des adultes, qui gâte la fraîcheur de leur âge.

Il convient d'insister sur les deux personnages de vrais naïfs dont Autreau, dans ses *Amants ignorants* [32], enrichit notre période. Ses deux jeunes héros, Nina et Arlequin, parfaitement neufs et ignorants, découvrent sous nos yeux l'amour sensuel qui les lie. Jamais un dramaturge n'avait poussé si loin l'analyse. Et l'on observera que les *Amants ignorants* furent représentés par les Italiens quelques mois seulement avant que Marivaux ne propose aux mêmes acteurs son *Arlequin poli par l'amour*.

---

30. Citons Mimi (Dancourt, *Renaud et Armide*), Lucile (Baron, *La Coquette et la fausse prude*), Lucile encore (Dancourt et Saint-Yon, *Le Chevalier à la mode*), Colombine (Regnard, *Arlequin homme à bonne fortune*), Mademoiselle Gogo (Dancourt, *La Femme d'intrigues*).
31. Regnard, *Arlequin homme à bonne fortune (Scène de la petite fille)*.
32. Déjà en 1718, dans *L'Amante romanesque ou La Capricieuse*, Autreau avait présenté un jeune Arlequin balourd, assez inexpert dans ses amours avec Violette. Mais *Les Amants ignorants* vont infiniment plus loin.

Sans savoir ce qui leur arrive, les deux jeunes innocents de la campagne se sont épris l'un de l'autre. Niais, crédule, maladroit avec enjouement, le « petit nigaud » d'Arlequin est uniquement préoccupé de Nina, de sa présence qu'il attend avec impatience. Nina ressent le même bonheur auprès d'Arlequin : avec lui, « je sommes bien aise [33] », dit-elle ; cela lui est venu dans le temps que son père lui ordonna de porter un fichu pour cacher sa poitrine — « ce qui me venait là [34] » montre-t-elle, car « la grande niaise » ne sait pas nommer sa poitrine. En somme, l'instinct naturel réunit deux êtres trop rustiques pour nommer, comprendre et mener à son terme ce qu'ils ignorent être l'amour.

Suivons ces cœurs neufs dans leur expérience, si maladroitement exprimée et vécue. Arlequin, pour dire son besoin de posséder Nina, ne trouve que les termes utilisés pour la nourriture : « Viens donc que je t'embrasse, que je te mange, que je t'avalle, que je t'engloutisse [35]. » Comment décrire le désir ? Quand il baise la main de sa mie, Arlequin constate : « Ça me donne la fièvre » ; ou encore : « Et puis il me prend encore je ne sais combien d'envies [36]. » Et de détailler ce qui l'attire en Nina : la mine, le col, et, au-dessous, « de certaines drôleries encore toutes rondes [37] » ; et le fichu qui recouvre la poitrine de la jeune fille le fait endêver ! Nina dit son trouble au contact du garçon : « Eh bien ! tien, queusi queumi : quand tu me prends la main, je sens itou que ça me fait trimousser le cœur, et pis m'est avis que tout le corps me fourmille, tantia que ça me rend toute je ne sçais comment [38]. » Selon Arlequin, rien ne doit entraver cette sensualité qui ignore le mal, ni les « controlleux », ni ce qu'on appelle l'honneur :

Quand je rions ensemble par bonne amiquié, gnia rien à controller, ça ne fait mal à personne [39].

En même temps qu'il découvre le pouvoir sensuel des corps, le jeune couple ressent une insatisfaction : les gamineries auxquelles ils se livrent ne suffisent plus. Nina, qui cherche à cerner la singularité de son plaisir avec Arlequin, en le comparant à celui des amitiés féminines, pressent un manque : « Je ne sçais à la fin quel jeu il me faudrait [40]. » Et Arlequin ne sait comment guérir la fièvre qui le tourmente...

La guérison et le bonheur ne pourraient venir que de la connaissance ; or leur ignorance est prodigieuse. Il ne sert à rien de leur apprendre

---

33. I, 11.
34. *Ibid.*
35. I, 7.
36. I, 8.
37. *Ibid.*
38. *Ibid.*
39. I, 7.
40. I, 8.

que la maladie dont ils souffrent s'appelle l'amour, qu'ils sont deux amants, et qu'ils seront heureux en se mariant. « Qu'est-ce donc que de l'amour ? » demande l'une. « Deux amants ! Quels animaux sont-ce là [41] ? » interroge l'autre. Quant au mariage, les deux bêtes n'en conçoivent pas la réalité. « Quand les gens sont mariés — dit Nina — il leur vient de la famille ; mais je ne sçais où ils la prennent ; queuque fois ça m'embarrasse [42]. » Arlequin s'interroge aussi sur ce remède qu'on leur propose : « Che cos'è, sto matrimonio [43] ? » Dans le mariage, il ne voit que l'avantage de détenir les clefs de la cave et de mettre le premier la main aux plats. Les deux ingénus hésiteront d'autant plus avant d'accepter le mariage, que certains couples d'époux donnent de lui une image peu harmonieuse et peu heureuse. Ils s'y résigneront cependant, puisqu'il est le seul remède à leur mal d'amour.

On a l'impression que les amants ignorants n'ont guère évolué au cours de la pièce. Autreau s'est surtout attaché, dans cet amour qui s'ignore, à la description d'une sensualité naissante et toute animale. Moins lourd sur les choses du corps, Marivaux saura montrer la métamorphose humaine que réalise l'amour chez Arlequin.

3. *Les valets.*

Le personnage du valet naïf se dégrade et s'efface au cours de la période envisagée. On nous montre encore de plaisants rustres, et quelques vrais naïfs : la tradition survit, mais très anémiée.

Le naturel inconvenant des valets n'est point oublié ; ils l'étalent franchement, sans trop bouffonner.

« Je meurs de faim, d'envie de dormir et de lassitude [1] », annonce d'emblée L'Espérance. Pour divertir son maître des soucis de l'amour, Mascarille lui donne ce conseil : « Allons au cabaret faire cent bons repas [2] » ; il vaut toujours mieux se jeter « au collet d'une grosse bouteille ». Les valets manifestent aussi leur sensualité. Rejeté sur une île où la loi veut que chacun se marie, par complaisance pour Eliante, l'amante de son maître disparu, Crispin [3] a bien voulu passer pour l'époux de celle-ci ; la supercherie étant découverte, la fiction doit devenir réalité. Crispin n'y voit que des avantages : « Je meurs d'amour

---

41. I, 9.
42. I, 11.
43. II, 5.

1. Campistron, *L'Amante amant*, I, 1.
2. Belisle, *Le Mariage de la reine de Monomotapa*, scène 1.
3. Lafont, *Le Naufrage ou La Pompe funèbre de Crispin*.

pour vous, et vous m'allez guérir [4] » ; et il prend déjà le ton d'un mari autoritaire. Amoureux, nos rustres demeurent sans délicatesse. Mascarille à Lisette : « Je t'aime cent fois plus qu'un coquin sa besace [5] » ; L'Espérance en revoyant sa Justine : « Ah ! que je l'aime ! [...] Le sang me tribouille partout [6]. » Les valets restent soumis à leurs instincts.

Il ne faut pas s'étonner de la grossièreté et de l'inconvenance niaise des propos tenus avec les maîtres. Crispin est aussi familier qu'il est peu modeste : « Hors vous et moi, il n'y en a pas un qui ait de l'esprit [7] », déclare-t-il à Cléante ; quand celui-ci a réussi à enlever Angélique, Crispin le presse : « Fuyons, Monsieur, la vache est à nous [8]. » L'Espérance reproche à Timandre d'être « gueux comme un rat [9] » ; le maître s'amuse des impertinences d'un valet si fort attaché à lui qu'il a cette réaction quand Timandre risque de perdre son aimée Lucinde : « Lucinde en épouserait un autre ? diable ! on nous l'enlèverait ? Non, non, cela ne se peut point ; et je la compte déjà pour nôtre [10]. » Un autre Crispin pousse plus loin l'incongru badinage ; si son maître refuse ses conseils, il s'emporte, oublieux de tout respect :

[...] J'enrage, morbleu, d'entendre vos discours.
Crevez donc, crevez donc le reste de vos jours,
Et ne me venez plus interrompre la tête
Du revers que le sort aujourd'hui vous apprête [11].

Pour certains valets, le naturel se résume à une bêtise plus ou moins épaisse. Pasquin [12] n'est pas très malin ; ainsi, devant donner des nouvelles impatiemment attendues par son maître, il retarde le rapport :

Pour donner au récit et le tour et la grâce,
Il faut bien y larder quelques réflexions [13].

Jocrisse [14] est un idiot parfait ; donnons un spécimen de ses talents. Croyant avoir entendu une souris dans le sac de son maître Grognard, il donne de grands coups de bâton ; le bruit ayant cessé, il se montre ravi du résultat : « Oh, parguenne, al en tient, Monsieur [15]. » Las ! le « cric-crac » qu'il percevait dans le sac était celui de la montre

4. Scène 2.
5. Belisle, *Le mariage de la reine de Monomotapa*, scène 3.
6. Campistron, *L'Amante amant*, I, 2.
7. La Chapelle, *Les Carosses d'Orléans*, scène 3.
8. Scène 20.
9. Campistron, *L'Amante amant*, I, 1.
10. *Ibid.*
11. Du Perche, *Les Intrigues de la vieille tour*, scène 1.
12. Baron, *Le Jaloux*.
13. V, 2.
14. Poisson, *Les Fous divertissants*.
15. I, 9.

de Grognard, qu'il a donc détruite et qu'il propose de faire réparer par un serrurier.

Tous les valets ne sont pas aussi bêtes, puisque leur rusticité n'empêche pas certains de prendre une part active aux tromperies ; mais ils restent tous rivés à leur nature fruste. On s'en aperçoit bien quand ils sont amenés à jouer un rôle qui n'est pas de leur condition ; alors, le naturel du valet ne se fait pas oublier.

Entraîné par la manie de son maître pour les bouts-rimés, un Crispin ambitieux se voudrait poète ; mais les vers de son sonnet riment par le début. Le nouveau poète se croit du génie, lui qui énonce des vérités de ce genre : « Je trouve les gens que j'ai vus il y a vingt ans bien plus vieux qu'ils n'étaient alors [16]. » Merlin [17] fait rire quand, amoureux d'une servante trop farouche, il singe les galants de bon ton et se prend pour un martyr de la passion ; d'ordinaire les valets traitent plus simplement leurs amours. Mais le rustre en lui pointe toujours le bout de l'oreille : il est « amoureux comme un diable », et si sa « tigresse » reste aussi cruelle, il faudra qu'il en « crève » [18]. Déguisé plus tard en officier, le grossier personnage joue son rôle de manière assez burlesque. Les deux Crispins de La Tuilerie, auxiliaires des tromperies, doivent passer pour de savants personnages : l'un précepteur, l'autre bel esprit [19]. Le précepteur Crispinius — car le simple nom de Crispin ne lui convient plus —, muni de la férule et du fouet, débite doctement des sottises : en dix ans, il a appris le latin à Romulus et à Remus ; de la langue latine, il connaît bien le mot *vinum,* et il traduit *bonus, bona, bonum* par « bonnet de nuit » ! Bel esprit, Crispin joue mieux son rôle, mais il lui arrive de broncher dans sa rhétorique. Le déguisement ne comble pas les ignorances.

La peur des valets réapparaît en toute occasion ; volontiers fanfaron, le valet décampe devant l'ombre du danger. Cette peur viscérale est particulièrement drôle chez les valets qui se prennent un instant pour ce qu'ils ne sont pas, et ne peuvent être. Son maître, un capitaine, a déguisé Philipin [20] en soldat et l'a obligé à prendre un poste de sentinelle. Devant un camarade, Philipin se vante, l'uniforme lui donnant de l'assurance :

Tu ne me connais pas, je suis un franc bourreau ;
Et ma brette, vois-tu, ne tient pas au fourreau [21].

---

16. Saint-Glas, *Les Bouts-rimés,* scène 4.
17. Rosidor, *Les Amours de Merlin.*
18. Scène 1.
19. *Crispin précepteur ; Crispin bel esprit.*
20. De Sévigny (François de la Traverse, sieur de), *Philipin sentinelle.*
21. Scène 6.

Mais, sommé de prouver sa valeur, il se défile. Plus tard, son maître Léandre étant présent, il plastronne à nouveau, se trouvant l'air plutôt d'un capitaine que d'un soldat. Mais que Léandre s'éloigne, et Philipin le supplie de ne pas l'abandonner. Ce valet rêve d'un impossible courage, comme il rêve de devenir riche et d'échapper à sa condition[22]. Le Crispin de Lafont[23] pousse plus loin et différemment un rêve apparenté. Nous l'avons vu ravi d'épouser la promise de son maître. Pour éviter cette union, on raconte que la jeune fille a préféré se suicider. « Préférer le trépas à l'honneur de ma couche[24] ! » commente Crispin ; le badin se jugeait déjà plus haut que son rang. Malheureusement, la loi du pays ordonne aussi que l'époux survivant se jette dans le bûcher funéraire de la morte. C'est alors que Crispin revient à sa nature, à sa peur ; l'attachement à la vie étant son « faible », il voudrait fuir le redoutable honneur de mourir. Effrayé, il pleure et se désole. Quoi qu'il ait pu espérer, Crispin reste un valet lâche.

Mettons encore en valeur quelques comportements particuliers de naïveté, assez rares. On retrouvera des thèmes en général connus, et souvent peu développés.

Le valet de Turcaret, Flamand, est bien innocent. Montré une seule fois dans sa fonction de laquais[25], il paraît sot ; annonçant à son maître une visite, il ne donne pas le nom du visiteur, parle de « ce monsieur... monsieur chose... », puis décrit naïvement le monsieur en question : « Eh oui, ce commis que vous aimez tant. Dès qu'il vient pour deviser avec vous, tout aussitôt vous faites sortir tout le monde, et ne voulez pas que personne vous écoute. » D'un autre côté, comme la baronne trouve Flamand trop benêt pour servir son intérêt auprès du traitant, elle demande à celui-ci de donner un emploi au « pauvre » garçon qu'elle aurait pris en amitié ; elle l'éloigne ainsi de Turcaret, qui engagera à sa place ce coquin de Frontin, plus apte à manier la dupe amoureuse. Malgré son esprit « trop bonasse », Flamand reçoit donc la charge de commis. Sans livrée, l'épée au côté, fier de son nouvel emploi, il fait irruption chez la baronne pour la remercier[26]. Il ne voit en elle qu'une bienfaitrice : la « bonne dame » lui a obtenu « une bonne commission », et qui est « dans un bon pays » ; c'est à Falaise, « qui est une si bonne ville, et où il y a, dit-on, de si bonnes gens ». Dans cet emploi, tous se sont enrichis ; « Monsieur Turcaret a, dit-on, commencé par-là », ajoute le niais. Flamand pourra ainsi envoyer de petits présents à celle qui

---

22. Voir la scène 15.
23. Le *Naufrage ou La Pompe funèbre de Crispin*.
24. Scène 6.
25. Lesage, *Turcaret*, III, 6.
26. V, 3.

l'a placé. Mais le simple craint fort de perdre sa place ; il le dit sans ambages à la baronne : « Par exemple, le commis que l'on révoque aujourd'hui pour me mettre à sa place a eu cet emploi par le moyen d'une certaine dame que monsieur Turcaret a aimée, et qu'il n'aime plus. » Et avec une belle ingénuité, il supplie la baronne de toujours plaire à Turcaret : « Prenez bien garde, madame, de me faire révoquer aussi. »

Ambroise [27], qui ne supporte pas que son maître Chrisante soit trompé par un flatteur, illustre une autre sorte de maladresse. Devant les flatteries éhontées de Philinte, il ne peut s'empêcher de déclarer son sentiment et de rétablir la vérité : « Je ne suis qu'un pauvre garçon, mais j'ai de la morale, et je fais conscience de voir qu'on vous baille de l'encensoir par le nez [28]. » On devine que Chrisante est sans reconnaissance pour cet attachement sincère, et cette morale intempestive. Bien qu'il trouve son maître ingrat de ne pas profiter de ses instructions, Ambroise agit, mais avec autant de maladresses que dans ses déclarations. Il est si content qu'on soit sur le point de démasquer le traître Philinte, qu'il va le narguer : « Ah ! Ah ! Vous pensiez donc nous prendre pour dupes, tous tant que nous sommes [29] ? » ; et, l'ayant prévenu, il ajoute niaisement : « Ne bougez de là seulement ». La bonne volonté d'Ambroise est trop peu calculatrice et assez sotte dans ses manifestations.

Jodelet [30] fait songer aux gardiens bernés. Commis à la surveillance d'Isabelle, il est d'abord la dupe de la jeune fille et de la voisine qui l'aide, la vieille Zerbinette. Les deux femmes parlent italien ; le gros sot ne comprend pas et croit entendre du latin. C'est alors que Zerbinette fait mine de s'apercevoir de sa présence, le flatte et le soudoie. On va pouvoir tromper Jodelet. Isabelle recevant un billet de son amant, Zerbinette affirme que la lettre lui est destinée, et Jodelet croit tout simplement que la vieille a un galant [31] ! Ce mensonge est développé, et Zerbinette parvient à éloigner le valet crédule et peureux [32]. Toutefois, Jodelet ne sera pas tout à fait dupe, et troublera l'entretien d'Isabelle avec son amoureux ; on achètera le silence du valet avec quelques pistoles.

Nous rencontrons enfin deux valets manœuvrés par une servante adroite.

---

27. J.-B. Rousseau, *Le Flatteur.*
28. I, 4.
29. V, 8.
30. Dancourt, *L'Opérateur Barry.*
31. Scène 9.
32. Scène 10.

Francisque [33] sert sans entousiasme le flatteur Philinte. Tandis qu'il porte le dédit soutiré à Chrisante par Philinte, afin de calmer les créanciers de celui-ci, la suivante Justine le prend à part, le flatte de toutes les manières ; mis en condition, Francisque parle et mentionne le dédit qu'il a en poche. L'habile Justine, confirmant d'ailleurs les craintes du valet, affirme qu'il doit s'agir d'un faux, effraie le receleur d'une fausse signature, et le met définitivement dans son jeu en lui promettant un meilleur établissement : « Voilà une fille qui m'aime bien [34] », soupire le valet embobeliné.

Flamand [35], valet du faux honnête homme Ariste, paraît plus longuement. « C'est un bon enfant, un bon benêt ; je l'aime pourtant, car il ne dit jamais que ce qu'il pense [36] », déclare la suivante Frosine. De fait, Flamand croit son maître honnête, généreux, et publie sans malice les procédés que celui-ci emploie pour s'insinuer auprès de ses dupes. Mais Flamand se désole de la générosité qu'il prête à Ariste : si Ariste épouse cette veuve qu'il dit pauvre, il n'aura rien à donner à Flamand. Frosine, qui désire par-dessus tout briser le projet de mariage entre Ariste et la veuve, prend donc le niais en main, et parvient à lui faire décacheter une lettre adressée à Ariste, grâce à ce raisonnement captieux : empêcher Ariste d'épouser la veuve pauvre est une bonne action ; pour cela, il faut trouver un défaut à Ariste, que la lettre fournira sans doute ; donc Flamand agit pour le bien de son maître en décachetant la missive [37]. Le naïf est très content de lui : « Mon maître est bien heureux d'avoir un valet affectionné [38] » ; il vient pourtant de donner des armes aux adversaires de son maître. Le dernier acte montre Flamand aussi aveuglé sur son maître, et aussi stupide : il reste persuadé que les autres personnages, ligués en réalité contre Ariste, agissent dans l'intérêt de celui-ci en le calomniant auprès de la veuve ; il se vante même de les avoir aidés [39] !

Force est d'admettre le nombre bien restreint de ces naïfs et leur peu de relief. C'est qu'au cours de notre période, le valet balourd est passé de mode, laissant triompher les grands maîtres de la fourberie. Et quels fourbes ! Certains, comme les valets de Lesage, ne se satisfont plus de travailler pour leur maître : dans *Crispin rival de son maître*, Crispin, ce type de valet dont nous avons vu les plaisantes maladresses,

33. J.-B. Rousseau, *Le Flatteur.*
34. V, 4.
35. Dufresny, *Le Faux Honnête Homme.*
36. I, 13.
37. II, 7.
38. II, 8.
39. III, 8.

devient un fripon qui tente un beau coup contre son maître ; dans *Turcaret*, c'est Frontin qui gagne la partie, en véritable escroc. Les coquins ont remplacé les naïfs.

4. *Les paysans.*

Le paysan, dont les traits et le langage se sont fixés au cours du XVIIe siècle, occupe une place importante dans les comédies du temps. Pour s'en tenir à Dancourt, que de pièces situées dans un cadre villageois, celui des environs de Paris ! Que de paysans dans son théâtre ! Nombreux, les paysans restent cependant des silhouettes, justement mais simplement esquissées. En les étudiant, nous retrouverons des rustres qui font rire de leur naturel et de leur niaiserie. Il faudra ensuite s'interroger sur la naïveté des paysans, que l'on découvre souvent sensés, madrés, cupides ou ambitieux.

Il suffit de les regarder vivre sur la scène, de les écouter s'exprimer dans leur plaisant patois d'Ile-de-France pour être convaincu de la rusticité des paysans, qui fait parfois penser à celle des valets balourds. Au village ou dans un milieu plus relevé, ils étalent leur bêtise, leur simplicité de manières et de propos, leur grossièreté, leur inconvenance. Plutôt que de constituer un florilège complet de naïvetés campagnardes, attachons-nous à quelques thèmes qui dévoilent bien le naturel paysan.

Quelques exemples d'épaisse niaiserie pour commencer. Le portier Thibaut[1] ne comprend rien au désespoir de son maître avare, que sa femme oblige à une hospitalité dispendieuse : « Morgoi, vous vous divertissez bien aussi ; toujours grand'chère et biau feu, la maison ne désemplit point, et n'an vous viant voir de partout ; jarnigué, c'est qu'on vous aime[2]. » Sa sottise accroît même les dégâts : il tue un cerf qui cherchait abri dans la cour ; du coup, toute la chasse s'installe chez son maître ! Colin[3], qui ne peut saisir les recommandations que lui adresse son maître, le coupe d'un « Oui, oui, je vous entends, jasez, jasez toujours[4] » ; il est évidemment trop sot pour garder un secret. Ce motif du secret lâché est assez fréquent. De Lorme[5], trop bête pour imaginer les conséquences de ce qu'il dévoile, répète systématiquement ce qu'on lui a demandé de garder pour lui. Thibaut[6] voudrait se taire, surtout devant un inconnu. Mais l'inconnu, un valet rusé, par un

---

1. Dancourt, *La Maison de campagne.*
2. Scène 4.
3. Passerat, *Le Feint Campagnard.*
4. Scène 6.
5. Dancourt, *Les Trois Cousines.*
6. Dancourt, *Le Charivari.*

invraisemblable mensonge, fait admettre au crédule qu'un lien existe entre eux ; dès lors qu'il est mis en confiance, Thibaut parle, sans omettre aucun détail, tout en répétant qu'il sait garder le secret : « Je n'en sonne mot, moi, je m'en garde bian [7]. »

Quoi qu'on fasse, un paysan reste condamné à l'ignorance et à la grossièreté des manières. Témoins ces jeunes gars de village qu'on tente en vain de dégrossir. La Tuilerie, puis Brueys et Palaprat reprennent cette situation, qui n'est pas entièrement nouvelle. Le benêt de Colin [8] a été nourri au village ; son tuteur voudrait le faire instruire. C'est un échec. Peu docile aux leçons du précepteur, il trouve moins laborieux et plus agréable d'apprendre à jouer de la vielle pour faire danser la compagnie. Il fuira par tous les moyens les leçons de son précepteur, et restera aussi niais. Afin de faire passer leur propre fils Arlequin [9] pour celui du noble Almédor, des parents ambitieux entreprennent de civiliser le jeune rustre. Entreprise difficile, car Arlequin, qui émaille ses propos de *pargué* ou de *tatigué*, multiplie les inconvenances, répète niaisement les salutations qu'on lui a enseignées, avant de se montrer incapable de prendre part à une conversation un peu relevée. A la vérité, Arlequin ne désire pas vaincre son naturel ; devenir vicomte ne l'intéresse pas : « J'aimerais mieux être cheux vous à mener une de nos charrues [10]. »

Le paysan se révèle aussi dans ses amours.

L'instinct se manifeste d'abord, et la rusticité. Idiot malgré ses vingt-huit ans, Chonchon [11] n'est pas sans remarquer les jolies filles. Pourtant fiancé à Charlotte, Colin [12] s'émancipe singulièrement. Deux jeunes personnes de qualité feignent de l'amour pour lui. Colin ne voit pas la raillerie, se prend au jeu, et, pour témoigner sa tendresse, oserait caresses et baisers [13]. N'attendons pas une particulière délicatesse chez ces rustres. Bastien [14] a-t-il remarqué le minois de Lisette ? « Si j'avais une minagère comme vous, je serais bien aise d'en avoir de la race [15] », avoue-t-il sans préambule. Lucas [16] arrive chez sa promise : « Je me promène, Mademoiselle Lisette. Comme j'avons soupé de bonne heure, en attendant qu'il soit tout à fait nuit, je suis bian aise de faire un peu

---

7. Scène 6.
8. La Tuilerie, *Crispin précepteur.*
9. Brueys et Palaprat, *La Force du sang ou Le Sot toujours sot.*
10. I, 3.
11. Dancourt, *La Gazette de Hollande.*
12. Passerat, *L'Heureux Accident ou La Maison de campagne.*
13. II, 3.
14. Dancourt, *La Loterie.*
15. Scène 10.
16. Dancourt, *Le Tuteur.*

digestion [17]. » La cour sera du même style : puisque le maître de Lucas a donné son accord au mariage, « à la pluralité des voix, je serons mari et femme [18] ». Il est des amoureux plus frais, comme ce couple de fiancés [19] dont nous saisissons le dialogue :

> COLIN. — Allons Claudaine ! allons, comme je sis ton amoureux, il faut que je dansions ensemble.
> CLAUDINE. — Je le veux bien Colin ; mais ne me fais donc point aujourd'hui les yeux que tu fais lorsque tu danses. Ça me trouble, vois-tu ; et je ne sais plus ce que je fais.

Charlot [20] est à présent abandonné par sa Colette ; c'est en vain qu'il énumère les preuves d'amour que lui fournissait la jeune fille, comme celle-ci : à la danse, « alle aurait voulu pouvoir me tenir par les deux mains, tant alle était assotée de ma parsonne [21] ».

A côté de cela, la stupidité avec la fiancée ou la femme. Colin [22] donne la mesure de sa bêtise quand il explique son secret pour que son Agathe, qui s'est laissée séduire par un bel officier, le « r'aime » ; voici ce qu'il voudrait qu'on dise à la jeune fille : « Agathe, faut qu'ou vous mariiez rien qu'avec Colin tout seul, ou nous allons dire partout qu'ous aimez deux hommes à la fois [23]. » Etouffé de bonheur, il retrouvera Agathe, qui, déçue par l'officier, se raccommodera sans peine avec le niais. Timide en amour, Blaise [24] affirme à sa Colette qu'il ne lui dira jamais son secret. — Quel secret ? demande la fille. Et l'idiot de répondre : « Que je sis amoureux de vous. » Il a complètement oublié ses déclarations de discrétion quand il demande un peu plus tard à Colette : « Entrevoyez-vous que je crève d'amour, et que c'est vous qui en êtes la cause [25] ? » On a bien l'impression que tous ces garçons épouseront des filles plus fines qu'eux ! C'est ce qui arriva au futur beau-père de Blaise, le veuf de Lorme, qui raconte son cocuage passé. Rentré à l'improviste, il trouva sa femme au lit : « La carogne me paroissit double ». Ivre, voyait-il double ? Il l'a cru, comme sa femme voulait qu'il le crût. Et il dit la suite de cet épisode conjugal, qui s'est conclu par une réconciliation, et une paternité à laquelle il est trop heureux de croire :

---

17. Scène 2.
18. *Ibid.*
19. *Le Médecin de village*, scène 14.
20. Dancourt, *Le Mari retrouvé.*
21. Scène 11.
22. Regnard, *Attendez-moi sous l'orme.*
23. Scène 4.
24. Dancourt, *Les Trois Cousines.*
25. I, 5.

Queu benediction, avant ç'a je ne pouviesmes avoir d'enfans, et de ce racommodement-là il est venu cette petite fille [26].

Guidés par leur spontanéité et leur franchise abrupte, ignorants des convenances, les paysans gardent une totale liberté de propos vis-à-vis des maîtres. Nous intéressent particulièrement ici ceux qui parlent niaisement, sans réflexion : ils sont trop bêtes pour sentir l'inconvenance de ce qu'ils lâchent.

Blaise [27], qui a entendu Léonor dire les pires insultes sur Jobin, accepte de les répéter tout crûment à celui-ci ; quand il l'a fait bien consciencieusement, il ajoute son grain de sel : il a été scandalisé par les propos de Léonor, car franchement, affirme-t-il, « vous n'êtes point si sot comme elle vous faisait [28] ». Claudine [29], suivante d'Angélique, est aussi sottement étourdie. Devant Robinot, qui veut épouser sa pupille Angélique, elle rapporte les propos de celle-ci : « Eh bien ! monsieur, elle dit qu'elle aime mieux mourir que d'épouser un vilain, un pied-plat, un laid mâtin, un vieux penard. » Et elle s'enquiert niaisement auprès de la tante de Robinot, qui assiste à l'entretien : « Est-ce que vous croyez que c'est de monsieur qu'elle parle [30]. » Thibaut [31], dont la sottise est assurée, avoue à son maître qu'il préfère lui désobéir à lui plutôt qu'à sa femme, car elle est sans comparaison plus diable que lui quand elle s'y met. Dans sa franchise réprobatrice, le jardinier Lucas [32] déclare sans ménagement à son maître : « Vous êtes de ces gaillards qui n'épouseront que la débauche [33] » ; et il lui déconseille de se marier, car il risquerait d'avoir des rejetons qui ne seraient pas à lui.

Peut-on vraiment faire de tous les paysans de ce théâtre des naifs ? C'est douteux.

Voyons-les justement avec les maîtres. A côté des niais avérés, qui parlent étourdiment, combien d'autres campagnards se permettent, très consciemment, impertinences et insolences osées ! Une paysanne comme Mathurine [34] ne pousse-t-elle pas la liberté de propos avec sa maîtresse — qui, au lieu de marier fille et nièce, s'est éprise de son jardinier — jusqu'à la raillerie ? Assurés d'un solide bon sens, les paysans jugent les maîtres sans respect et sans indulgence. Plus finauds qu'eux, ils

26. Dancourt, *Les Trois Cousines*, I, 3.
27. Montfleury, *La Dupe de soi-même*.
28. I, 8.
29. Dancourt, *Colin-Maillard*.
30. Scène 3.
31. Dancourt, *La Maison de campagne*, scène 4.
32. Boindin, *Le Bal d'Auteuil*.
33. I, 3.
34. Dancourt, *Le Charivari*.

aperçoivent les tromperies qu'on leur destine. Intéressés, ils trompent volontiers et trahissent. Le langage rustique et l'air benêt leur sont un masque commode. Nombre de paysans pourraient faire leurs les paroles de Thibaut sur son maître : « Il m'est avis que j'ay plus d'esprit que M. Thomasseau. Oh ! pour ç'a ouy, j'ay meilleur jugement. Je ne suis pourtant qu'un paysan ; mais il y a vingt ans que je le sers, et que je me moque de ly [35]. »

Plus gravement, les paysans sont happés par le désir d'être riches et de parvenir ; pour satisfaire une ambition sociale, ils ne reculent pas devant l'immoralité la plus franche. Ecoutons Lucas [36], chez qui l'appétit de la fortune est si vif. Il vient de trouver un papier dont il espère la richesse ; se voyant déjà comblé, il donne libre cours à son ambition et prédit à sa femme : « Tatigué, que d'envieux ! Que de gens fâchés dans le village, quand ils verront Mathurine et Lucas dans un biau carrosse ! Car, vois-tu, je ne sommes pas pour en demeurer là. Si j'ai une fois de l'argent, crac ; je me boute dans les affaires, je me fais partisan, tu seras partisanne ; j'achèterons queuque charge de noblesse ; et pis, et pis on oubliera ce que j'avons été, et je ne nous en souviendrons, morgué ! peut-être pas nous-mêmes [37]. » En attendant, Lucas amasse l'argent par tous les moyens que lui suggère sa cupidité inventive. Cet autre Lucas [38] est venu à Paris pour « faire comme les autres fortune [39] » ; il n'hésitera pas à voler. Un dernier Lucas [40] arrive sur scène en chantant :

O forteune, ô forteune, est c'baintôt que j't'aurai ?
Tu t'enfuis toujours d'moi, quant est-c' que j't'attrap'rai [41] ?

Il compte sur la chance pour s'enrichir et mise gros à la loterie. Des nourriciers n'hésitent pas à substituer leur progéniture à l'enfant noble mis en nourrice pour avoir un fils vicomte [42]. Les jeunes filles enfin préfèrent souvent « les Monsieurs de Paris » aux « garçons de village » ; en épousant les citadins brillants et plus séduisants, elles espèrent quitter leur état de paysanne pour se faire appeler madame.

Assurément, quand il tente de réaliser ses ambitions, le paysan se montre souvent maladroit ou crédule. L'illettré Lucas [43] croit avoir volé un effet à l'agioteur Trapolin ; alors qu'il veut le changer en bon or, on

35. Dancourt, *Les Vendanges de Suresnes,* scène 1.
36. Dancourt, *Le Galant jardinier.*
37. Scène 5.
38. Dancourt, *Les Agioteurs.*
39. I, 2.
40. Dufresny, *La Coquette de village.*
41. I, 2, v. 97-98.
42. Brueys et Palaprat, *La Force du sang ou Le Sot toujours sot.*
43. Dancourt, *Les Agioteurs.*

lui montre qu'il ne s'agissait que d'un billet d'amour. Le Lucas de
La Coquette de village espère tellement décrocher le gros lot qu'il croit
immédiatement le menteur qui lui annonce cette bonne nouvelle. Il
étouffe de bonheur — « J'n en peu pu d'joie[44] » —, se voit déjà plus
riche que le baron, qu'il traite désormais de haut, et lorgne la terre et le
château de celui-ci, qui lui permettront de devenir noble. Des jeunes
campagnardes sont prises aux déclarations d'un galant, comme cette
Claudine[45] qui est persuadée que l'officier Eraste l'épousera, la rendra
belle et riche ; mais la bonne affaire lui échappe. Les nourriciers malhonnêtes de *La Force du sang* ne réalisent pas non plus leur rêve ambitieux. Ainsi, la réussite n'est pas de règle au théâtre ; nos rustres ambitieux sont le plus souvent trompés et échouent. Mais demeurent l'âpreté,
la rouerie, la malhonnêteté. Le paysan n'est décidément plus un naïf.

L'apport de ces quarante années à l'histoire de notre naïf n'est pas
négligeable : des personnages traditionnels se maintiennent ; d'autres,
plus en rapport avec les mœurs de l'époque, se joignent à eux. Pourtant,
la contribution demeure relativement limitée. Nous voyons deux raisons
essentielles à cela. Renouvelant de manière originale les personnages de
la comédie, les dramaturges ne se montrent pas très favorables aux naïfs ;
en fait de naïfs, ce qu'ils délaissent s'avère beaucoup plus considérable
que ce qu'ils inventent. D'autre part, ils s'emploient trop rarement à
l'analyse approfondie des ressorts de la naïveté ; après un Molière, la
faiblesse est patente.

II. — Le naïf et les masques italiens. De l'ancien au nouveau théâtre italien.

Les troupes italiennes, bien signalées chez nous à partir de 1570-1571,
n'ont cessé d'affirmer leur présence dans la vie théâtrale française,
drainant un public, attirant des auteurs. Après les passages épisodiques,
une troupe s'installe à Paris au milieu du XVIIe siècle ; elle joue d'abord
en italien, puis, à partir de 1682 surtout, s'assure la collaboration de
dramaturges français. Le renvoi de la troupe de l'Ancien Théâtre Italien,
en 1697, ne marque pas la fin des activités du théâtre italien dans
notre pays : des représentations de style italien dans les provinces
précèdent le rappel, par le Régent, de la Comédie Italienne à Paris,
en 1716. Sous la pression de son public, Lelio (Luigi Riccoboni) devra
abandonner les canevas italiens au profit de comédies en langue

---

44. II, 9, v. 669.
45. Dancourt, *Le Colin-Maillard.*

française ; la voie est ouverte à Marivaux. En outre, comme le note G. Attinger [1], entre 1697 et 1716, la Foire « avait recueilli l'héritage de la fantaisie, léguée par les comédies de Gherardi, en même temps que leurs acteurs, leurs types, leurs lazzis et leur jeu ». C'est assez dire l'importance du théâtre des Italiens en France.

Les acteurs de la *commedia dell'arte* importaient chez nous leur « conception plastique du théâtre » — selon le mot de G. Attinger —, où tout est subordonné au spectacle, au jeu, au geste. La technique et la formation des acteurs, l'habitude du jeu sur canevas et de l'impro-visation, le rôle moindre de l'intrigue et de la parole orientaient ce théâtre vers l'usage et la primauté des types, des masques. Transplantée en France, la *commedia dell'arte* verra s'accentuer ces tendances. Les acteurs — dit un voyageur bolonais [2] des années 1664-1665 —, « jouant en italien devant des personnes qui ne les comprenaient pas, étaient obligés de gesticuler et de trouver des inventions, des changements de scènes et d'autres choses de ce genre pour contenter les spectateurs » ; même quand le français se sera imposé, quand ce théâtre proposera de véritables comédies de mœurs, l'essentiel restera le jeu, la mimique d'acteurs célèbres, tels Tiberio Fiorilli (Scaramouche) ou Domenico Biancolelli (Arlequin). On savait gré aux Italiens — note de son côté d'Argenson [3] — « du sel, du gay, de la satyre ; ils n'avoient point à combiner la *fable* et les *caractères* des *personnages*, comme notre *Théâtre François* ». De fait, une comédie représentée chez les Italiens est le royaume de la fantaisie libre et bouffonne. Elle est constituée d'un agencement plus ou moins rigoureux, plus ou moins vraisemblable, de scènes dont chacune vaut pour elle-même, et met en valeur tel élément de mise en scène, telle prouesse technique — verbale ou gestuelle — des acteurs, tel lazzi. En tout état de cause, on s'en tient à des traits psychologiques élémentaires, soit que les acteurs reprennent la tradi-tion fixée de leur emploi, soit qu'ils incarnent, aux fins de satire, des types sociaux du temps. Fondé sur le jeu scénique [4], ce théâtre se soucie peu d'approfondir des caractères.

Les spectacles théâtraux des Forains de Saint-Germain et de Saint-Laurent, pour lesquels Lesage et ses compères Fuzelier et d'Orneval firent tant, présentent des caractéristiques analogues. Le rôle de ces

---

1. *L'Esprit de la « commedia dell'arte » dans le théâtre français*, p. 322.
2. S. Locatelli (témoignage cité par D. Gambelli dans son article, *Arlecchino : dalla « preistoria » a Biancolelli*, p. 66).
3. Ed. Lagrave, t. II, p. 630.
4. Voir l'avertissement de Gherardi sur les Italiens, en tête de son recueil : « La plus grande beauté de leurs pièces est inséparable de l'action, le succès de leurs comédies dépendant absolument des Acteurs » ; pour lui, les scènes « tout à fait italiennes » sont « toutes grimaces et toutes postures » (*Gherardi*, I).

auteurs fut justement de trouver des textes qui fissent équilibre au jeu, à la pantomime et aux machines ici aussi essentielles. Dans la préface de leur *Théâtre de la foire* (1721), Lesage et d'Orneval préviennent que les pièces « perdront beaucoup ici d'être dépouillées de l'agrément de la représentation, surtout auprès des personnes qui ont peu fréquenté ce spectacle [5] ». Au cours de leur histoire mouvementée, les Forains, à qui les dialogues furent interdits, recoururent aux monologues, à la pantomime, aux écriteaux ; ils inventèrent aussi des comédies à vaudevilles puis à ariettes. On mesure le problème dramaturgique : sur un canevas très lâche, dans le déroulement duquel comptent surtout les gestes, les chants ou les danses, la psychologie est sacrifiée. Pas plus que le théâtre des Italiens, le théâtre des Forains ne put créer de véritables personnages. Et il se contentera de réemployer, en les vidant encore un peu plus de leur contenu, les masques italiens.

C'est en les replaçant dans de telles conditions de jeu qu'il faut apprécier les types de la *commedia dell'arte* qui poursuivent leur vie en France.

Parmi eux, on s'en doute, des naïfs. Nous n'insisterons pas sur le Docteur [6] ni sur Pantalon [7] ; les fonctions dramaturgiques et les comportements de naïveté de ces deux vieillards sont dépourvus de toute originalité. Mais il convient de présenter à loisir les deux zanni Arlequin et Pierrot.

1. *Arlequin.*

Par son nom même, ce type est un peu nôtre. Quoi qu'il en soit de la date et des circonstances exactes de son apparition chez nous au XVIᵉ siècle, il devient le second zanni de la *commedia dell'arte*, naïf et balourd, en opposition avec le premier zanni, rusé et filou. L'habit d'Arlecchino — des haillons — est fait de pièces multicolores, qui ne seront stylisées que plus tard, sous forme de triangles réguliers ; le demi-masque souligne le côté bestial du personnage. Son jeu, très plastique, est marqué par l'abondance des gestes et des mimiques. Au XVIIᵉ siècle,

---

5. *Il teatro della « Foire »...*, éd. M. Spaziani, 1965, p. 66.
6. Ce pédant et sot personnage manifeste sa crédulité surtout comme père opposant berné (voir Boisfran, *Les Bains de la porte Saint-Bernard*), et comme vieillard amoureux évincé (voir Regnard et Dufresny, *La Foire Saint-Germain*, ou P. F. Biancolelli, *La Fausse Belle-Mère*).
7. D'après nos documents, ce personnage ne s'imposa pas en France. Deux occurrences tardives : dans *L'Amante romanesque* d'Autreau, le riche et vieux financier est le jouet d'une jeune veuve capricieuse, dont il est amoureux ; dans *Le Trésor supposé* de Gueullette, l'avarice et la sensualité du vieillard le font particulièrement crédule.

la troupe italienne de Paris ne possède pas d'Arlequin avant l'arrivée, en 1661, du Bolonais Domenico Biancolelli, dit Dominique, dont l'influence reste capitale sur l'évolution du type. Arlequin conserve sans doute des traits du zanni qu'il était à l'origine, mais Dominique allège un peu sa balourdise, le fait plus rusé, plus spirituel, plus éloquent. Au reste, la primauté de l'acteur virtuose deviendra telle qu'Arlequin risque encore de perdre son caractère marqué et traditionnel, en prenant toutes sortes de rôles qui le mettent en vedette, et en devenant un support de la satire sociale. La tradition du jeu persiste néanmoins, transmise de Dominique à Evariste Gherardi [8]. En 1697, Arlequin passe à la Foire sans grand changement, même si Lesage le fait plus preste encore, et plus léger ; on l'y retrouve avec ses traits de zanni, mais aussi « brunet toujours prêt à rire ». Quant à l'Arlequin de la nouvelle troupe italienne, le Vénitien Thomassin, ses « grâces naïves » seront utilisées dans de nouvelles directions.

A travers les gauchissements imprimés au masque par l'histoire, quel contenu et quelle limite donner à la naïveté d'Arlequin ?

Arlequin ne peut nier ses origines de second zanni bestial et balourd. Comme les valets français, il étale sa nature de rustre. La satisfaction de ses instincts l'intéresse avant tout. S'adressant à Colombine [9], il limite à ceci les ambitions de « tous les Arlequins du monde » : « [...] nous soupirons tendrement pour une belle marmitonne comme toi, nous faisons éloquemment le panégyrique d'une bonne soupe, et déplorons avec énergie la cherté du vin et du fromage de Milan ». Glouton et sensuel, Arlequin est aussi intéressé, voleur même, poltron et vantard. Ses propos grossiers, voire scatologiques, détonnent et se moquent des convenances. Ne donne-t-il pas du « madame la carogne » à l'aimée de son maître qu'il ne trouve pas assez docile, la menaçant de coups d'étrivières [10] ? Ailleurs [11], ce valet inconscient rassure le Docteur sur la santé de sa femme et ajoute qu'elle prétend bien le « faire crever le premier » ! Tous ces faits témoignent de la franche animalité d'Arlequin.

L'animal montre à l'occasion toute sa balourdise. Dans la *Scène d'Arlequin et de Pasquariel* [12], notre rustre, désirant gagner de l'argent,

---

8. Dans l'interrègne, les Italiens utilisent curieusement le masque de Mezzetin pour tenir la partie qu'on attendait d'un Arlequin (voir Regnard, *La Descente de Mezzetin aux Enfers*, et Delosme de Monchesnay, *Mezzetin grand Sophy de Perse*).
9. L. Biancolelli, *Arlequin misanthrope*, Prologue.
10. L. Biancolelli, *La Thèse des dames*, I, 6.
11. *L'Essai des filles*, I, 2.
12. Fatouville, *Arlequin chevalier du soleil*.

se voit initié au métier de médecin par son compère, qui mime une consultation ; Arlequin agrémente le jeu de Pasquariel de ses réflexions niaises, de ses confusions et de ses étonnements d'ignorant. La mule du médecin monte-t-elle l'escalier ? demande-t-il. Il confond inévitablement le pouls et les poux. Et quand il s'est fait expliquer la différence entre un pouls de malade et un autre, il se réjouit sottement :

> Voilà qui est joli, tac, tac, tac, point de fièvre ; ti, ta, ta ; ti, ta, ta, de la fièvre. La fièvre fait comme un cheval quand il galope, ti, ta, ta...

Quel maladroit valet ! Dans *La Fille de bon sens* de Palaprat, il sert le financier Géronte. Alléché par la promesse de cinquante pistoles et de la main de sa chère Colombine, le pétulant personnage, qui a mission de savoir adroitement les sentiments réels d'Angélique à l'égard de Géronte, clame sa certitude de réussir : « J'ai de l'esprit comme un diable [13]. » Les effets ne suivent pas. Malgré son déguisement, il est bientôt reconnu par Angélique, et doit avouer finalement qu'il est bien Arlequin. Géronte lui avait recommandé de ne rien dire de sa mission ; il s'empresse pourtant de répondre à Angélique : « Oh ! pour cela, vous n'en saurez rien, s'il vous plaît, et ce n'est qu'à Colombine que j'ai ordre de dire que je viens ici *incognito* pour savoir si vous êtes toujours fidèle à mon maître [14]. » Il tentera de rattraper cette sottise par un mensonge ; Arlequin pourrait devenir plus habile. Mais les sottises de l'imbécile l'emportent ici ; jusqu'à cette dernière bourde qu'il lâche, en commentant un arrêt de pendaison :

> Ce n'est pas assez. Le crime est grave, et je suis d'avis qu'après qu'on les aura pendus, on les envoie aux galères, pour leur apprendre à vivre [15].

On trouve encore de niais zanni au xviiie siècle [16]. Mentionnons ici l'*Arlequin balourd* de Procope-Couteaux, où le sot, qu'il parle ou qu'il agisse, multiplie les gaffes, tout en restant fier de lui ; son désir d'activité vient échouer sur ses maladresses. On peut remarquer au passage cette plasticité morale de l'innocent, bien caractéristique du type : Arlequin est toujours prêt à passer des rires aux larmes, suivant ses mouvements naturels irréfléchis. Croyant avoir réussi sa mission, il saute de joie ; mais le voilà en larmes quand on lui montre son erreur [17]. Par crainte d'être battu pour d'autres sottises, il n'ose approcher son maître ; le sachant apaisé, il lui saute au cou [18] !

---

13. I, 1.
14. I, 4.
15. Acte III, scène dernière.
16. Par exemple, un Arlequin glouton et nigaud est manœuvré dans *La Méridienne* de Fuzelier ; un autre, crédule, est berné dans *Le Trésor supposé* de Gueullette.
17. I, 10.
18. IV, 2.

Force est pourtant de constater que l'Arlequin français du XVIIe siècle offre le plus souvent un visage bien différent. Dominique a vite affiné le zanni, le rustre primaire, l'épais niais aux traits animaux ; il en a fait un « petit homme plaisant » qu'ont perpétué ses successeurs. Tributaire encore des traits originels de son type, Arlequin y échappe par la fantaisie. De son animalité, de ses sottises, il fait un jeu. « Il est drôle, il est bouffon », dit de lui un autre personnage [19]. Oui, Arlequin remplit désormais une fonction de plaisant, de bouffon, d'amuseur ; pour faire rire, il multiplie consciemment facéties verbales, pitreries et autres lazzi réjouissants. Un tel personnage n'est plus naïf d'aucune manière ; il rejoint très exactement notre badin médiéval. A l'appui de ces affirmations, nous produirons deux preuves.

Il suffit d'ouvrir le recueil de Gherardi pour se convaincre qu'Arlequin est un maître de la fantaisie verbale. Tiré de la première pièce du recueil [20], voici un compliment qu'Arlequin, en Mercure, adresse à Rosalbe, une feme aimée de Jupiter :

> [...] je vous dis de la part de Jupiter, que vos yeux font plus de bruit dans le ciel, que Brioché n'en fait sur la terre avec ses marionnettes, et que mon bas ventre n'en fait lorsqu'il est rempli de vents. Votre taille lui a droitement taillé la pierre dans la vessie de son cœur, et il urine présentement un déluge de larmes [21].

Le ton est donné de cet usage facétieux des comparaisons et des métaphores, qui fleurissent plaisamment tout discours d'Arlequin, et en particulier les tirades amoureuses qu'il débite pour son propre compte. Ailleurs, on trouvera des plaisanteries verbales qui ressortissent aux différentes formes du jeu avec les mots, à l'absurdité logique, à l'incongruité voulue, toujours à une belle liberté de la parole. Nous pensons que cette virtuosité verbale est le fait d'un jeu conscient de la part d'Arlequin.

On est très vite frappé aussi de la multiplicité des déguisements que prend Arlequin ; ils sont l'occasion rêvée d'un déploiement de virtuosité gestuelle autant que de virtuosité verbale. Cet acteur chéri du public est travesti dans toutes sortes de rôles ; qu'il devienne noble, homme à bonnes fortunes, provincial, barbier, poète, médecin, Chinois, ambassadeur turc ou Jason, Arlequin joue de ses rôles, très consciemment, comme un bouffon. Les compositions d'Arlequin divertissent d'autant plus qu'il les pousse à la charge, aux fins de parodie et de satire. Du second zanni, il n'a plus que quelques traits extérieurs.

---

19. L.A.D.S.M., *Ulysse et Circé*, II, 3.
20. Fatouville, *Arlequin Mercure galant*.
21. *Compliment d'Arlequin à Rosalbe*.

L'Arlequin de la Nouvelle Troupe Italienne se verra utilisé dans d'autres voies, et mettra en valeur des aspects neufs d'une naïveté réelle. Au cours des années 1718-1721, Autreau et Delisle de la Drevetière montrent des préoccupations qui resteront celles du XVIIIᵉ siècle.

D'un côté, Autreau, dans *Les Amants ignorants*, analyse, grâce à Arlequin, l'ignorance amoureuse de jeunes adolescents. Nous avons déjà mesuré [22] l'apport de ce dramaturge qui prélude à Marivaux.

De l'autre côté, Delisle de La Drevetière, dans *Arlequin sauvage*, tire un parti radicalement nouveau de la naïveté de son héros. Le sauvage, en qui il faut voir « la nature toute simple », est amené en Europe et confronté à nos mœurs de civilisés ; son ingénuité s'en étonne et les juge. Sans entrer dans le détail, il convient de marquer les principaux aspects de cette naïveté.

Des forêts américaines qui l'ont vu naître, Arlequin apporte des ignorances et une simplicité naturelle qui font d'abord sourire ; lancé dans notre société, l'innocent multiplie évidemment les maladresses et les dissonances de conduite. Ignorances plaisantes : voyant le portrait d'une femme, il croit la femme véritable et se moque d'un pays où l'on fabrique des êtres humains avec un pinceau, sans maternité [23] ; plus tard, il découvrira, avec force mimiques, l'existence et l'usage d'un miroir [24]. Arlequin ignore tout, non seulement des objets, mais des habitudes et des règles de notre civilisation ; il suit la simple nature. D'où quelques situations piquantes du sauvage dans ses rapports avec autrui, à qui il s'adresse d'ailleurs en toute spontanéité, et, quel que soit l'âge ou le rang de l'interlocuteur, sur le pied d'une égalité toute primitive. Contentons-nous de deux exemples. Arlequin en amour ? Rencontrant la suivante Violette, il la trouve « appétissante », lui demande si elle le trouve joli, et parle tout de suite d'amour. Las ! l'amour ne se traite pas si vite et si simplement dans ce pays : il faut d'abord dire de jolies choses à sa maîtresse avant d'en venir aux caresses. Cela « brouille » Arlequin, qui ne supporte pas « tous les discours inutiles » et propose le rite pratique de son pays : si la fille souffle l'allumette présentée par le garçon, c'est qu'elle est prête à accorder ses faveurs. Arlequin allume donc une allumette que Violette souffle ; le sauvage déclare sans ambages :

Ah ! Quel plaisir ! Allons, ne perdons point de temps ; il ne s'agit plus de compliments ici ; venez, ma belle [25].

22. Voir *supra*, p. 264-266.
23. I, 5.
24. III, 4.
25. I, 4.

Et il emporte Violette dans ses bras ! Tel est l'amour « à la sauvage ». Dans un domaine très différent, Arlequin ne connaît ni les rapports de marché ni le rôle d'une monnaie. Un marchand lui propose-t-il de lui *donner* la marchandise qui lui fera plaisir ? Arlequin se sert et s'étonne de la colère du marchand qui réclame un paiement [26]. « Qu'est-ce que cela, de l'argent [27] ? » demandera-t-il plus tard.

Rien n'échappe à la curiosité de ce regard neuf sur la société française. Le naïf découvre, interroge. « Il est dans l'admiration de tout ce qu'il voit, et vous ririez de son étonnement [28] », rapporte-t-on à Lelio, qui a introduit le sauvage chez nous. Arlequin va de surprise en surprise. « Ce pays-ci est original [29] ! » constate-t-il ; et, prenant connaissance de tel ou tel aspect, évidemment nouveau pour lui, de nos mœurs, il va répétant : « Cela est drôle ». Il ne s'émerveille pas seulement ; il raisonne aussi, s'indigne et juge. La franchise et le pittoresque de ses réflexions d'innocent prêtent sans doute à rire ; mais la naïveté acquiert une portée beaucoup plus considérable : elle devient une arme critique. Soumises aux interrogations naïves, les assises de notre ordre social sont ébranlées. Delisle de la Drevetière étend à plaisir la critique. Pourquoi des riches et des pauvres ? Pourquoi la propriété individuelle ? l'argent ? Arlequin s'étonne de l'existence des lois : « Qui diable aurait jamais deviné qu'il y eût des hommes dans le monde qui eussent besoin de lois pour devenir bons [30] ? » Et il critiquera notre justice. Quel avantage apporte la politesse dans les rapports entre les hommes ? A quoi bon les complications et la lenteur dans nos mœurs amoureuses ? Point n'est utile d'énumérer tous nos usages de civilisés qui sont passés au crible par les infinies remarques du naïf. Il convient, par contre, de souligner fortement ceci : Arlequin juge et condamne au nom de la bonne nature. Dans l'ignorance, à l'écart de la civilisation, le sauvage est naturellement bon et suit la raison, qui suffit pour vivre heureux et sage ; il est donc fondé à trouver absurdes les mœurs des « sots animaux » que nous sommes selon lui. Témoin de la nature et de la vérité, Arlequin, par ses propos comme par ses conduites, donne finalement une leçon au monde civilisé. Delisle de la Drevetière confie à ce naïf de théâtre une fonction philosophique.

2. *Pierrot.*

La naissance du personnage de Pierrot est une conséquence de la transformation d'Arlequin. Croyons-en la notice du *Calendrier historique*

---

26. I, 5.
27. II, 3.
28. I, 1.
29. I, 3.
30. *Ibid.*

des théâtres (1751) : « Le rôle a pris naisance à Paris dans la troupe des comédiens italiens prédécesseurs de ceux d'aujourd'hui. Voici comment : de tout temps l'Arlequin avait été un ignorant. Dominique, qui était un homme d'esprit et de savoir et qui connaissait le génie de notre nation, qui veut de l'esprit partout, s'avisa d'en mettre dans son rôle et donna au caractère d'Arlequin une forme différente de l'ancienne. Cependant, pour conserver à la Comédie Italienne le caractère d'un valet ignorant, on imagina le rôle de Pierrot et il remplaça l'ancien Arlequin [1] ». C'est ainsi que Giaratoni, ou Geratoni, créa, en 1673, cet emploi de second zanni. Avec Pierrot, le théâtre des Italiens, puis la Foire, possédèrent un véritable naïf [2].

Non sans illusions sur lui-même, ce paysan devenu valet [3], reste un rustre ignorant et stupide. Dans l'accomplissement de ses fonctions de serviteur, Pierrot donne de beaux témoignages de sa balourdise. Pour préciser l'analyse, nous insisterons ensuite particulièrement sur sa terrible inconvenance à l'égard des maîtres et sur le chapitre de ses amours.

Pierrot n'a pas tort de faire l'aveu suivant à Momus :

Monsieur, vous saurez que dans notre famille nous sommes tous des sots de père en fils. Mon père était le premier butor de son temps, et j'en ai la survivance [4].

Voyons-le dans sa première apparition en français. Il sert un Docteur astrologue, et ne peut croire que la lune soit un monde : « Parbleu, monsieur, quand vous devriez me tuer, il faut que je débagoule mon cœur. Je ne serai pas assez sot pour convenir que la lune soit un monde ; la lune, la lune morbleu, qui n'est pas plus grande qu'une omelette de huit œufs [5]. » Il sera difficile de convaincre un être aussi primaire, qui transforme les crépuscules dans la lune en « les tres...cus...tres...pus, les trois pousseculs » ou « les trois puscuscules ». Pierrot restera toujours des plus maladroits avec le langage. Voici de plaisantes permutations : « Il y a là-bas un médecin qui traîne un cheval dans une chaise de poste », pour « il y a là-bas un médecin dans une chaise de poste, traînée par un

1. Cité par E. Campardon, *Les Comédiens du roi de la troupe italienne pendant les deux derniers siècles (documents inédits)*, t. II, p. 46.
2. Dans quelques cas exceptionnels, on pourrait le soupçonner d'être plus un badin qu'un niais.
3. Sauf erreur, Le Pierrot du recueil de Gherardi est toujours un serviteur, à une exception près, qui est une curiosité : dans *Les Promenades de Paris* de Mongin, il est un manant qui débarque à Paris pour devenir bourgeois, et découvre en badaud la société corrompue.
4. Delosme de Monchesnay, *Les Souhaits (Scène du Parnasse et de l'Ode pindarique)*.
5. Fatouville, *Arlequin empereur de la lune (Scène de la prothase)*.

cheval[6]. » C'est évidemment trop lui demander que de fournir un rapport cohérent[7], de bâtir une harangue sur l'autorité maritale[8], ou d'expliquer un phénomène aussi subtil que le pouvoir de la musique[9]. Qu'attendre d'un serviteur aussi benêt ?

Quand Pierrot s'est mis à l'œuvre — difficilement, car il veut auparavant dormir tout son saoûl —, il multiplie les sottises. Son maître l'ayant envoyé chercher Octave, il commence à chercher sous les bancs[10]. L'a-t-on envoyé voir le courrier à la poste ? Il revient les mains vides, affirmant que les lettres sont à la poste : « Vous m'avez dit seulement que j'allasse voir s'il y en avait. Je les ai vues, et je viens vous le dire[11]. » Comme messager, il est aussi balourd. Revenant sans le notaire qu'il devait ramener, il explique qu'à celui-ci est survenue « une petite affaire » : il est mort[12]... Chargé d'une information importante, il la fait terriblement attendre, en répétant sur tous les tons que son maître ne saurait le croire[13]. Ailleurs[14], le même motif est encore plus développé. Pierrot arrive effaré auprès de son maître, déclare qu'il ne le fera pas attendre, mais s'égare dans des remarques incidentes, se perd dans le récit au point d'oublier son objet : « [...] il me semble que je voulais vous dire quelque chose », remarque-t-il tout à coup, avant d'annoncer l'enlèvement d'Angélique.

Notre valet est à l'occasion mêlé aux affaires conjugales des maîtres ; là encore sa maladresse est visible. Dans *La Critique de La Cause des femmes* de Delosme de Monchesnay, Pierrot remarque les galanteries qui se trament autour de la toute jeune femme de son vieux maître Cinthio. « Tenez, je vous va tout dire, car je suis franc comme osier[15] », promet-il au mari. A des révélations de peu de prix succèdent des déclarations dont il calcule mal l'inconvenance ; ainsi, Pierrot rapporte droitement à Cinthio ce que sa femme dit de lui : « Elle dit, ma foi, que ses parents l'ont sacrifiée ; que vous êtes trop vieux pour elle ; que vous ne faites que cracher la nuit, et que si vous ne mourez pas au plus tard dans un an, elle priera ses amis de vous enterrer tout en vie. » Impartial quand il parle du galant de la dame, il dit pour finir à Cinthio : « Je gage

---

6. Boisfran, *Les Bains de la porte Saint-Bernard*, II, 3.
7. L. Biancolelli, *Arlequin défenseur du beau sexe*, I, 8.
8. Dufresny, *L'Opéra de campagne*, II, 8.
9. *Ibid.*, I, 8.
10. Regnard, *Arlequin homme à bonne fortune (Scène de Brocantin avec ses filles).*
11. L. Biancolelli, *La Thèse des dames*, I, 12.
12. Regnard, *La Coquette*, II, 1.
13. Fatouville, *Le Marchand dupé*, III, 3.
14. Boisfran, *Les Bains de la porte Saint Bernard*, III, 4.
15. Scène 1.

que vous l'aimeriez si vous aviez vu toutes les singeries qu'il fait autour de votre femme. » Dans *Les Soirées d'été* de Barbier, sa jeune épouse n'étant pas au logis, Bruscarel peut faire parler Pierrot ; mais celui-ci pose ses conditions — que Bruscarel paie et ne fasse pas savoir que Pierrot a parlé —, dévoilant naïvement le double jeu dont il escompte double profit : « Car voici comme je raisonne. Quand on ne saura pas que je vous l'ai dit, on me paiera toujours pour ne rien dire ; or comme vous me paierez pour me faire parler, je gagnerai des deux côtés ; vous voyez donc qu'il irait de la conscience à m'empêcher de faire mes petites affaires [16]. »

Une particularité fort drôle de Pierrot est son ignorance absolue des convenances qui règlent les rapports entre un valet et son maître. Peu respectueux, familier, insolent, insultant, le sot dit ce qu'il pense avec la franchise la plus réjouissante ; et ce, en toute inconscience.

Voyons sa manière. Son maître ose-t-il l'appeler ? — « Me voilà, me voilà, Monsieur ; et vous criez plus fort qu'un fiacre mal graissé [17]. » « Je vous ai toujours aimé plus que vous ne méritiez [18] », avoue-t-il à Grognard, au seuil d'une scène où il trouvera le moyen de faire remarquer à son maître qu'il n'est qu'une bête, qu'il s'est saoûlé dix fois sans la permission de son valet, lequel n'est pas obligé de le souffrir dans le désordre ! Persuadé d'avoir plus d'esprit que son maître — et le lui disant à l'occasion —, il le juge mal ; et il ne garde pas pour lui ses appréciations. Après une sottise de Pierrot, Brocantin s'emporte : il ne veut point de bête dans sa maison. « Pardi, monsieur, il faut donc que vous en sortiez [19] », rétorque Pierrot. Dans la même pièce, parlant à la fille de Brocantin, il lui confie : « Votre père ? Bon, c'est un vieux fou qui radote ; et je lui ai dit, dea. » Puis il précise : « J'ai toujours dit à votre père que je ne croyais pas qu'il fût le mari de votre mère, quand elle vous a fait ; vous avez trop d'esprit [20]. » Soyons sûr de sa franchise. Une dernière preuve ? Il déclare tout de go au bourgeois Tortillon : « Cependant, vous n'êtes qu'une bête, ou peu s'en faut, et vous n'avez pas eu le plaisir de faire une fille aussi ignorante que vous. Moi je vous parle à cœur ouvert [21]. »

On ne s'étonnera pas que Pierrot s'immisce sur un pied d'égalité dans des affaires qui ne le concernent guère, comme les rapports entre

---

16. I, 5.
17. Regnard, *La Coquette*, I, 4.
18. L. Biancolelli, *La Thèse des dames*, I, 9.
19. Regnard, *Arlequin homme à bonne fortune (Scène de Brocantin avec ses filles)*.
20. *Scène d'Isabelle en cavalier*.
21. Fatouville, *La Fille savante (Scène de Tortillon et de Pierrot)*.

père et fille. Le domestique de Grognet supporte mal Colombine, fille de ce dernier, qui joue les savantes ; il confie à son maître : « Au moins, ce petit bout de fille-là nous dame le pion à tous deux[22]. » Dans *Les Chinois* de Regnard et Dufresny, quand Roquillard lui dit son intention de marier sa fille, il déclare : « Oh, pour ce mariage-là, j'y baille mon autorité[23] » ; et il gratifie son maître de réflexions incongrues sur la difficulté de garder les filles après quinze ans. Plus tard, il annonce ainsi un prétendant pour Isabelle : « Il demande à épouser votre fille ; li baillerons-nous[24] ? » C'est se montrer bien expéditif et par trop indiscret.

Mais les plus belles insolences de Pierrot sont réservées à un maître âgé qui a eu le tort d'épouser une jeune fille, ou qui en manifesterait l'intention ; Pierrot montre sans doute du bon sens, mais sa franchise de niais reste déplacée. « Puisque vous le voulez savoir, vous êtes fou d'avoir épousé une chèvre de dix-sept ans[25] », lance-t-il à Cinthio. Croyant que le Roquillard des *Chinois* prépare ses noces, il explose : « C'est que le mariage ne sied point à une carcasse décharnée comme la vôtre, et tout franc, vous êtes trop vieux pour faire souche. » Roquillard se défend-il en précisant que les mâles de sa race n'entrent en vigueur que dans les soixante-dix ans, que son père avait soixante-quatorze ans et sa mère quatre-vingt-huit ans quand ils le fabriquèrent ? Le niais Pierrot trouve à faire la repartie la plus inconvenante : « On voit bien, monsieur, que vous avez été engendré de deux vieilles rosses : vous avez des salières sous les yeux à y fourrer le poing[26]. »

« Le naïf de Pierrot » éclate enfin dans ses amours. Pierrot y dévoile rusticité et prétentions déplacées.

Encore paysan dans *L'Essai des filles*, Pierrot aborde sottement celle qu'il aime : « Eh bien ! me voilà, et pis bonjour Spinette » ; puis il lâche cette appréciation sur la jeune fille, s'étonnant qu'elle rie : « [...] pargué, vous n'estois il y a quelque temps qu'une petite rave ; présentement vous êtes un gros potiron[27]. » Et le niais ne s'inquiète pas outre mesure que la fille réponde non, quand il lui demande si elle n'aime que lui. En valet, Pierrot succombe également à l'amour. Ainsi, il explique à la fille de son maître : « Oui, je suis en marché pour m'accommoder d'une fille qui n'a encore servi à personne[28]. »

---

22. D.L.M., *Les Originaux*, I, 4.
23. I, 1.
24. II, 3.
25. Delosme de Monchesnay, *La Critique de La Cause des femmes*, scène 1.
26. I, 1.
27. Scène 4.
28. L. Biancolelli, *La Thèse des dames*, II, 7.

On imagine le galant qu'il sera ! Suivons-le dans ses amours avec Marinette [29]. L'émoi sensuel, d'abord : « Je me suis bien sentu... là... comme une révolution d'humeur, en voyant dormir Marinette [30]. » Las ! il ne parvient pas à se faire aimer, et s'en désespère : « Ah, chien d'amour ! » Il pense même au suicide — un coup de couteau dans le ventre ! —, mais se ravise bientôt : « Quelque niais ! Je perdrais tout mon sang [31]. » Arlequin prétend le sauver du désespoir : il lui montre comment il faut faire sa cour, en contant fleurette à Marinette sous les yeux attentifs et admiratifs de son élève. Le naïf se réjouit de connaître la méthode ; pourtant, quand il veut la mettre en application, Marinette renvoie durement le « grand flandrin » et entraîne Arlequin : profitant de la leçon de galanterie, Arlequin s'est fait réellement aimer de Marinette, sous le nez de Pierrot [32].

Notre Pierrot manifeste d'autres ambitions : lorgnant la fille de céans, il est tenté de devenir le gendre de son maître. C'est que le suffisant personnage se trouve assez bien fait pour donner de l'amour à la fille de son maître : « Effectivement, je suis la coqueluche de toutes les filles de ce quartier [33] », explique-t-il à Marianne. En même temps, il oublie complètement son rang. Dans *La Coquette* de Regnard, Pierrot sert Trafiquet, qui s'occupe d'établir sa fille ; il en profite pour introduire la question : « Je voudrais bien vous lâcher un petit mot, tandis que je sommes sur la chose du mariage [34]. » Et il annonce tout de go qu'il va se marier, et précise à Trafiquet qu'il s'agit de sa fille Colombine. Curieuse manière de faire sa demande ! Devant l'étonnement de son maître, le benêt ajoute : « Vraiment, monsieur, cela est tout prêt, on n'attend plus que votre consentement, et le sien [35]. » Menacé de coups, il réalise mal l'incongruité de sa prétention ; pour s'excuser, il a un mot révélateur de son oubli des différences de condition : « Je suis un garçon une fois, et elle est une fille [36]. »

Il n'hésite pas à faire part à l'intéressée elle-même de ses appétits et de ses visées, laissant voir au vif sa nature rustique. Dans *Mezzetin grand Sophy de Perse*, Pierrot, enhardi par Isabelle qui prend ses propos comme plaisanterie divertissante, lui explique comment il s'y prendrait pour lui persuader qu'il l'aime ; le propos dit la sensualité naïve et brutale de l'animal : « En batifolant, comme on sait bien qu'on bati-

29. D.L.M., *Les Originaux*.
30. I, 3.
31. III, 1.
32. III, 3.
33. Barbier, *Les Soirées d'été*, III, 1.
34. II, 1.
35. *Ibid.*
36. *Ibid.*

fole, après queuque petite singerie, je lairois tomber mon chiflet contre terre. La femme est curieuse : vous ne manqueriez jamais de baisser la tête, pour voir ce que c'est. Aussitôt moi, je m'épousse derrière vous : vous vous retournez, et à la rencontre je vous accroche, et vous baille un coup de grouin [37]. » La passion de Pierrot est beaucoup plus avancée et plus claire dans *La Coquette.* Il n'ose parler directement de son amour à Colombine, et, après toutes sortes de lazzi plaisants, remet à la jeune fille une lettre dont voici le contenu : « Comme il n'y a point d'animal dans le monde qui n'aime quelque autre animal, c'est ce qui fait que je vous aime [38]. » Belle déclaration à l'adresse d'une coquette !

*
* *

Ni la Comédie Italienne ni la Foire ne pouvaient prétendre renouveler de manière éclatante la tradition du naïf. Le jeu de la *commedia dell'arte,* avec ses types sommaires, s'y opposait d'emblée. Ajoutons que bon nombre de traits et de motifs de naïveté montrés par les Italiens étaient déjà bien connus chez nous depuis des années. Pourtant, le legs de ces mainteneurs d'un vrai comique n'est pas négligeable. Avec Pierrot, ils exploitèrent un parfait naïf. Avec l'Arlequin du Nouveau Théâtre Italien — puisque Dominique transforme celui de l'Ancienne Comédie Italienne en badin —, ils enrichirent carrément notre paysage théâtral.

III. — Sur la naïveté des personnages de Marivaux.

S'étant fixé pour terme la représentation de l'*Arlequin poli par l'amour,* nos longues investigations s'arrêtent au seuil de l'œuvre dramatique de Marivaux. Il n'est donc pas question de proposer une étude complète des naïfs chez Marivaux, qui devrait déjà signaler la dette du dramaturge à l'égard des traditions [1] ; ni même de suggérer tous les aspects intéressants que revêt la naïveté dans son théâtre [2]. Nous nous contenterons de marquer l'originalité de Marivaux en la matière, dès sa première pièce jouée par les Italiens. En effet, *Arlequin poli*

---

37. *Scène de l'astrologue.*
38. I, 5.

1. Les valets, les paysans, les Arlequins s'inscrivent d'abord dans une lignée bien constituée, avant que Marivaux ne leur impose sa griffe.
2. Signalons toutefois l'utilisation du naïf comme censeur de la haute société dépravée, et comme voix de la raison naturelle. Ainsi, proche de la nature, Arlequin juge le monde civilisé des grands *(La Double Inconstance ; Le Prince travesti)* et représente la raison *(L'Ile des esclaves),* de même que le paysan Blaise *(L'Ile de la raison).*

par l'amour fait entendre dans toute sa richesse une thématique neuve de la naïveté, dont nous esquisserons les reprises et les limites.

1. *Arlequin et Silvia dans « Arlequin poli par l'amour ».*

Cette courte comédie, écrit un observateur contemporain, « offre un tableau naïf de ce qui se passe entre deux jeunes personnes qui s'aiment et se le disent avec ingénuité [3] ». Précisons que cette transparence est le fait de deux êtres les plus proches de la nature, chez lesquels Marivaux s'est d'abord essayé à saisir la naissance de l'amour.

Examinons en premier lieu Arlequin, à qui l'acteur Thomassin prête sa grâce.

Pour la fée, qui s'est éprise de lui et l'a enlevé à ses parents, le jeune Arlequin présente la figure la plus charmante du monde ; il n'est pourtant qu'un « bel imbécile » selon Trivelin, le domestique de la fée, qui narre ainsi le réveil du jeune gars chez la fée : « Il s'éveille, et vous salue du regard le plus imbécile que jamais nigaud ait porté : vous vous approchez, il bâille deux ou trois fois de toutes ses forces, s'allonge, se retourne et se rendort [4]. » Quand Arlequin consentit vraiment à se tirer du sommeil, continue Trivelin, il gratifia sa séduisante ravisseuse de quelque grognement et réclama de quoi manger. Pour l'instant, « le plus beau brun du monde » n'est qu'un rustre, dépourvu de tout esprit. Son entrée en scène le montre clairement. Laissant le champ libre au jeu de son acteur [5], Marivaux l'invite à composer un personnage de niais, ignorant et balourd, que la fée a du mal à civiliser. Les leçons du maître à danser l'ennuyant, une troupe de chanteurs et de danseurs s'efforcent de le divertir, sans plus de succès : les couplets galants des chanteurs, destinés à éveiller son amour pour la fée, provoquent des réflexions sottes de sa part et ne lui inspirent pas autre chose qu'un grand appétit ; il s'endort finalement, pour se réveiller en larmes au souvenir de ses parents perdus [6].

Ce que ne peuvent réaliser les efforts de la fée surgira miraculeusement à la vue de Silvia : le jeune animal se métamorphose en être humain ; pour Arlequin la naissance à l'amour est la naissance à

---

3. Jugement de La Porte, cité par F. Deloffre dans son édition du *Théâtre complet* de Marivaux, t. I, p. 82.
4. Scène 1.
5. Voici deux rubriques de la scène 2 : « Arlequin entre, la tête dans l'estomac, ou de la façon niaise dont on voudra » ; « Arlequin égaie cette scène de tout ce que son génie peut lui fournir de propre au sujet ».
6. Scène 3.

l'humanité[7]. Alors qu'il se baisse pour ramasser le volant auquel il joue, il voit Silvia et reste d'abord frappé d'étonnement, le corps courbé ; puis, petit à petit, il redresse son corps ; une fois redressé, il regarde enfin Silvia. Au cours de ce jeu de scène soigneusement noté par Marivaux, Arlequin est passé de la stupeur à l'amour : il est devenu un autre. Nous nous en apercevons dès qu'il prend la parole pour retenir Silvia honteuse et prête à fuir ; il a été touché par la beauté féminine et découvre d'emblée le besoin et la douceur d'aimer, qui tout à l'heure lui étaient si parfaitement étrangers. Nous ne rions plus d'une franche bête, mais nous sourions de l'adolescent encore bien maladroit devant le sentiment neuf qui l'habite. Ignorant des habitudes sociales de la poursuite amoureuse, il exprime les mouvements de la passion en propos spontanés, en gestes sans retenue. Silvia lui plaît ? Il s'approche d'elle, « lui marque sa joie par de petits ris », et s'écrie : « Que vous êtes jolie[8] ! » Son inquiétude dissipée à propos d'un rival, il a tôt fait d'affirmer à Silvia : « Il faut n'aimer personne que nous deux[9] » ; et, de son côté, il promet qu'il aimera son « amie » tant qu'il sera en vie. Empreintes d'une grande puérilité, les approches du désir ne manquent pas. Saisissant « les jolis petits doigts de Silvia » et lui baisant la main, le gourmand commente : « Je n'ai jamais eu de bonbon si bon que cela[10] » ; quant au mouchoir qu'il a volé à la jeune fille, il le baise, s'en frotte doucement le visage, le met dans son sein, se couche et se roule dessus !

Cette transformation n'échappe pas à la fée, qui en saisit bien la cause : « Ah ! qu'il faut qu'il ait pris d'amour pour avoir déjà tant d'esprit[11] ! » De fait, avec la fée, le voilà plus fin dans ses manières, dans son langage, s'essayant à être plus adroit, plus rusé ; il demeure toutefois un naïf. Ce mélange est très visible dans les scènes 7 et 14. Avide de savoir nommer vraiment ce qu'il ressent pour Silvia, il demande à la fée « comment on est quand on aime bien une personne[12] ». Il est ravi d'entendre que la définition de l'amour correspond à ce qu'il sent, et ne peut s'empêcher de sauter d'aise ; mais quand la fée veut savoir si Arlequin éprouve l'amour qu'elle vient de décrire, il prend l'air indifférent et parle de simple curiosité qu'il a eue. La fée n'est pas dupe et insiste : « Ce n'est donc pas de moi que vous parlez ? » — « Oh ! je ne suis pas un niais, je ne dis pas ce que je pense[13] »,

---

7. Scène 5.
8. *Ibid.*
9. *Ibid.*
10. *Ibid.*
11. Scène 8.
12. Scène 7.
13. *Ibid.*

répond Arlequin, avec encore beaucoup d'ingénuité. De même, il ne
livrera pas le nom de la propriétaire du mouchoir. Pour éviter la colère
de la fée, il tente de faire le niais, de se mettre à l'abri derrière l'image
de sot qu'il donnait naguère de lui. En vain, car la fée sait son amour.
Quoi qu'il fasse pour atténuer l'aveu de cet amour pour Silvia, dont
il sent qu'il blesse la fée, il ne peut s'empêcher de le montrer. « Je vois
bien que j'ai tort », dit-il pour flatter la peine de la fée amoureuse,
« j'enrage » : « C'est que j'ai laissé prendre mon cœur par cette petite
friponne qui est plus laide que vous [14]. » Mais le cœur est si bien
pris que notre Arlequin ne peut retenir son émotion à l'annonce de la
fausse trahison de Silvia, et manifeste un dépit si abrupt qu'il équivaut
à un éclatant aveu d'amour pour la bergère : « Si elle me trompe
— promet-il à la fée —, jarni, je vous caresserai, je vous épouserai
devant ses deux yeux pour la punir [15]. » Encore ému, Arlequin est
cependant assez fin pour obtenir de la fée, avant qu'on ne fasse venir
Silvia, un serment par le Styx (« le six, le tix, oui, le Styx », dit
l'ignorant), l'assurant que l'entretien ne sera pas truqué.

Avec Silvia, l'habitude a été prise d'un amour spontané, transparent, et libéré de toute contrainte. On s'en aperçoit lors de la première
rencontre des amoureux [16] après la révélation de l'amour, avant que
la fée ne porte le trouble dans le jeune couple. Arlequin vient au-devant
de son « petit cœur » en sautant de joie, tourne autour de Silvia, la
caresse. Silvia, appliquant les conseils de sa cousine, veut-elle se montrer
réservée dans l'aveu, interdire à son amant de lui baiser la main ?
Arlequin se plaint, ne comprenant pas cette retenue imposée aux
mouvements du cœur. Pourquoi la jeune fille devrait-elle ne dire et
ne montrer de son amour que « la moitié moins qu'il n'y en a » ?
Pour conserver son amant ? Arlequin trouve son bonheur et sa règle
dans la docilité à l'instinct : « Le cœur me bat quand je baise votre
main et que vous dites que vous m'aimez, et c'est marque que ces
choses-là sont bonnes à mon amitié [17]. » L'entrevue machinée par la
fée [18] montre encore l'entier abandon d'Arlequin à la passion ; avec
tout son corps il exprime des transports aussi excessifs dans le
désespoir, tant qu'il croit Silvia vraiment trompeuse, que dans le
bonheur, quand il la sait aimante. Et il oublierait tout pour caresser
sa maîtresse : « Ma chère amie, la joie me court dans le corps ; il faut
que je vous baise [19]. » Du moins acceptera-t-il de laisser un instant

---

14. Scène 14.
15. *Ibid.*
16. Scène 11.
17. *Ibid.*
18. Scène 18.
19. Scène 19.

Silvia pour assurer l'avenir de son amour en jouant une admirable petite comédie à la fée [20]. Quel contraste entre cet Arlequin rusé, spirituel, pétulant, et l'animal stupide des premières scènes !

Le premier Arlequin de Marivaux s'inscrit assurément dans la lignée des Arlequins du Nouveau Théâtre Italien ; et il n'est pas sans rappeler parfois l'Arlequin qu'Autreau met en scène dans ses *Amants ignorants*. L'originalité de Marivaux éclate cependant dans le traitement du naïf. D'abord rivé à l'animalité, son Arlequin fait l'expérience foudroyante de l'amour, qui l'éveille au lagage, à la conscience, et progressivement à l'esprit, bref, à une vie humaine. Mais l'amoureux de Silvia reste livré à l'instinct naturel ; ignorant des barrières qui pourraient entraver son expression, il s'y livre entièrement, spontanément et en toute transparence.

La petite Silvia, bergère ingénue qui découvre l'amour, est moins originale. Pourtant, elle illustre bien ce naturel dans l'amour, c'est-à-dire cette transparence à soi-même et à autrui, cette spontanéité qui refuse finalement tout retrait ou tout mensonge de l'expression par rapport au sentiment.

Son apparition sur la scène la montre beaucoup moins fruste qu'Arlequin. Toutefois, elle est encore insensible à l'amour, dont elle voudrait bien connaître le secret afin d'en goûter le plaisir, comme ses compagnes ; et elle le dit sans ménagement au berger qui la poursuit. Elle refuse même de lui laisser baiser sa main, expliquant avec un immoralisme ingénu : « [...] puisque c'est une faute, je ne veux point la faire qu'elle ne me donne du plaisir comme aux autres [21] ».

L'illumination ne tarde pas. Voyant Arlequin, elle s'écrie, séduite d'emblée : « Ah mon Dieu le beau garçon [22] ! » Elle n'a pas trouvé le secret pour aimer, mais brusquement l'amour ! Silvia est une jeune fille ; l'abandon au sentiment nouveau ne peut être, tout de suite, total : ressentant quelque honte, quelque pudique réserve, elle est tentée de s'échapper. Mais, très vite, elle accepte de rester, prend plaisir au compliment d'Arlequin sur sa beauté, et lui dit en retour : « Vous êtes bien joli aussi, vous [23]. » Sans mensonge ni retenue, sans prudence non plus, elle se livre à l'amour. Arlequin lui ayant demandé son amour, elle répond : « Je ne trouve rien de si aisé [24] » ; et leur lien est scellé. Très tôt, Silvia est capable de réfléchir sur cet événement

---

20. Scène 21.
21. Scène 4.
22. Scène 5.
23. *Ibid.*
24. *Ibid.*

fulgurant, de prendre conscience de son amour. Au moment de quitter
Arlequin, elle prononce l'adieu, puis ajoute pour elle : « Voilà que je
soupire, et je n'ai point eu de secret pour cela [25]. » Plus tard, elle
arrête sa cousine pour lui narrer la rencontre, la brusquerie du sentiment, le plaisir qui l'a envahie : « Tiens, j'étais ici quand il est
venu ; dès qu'il s'est approché, le cœur m'a dit que je l'aimais ; cela
est admirable ! Il s'est approché aussi, il m'a parlé ; sais-tu ce qu'il
m'a dit ? Qu'il m'aimait aussi. J'étais plus contente que si on m'avait
donné tous les moutons du hameau [26]. »

Cette fraîcheur s'accompagne d'inexpérience : comment doit-elle
agir à la prochaine rencontre ? Doit-elle laisser baiser sa main ? Doit-elle
dire et redire son amour à Arlequin ? Non, répond la coquette : la
sévérité entretient la passion d'un amant. Mais l'innoncente a ce cri
du cœur : « Eh ! comment s'en empêcher ? Je suis encore trop jeune
pour pouvoir me gêner [27]. » Piètre manière d'aimer que de dire moins
qu'on ne pense, que de s'obliger à être sévère ! De fait, quand son
amant arrive, elle a bien de la peine à se retenir, à faire la coquette ;
il suffit qu'Arlequin pleure devant sa froideur affectée, pour qu'elle lui
prenne tendrement le menton, lui explique les raisons de cette contrainte
et le rassure [28]. Il est impossible de concilier les conseils de réserve
donnés par une coquette avec la sincérité absolue qui est nécessaire
aux deux amants. Incapable de feindre un peu moins d'amour qu'elle
n'en ressent, comment Silvia pourrait-elle faire croire à Arlequin qu'elle
n'en a pas, qu'elle s'est moquée de lui ? C'est pourtant ce qu'exige
d'elle la fée, la forçant cruellement à mentir en la menaçant, si elle
ne le fait pas, de faire mourir Arlequin [29]. Malgré la peur des
conséquences, Silvia, devant la douleur d'Arlequin, lui avoue bien vite
qu'elle a été obligée de lui dire des « menteries » [30]. Silvia sera toujours
restée soumise à la vérité de son cœur.

On reste émerveillé devant cette courte féerie : quelle finesse et quelle
délicatesse de touche dans la peinture de ce couple d'êtres jeunes et
neufs ! En même temps, *Arlequin poli par l'amour* enrichit visiblement
l'analyse des naïfs et constitue un prélude discret à des recherches
que Marivaux poussera plus avant.

---

25. Scène 5.
26. Scène 9.
27. *Ibid.*
28. Scène 11.
29. Scène 17.
30. Scène 18.

2. Prolongements.

Il nous reste à proposer quelques jalons pour suggérer ces perspectives. Dans son théâtre, le dramaturge s'attachera à des êtres encore proches de la nature, et se montrera particulièrement attentif aux mouvements de leur cœur. Conjointement, il ne cessera de s'interroger sur ce qui rend possible, ou interdit la transparence des êtres amoureux à eux-mêmes et autres autres.

Marivaux n'abandonna jamais la peinture des êtres simples, chez qui la pure nature s'exprime en toute clarté. Contentons-nous de présenter brièvement, sous cet angle, deux comédies distantes de vingt années, La Double Inconstance et La Dispute.

Comme dans la féerie de 1720, Arlequin et Silvia, dans La Double Inconstance, sont de jeunes campagnards qui s'approchent du naturel. Arlequin est présenté comme « homme simple », « villageois sans expérience [1] ». Quant à Silvia, ce qui a séduit le prince en elle, « c'est cette ingénuité, cette beauté simple, ce sont ces grâces naturelles [2] » ; le prince précisera plus tard : « Les autres femmes qui aiment ont l'esprit cultivé, elles ont une certaine éducation, un certain usage, et tout cela chez elles falsifie la nature ; ici c'est le cœur tout pur qui me parle ; comme ses sentiments viennent, il les montre ; sa naïveté en fait tout l'art, et sa pudeur toute la décence [3]. » Voilà de merveilleux sujets pour l'analyse des mouvements naturels du cœur ! On sait que les deux villageois sont amoureux l'un de l'autre, avant que le désir du prince pour Silvia ne les arrache à leur village et ne les soumette, au palais, à d'odieuses manœuvres. On sait aussi le résultat : la transparence des naïfs montre au vif la dissolution d'un amour, son remplacement par un autre. Ces êtres naturels se font aisément inconstants ; la nature enseigne que l'amour est inséparable de l'inconstance. Elle enseigne aussi que le plaisir qui en découle fait fi de toute morale. Les deux inconstants se sentent et se disent d'ailleurs parfaitement innocents de leur infidélité ; Silvia, par exemple, au moment où elle prend conscience qu'elle n'aime plus Arlequin, se contente de constater le changement : « Quand ce serait un malheur, qu'y ferais-je ? Lorsque je l'ai aimé, c'était un amour qui m'était venu ; à cette heure que je ne l'aime plus, c'est un amour qui s'en est allé ; il est venu sans mon avis, il s'en retourne de même, je ne crois pas être blâmable [4]. » Les naïfs auront révélé une loi de la nature.

---

1. I, 3.
2. II, 1.
3. III, 1.
4. III, 8.

La Dispute remonte encore plus loin dans la quête de l'origine. Les deux couples d'adolescents relégués dans un lieu sauvage et solitaire sont les représentants de l'état de nature, comme au « commencement du monde et de la société », avant la corruption qui s'est installée depuis ; « vous allez voir — dit le prince à Hermiane — le même état du cœur, des âmes tout aussi neuves que les premières, encore plus neuves s'il est possible [5] ». Après avoir été isolés, sans contact ni les uns avec les autres ni avec le monde, Eglé et Azor, Adine et Mesrin, parfaitement ignorants de tout, sauf du langage, vont être libérés et lâchés ensemble. Marivaux nous invite à saisir l'éveil de ces êtres primitifs, qui nous font connaître les mouvements de la pure nature. Le détail de l'expérience est passionnant, et il faudrait signaler les découvertes successives que font les quatre personnages en revivant les débuts de l'humanité : connaissance du monde extérieur, conscience de soi, découverte de l'existence de l'autre, surtout, de l'autre différent ou semblable par le sexe, avec lequel il faut apprendre à trouver des relations, heureuses ou difficiles. A travers ses naïfs, le philosophe s'efforce de retrouver les vérités primordiales de l'homme. On ne s'étonnera pas que Marivaux accorde la plus belle part à la naissance et au développement de l'amour dans ces cœurs neufs, renouant avec les scènes charmantes d'*Arlequin poli par l'amour*. Ainsi, Eglé et Azor rejouent devant nous, dans sa bouleversante fraîcheur, l'éclosion du désir et les premiers plaisirs d'être ensemble [6] ; leur dialogue conserve l'innocence et la clarté des commencements. Mais l'histoire de ces premières amours ne s'arrête pas là ; un autre couple intervient, promesse de troubles. Eglé ne voit en Adine, l'autre jeune fille, qu'une rivale [7] ; Azor, qui naît à l'amitié de manière si belle en rencontrant Mesrin, l'autre garçon [8], connaît bientôt la jalousie [9]. L'issue se devine : comme Arlequin et Silvia de *La Double Inconstance,* les quatre adolescents apprendront l'inconstance, qui semble naturelle d'abord chez les filles. L'expérience tourne court ; mais elle s'est suffisamment développée pour mettre en valeur les naïfs qui sont ces êtres naturels.

Pour finir, attirons très succinctement l'attention sur la question particulière de la transparence chez les amoureux. Face à l'irruption de l'amour, aux bouleversements intérieurs qu'elle provoque chez les êtres, l'attitude des personnages de Marivaux est loin de répondre toujours aux critères de la naïveté.

---

5. Scène 1.
6. Scènes 4 à 7.
7. Scène 9.
8. Scène 13.
9. Scène 14.

Le vrai naïf — nous en avons vu des exemples — est entièrement livré à la nouvelle passion. Docile à la nature, il reconnaît très vite ce qu'il ressent et s'y soumet volontiers, sans recul. La marge entre la passion et l'aveu se trouve réduite à presque rien. Et le naïf refuse ce qui pourrait entraver l'exercice spontané et heureux de l'amour. En un mot, il rejoint la transparence originelle. Cette naïveté est le fait des êtres simples, disponibles, qui ne résistent pas à l'instinct ; on la rencontre principalement chez de jeunes campagnards et chez les domestiques, qui, sur ce point, donnent la leçon à leurs maîtres.

Différente est l'attitude de la plupart des héroïnes de Marivaux devant la surprise de l'amour. Chez elles, le délai s'accroît entre les premières atteintes de la passion et l'aveu qu'on s'en fait ou qu'on en fait au partenaire. Longtemps, la vanité, l'amour-propre, la crainte de se livrer à autrui retardent l'aveu, considéré comme une dépossession de soi, comme une défaite ; et un langage trop maîtrisé se prête aux mensonges qui masquent le sentiment. La civilisation et ses raffinements s'opposent à la spontanéité, à la franchise vivantes encore chez les êtres plus frustes. Une comédie de Marivaux fait souvent sa matière de ce cheminement du mensonge à l'aveu, du refus à l'assentiment ; l'héroïne y passe d'un langage qui permet les feintes devant l'amour — ce n'est alors qu'involontairement et inconsciemment qu'elle révèle un amour qu'elle n'admet pas —, à un langage qui dit loyalement son cœur. Mais se refuser à admettre les mouvements profonds du cœur, c'est refuser la transparence. En ce sens, le marivaudage exclut la naïveté.

On pardonnera le caractère inévitablement sommaire de ces quelques indications. Elles ne laissent pas de rendre visible le rôle important de Marivaux dans l'évolution de notre personnage du naïf. Participant à la réflexion de son siècle, Marivaux façonne un être qui, en deçà de la culture et de la société civilisée, reste proche de la simplicité naturelle et témoigne de la nature nue ; tel devient le naïf. A lui Marivaux confie surtout le rôle de vivre, dans son immédiate transparence, le bouleversant bonheur d'un amour qui naît. Cette spontanéité de cœur propre aux naïfs acquiert d'autant plus de prix que Marivaux s'est plus souvent attaché à mettre au jour tout ce qui peut en entraver l'exercice.

IV. — CONCLUSION.

Les faits observés montrent tour à tour l'effacement et la vigueur des naïfs : ici, des types qui disparaissent ou qui s'effritent ; là, des figures plus ou moins neuves qui apparaissent, à la faveur de la comédie de mœurs ou du théâtre des Italiens. C'est assez pour assurer la continuité d'une tradition. Mais, à prendre du recul, la période que nous venons d'envisager semble bien marquer un déclin de notre personnage.

Il n'y a pas lieu de s'en étonner, si l'on garde présentes à l'esprit les formes dominantes que revêt la comédie au cours de ces années. Soucieuse avant tout de présenter une peinture brillante et mordante de la nouvelle société, de ses travers et de ses vices, la comédie de mœurs ne se soucie pas de composer des caractères. Il lui suffit de dessiner ses personnages vivement, en quelques traits ; elle ne les éclaire pas en profondeur. Quant à la Comédie Italienne, nous avons dit combien ses habitudes de jeu et ses finalités sont défavorables à l'analyse psychologique. Telle est l'esthétique du personnage. Dans ces conditions, le naïf perd inévitablement, lui aussi, complexité et relief.

Ainsi, depuis Molière, le naïf va se dégradant. Aucun des dramaturges de talent qui occupent la scène entre 1673 et 1720 ne peut rivaliser avec un Molière, et sonder si avant que lui l'âme des naïfs. Le regain s'amorce au seuil d'un nouvel âge de notre comédie, parmi les auteurs qui fournissent le Nouveau Théâtre Italien ; au premier rang de ceux-ci, Marivaux propose un éclairage singulièrement original de la naïveté.

CONCLUSION

Pendant les cinq siècles envisagés — mais l'enquête trouverait matière à se poursuivre jusqu'au xxᵉ siècle ! —, le personnage du naïf constitue bien l'une des traditions vivantes dont se nourrit notre théâtre comique.

Un regard en arrière permet de discerner l'évolution générale du personnage, et de souligner les moments marquants de son histoire. C'est la farce qui donne au naïf une place essentielle dans l'intrigue ; diversifiant le personnage, exploitant toutes ses virtualités dramatiques et comiques, les farceurs fondent véritablement la tradition du naïf, avec laquelle il faudra toujours compter. Avec la comédie des humanistes, avec celle des prédécesseurs et des contemporains de Molière, nous avons constaté des reculs et formulé des restrictions : l'*imbroglio* amoureux des uns s'intéresse peu au détail des comportements de naïveté ; le jeu des apparences trompeuses ou le goût des personnages extravagants empêchent les autres de mettre le naïf en valeur. Ces reculs ne doivent pas masquer la continuité des traditions, ni la création de nouveaux naïfs. Mais, après la farce, il faut attendre Molière pour que le personnage retrouve vigueur et richesse. Chez notre dramaturge, qui récapitule les traditions et les influences, le naïf présente à nouveau des traits saillants ; bien plus : sa peinture de la société, sa quête de l'humaine condition poussent Molière à un admirable approfondissement du personnage. La force des créations moliéresques rejette un peu dans l'ombre les tentatives de la comédie de mœurs : entre les mains des successeurs de Molière, le naïf, rapproché de l'actualité, perd son épaisseur. Enfin, à l'orée d'une autre époque de notre comédie, Marivaux surtout jette un jour nouveau sur le naïf.

S'étant attachée à suivre la vie théâtrale de quelques catégories de personnages qui assurent la continuité de la tradition, l'étude aura permis de dater et d'apprécier la naissance, les métamorphoses ou la disparition de chacun des naïfs. Très variable est leur mise en valeur au cours du temps. Certains naïfs se sont contentés de briller de manière temporaire : au-delà de la farce, un certain nombre de personnages médiévaux se survivent sans éclat ; des personnages empruntés aux théâtres étrangers, à partir du XVIe siècle, se fixent plus ou moins durablement dans notre théâtre ; d'une manière générale, les personnages façonnés à partir des mœurs françaises restent tributaires de l'actualité, pour leur apparition comme pour leur effacement. Mais s'avère particulièrement intéressant le cas des naïfs qui se maintiennent de génération en génération, et dont la longévité s'assortit de transformations multiples : qu'on pense seulement aux variations sur la naïveté de la jeunesse, ou aux mutations enregistrées dans la carrière du paysan et du valet naïfs !

On aura été sensible, enfin, à l'inégal traitement psychologique dont bénéficient nos personnages, au-delà de la permanence des quelques comportements fondamentaux de la naïveté. Ne mentionnons que pour mémoire ces fantoches aux traits superficiels et figés que les dramaturges finissent par confiner dans un rôle anecdotique ; ils proviennent souvent de l'usure d'un type vivant et plus riche. Mais quelle différence, par exemple, entre les types utilisés par la farce médiévale et les caractères créés par Molière ! La farce est un admirable théâtre de types : les naïfs y restent des personnages peu individualisés, dont les traits, assez simples, sont mis en relief et se retrouvent de pièce en pièce. Chez Molière s'épanouissent pleinement des caractères comiques complexes, vivants, dotés chacun d'originalité — et par là même éphémères. La profondeur des significations que revêtent les personnages naïfs ne peut être la même dans les deux cas. L'étude devait aussi souligner de telles différences.

De cette manière, la riche histoire de notre personnage se trouve éclairée dans ses tours et détours, avec ses ombres et ses lumières.

Quelques remarques s'imposent sur la signification humaine et sociale du rire engendré par ce personnage comique.

Il ne peut s'agir de faire la somme des explications du rire humain, ou des théories émises sur les procédés de fabrication du comique, afin de les appliquer comme autant de clefs à notre personnage. A coup sûr, les naïfs fourniraient de bonnes illustrations à tel ou tel de ces systèmes. Qui ne voit l'intérêt — pour prendre en exemple un des plus récents essais sur la question — de l'analyse procurée par Charles Mauron dans sa *Psychocritique du genre comique* ? S'appuyant sur des travaux psychanalytiques, elle propose une explication psychologique fort plausible du rire que suscitent en nous des naïfs comme les pères bernés et les valets ou les paysans grossiers ; dans les deux cas, il s'agit d'une « fantaisie de triomphe » : fondée sur l'Œdipe en ce qui concerne les pères, celle-ci prend sa source dans le sentiment d'avoir dépassé l'état de régression dans lequel ils sont présentés en ce qui concerne les valets et les paysans. D'autre part, on sait que les formes du rire sont multiples. Ainsi, le rire que provoquent en nous les naïfs n'est pas toujours un rire de triomphe ou de libération ; l'accumulation des maladresses commises par un naïf fait naître aussi un état d'euphorie. Nous ne pouvons donc prétendre fournir une explication totale et définitive du caractère comique de notre personnage.

Toutefois, nous voudrions insister sur une approche particulière, qui nous paraît assez éclairante. Elle s'appuie sur cette idée, continûment mise en valeur par les théoriciens du rire depuis Baudelaire, que le rire exprime et extériorise le sentiment d'une supériorité. Rire des naïfs, c'est les figer dans leur grossièreté, leur maladresse, leur sottise ou leur crédulité, afin de se sentir supérieur à eux. Mais, au spectacle, le rieur n'est pas seul ; il se fond dans un public, dont la complexité et l'homogénéité sont variables. Le rire y est toujours celui d'une société. Il porte le jugement de la société sur le personnage comique. Bergson a particulièrement souligné la signification sociale du rire : ce « geste social » est le châtiment réservé à l'homme qui fait montre d'une « certaine raideur du corps, de l'esprit ou du caractère, que la société voudrait encore éliminer pour obtenir de ses membres la plus grande élasticité et la plus haute sociabilité possibles [1] ». Au théâtre, le naïf est de ces distraits qui n'acceptent pas le jeu social, qui s'ajustent mal à la vie en société ; parce que sa conduite diffère de ce que nous attendons, de ce que nous considérons comme normal, il devient la victime du rire. En somme, le héros comique qu'est le naïf poursuit un rêve individuel ; la société lui montre son erreur en riant de lui. Mais peut-on se contenter de parler du jugement de la société, en général ? En réalité, l'ensemble de la société ne se trouve ni rassemblé, ni même représenté autour du spectacle comique ; c'est un groupe social donné qui rit du naïf. En fonction de ses idées sur le bonheur, sur le train normal des choses, sur l'ordre rêvé, ce groupe déterminé s'estime supérieur au naïf et le juge comme inadapté.

Si bien que le naïf comique renseignera davantage l'historien sur la mentalité de groupes particuliers, que directement sur la réalité sociale

---

1. *Le Rire. Essai sur la signification du comique*, 203ᵉ éd., 1964, p. 16.

objective. Assurément, la galerie des naïfs propose un certain reflet de la vie sociale, de ses types et de ses groupes, des conflits qui la traversent, des problèmes qui l'agitent. « Miroir de la vie », la comédie ne fournit cependant que des images partielles, incomplètes et sans un rigoureux synchronisme avec la société. Les êtres de théâtre demeurent en grande partie des êtres de fantaisie. Simplifiés, voire schématisés pour les nécessités de l'action, ils sont surtout déformés pour faire rire. Les limites qu'il faut reconnaître au réalisme des personnages sont hautement significatives sur les idées du public des rieurs — il faudrait dire *des publics,* puisque ceux-ci, divers à une époque donnée, sont différents surtout au cours de l'histoire. Quelques rappels en guise de précisions. Nous avons constaté, dans les farces comme dans les comédies, que le paysan apparaissait sous les traits d'un grossier personnage, d'un benêt, ô combien ravalé : la farce et la comédie sont un théâtre de gens de la ville, qui méprisent le campagnard et l'enferment, pour le ridiculiser, dans son monde villageois. L'image du hobereau, et plus généralement du provincial, fournie par les théâtres du xviie siècle appelle une explication semblable : naïfs et ridicules, de tels personnages renforcent l'idée de leur propre supériorité que conçoivent les Parisiens ou la haute noblesse attachée à la cour. Un naïf comique peut manifester le refus d'un changement social ou d'une aspiration au changement, au demeurant inéluctable. D'où ces bourgeois et ces bourgeoises ridicules qui aspirent à la qualité, d'où ces parvenus ridicules, d'où ces précieuses et ces savantes ridicules ; leur naïveté est le signe qu'une certaine opinion réprouve la promotion culturelle de la femme, l'enrichissement qui bouleverse les états de la société, le passage de la bourgeoisie à la noblesse. Là, la naïveté comique sert l'immobilisme social. Ici, elle pourra, à l'inverse, exprimer une revendication contre l'ordre existant et formuler une vision utopique. En bafouant l'autorité des pères qui font du mariage une question d'argent indifférente aux sentiments des jeunes gens, en ridiculisant les prétendants âgés qu'ils imposent à leurs filles, la comédie postule d'autres rapports familiaux, où l'autorité des pères ne serait plus absolue, et une autre conception du mariage, où la liberté du cœur retrouverait la première place. Dans tous les cas, le rire condamne les naïfs sur qui le public réaffirme sa supériorité, — que celle-ci soit réelle, imaginée ou espérée.

Il nous reste à dégager cette part de vérité sur les êtres et sur le monde que les naïfs peuvent révéler, puisqu'aussi bien, à travers la représentation sensible, l'art du théâtre propose une vision multiforme de l'homme.

Les univers comiques que nous avons parcourus ne cachent pas leur dureté. Tous les personnages de la farce sont animés par des besoins rudimentaires ; cette triste humanité montre ce qu'il y a de moins humain dans l'homme. N'allons pas croire que cette vision soit réservée à la farce ! Les personnages de la comédie humaniste et leurs épigones sont tout autant soumis à leurs instincts, notamment à leur sensualité. Faut-il invoquer la comédie de mœurs ? Le sourire d'un Dancourt s'exerce sur des créatures rigoureusement esclaves d'appétits aussi sommaires et brutaux. Dans les rapports avec les autres, chacun apporte l'âpreté : les besoins, les désirs, les passions poursuivent leur assouvissement ; autrui doit plier. « Homo homini lupus » : ce monde est une jungle, où règne la loi du plus fort ou du plus malin. La comédie est régie par la lutte, par les conflits ; il s'agit de gagner pour se satisfaire, de tromper : la violence des vainqueurs sur les vaincus constitue la trame de ces pièces. En relation avec les autres, les naïfs sont implacablement bernés et bafoués ; aveuglés, crédules, ils ont le dessous et constituent la proie de toutes les finesses agencées par les coquins. Le conflit règne aussi chez Molière, qui donne à l'aveuglement et à la crédulité de ses grands naïfs une portée beaucoup plus considérable ; parce qu'ils se font illusion sur eux-mêmes, parce qu'ils nourrissent des prétentions abusives sur autrui, les naïfs moliéresques voient leurs volontés tournées, et constatent leur défaite au dénouement. Toutes les victimes naïves de notre ancien théâtre témoignent de l'affrontement des égoïsmes, de l'acharnement qu'apportent les hommes dans la vie commune, de la difficulté à préserver sa lucidité et son bonheur.

Comme être proche de la nature, le naïf présente d'abord des visages grimaçants ; la nudité et la brutalité de la nature se lisent chez le valet qui affiche tranquillement ses pulsions élémentaires, chez le paysan encore mieux englué dans sa grossièreté naturelle. La jeunesse aussi reste liée à la simplicité naturelle, tout en offrant des figures plus touchantes. Assurément, la jeunesse fait rire de ses maladresses : la franchise, la confiance, l'étourderie rendent les jeunes naïfs victimes du monde dur des adultes. Mais la naïveté apparaît parfois chez eux comme un privilège, celui des êtres neufs, proches de l'origine. De tels naïfs dévoilent la merveille des naissances, et surtout celle de l'amour. Quand il crée Agnès, Molière saisit les moments uniques où le sentiment éclôt, bouleversant et transformant tout l'être. On comprend le goût de Marivaux par les genèses, à la la source des sentiments, à la source de cet imprévisible amour. Seuls des êtres jeunes permettent de telles révélations, car chez eux l'ingénuité ne va jamais sans la spontanéité, sans la transparence. Avec eux, la naïveté laisse de l'homme une image singulièrement plus fraîche et plus gracieuse.

Bibliographie

Abréviations usuelles :

PREMIÈRE SECTION : LES ŒUVRES

I. — *THÉATRE MÉDIÉVAL* (des origines au xvie siècle).

1. Répertoires et bibliographies

Bossuat (Robert),
— *Manuel bibliographique de la littérature française du Moyen Age,* Melun, Libr. d'Argences, 1951 (Bibl. elzévir., nouv. série : Etudes et documents).
— *Suppléments* (avec le concours de Jacques Monfrin) en 1955 et 1961.

Lewicka (Halina),
— *Bibliographie du théâtre profane français des XVe et XVIe siècles,* Paris, C.N.R.S., s.d. (1972), 102 p. (polycopie) ; 2e éd. revue et augmentée à paraître, Wroclaw - Paris, Zaklad Norodowy im. Ossolinskich - C.N.R.S.
— *Etudes sur l'ancienne farce française,* Paris - Warszawa, Klincksieck - P.W.N., 1974 (liste des farces, avec les éditions modernes et les datations, p. 133-147).

Petit de Julleville (L.),
— *Les Mystères,* Paris, Hachette, 1880, 2 vol. in-8o (réimpr. Genève, Slatkine, 1968).

— *Répertoire du théâtre comique en France au Moyen Age*, Paris, L. Cerf, 1886, in-8°, VI-409 p. (réimpr. Genève, Slatkine, 1968).

PICOT (Emile),
— *Le Monologue dramatique dans l'ancien théâtre français*, in *Romania*, XV (1886), p. 358-422 ; XVI (1887), p. 438-542 ; XVII (1888), p. 207-275 ; et Genève, Slatkine, 1970, in-8°, 240 p.

ROLLAND (Joachim),
— *Essai paléographique et bibliographique sur le théâtre profane en France avant le XVᵉ siècle*, Paris, Athena (impr. Chaix), 1945, gr. in-8°, 352 p. (réimpr. Genève, Slatkine, 1972, de l'éd. originale des deux études qui constituent le volume).

2. RECUEILS D'ŒUVRES DE DIFFÉRENTS AUTEURS
(rangés d'après les noms des éditeurs)

AEBISCHER (Paul),
— *Trois Farces françaises inédites trouvées à Fribourg*, in *Revue du XVIᵉ siècle*, XI (1924), p. 129-192 (aussi tirage à part chez Champion).
— *Moralité et farces des mss Laurenziana-Ashburham nᵒˢ 115-116*, in *Archivum Romanicum*, XIII (1929), p. 448-518.
— *Quelques Textes du XVIᵉ siècle en patois fribourgeois*, Première partie, in *Archivum Romanicum*, IV (1920), p. 342-361 ; Deuxième partie, in *Archivum Romanicum*, VII (1923), p. 288-336.

Ancien Théâtre François ou Collection des ouvrages dramatiques les plus remarquables depuis les Mystères jusqu'à Corneille, publié par VIOL-LET-LE-DUC, Paris, P. Jannet (Bibliothèque Elzévirienne), 1854-1857, 10 vol. in-16 (en abrégé : *A.T.F.*). Les t. I-III, dus à Anatole DE MONTAIGLON, donnent les 64 pièces du *Recueil du British Museum*, dont Halina LEWICKA a présenté le fac-similé dans : *Le Recueil du British Museum*, Genève, Slatkine, 1970, in-fol., 19 p. et fac-sim.

BOWEN (Barbara C.),
— *Four Farces*, Oxford, Blackwell, 1967, in-16, XV-156 p. (Blackwell's French texts).

CARON (P. Siméon),
— *Collection de différents ouvrages anciens, poésies et facéties, réimprimés par les soins de...*, Paris, 1798-1806, 11 vol. pt. in-8°.

CHOCHEYRAS (Jacques),
— *Le Théâtre religieux en Dauphiné du Moyen Age au XVIIIᵉ siècle (domaine français et provençal)*, Genève, Droz, 1975, 320 p. (Publications romanes et françaises, 128).
— *Le Théâtre religieux en Savoie au XVIᵉ siècle*, Genève, Droz, 1971, XXIII-261 p. (Publications romanes et françaises, 115).

COHEN (Gustave),
— *Anthologie du drame liturgique en France au Moyen Age*, Paris, Cerf, 1955, 290 p.
— *La « Comédie » latine en France au XIIᵉ siècle. Textes publiés sous la direction de...*, Paris, Les Belles Lettres, 1931, 2 vol.

— *Mystères et moralités du manuscrit 617 de Chantilly*, Paris, Champion, 1920, in-4°, CL-138 p. (Bibliothèque du XVᵉ siècle) ; et Genève, Slatkine, 1975. Nouvelle édition sous le titre suivant :
— *Nativités et moralités liégeoises du Moyen Age*, Bruxelles, Palais des Académies, 1953, gr. in-4°, 334 p.
— *Recueil de farces françaises inédites du XVᵉ siècle*, Cambridge, Massachusetts, The Mediaeval Academy of America, 1949, in-4°, XXXII-459 p. ; réimpr. Genève, Slatkine, 1974 (en abrégé : *Cohen*). Voir les remarques d'H. LEWICKA dans ses *Etudes sur l'ancienne farce française*, 1974, p. 102-132.

DROZ (Eugénie),
— *Le Recueil Trepperel, I : Les Sotties*, Paris, Droz, 1935, gr. in-8°, LXXIV-395 p. (Bibl. de la Soc. des Historiens du Théâtre) ; et Genève, Slatkine, 1975 (en abrégé : *R.T.*).
— et LEWICKA (Halina), *Le Recueil Trepperel. T. II : Les Farces*, Genève, Droz, 1961, in-4°, X-155 p. (Travaux d'Humanisme et Renaissance, XLV) (en abrégé : *Trepperel, 2*).
— Les trente-cinq pièces de l'original du *Recueil Trepperel* ont été reprises en fac-similé et présentées par Eugénie DROZ dans : *Le Recueil Trepperel*, Genève, Slatkine, 1967, in-4°, 320 p.

Facéties, farces, moralité, comédie, chez Silvestre, impr. Pinard, Paris, 1832 (Arsenal, Rf 740).

FARAL (Edmond),
— *Mimes français du XIIIᵉ siècle*, Paris, Champion, 1910, in-8°, XV-126 p. (réimpr. Genève, Slatkine, 1973).

FOURNIER (Edouard),
— *Le Théâtre français avant la Renaissance (1450-1550), mystères, moralités et farces*, Paris, Laplace, Sanchez et Cⁱᵉ, s.d. (1872), gr. in-8°, VII-462 p. (en abrégé : *Fournier*).

JACOB, voir : LACROIX Paul (le bibliophile JACOB).

LACROIX Paul (le bibliophile JACOB),
— *Recueil de farces, sotties et moralités du XVᵉ siècle*, Paris, Delahays, 1859, in-16, XXXIX-455 p. (en abrégé : *Jacob*).

LE ROUX DE LINCY et Francisque MICHEL,
— *Recueil de farces, moralités et sermons joyeux*, Paris, Téchener, 1837, 4 vol. in-8° ; réimpr. Genève, Slatkine, 1977, en 2 vol. (en abrégé : *Le Roux*). Ce recueil reproduit les pièces du manuscrit « La Vallière », dont W. HELMICH a présenté le fac-similé dans : *Manuscrit « La Vallière »*, Genève, Slatkine, 1972, in-4°, 920 p.

MABILLE (Emile),
— *Choix de farces, sotties et moralités des XVᵉ et XVIᵉ siècles*, Nice, Gay, 1872, 2 vol. in-12 ; et Genève, Slatkine, 1970, en 1 vol. (en abrégé : *Mabille*).

MONTAIGLON (Anatole DE),
— *Recueil de Poésies Françoises des XVᵉ et XVIᵉ siècles*, Paris, P. Jannet-P. Daffis (Bibliothèque Elzévirienne), 1865-1878, 13 vol. in-16, dont les quatre derniers sous la signature de A. DE MONTAIGLON et James DE ROTHSCHILD (en abrégé : *Montaiglon*).

PARIS (Gaston) et ROBERT (Ulysse),
— *Miracles de Nostre Dame par personnages*, Paris, F. Didot et Cie,
1876-1893, 8 vol. in-8° (Société des Anciens Textes Français).

PHILIPOT (Emmanuel),
— *Trois Farces du recueil de Londres*, Rennes, Plihon, 1931, in-8°,
VII-169 p. ; et Genève, Slatkine, 1975.
— *Six Farces normandes du recueil La Vallière*, Rennes, Plihon, 1939,
in-8°, 241 p.

PICOT (Emile),
— *Recueil général des sotties*, Paris, F. Didot, 1902-1912, 3 vol. in-8°
(Société des Anciens Textes Français).
— et NYROP (Chr.), *Nouveau Recueil de farces françaises des XVe et
XVIe siècles*, Paris, D. Morgand-Ch. Fatout, 1880, in-16, LXXX-
244 p. ; et Genève, Slatkine, 1968.

PIGNON (Jacques),
— *La Gente Poitevinrie. Recueil de textes en patois poitevin du
XVIe siècle*, Paris, d'Artrey, 1960, in-8°, 203 p. (Bibliothèque du
« Français moderne »).

POLAK (L.),
— *Le Franc Archier de Baignollet, suivi de deux autres monologues
dramatiques : Le Franc-Archier de Cherré, Le Pionnier de Seurdre*,
Genève, Droz — Paris, Minard, 1966, in-16, 104 p. (T.L.F.).

*Recueil de livrets singuliers et rares dont la réimpression peut se joindre aux
réimpressions de Caron*, Paris, Impr. Guiraudet, 1829-1830, pt. in-8°
(*Collection Montaran*) (en abrégé : *Montaran*).

Recueil de pièces des XVIe et XVIIe siècles (collection factice conservée à
la B.N., Rés. Yf 3437-3445).

*Recueil de pièces rares et facétieuses anciennes et modernes, en vers et en
prose, remises en lumière pour l'esbattement des Pantagruélistes,
avec le concours d'un bibliophile*, Paris, Barraud, 1872-1873, 4 vol.
in-8° (*Recueil Charles Brunet*).

Recueil de plusieurs farces tant anciennes que modernes, Paris, Nicolas Rousset, 1612, pet. in-8° (en abrégé : *Recueil Rousset*).

SAMARAN (Charles),
— *Fragments de manuscrits latins et français du Moyen Age*, in *Romania*, LI (1925), p. 166-202.

THOMAS (Antoine),
— *Fragments de farces, moralités, mystères, etc.*, in *Romania*, XXXVIII
(1909), p. 177-195.

TISSIER (André),
— *La Farce en France de 1450 à 1550. Recueil de textes établis sur les
originaux, présentés et annotés*, Paris, Centre de Documentation
Universitaire et Société d'Edition d'Enseignement supérieur réunis,
1976, 2 vol. de 298 et 314 p.

WHITTREDGE (Ruth),
— *La Nativité, le Jeu des Trois Rois, Two plays from Ms 1131 of the
Bibl. Sainte-Geneviève, Paris*, diss. Bryn Mawr (Pens., U.S.A.), 1944.

3. Recueil d'œuvres complètes

Coquillart (Guillaume),
— *Œuvres, suivies d'œuvres attribuées à l'auteur*, éd. par M.J. Freeman, Paris-Genève, Droz, 1975, XCII-486 p. (T.L.F.).

4. Pièces séparées

Arquemination (Farce nouvelle de), publiée avec des notes par Emile Picot, Paris, Libr. H. Leclerc, 1914, in-8°, 34 p. (Extrait du *Bull. du Bibliophile*, 1913, p. 413-442).

Conception, nativité, mariage et annonciation de la benoîte Vierge Marie, avec la nativité de Jésus-Christ, et son enfance :
1. Paris, Veuve Jehan Trepperel et Jehan Jehannet, s.d. (Arsenal, Rf Rés. 478 [1]) ;
2. Paris, Pierre Sergent, 1547 (Arsenal, Rf 479).

Courtois d'Arras, jeu du XIIIe siècle, éd. Edmond Faral, Paris, Champion, 1922, 2e éd. revue, in-12, VII-36 p. (C.F.M.A.).

Garçon et l'aveugle (Le), jeu du XIIIe siècle, éd. M. Roques, Paris, Champion, 1921, 2e éd. revue, in-12, VII-18 p. (C.F.M.A.).

Griseldis (L'Estoire de) en rimes et par personnages (1395), publiée d'après le manuscrit unique de la Bibliothèque Nationale, éd. Mario Roques, Genève, Droz — Paris, Minard, 1957, XXVI-125 p. (T.L.F.).

Guilliod (Farce de) à cinq personnages (Rouen, 1557), p.p. E. Droz et H. Lewicka, in *B.H.R.*, XXIII (1961), p. 76-98.

Incarnation (Mystère de l') et nativité de notre sauveur et rédempteur Jésus-Christ, éd. P. Le Verdier, Rouen, Impr. d'E. Cagniard, 1884-1886, 3 vol. (Arsenal, Rf 496).

Pacience de Job (La), mystère du XVe siècle (ms. fr. 1774), éd. A. Meiller, Paris, Klincksieck, 1971, 440 p. (Bibliothèque française et romane, B 11).

Passion de Semur, dans : Roy (Emile),
— *Le Mystère de la Passion en France du XIVe au XVIe siècle, Revue Bourguignone publiée par l'Université de Dijon*, t. XIII-XIV, Dijon et Paris, 1903-1904, 2 vol. in-8°.

Pathelin (Maistre Pierre), farce du XVe siècle, éd. R.-T. Holbrook, 2e éd. revue, Paris, Champion, 1963, in-12, XXIV-133 p. (C.F.M.A.).

Pauvre Jouhan (La Farce du). Pièce comique du XVe siècle, publiée avec notes, glossaire, index et fac-similés par E. Droz et M. Roques, Genève, Droz-Paris, Minard, 1959, 63 p. (T.L.F.).

Saint Bernard de Menthon (Le Mystère de), éd. Lecoy de La Marche, Paris, F. Didot et Cie, 1888, in-8°, XXXI-206 p. (Société des Anciens Textes Français).

Saint Clément (Mystère de), p.p. Charles Abel, Metz, R. Pallez, 1861, (B.N., Yf Rés. 1609).

Saint Sébastien (Mystère de) [en deux journées], éd. L.R. Mills, Genève, Droz — Paris, Minard, 1965, LXVI-308 p. (T.L.F.).

Sainte Barbe (*La Vie de Madame*) *par personnages*, Lyon, P. Rigaud, 1602 (B.N., Rés. Yf 4688).

Sainte Marguerite (*La Vie de Madame*), *vierge et martyre* (B.N., Rés. Yf 4690).

Thévot le maire, Perruche sa femme et Colin leur fils (*La Farce de*), éd. J.R. MAXWELL, in *H.R.*, VI (1939), p. 539-546.

Vilain (*Le*) *et son fils Jacob*, dans : TAPPAN (D.W.) et CARRINGTON (S.M.),
— *Deux pièces comiques inédites du manuscrit B.N. fr. 904*, in *Romania*, XCI (1970), p. 161-188.

ABONDANCE (Jean d'),
— *Histoire des Trois Rois* (extrait du rôle du vilain), dans : AEBISCHER (Paul), *Le Gouvert d'Humanité par J. D'Abondance*, in *B.H.R.*, XXIV (1962), p. 296-338.

ADAM LE BOSSU,
— *Le Jeu de la Feuillée*, éd. E. LANGLOIS, Paris, Champion, 2e éd. revue, 1966, XX-82 p. (C.F.M.A.).
— *Le Jeu de Robin et Marion, suivi du Jeu du Pèlerin*, éd. E. LANGLOIS, Paris, Champion, 1966, in-12, X-95 p. (C.F.M.A.).

BODEL (Jean),
— *Le Jeu de Saint Nicolas*, éd. A. JEANROY, Paris, Champion, 1967, in-12, XIV-93 p. (C.F.M.A.).
— *Le Jeu de Saint Nicolas*, édition et traduction par A. HENRY, Paris, P.U.F. — Bruxelles, Presses Universitaires de Bruxelles, 1962, in-8°, 399 p. (Université libre de Bruxelles, Travaux de la Faculté de Philosophie et Lettres, t. XXI).

BRIAND (François),
— *Farce de l'Aveugle et de son varlet tort..., composée par Maistre François Briand, maistre des escolles de saint Benoist, en la cité du Mans*, éd. Henri CHARDON, Paris, Champion, 1903, in-8°, 34 p.

FLAMANG (Guillaume),
— *La Vie et passion de Monseigneur Sainct Didier...*, éd. J. CARNANDET, Paris, Téchener, 1855, in-8°, XL-458 p.

GRÉBAN (Arnoul),
— *Le Mystère de la Passion*, éd. Omer JODOGNE, en 2 vol. (t. I : texte ; t. II : introduction, notes, index et glossaire), Bruxelles, Palais des Académies, 1965 (Académie royale de Belgique. Classe de Lettres. Mémoires (Lettres). T. XII, fasc. 3).

MERCADÉ (Eustache),
— *Le Mystère de la Passion*, éd. J.M. RICHARD, Arras, Impr. de la Société du Pas-de-Calais, 1893 (Arsenal, Rf 511).

RUTEBEUF,
— *Le Miracle de Théophile*, éd. Grace FRANK, Paris, Champion, 1925, in-12, XIII-41 p. (C.F.M.A.).

II. — *THÉATRE DE LA RENAISSANCE (1552-1611)*.

1. RÉPERTOIRES ET INSTRUMENTS BIBLIOGRAPHIQUES

CIORANESCO (Alexandre),
— *Bibliographie de la littérature française du XVIe siècle,* collab. et préface de V.L. SAULNIER, Paris, Klincksieck, 1959, in-4°, XIV-745 p.

HORN-MONVAL (Madeleine),
— *Répertoire bibliographique des traductions et adaptations françaises du théâtre étranger du XVe siècle à nos jours,* Paris, C.N.R.S., 9 vol. à partir de 1958 (t. I : Théâtre grec antique ; t. II : Théâtre latin antique, médiéval et moderne ; t. III : Théâtre italien ; t. IV : Théâtre espagnol).

LEBÈGUE (Raymond),
— *Tableau de la comédie française de la Renaissance,* in *B.H.R.,* VIII (1946), p. 278-344. R. LEBÈGUE a publié un *Tableau des comédies régulières publiées en français,* aux pages 185-187 de son *Théâtre comique en France de « Pathelin » à « Mélite »,* 1972.

2. RECUEILS D'ŒUVRES DE DIFFÉRENTS AUTEURS

Ancien Théâtre François..., op. cit., t. V-VII.

Comédies du XVIe siècle, a cura di E. BALMAS, Milano, editrice Viscontea, 1967, 316 p. (Collana dell'istituto di lingue straniere dell'Università di Padova) (même texte que dans *A.T.F.*).

FOURNIER (Edouard),
— *Le Théâtre français au XVIe et au XVIIe siècle, ou choix des comédies les plus curieuses antérieures à Molière,* Paris, Laplace et Sanchez, s.d. (1871), gr. in-8°, XI-583 p. ; réimpr. Genève, Slatkine, 1970 (en abrégé : *Fournier, 2*).

Recueil de pièces rares et facétieuses... (Recueil Charles Brunet), op. cit.

3. RECUEILS D'ŒUVRES COMPLÈTES

BAÏF (Jean-Antoine DE),
— *Euvres en rime, avec une biographie et des notes,* éd. Ch. MARTY-LAVEAUX, Paris, Lemerre, 1881-1890, in-8°, 5 vol. ; réimpr. Genève, Slatkine, 1966.

GRÉVIN (Jacques),
— *Théâtre complet et poésies choisies,* éd. Lucien PINVERT, Paris, Garnier, 1922, in-8°, XXII-365 p. (Classiques Garnier).

JODELLE (Etienne),
— *Œuvres complètes,* éd. Enea BALMAS : t. II, *Le Poète dramatique. Le Poète satirique,* Paris, Gallimard, 1968, in-8°, 502 p.

LA TAILLE (Jean DE),
— *Œuvres,* éd. René DE MAULDE, Paris, L. Willem ,1878-1882, 4 vol. in-16 ; réimpr. Genève, Slatkine, 1968, en 2 vol.
— *Dramatic Works,* éd. Kathleen M. HALL et C.N. SMITH, London, The Athlone Press of the University of London, 1972. in-16, VI-212 p.

VIVRE (Gérard DE),
— *Trois Comédies Françoises*, Anvers, Guislain Janssens, 1595, in-12, 120 p. (Arsenal, Rf 1576).

4. PIÈCES SÉPARÉES

BAÏF (Jean-Antoine DE),
— *Le Brave*, éd. S. MASER, Genève, Droz, 1979, 277 p. (T.L.F.).

JODELLE (Etienne),
— *L'Eugène*, éd. critique par E. BALMAS, Cisalpino, Industrie Grafiche A. Nicola et Cie, Varese-Milano, 1955, in-8°, 122 p.

LARIVEY (Pierre DE),
— *Les Esprits*, éd. M.J. FREEMAN, University of Exeter, 1978, 152 p. (Textes littéraires, XXX).

LA TAILLE (Jean DE),
— *Les Corrivaus*,
  1. éd. D.L. DRYSDALL, Paris, Didier, 1974, 161 p. (S.T.F.M.) ;
  2. éd. G. MACRI, Galatina, editrice Salentina, 1974, 181 p.

LE JARS (Louis),
— *Lucelle*, Rouen, Raphaël du Petit Val, 1600 (B.N., Yf 6855).

MONTREUX (Nicolas DE),
— *Joseph le chaste*, dans : *Diverses Tragédies sainctes de plusieurs autheurs de ce temps recueillies par Raphaël du Petit Val*, Rouen, 1606 (B.N., Yf 2902 à 2906).

TURNÈBE (Odet DE),
— *Les Contens*, éd. Norman B. SPECTOR, Paris, Didier, 1964, LXXVI-199 p. (S.T.F.M.).

III. — *THÉATRE DES XVIIe ET XVIIIe SIÈCLES* (jusqu'en 1720).

1. RÉPERTOIRES ET BIBLIOGRAPHIES

BRENNER (Clarence D.),
— *A Bibliographical List of plays in the french language, 1700-1789*, Berkeley, California, 1947, in-4°, IV-229 p.
— *The Théâtre-Italien, its repertory, 1716-1793*, Berkeley, University of California Press, 1961, in-8°, VI-531 p.

CIORANESCU (Alexandre),
— *Bibliographie de la littérature française du XVIIe siècle*, Paris, C.N.R.S., 1965-1966, 3 vol. in-4°.
— *Bibliographie de la littérature française du XVIIIe siècle*, Paris, C.N.R.S., 1969, 3 vol. in-4°.

CONLON (P.M.),
— *Prélude au siècle des Lumières en France. Répertoire chronologique de 1680 à 1715*, Genève, Droz, 6 vol. de 1970 à 1975.

EMELINA (Jean),
— *Les Valets et les servantes dans le théâtre comique en France de 1610 à 1700*, 1975, donne, p. 456-486, un répertoire des auteurs de comédies et une liste alphabétique des comédies du XVIIe siècle.

LANCASTER (Henry Carrington),
— *A History of French Dramatic Literature in the Seventeenth Century*, Baltimore, Johns Hopkins Press, 1929-1942, 9 vol. in-8°.
— *Sunset. A History of Parisian Drama in the Last Years of Louis XIV. 1701-1715*, Baltimore-Paris, 1945, in-8°, 365 p.

2. RECUEILS D'ŒUVRES DE DIFFÉRENTS AUTEURS

Ancien Théâtre François..., *op. cit.*, t. VIII-IX.

COLAJANNI (Giuliana),
— *Les Scénarios franco-italiens du ms. 9329 de la B.N.*, Roma, edizioni di storia e letteratura, 1970, XXXVIII-386 p. (Quaderni di cultura francese, n° 12).

FOURNEL (Victor),
— *Les Contemporains de Molière. Recueil de comédies rares ou peu connues jouées de 1650 à 1680*, Paris, F. Didot, 1863-1875, 3 vol. in-8° (réimpr. Genève, Slatkine, 1967).
— *Petites Comédies rares et curieuses du XVIIᵉ siècle*, Paris, 1884, 2 vol. in-16 (réimpr. Genève, Slatkine, 1968).

FOURNIER (Edouard),
— *Le Théâtre français au XVIᵉ et au XVIIᵉ siècle...*, *op. cit.*

GHERARDI (Evariste),
— *Le Théâtre Italien... ou Le Recueil général de toutes les comédies et scènes françoises jouées par les comédiens italiens du Roi...*, Paris, Briasson, 1741, 6 vol. ; réimpr. Genève, Slatkine, 1969, en 3 vol. (en abrégé : *Gherardi*).
— *Il « Théâtre italien » di Gherardi. Otto commedie di Fatouville, Regnard e Dufresny, presentate da Marcello Spaziani*, Roma, edizioni dell'Ateneo, 1966, 865 p.

LESAGE (Alain-René), et D'ORNEVAL,
— *Le Théâtre de la Foire ou l'Opéra-comique, contenant les meilleures pièces qui ont été représentées aux foires Saint-Germain et Saint-Laurent*, Paris, Ganeau, 1721-1737, 10 vol. in-12 (réimpr. Genève, Slatkine, 1968, en 2 vol. in-4°).

Nouveau Théâtre Italien..., nouv. éd., Paris, Briasson, 1733, 8 vol. in-12 ; compl. par un 9ᵉ vol. en 1736.

Nouveau Théâtre Italien, ou Recueil général des comédies représentées par les comédiens italiens ordinaires du Roi, nouvelle édition corrigée et très augmentée..., Paris, Briasson, 1753, 10 vol. in-12 (réimpr. Genève, Slatkine, 1969, en 5 vol.).

PARFAICT (François et Claude),
— *Histoire du théâtre françois depuis son origine jusqu'à présent*, Paris, Le Mercier et Saillant, 1734-1749, 15 vol. in-12 (réimpr. Genève, Slatkine, 1967, en 3 vol. in-4°).

SCHERER (Jacques),
— *Théâtre du XVIIᵉ siècle, t. I. Textes choisis, établis, présentés et annotés par....*, Paris, Gallimard, 1975, XXXIX-1388 p. (Bibl. de la Pléiade).

Spaziani (Marcello),
— *Il Teatro della « Foire ». Dieci commedie di Alard, Fuzelier, Lesage, D'Orneval, La Font, Piron,* Roma, edizioni dell'Ateneo, 1965, 481 p.

Truchet (Jacques),
— *Théâtre du XVIII*ᵉ *siècle, t. I. Textes choisis, établis, présentés et annotés par...,* Paris, Gallimard, 1972, LXXV-1490 p. (Bibl. de la Pléiade).

3. Recueils d'œuvres complètes

Autreau (Jacques),
— *Œuvres,* Paris, Briasson, 1749, 4 vol. in-12.

Baron (Michel Boyron, dit),
— *Théâtre de M. Baron,* Paris, Libraires associés, 1742, 2 vol. in-12 (réimpr. Genève, Slatkine, 1969).

Boindin (Nicolas),
— *Théâtre de M. Boindin,* Paris, P. Ribou, 1714 (Arsenal, Rf 5519).

Boursault (Edme),
— *Théâtre de feu Monsieur Boursault,* nouv. éd., Paris, N. Le Breton fils, 1725, 3 vol. in-12 (réimpr. Genève, Slatkine, 1970, en 1 vol. in-4°).

Brueys (David-Augustin de) et Palaprat (Jean de Bigot),
— *Œuvres de théâtre de MM. de Brueys et de Palaprat,* nouv. éd. (par d'Alençon), Paris, 1755-1756, 5 vol. in-12.

Campistron (Jean Galbert de),
— *Œuvres,* Paris, Compagnie des libraires, 1759, 2 vol. in-12.

Corneille (Pierre),
— *Théâtre complet :*
t. I, éd. G. Couton, Paris, Garnier Frères, 1971, LII-1155 p. ;
t. II, éd. M. Rat, Paris, Garnier Frères, 1942, 830 p. (Classiques Garnier).

Corneille (Thomas),
— *Poëmes dramatiques,* nouv. éd., Paris, David, 1748, 5 vol. in-12.
— *Œuvres,* Paris, Valeyre, 1758, 9 vol. (réimpr. Genève, Slatkine, 1970, en 1 vol. in-4° de 763 p.).

Cyrano de Bergerac (Savinien de),
— *Les Œuvres libertines...,* éd. F. Lachèvre, t. II, Paris, Champion, 1921, in-8° (réimpr. Genève, Slatkine, 1968).
— *Œuvres complètes,* éd. J. Prévot, Paris, Belin, 1977, 536 p.

Dancourt (Florent Carton, dit),
— *Les Œuvres de M. Dancourt,* Paris, Th. Guillain, 1693, in-12.
— *Les Œuvres de théâtre,* 4ᵉ éd., Paris, P. de Bats, 1738, 8 vol. in-12.
— *Œuvres de théâtre,* Paris, Libraires associés, 1742, 8 vol. in-12.
— *Œuvres de théâtre,* Paris, Libraires associés, 1760, 12 vol. in-12 (réimpr. Genève, Slatkine, 1968, en 3 vol. in-4°).

Destouches (Philippe Néricault),
— *Œuvres dramatiques,* nouv. éd., Paris, Lefèvre, 1811, 6 vol. in-8°.

DONNEAU DE VISÉ,
— *Trois Comédies (La Mère coquette, La Veuve à la mode, Les Dames vengées)*, éd. P. MÉLÈSE, Paris, Droz, 1940, in-12, XLIV-287 p. (S.T.F.M.).

DUFRESNY (Charles, Sieur de La Rivière),
— *Le Théâtre de M. de Rivière*, Paris, P. Ribou, 1714.
— *Œuvres de Monsieur Rivière Du Fresny*, nouv. éd., Paris, Briasson, 1747, 4 vol. in-12.

HARDY (Alexandre),
— *Le Théâtre d'Alexandre Hardy*, éd. STENGEL, Marburg, N.G. Elwert, 1883-1885, 5 vol. in-8° (réimpr. Genève, Slatkine, 1967, en 2 vol.).

HAUTEROCHE (Noël LE BRETON, sieur DE),
— *Les Œuvres de théâtre*, Paris, Ribou, 1736, 3 vol. in-12.
— *Les Œuvres de théâtre*, Paris, Compagnie des libraires associés, 1742, 3 vol. in-12.

LAFONT (Joseph DE),
— *Les Œuvres de théâtre*, Paris, P. Ribou, 1713, in-12.

LA FONTAINE (Jean DE),
— *Œuvres diverses*, éd. P. CLARAC, Paris, Gallimard, 1958, XLVIII-1146 p. (Bibl. de la Pléiade).

LEGRAND (Marc-Antoine),
— *Œuvres de M. Le Grand*, nouv. éd. revue, corrigée et augmentée (par J. de La Porte), Paris, Libraires associés, 1770, 4 vol. in-12.

MARIVAUX (Pierre CARLET DE CHAMBLAIN DE),
— *Théâtre complet*, éd. F. DELOFFRE, Paris, Garnier Frères, 1968, 2 vol. in-8° (Classiques Garnier).

MOLIÈRE (Jean-Baptiste POQUELIN, dit),
— *Œuvres complètes*, éd. G. COUTON, Paris, Gallimard, 1971, 2 vol. (Bibl. de la Pléiade).

MONTFLEURY (Antoine Jacob, dit DE),
— *Théâtre de MM. de Montfleury père et fils*, nouv. éd., Paris, 1775, 4 vol. in-12 (réimpr. Genève, Slatkine, 1971, en 1 vol. in-4°).

PALAPRAT (Jean DE BIGOT), voir : BRUEYS (David-Augustin DE).

PASCAL (Françoise),
— *Diverses poésies*, Lyon, Simon Matheret, 1657, in-8° (Arsenal, 8° BL 14 087 Rés.).

PASSERAT (François),
— *Œuvres*, Bruxelles, G. de Backer, 1695, in-12.

POISSON (Raymond),
— *Les Œuvres de M. Poisson, divisées en deux tomes*, 2ᵉ éd., Paris, Th. Guillain, 1687, 2 vol. in-12.

QUINAULT (Philippe),
— *Le Théâtre de Monsieur Quinault*, nouv. éd., Paris, La Compagnie des libraires, 1739, 5 vol. in-12.

RACINE (Jean),
— *Œuvres complètes, t. I : Théâtre. Poésies*, éd. R. PICARD, Paris, Gallimard, 1950, XX-1191 p. (Bibl. de la Pléiade).

Regnard (Jean-François),
— *Œuvres complètes. Nouvelle édition, augmentée de deux pièces inédites*, p.p. Ed. Fournier, Paris, 1875, in-4°, LXXXIII-561 p.

Rotrou (Jean de),
— *Œuvres de Jean Rotrou*, éd. Viollet-le-Duc, Paris, Th. Desoer, 1820, 5 vol. in-8° (réimpr. Genève, Slatkine, 1967).

Scarron (Paul),
— *Théâtre complet*, éd. Ed. Fournier, Paris, Laplace et Sanchez, 1879, in-12, XXIII-489 p.

Tabarin (Jean Salomon, dit),
— *Œuvres complètes de Tabarin*, éd. G. Aventin (Auguste Veinant), Paris, P. Jannet, 1858, 2 vol. in-16 (Bibl. Elzévirienne).

4. Pièces séparées

L'Amant douillet, Paris, P. Bienfait, 1666, 91 p.

La Bourgeoise madame, Bordeaux, M. Chappuis, 1685, 88 p.

Le Docteur amoureux :
1. fac-similé présenté par A.J. Guibert, Genève-Paris, Droz-Minard, 1960, XXII-72 p. (T.L.F.) ;
2. éd. P. Lerat, in « *Le Docteur amoureux* » (*attribué à Molière*), « *Le Desniaisé* » *de Gillet de la Tessonerie*, Paris, Nizet, 1973, p. 23-54.

Les Eaux d'Eauplet, Rouen, P. Cailloué, s.d. (1717 ?), 50 p.

L'Essai des filles, Cologne, P. Marteau, 1699, 70 p.

La Folie de Silène, in *Le Théâtre françois...*, Paris, P. Mausan, 1624, p. 255-338 (Arsenal, Rf 5326).

Le Médecin de village, « petite comédie représentée sur le Théâtre Français le 24 septembre 1704 », 31 ff. (manuscrit conservé aux Archives de la Comédie-Française).

Le Petit-Maître de campagne ou Le Vicomte de Genicourt, Paris, J. Moreau, 1701, 47 p.

Les Ramonneurs, comédie anonyme en prose, éd. Austin Gill, Paris, Didier, 1957, CV-245 p. (S.T.F.M.).

Abeille (N.),
— *La Fausse Alarme de l'Opéra*, Lyon, Th. Amaulry, 1708, 59 p.

Banchereau (Jean), sieur de Richemont,
— *Les Passions égarées ou Le Roman du temps*, Paris, C. Collet, 1632, in-8°, 141 p.

Barbier (Nicolas),
— *Le Cours de Marseille, avec les plaisirs de la Bastide*, ms. B.N., f.f. 12 541, f°s 35-54 (composé en 1703).
— *La Diligence de Lyon*, ms. B.N., f.f. 12 541, f°s 57-69 (composé en 1703).
— *La Fille à la mode*, Lyon, 1708, in-12, 82 p. (Arsenal, 8° BL 13 035 Rés.).
— *L'Heureux Naufrage*, Lyon, A. Briasson, 1710, in-12, 107 p.
— *Les Soirées d'été*, s.l., s.n., s.d. (Lyon, Briasson, 1710), in-12, 72 p. (Arsenal, 8° BL 13 035 Rés.).

BELISLE,
— *Le Mariage de la reine de Monomotapa*, Leyde, Félix Lopès, 1682, in-12, 42 p.

BIANCOLELLI (Pierre-François), dit Dominique,
— *La Fausse Belle-Mère*, Toulouse, G. Herrault, s.d. (1712), in-12, 82 p.
— *Les Salinières ou La Promenade des fossés*, ms. B.N., f.f. 9331, f°s 102-117 (pièce représentée à Bordeaux, en 1713).

BOISROBERT (François Le Métel DE),
— *Les Trois Orontes*, Paris, A. Courbé, 1653, in-4°, IV-119 p.
— *L'Inconnue ou L'Esprit follet*, Paris, G. de Luyne, 1655, in-12, VI-87 p.
— *La Jalouse d'elle-même*, Paris, A. Courbé, 1650, in-4°, VIII-136 p.

BOYER (Claude),
— *Lisimène ou La Jeune Bergère*, Paris, P. Le Monnier, 1672, in-12, 85 p.

BRÉCOURT (Guillaume DE MARCOUREAU DE),
— *La Feinte Mort de Jodelet*, Paris, Ribou et Guignard le fils, 1660, in-12, 42 p.
— *La Noce de village*, Paris, Girard, 1666, 35 p.
— *La Régale des cousins de la cousine*, Francfort, Isac Wam, 1674, in-12, 35 p.

BROSSE (l'aîné),
— *Les Songes des hommes éveillés*, Paris, N. de Sercy, 1646, in-4°, 132 p.

BROSSE (le jeune),
— *Le Curieux impertinent ou Le Jaloux*, Paris, N. de Sercy, 1645, in-4°, 108 p.

CAILLET (Bénigne),
— *Les Mariages inopinés*, ms. Arsenal, 9593.

CHAMPMESLÉ (Charles CHEVILLET, sieur DE),
— *La Coupe enchantée*, in LA FONTAINE, *Œuvres diverses*, éd. P. CLARAC, op. cit., p. 1101-1136.
— *Les Grisettes* (en 3 actes), Paris, P. Le Monnier, 1672, in-12, 52 p.
— *Ragotin ou Le Roman comique*, in LA FONTAINE, *Œuvres*, éd. H. RÉGNIER, Paris, 1883-1892 (Les Grands Ecrivains de la France), t. VII, p. 273-396.

CHAPPUZEAU (Samuel),
— *Le Colin-Maillard*, Paris, J.B. Loyson, 1662, in-12, XVI-53 p.
— *Le Riche mécontent ou Le Noble imaginaire*, Paris, J.B. Loyson, 1662, in-12, XII-82 p.

CHEVALIER (Jean SIMONIN, dit),
— *Les Amours de Calotin*, éd. P. LACROIX, Turin, J. Gay et fils, 1870, 74 p. (Collection moliéresque).
— *Les Aventures de nuit*, Paris, N. Pépingué, 1666, in-12, VIII-56 p.
— *Les Barbons amoureux et rivaux de leurs fils*, Paris, G. de Luyne, 1663, in-12, XII-47 p.
— *Le Cartel de Guillot ou Le Combat ridicule*, La Haye, A. Moetjens, 1682, 24 p.
— *La Désolation des filous*, La Haye, A. Moetjens, 1683, 40 p.

— *Les Galants ridicules ou Les Amours de Guillot et de Ragotin*, Paris, P. Bienfait, 1662, 52 p.
— *L'Intrigue des carrosses à cinq sous*, éd. Monmerqué, Paris, Lécluse, 1828, in-16, VI-54 p.
— *Le Pédagogue amoureux*, Paris, P. Baudouin le fils, 1665, in-12, X-82 p.
— *Le Soldat malgré lui ou L'Epreuve amoureuse*, Paris, P. Bienfait, 1668, 34 p.

Chevreau (Urbain),
— *L'Avocat dupé*, Paris, T. Quinet, 1637, in-4°, 120 p.

Claveret (Jean),
— *L'Esprit fort*, Paris, F. Targa, 1637, in-8°, 141 p.

Corneille (Pierre),
— *L'Illusion comique*, éd. R. Garapon, Paris, Didier, 1957, in-16, LXXVIII-128 p. (S.T.F.M.).
— *Mélite ou Les Fausses Lettres*, éd. M. Roques et M. Lièvre, Lille-Genève, Droz, 1950, in-8°, XLIII-46 p. (T.L.F.).
— *La Place Royale ou L'Amoureux extravagant*, éd. J.-Cl. Brunon, Paris, Didier, 1962, in-12, LXVI-157 p. (S.T.F.M.).
— *La Veuve ou Le Traître trahi*, éd. M. Roques et M. Lièvre, Lille-Genève, Droz-Giard, 1954, in-12, XLIV-154 p. (T.L.F.).

Dancourt (Florent Carton, dit),
— *Les Agioteurs*, Paris, P. Ribou, 1710, in-12, paginé 105-205.
— *Le Bon Soldat*, Paris, Chr. David, 1718, in-12, 45 p.
— et Saint-Yon, *Le Chevalier à la mode*, Paris, M. Guérout, 1688, in-12, 187 p.
— *Colin-Maillard*, s.l., s.n., s.d. (constitue les p. 343-423 d'un recueil conservé à l'Arsenal, Rf 14 930).
— *L'Eté des coquettes*, Paris, Vve L. Gontier, 1691, in-12, IV-70 p.
— *La Femme d'intrigues*, in *Œuvres de M. Palaprat*, La Haye, 1694, t. I (Arsenal, Rf 5681).
— *La Foire de Besons*, Paris, Th. Guillain, 1696, in-12, 85 p.
— et Mme Ulrich, *La Folle Enchère*, Paris, Vve Louis Gontier, 1691, in-12, VI-83 p.
— *La Maison de campagne*, éd. A. Marandet, Paris, Librairie de la Bibl. du Théâtre Français, s.d., in-24, VII-48 p.
— et Michault, *Le Moulin de Javelle*, Paris, Th. Guillain, 1696, in-12, IV-84 p.
— *Le Notaire obligeant*, La Haye, E. Foulque, 1696, 71 p.
— *L'Opérateur Barry*, Paris, P. Ribou, 1702, in-12, 47 p.
— *Les Trois Cousines*, Paris, P. Ribou, 1700, 99 p.
— *Le Tuteur*, Paris, Th. Guillain, 1695, in-12, 72 p.
— *Les Vendanges de Suresnes*, Paris, Th. Guillain, 1696, 71 p.

Discret (L.C.),
— *Les Noces de Vaugirard ou Les Naïvetés champêtres*, Paris, J. Guignard, 1638, in-8°, XVI-144 p.

Dorimond (Nicolas Drouin, dit),
— *L'Ecole des cocus ou La Précaution inutile*, Paris, G. Quinet, 1661, in-12, 42 p.

— *La Femme industrieuse*, Paris, G. Quinet, 1661, 56 p.
— *La Rosélie*, Paris, J. Ribou, 1661, in-12, 93 p.

D'OUVILLE (Antoine Le Métel, sieur),
— *Aimer sans savoir qui*, Paris, Gardin Besongne, 1646, in-4°, 148 p.
— *La Dame suivante*, Paris, T. Quinet, 1645, in-4°, 168 p.
— *L'Esprit follet*, Paris, T. Quinet, 1642, in-4°, 143 p.

DU CROS (Simon),
— *La Fillis de Scire* (traduit de G. Bonarelli della Rovere), Paris, A. Courbé, 1630, in-8°, XX-256 p.

DUMAS (Louis),
— *Le Cocu en herbe et en gerbe*, rééd. P. LACROIX, Turin, J. Gay et fils, 1871, in-16, VI-109 p.

DU PERCHE (Jacques CROSNIER, dit),
— *L'Ambassadeur d'Afrique*, Moulins, Vve P. Vernoy et Cl. Vernoy son fils, 1666, in-12, 48 p.
— *Les Intrigues de la vieille tour*, Rouen, J.B. Besongne, 1684, in-12, 32 p.

DU RYER (Isaac),
— *Les Amours contraires*, in *Le Temps perdu*, Paris, T. Du Bray, 1610, in-8°, p. 173 sqq.

FUZELIER (Louis),
— *La Méridienne*, ms. B.N., f.f. 9332, f°s 242-273.

GILLET DE LA TESSONERIE,
— *Le Campagnard*, Paris, G. de Luyne, 1657, in-12, 93 p.
— *La Comédie de Francion*, Paris, T. Quinet, 1642, in-4°, 160 p.

GUÉRIN DE BOUSCAL (Guyon),
— *Dom Quixote de la Manche*, I, Paris, T. Quinet, 1640, 2e tirage, in-4°, IV-132 p.
— *Dom Quichot de la Manche, seconde partie*, Paris, A. de Sommaville, 1640, in-4°, IV-144 p.
— *Le Gouvernement de Sanche Pansa*, Paris, Sommaville et Courbé, 1642, in-4°, 108 p.

HAUTEROCHE (Noël Le Breton, sieur DE),
— *Les Bourgeoises de qualité*, Paris, L. Gontier, 1691, in-12, IV-116 p.
— *Crispin musicien*, Paris, P. Promé, 1674, in-12, IV-136 p.

LA CHAPELLE (Jean DE),
— *Les Carrosses d'Orléans*, Paris, J. Ribou, 1681, in-12, VIII-60 p.

LA TUILERIE (Jean-François JUVENON DE),
— *Crispin précepteur*, Amsterdam, P. Marteau, 1750, in-8°, 40 p.

LE BRUN (Antoine-Louis),
— *L'Etranger*, in *Les Aventures de Calliope*, Paris, H. Holtz, 1720, in-12, p. 179-228.

LESAGE (Alain-René),
— *Crispin rival de son maître*, éd. T.E. LAWRENSON, London, University of London Press, 1961, 109 p.
— *Turcaret*, éd. T.E. LAWRENSON, University of London Press, 1969, 128 p.

Le Vert,
— *Le Docteur amoureux*, Paris, Courbé, 1638, in-4°, 152 p.

Marcel,
— *Le Mariage sans mariage*, réimpr. P. Lacroix, Turin, J. Gay et fils, 1869, in-12, XII-108 p. (Collection moliéresque).

Mareschal (Antoine André),
— *Le Railleur ou La Satire du temps*, éd. G. Dotoli, Bologna, Pàtron, 1971, 283 p.

Molière (Jean-Baptiste Poquelin, dit),
— *Amphitryon*, éd. P. Mélèse, Genève-Lille, Droz-Giard, 1950, in-16, XXX-121 p. (T.L.F.).
— *L'Avare*, mise en scène et commentaires de Charles Dullin, Paris, Seuil, 1946, in-16, 181 p. (Mises en scène).
— *L'Estourdy ou Les Contretemps*, éd. P. Mélèse, Genève-Lille, Droz-Giard, 1951, in-16, XXVI-136 p. (T.L.F.).
— *Les Fourberies de Scapin*, mise en scène et commentaires de J. Copeau, Paris, Seuil, 1951, in-16, 164 p. (Mises en scène).
— *Le Malade imaginaire*, mise en scène et commentaire de P. Valde, Paris, Seuil, 1946, in-16, 197 p. (Mises en scène) ; texte présenté par J.L. Bory, dans la mise en scène de Robert Manuel à la Comédie-Française, Paris, Hachette, 1965, 224 p., nombreuses photos (Classiques du théâtre).
— *Les Précieuses ridicules*, éd. M. Cuénin, Genève-Paris, Droz-Minard, 1973, LXXIV-206 p. (T.L.F.).
— *Tartuffe*, mise en scène et commentaires de F. Ledoux, Paris, Seuil, 1953, in-16, 255 p. (Mises en scène).

Nanteuil (Denis Clerselier de),
— *L'Amour sentinelle ou Le Cadenas forcé*, La Haye, Elzévir, 1669, in-12, IV-56 p.
— *Les Brouilleries nocturnes*, Bruxelles, Elzévir, 1669, in-12, 48 p.
— *Le Comte de Rocquefœuilles*, La Haye, Elzévir, 1669, in-12, 50 p.

Pascal (Françoise),
— *Le Vieillard amoureux ou L'Heureuse Feinte*, Lyon, A. Offray, 1664, in-12, 57 p.

Poisson (Raymond),
— *Les Fous divertissants*, Paris, J. Ribou, 1681, in-12, VIII-87 p.
— *Le Zig-zag*, farce incluse dans *Le Baron de la Crasse*, Paris, Th. Guillain, 1687, p. 25-54.

Procope-Couteaux (Michel Coltelli, dit),
— *Arlequin balourd*, Londres, H. Ribotteau, 1719, in-8°, XVIII-120 p.

Quinault (Philippe),
— *La Mère coquette ou Les Amants brouillés*, éd. E. Gros, Paris, Champion, 1926, in-8°, XXVIII-160 p.

Regnard (Jean-François),
— *Le Joueur*, éd. J.R. Charbonnel, Paris, Larousse, 1934, in-16, 124 p. (Classiques Larousse).
— *Le Légataire universel*, éd. M. Favergeat, Paris, Larousse, 1935, in-16, 116 p. (Classiques Larousse).

ROSIDOR (Claude),
— *Les Amours de Merlin*, Rouen, J.B. Besongne, 1691, in-12, 50 p.

ROSIMOND (Claude ROZE ou LAROSE, sieur DE),
— *La Dupe amoureuse*, Paris, Fr. Clouzier le jeune et P. Bienfait, 1671, in-12, 46 p.
— *Le Nouveau Festin de Pierre*, Paris, Fr. Clouzier, 1670, in-12, 93 p.
— *Les Quiproquos ou Le Valet étourdi*, Paris, P. Bienfait, 1673, in-12, 82 p.
— *Le Volontaire*, Paris, P. Promé, 1676, in-12, 36 p.

ROTROU (Jean DE),
— *La Sœur*, éd. A. TISSIER, Paris, Larousse, 1970, 162 p. (Nouveaux Classiques Larousse).

ROUSSEAU (Jean-Baptiste),
— *La Ceinture magique*, Bruxelles, aux dépens de la Compagnie, 1755, 30 p.
— *Le Flatteur*, Paris, Cl. Barbin, 1697, 160 p.

SCARRON (Paul),
— *Le Gardien de soi-même*, Paris, G. de Luyne, 1688, in-12, 104 p.

SCHÉLANDRE (Jean DE),
— « *Tyr et Sidon ou Les Funestes Amours de Belcar et Méliane* », tragédie, et « *Tyr et Sidon* », tragi-comédie divisée en deux journées, éd. J.W. BARKER, Paris, A.G. Nizet, 1975, 351 p. (la tragi-comédie de 1628 se trouve p. 149-323).

SÉVIGNY (François de la Traverse, sieur DE),
— *Philipin sentinelle*, Rouen, J.B. Besongne (1683), in-12, 42 p.

TRISTAN L'HERMITE (François L'Hermite, sieur Du Solier, dit),
— *Le Parasite*, éd. Jacques MADELEINE, Paris, Droz, 1934, in-12, XV-132 p. (S.T.F.M.).

TROTEREL (Pierre, sieur d'Aves),
— *Gillette*, Rouen, David du Petit Val, 1620, in-12, 47 p.

VALENTIN (G.T. DE),
— *Le Franc Bourgeois*, Bruxelles, A. Chaudinot, 1706, in-12, 94 p.

DEUXIÈME SECTION : LES ÉTUDES

Il ne peut être question de proposer une bibliographie exhaustive sur une si vaste période. Le lecteur trouvera ici tous les travaux utilisés et cités dans l'ouvrage. Nous mentionnons également des études qui ont orienté ou enrichi notre réflexion.

AARNE (Antti) et THOMPSON (Stith),
— *The Types of the Folktale. A Classification and Bibliography. Antti Aarne's Verzeichnis des Märchentypen*, Helsinki, Acad. Sc. Fennica, 1961, gr. in-8°, 588 p. (FFC, 184).

ABIRACHED (Robert),
— *Molière et la Commedia dell'arte : le détournement du jeu*, in *R.H.T.*, 1974-3, p. 223-228.

Adam (Antoine),
— *La Genèse des « Précieuses ridicules »*, in *Rev. d'Hist. de la Philosophie*, 1939, p. 14-46.
— *Histoire de la littérature française au XVIIᵉ siècle*, Paris, Domat, 1948-1956, 5 vol. in-8°.
— *Le Théâtre classique*, Paris, P.U.F., 1970, 128 p. (« Que sais-je ? »).

Albert (Maurice),
— *Les Théâtres de la Foire (1660-1789)*, Paris, Hachette, 1900, in-8°, 312 p. (réimpr. Genève, Slatkine, 1969).

Alter (Jean V.),
— *Les Origines de la satire antibourgeoise en France. Moyen Age. XVIᵉ siècle*, Genève, Droz, 1966, 231 p. (Travaux d'Humanisme et Renaissance) ;
— *Les Origines de la satire antibourgeoise en France, t. II, L'Esprit antibourgeois sous l'Ancien Régime (Littérature et tensions sociales aux XVIIᵉ et XVIIIᵉ siècles)*, Genève, Droz, 1970, 206 p. (Histoire des Idées et Critique littéraire).

L'Analyse structurale du récit, numéro de *Communications*, 1966, nᵒ 8, au Seuil (série : Recherches sémiologiques).

Argenson (René-Louis de Voyer de Paulmy, marquis d'),
— *Notices sur les œuvres de théâtre* (ms. 3448-3455 de l'Arsenal), éd. H. Lagrave, *Studies on Voltaire and the 18th century* (éd. T. Besterman), XLII et XLIII, Institut et Musée Voltaire, Genève, 1966, 2 vol. in-8°.

Aristote,
— *Poétique*, éd. et trad. J. Hardy, Paris, Les Belles Lettres, 1932, 101 p. (Collection des Universités de France).

Attinger (Gustave),
— *L'Esprit de la Commedia dell'arte dans le théâtre français*, Paris-Neuchâtel, Librairie Théâtrale-La Baconnière, 1950, in-8°, 489 p. (Publications de la Société d'Histoire du Théâtre) ; réimpr. Genève, Slatkine, 1969.
— *L'Evolution d'un type en France : Arlequin*, in *Rivista di studi teatrali*, nᵒˢ 9-10, gennaio-giugno 1954, p. 78-96.

Aubailly (Jean-Claude),
— *Le Monologue, le dialogue et la sottie ; essai sur quelques genres dramatiques de la fin du Moyen Age et du début du XVIᵉ siècle*, Paris, chez H. Champion, 1976, 566 p. (thèse).
— *Le Théâtre médiéval profane et comique*, Paris, Larousse, 1975, 207 p. (Thèmes et Textes).

Aubignac (François Hédelin, abbé d'),
— *La Pratique du théâtre*, nouvelle éd. par P. Martino, Alger, Jules Carbonel, 1927, in-8°, XXX-440 p. ;
— *La Pratique du théâtre und andere Schriften zur « Doctrine classique »*, fac-similé de l'éd. de 1715 en 3 vol., présenté par H.J. Neuschafer, Genève, Slatkine, 1971, in-8°, en 1 vol.

Aubouin (Elie),
— *Les Genres du risible (ridicule, comique, esprit, humour)*, Marseille, Ofep, 1948, in-8°, 142 p. (thèse).

Aubrun (Ch. V.),
— *La Comédie espagnole (1600-1680)*, Paris, P.U.F., 1966, 160 p.

AULOTTE (Robert),
— La « Lucelle » de Louis Le Jars, in Mélanges R. Lebègue, Paris, Nizet, 1969, p. 97-106.

BALDENSPERGER (F.),
— Françoise Pascal, « fille lyonnaise », in Etudes d'histoire littéraire, III, Paris, Droz, 1939, p. 1-31.

BALMAS (Enea),
— La Commedia francese del cinquecento, Milano, Viscontea, 1967, 159 p. (Collana dell'istituto di lingue straniere dell'Università di Padova).

BAUDELAIRE (Charles),
— De l'essence du rire et généralement du comique dans les arts plastiques, in Œuvres complètes, éd. Y. G. LE DANTEC, Paris, Gallimard, 1961 (Bibl. de la Pléiade), p. 975-993.

BAR (Francis),
— Le Genre burlesque en France au XVIIᵉ siècle. Etude de style, Paris, D'Artrey, 1960, XXXIII-444 p. (thèse).

BARBERET (V.),
— Lesage et le Théâtre de la Foire, Nancy, P. Sordoillet, 1887, in-8°, 266 p. (réimpr. Genève, Slatkine, 1970).

Le Baroque au théâtre - Théâtralité du baroque, Actes de la 2ᵉ Session des Journées internationales d'étude du Baroque de Montauban (1966), Centre de recherche du baroque, Montauban, 1967, in-8°, 151 p.

BASCHET (Armand),
— Les Comédiens italiens à la cour de France sous Charles IX, Henri III, Henri IV et Louis XIII, Paris, Plon et Cᵢₑ, 1882, in-8°, XVI-367 p. (réimpr. Genève, Slatkine, 1969).

BECH (Kirsten),
— Le Jeune Molière et la Commedia dell'arte : thèmes et aspects scéniques dans L'Etourdi et Le Dépit amoureux, in Revue Romane, V (1970), fasc. I, p. 1-16.

BERGSON (Henri),
— Le Rire. Essai sur la signification du comique, 203ᵉ éd. (1ʳᵉ éd. en 1900), Paris, P.U.F., 1964, in-12, VIII-159 p. (Bibl. de Philosophie contemporaine).

BERNARDIN (Napoléon-Maurice),
— La Comédie italienne en France et les Théâtres de la Foire et du Boulevard (1570-1791), Paris, édit. de la Revue bleue, 1902 (réimpr. Genève, Slatkine, 1969).

BLANC (André),
— Le Théâtre de Dancourt, Lille-Paris, Atelier de reproduction des thèses de l'Université de Lille III, Diffusion H. Champion, 1977, 2 vol. et 940 p.

BOWEN (Barbara C.),
— Les Caractéristiques essentielles de la farce française et leurs survivances dans les années 1550-1620, University of Illinois Press, Urbana, 1964, 220 p. (Illinois Studies in Language and Literature).

BRAHMER (Mieczyslaw),
— Les « Néapolitaines » et la comédie italienne, in Mélanges J. Frappier, Genève, Droz, 1970, t. I, p. 153-158.

BRAY (René),
— La Formation de la doctrine classique en France, Paris, Nizet, 1961, in-8°, 389 p.
— Molière, homme de théâtre, Paris, Mercure de France, 1954, 317 p.

BRISSON (Pierre),
— Molière, sa vie dans ses œuvres, Paris, Gallimard, 1942, in-8°, 320 p.

BRODY (Jules),
— Esthétique et société chez Molière, in Dramaturgie et société, Paris, C.N.R.S., 1968, t. I, p. 307-326.

CALAME (Alexandre),
— Regnard, sa vie et son œuvre, Paris, P.U.F., 1960, 504 p.

CAMPARDON (Emile),
— Les Comédiens du roi de la troupe italienne pendant les deux derniers siècles (documents inédits), Paris, Berger-Levrault, 1880, 2 vol. in-8° (réimpr. Genève, Slatkine, 1970, en 1 vol.).

CARRAL (Jacques),
— Les Techniques du déguisement dans le recueil de Gherardi, thèse Univ. Paris III, 1971, 236 p. dactyl. et 1 vol. d'index.

CHAMPIGNY (Robert),
— Condition et morale du personnage dramatique, in Revue d'esthétique, XVII (1964), fasc. I et II, janv.-juillet, p. 69-82.

CHANCEREL (Léon),
— Arlequin, in Jeux, tréteaux et personnages, n° 12, 15 août 1931, p. 339-368.

CHASLES (Emile),
— La Comédie en France au XVIe siècle, Paris, Didier, 1862, in-8°, 214 p. (réimpr. Genève, Slatkine, 1969).

CHOCHEYRAS (Jacques),
— Le Théâtre religieux en Dauphiné du Moyen Age au XVIIIe siècle (domaine français et provençal), Genève, Droz, 1975, 320 p. (Publications romanes et françaises).
— Le Théâtre religieux en Savoie au XVIe siècle, Genève, Droz, 1971, XXIII-261 p. (Publications romanes et françaises).

CLARAC (Pierre),
— La Fontaine, Paris, Hatier, nouv. éd. revue et corrigée, 1959, 189 p. (Connaissance des Lettres).

COHEN (Gustave),
— Etudes d'histoire du théâtre en France au Moyen Age et à la Renaissance, Paris, Gallimard, 1956, 452 p.
— Le Théâtre en France au Moyen Age, nouv. éd. (1re éd. en 1928), Paris, P.U.F., 1948, in-8°, 158 p.

Comédie italienne et théâtre français, série d'articles in C.A.I.E.F., n° 15, 1963, p. 165-276.

COPEAU (Jacques),
— *Registres II. Molière*, Paris, Gallimard, 1976, 365 p. (Pratique du théâtre).

COSNIER (Colette),
— *Jodelet : un acteur du XVIIe siècle devenu un type*, in *R.H.L.F.*, LXII (1962), p. 329-352.

COURVILLE (Xavier DE),
— *Un Apôtre de l'art du théâtre au XVIIIe siècle, Luigi Riccoboni, dit Lélio. L'expérience française (1716-1731)*, Paris, L'Arche, 1967 (1re éd. 1945), 351 p. (réimpr. Genève, Slatkine, 1969).

COUTON (Georges),
— *Corneille*, Paris, Hatier, 1969, 224 p. (Connaissance des Lettres).

CURTIS (A. Ross),
— *Crispin I^o. La vie et l'œuvre de Raymond Poisson, comédien poète du XVIIe siècle*, Toronto and Buffalo, Univ. of Toronto Press — Paris, Klincksieck, 1972, X-343 p., 11 pl. (Univ. of Toronto Romance Series).

DALLA VALLE-CARMAGNANI (Daniela),
— *Pastorale barocca. Forme e contenuti dal Pastor Fido al dramma pastorale francese*, Ravenna, Longo editore, 1973, 296 p. (Il Portico. Biblioteca di lettere e arti).

DEFAUX (Gérard),
— *Alceste et les rieurs*, in *R.H.L.F.*, 1974, n° 4, p. 579-599.

DELCOURT (Marie),
— *La Tradition des comiques anciens en France avant Molière*, Liège-Paris, Droz, 1934, 97 p. (Bibl. de la Faculté de philosophie et lettres de l'Université de Liège).

DELOFFRE (Frédéric),
— *Burlesques et paysanneries. Etude sur l'introduction du patois parisien dans la littérature française du XVIIe siècle*, in *C.A.I.E.F.*, n° 9, 1957, p. 250-270.
— *Le Paysan dans la littérature sous Louis XIV*, in *Technique, Art, Science*, n°s 108-109, mai-juin 1957, p. 61-72.
— *Une Préciosité nouvelle, Marivaux et le marivaudage*, 2e éd. rev. et remise à jour, Paris, A. Colin, 1971, 615 p.

DEMERS (M.R.),
— *Le Valet et la soubrette de Molière à la Révolution*, Paris, Nizet, 1971, 223 p.

DESCOTES (Maurice),
— *Les Grands Rôles du théâtre de Marivaux*, Paris, P.U.F., 1972, 209 p.
— *Les Grands Rôles du théâtre de Molière*, Paris, P.U.F., 1960, 268 p.
— *Le Public de théâtre et son histoire*, Paris, P.U.F., 1964, in-8°, 362 p.

DESVIGNES (Lucette),
— *L'Adolescence et la découverte de l'amour sur la scène du XVIIIe siècle*, in *R.S.H.*, juillet-septembre 1970, p. 369-382.
— *Survivance de la pastorale dramatique chez Marivaux*, in *French Studies*, July 1968, p. 206-224.

DOUTREPONT (Georges),
— *Les Types populaires de la littérature française*, Bruxelles, A. Dewit, 2 vol. in-8°, en 1926 et 1928.

Dramaturgie et société. Rapports entre l'œuvre théâtrale, son interprétation et son public aux XVIe et XVIIe siècles (colloques internationaux du C.N.R.S., Nancy, 14-21 avril 1967), études réunies et présentées par J. Jacquot, Paris, C.N.R.S., 1968, 2 vol. in-4°.

Dubu (Jean),
— *Molière et le tragique*, in *XVIIe siècle*, 1973, n°s 98-99, p. 33-55.

Dufournet (Jean),
— *Du « Jeu de Robin et Marion » au « Jeu de la Feuillée »*, in *Etudes de langue et littérature du Moyen Age offertes à F. Lecoy*, Paris, Champion, 1973, p. 73-94.

Duvignaud (Jean),
— *Sociologie du théâtre. Essai sur les ombres collectives*, Paris, P.U.F., 1973 (2e éd.), 596 p. (Bibl. de Sociologie Contemporaine).

Ehrard (Jean),
— *L'Idée de nature en France dans la première moitié du XVIIIe siècle*, Paris, S.E.V.P.E.N., 1963, 861 p. en 2 vol. (Bibl. générale de l'Ecole Pratique des Hautes Etudes. VIe section).

Emelina (Jean),
— *Comique et géographie au XVIIe siècle*, in *Marseille*, n° 101, 2e trimestre 1975, p. 197-204.
— *Les Serviteurs du théâtre de Molière ou la fête de l'inconvenance*, in *R.H.T.*, 1974-3, p. 229-239.
— *Les Valets et les servantes dans le théâtre comique en France de 1610 à 1700*, Cannes-Grenoble, C.E.L.-P.U.G., 1975, 532 p. (thèse).
— *Les Valets et les servantes dans le théâtre de Molière*, Aix-en-Provence, La Pensée universitaire, 1958, 215 p.

Enciclopedia dello spettacolo, fondée par Silvio d'Amico, Roma, casa ed. Le Maschere, 1954-1964, 9 vol. in-4° ; t. X : *L'Aggiornamento* pour 1955-1965 (1966) ; t. XI : *Indice repertorio* (1968).

Fabre (Jean),
— *Marivaux*, in *Histoire des littératures*, t. III, 1958 (Encyclopédie de la Pléiade), p. 677-695.

Faral (Edmond),
— *Les Jongleurs en France au Moyen Age*, Paris, Champion, 1910, in-8°, X-339 p. (Bibl. de l'Ecole des Hautes Etudes) ; réimpr. Paris-Genève, Slatkine, 1964.

La Farce jusqu'à Molière, série d'articles in *C.A.I.E.F.*, n° 26, 1974, p. 7-100.

Fleischhammer (Alfred),
— *Der Provinziale in der französischen Komödie von 1650 bis 1750*, Diss. Leipzig, Hall, 1909, in-8°, 143 p.

Fournel (Victor),
— *Le Théâtre au XVIIe siècle. La Comédie*, Paris, Lecène, Oudin et Cie, 1892, in-8°, 417 p. (réimpr. Genève, Slatkine, 1968).

François (Carlo),
— *L'Etourdi de Molière ou l'illusion héroïque*, in *R.H.L.F.*, janv.-mars 1959, p. 87-91.

FRANK (Grace),
— *The Medieval French Drama,* Oxford, Clarendon Press, 1954, in-8°, X-296 p.

FRAPPIER (Jean),
— *La Farce de « Maître Pierre Pathelin » et son originalité,* in *Mélanges M. Brahmer,* Varsovie, P.W.N., 1967, p. 207-217.
— *Le Théâtre profane en France au Moyen Age. Introduction. XIIIe et XIVe siècles,* Paris, Centre de documentation universitaire, 1960, polytypé, 163 p.

FROMILHAGUE (René),
— *Style et psychologie dans « L'Ecole des femmes »,* in *Bull. de l'Université de Toulouse,* VI, avril-mai-juin 1960, p. 518-521.

GAIFFE (Félix),
— *Le Drame en France au XVIIIe siècle,* Paris, A. Colin, 1970 (1re éd. 1910), in-8°, 640 p.
— *Le Rire et la scène française,* Paris, Boivin, 1931, in-12, VII-295 p. (Bibl. de la Revue des Cours et Conférences) ; réimpr. Genève, Slatkine, 1970.

GAMBELLI (Delia),
— *Arlecchino : dalla « preistoria » a Biancolelli,* in *Biblioteca Teatrale* (Roma), 1972, p. 17-68.

GARAPON (Robert),
— *L'« Astrée » et le jeune Corneille,* in *Colloque commémoratif du quatrième centenaire de la naissance d'Honoré d'Urfé,* Montbrison, Bulletin de *La Diana,* Société historique et archéologique du Forez, année 1970 (numéro spécial), p. 141-147.
— *Du baroque au classicisme. Le théâtre comique,* in *XVIIe siècle,* XX (1953), p. 259-265.
— *Le Dernier Molière. Des « Fourberies de Scapin » au « Malade imaginaire »,* Paris, CDU-SEDES réunis, 1977, 249 p.
— *La Fantaisie verbale et le comique dans le théâtre français du Moyen Age à la fin du XVIIe siècle,* Paris, A. Colin, 1957, 368 p. (thèse).
— *L'Influence de « L'Astrée » sur le théâtre français de la première moitié du XVIIe siècle,* in *Travaux de linguistique et de littérature,* VI, 2, 1968, p. 81-85.
— *Molière et la comédie,* in ROGER (J.) et PAYEN (J.-Ch.), *Histoire de la littérature française...,* 1969, p. 390-401.
— *Le Personnage du soldat fanfaron dans le théâtre français au XVIe et au XVIIe siècle,* in *Actes du VIIe Congrès de l'Association G. Budé (Aix-en-Provence, avril 1963),* Paris, Les Belles Lettres, 1964, p. 113-115.
— *Le Réalisme de la farce,* in *C.A.I.E.F.,* n° 26, mai 1974, p. 9-20.
— *Recherches sur le dialogue de Molière,* in *R.H.T.,* 1974-1, p. 63-68.
— *Sur les dernières comédies de Molière,* in *I.L.,* 1958, n° 1, p. 1-7.

GIRAUD (Yves),
— *Tabarin et l'université de la place Dauphine,* in *C.A.I.E.F.,* n° 26, 1974, p. 77-100.

GOLDSCHMIDT (G.A.),
— *Molière ou la liberté mise à nu,* Paris, Julliard, 1973, 207 p.

GOUHIER (Henri),
— *Le Théâtre et l'existence,* Paris, Vrin, nouvelle édition, 1973, 224 p.

GREENE (E.J.E.),
— *Vieux, jeunes et valets dans la comédie de Marivaux,* in *C.A.I.E.F.,* n° 25, mai 1973, p. 177-190.

GREIMAS (A.J.),
— *Sémantique structurale. Recherche de méthode,* Paris, Larousse, 1966, 263 p. (Langue et langage).

GRIMAL (Pierre),
— *Le Théâtre antique,* Paris, P.U.F., 1978, 127 p. (« Que sais-je ? »).

GROS (Etienne),
— *Philippe Quinault, sa vie et son œuvre,* Paris, Champion, 1926, 827 p. (réimpr. Genève, Slatkine, 1970).

GROULT (Pierre),
— *Le Drame biblique dans « Courtois d'Arras »,* in *Mélanges G. Cohen,* Paris, Nizet, 1950, p. 47-53.

GUEULLETTE (J.E.),
— *Un Magistrat du XVIIIᵉ siècle, ami des lettres, du théâtre et des plaisirs, Thomas-Simon Gueullette,* Paris, Droz, 1938, in-8°, 199 p. (thèse) ; réimpr. Genève, Slatkine, 1977.

GUEULLETTE (Thomas-Simon),
— *Notes et souvenirs sur le théâtre italien au XVIIIᵉ siècle,* éd. J.E. GUEULLETTE, Paris, Droz, 1938, in-8°, 219 p. (réimpr. Genève, Slatkine, 1977).

GUGGENHEIM (Michel),
— *Les Pédants de Molière,* in *Revue de l'Université d'Ottawa,* vol. 44, n° 1, janv.-mars 1974, p. 78-94.

GUICHARNAUD (Jacques),
— *Molière, une aventure théâtrale,* Paris, Gallimard, 1963, 548 p. (Bibl. des Idées).

GUICHEMERRE (Roger),
— *La Comédie avant Molière (1640-1660),* Paris, A. Colin, 1972, 424 p. (thèse).
— *La Comédie classique en France,* Paris, P.U.F., 1978, 128 p. (« Que sais-je ? »).
— *Situations et personnages « prémoliéresques »,* in *R.H.L.F.,* 1972, n°ˢ 5-6, p. 1007-1023.
— *Une source peu connue de Molière : le théâtre de Le Métel d'Ouville,* in *R.H.L.F.,* janv.-mars 1965, p. 92-102.

GUTWIRTH (Marcel),
— *Molière ou l'invention comique. La métamorphose des thèmes, la création des types,* Paris, Minard, Lettres Modernes, 1966, in-8°, 222 p.

HAMON (Philippe),
— *Pour un statut sémiologique du personnage,* in *Littérature,* n° 6, mai 1972, p. 86-110.

HEGEL (Georg Wilhelm Friedrich),
— *Esthétique,* textes choisis par Cl. KHODOSS, Paris, P.U.F., 1973, 230 p. (Collection Sup).

Histoire des littératures, sous la direction de R. Queneau (Encyclopédie de la Pléiade) :
    t. II, Littératures occidentales, Paris, Gallimard, 1968, XVIII-2130 p. ;
    t. III, Littératures françaises, connexes et marginales, Paris, Gallimard, 1958, XVIII-2058 p. (nouvelle édition mise à jour en 1978).

Histoire des spectacles, sous la direction de G. Dumur, Paris, Gallimard, 1965, XXI-2010 p. (Encyclopédie de la Pléiade).

Hocquard (Jean-Victor),
— *Conditions d'existence esthétique de la farce théâtrale,* thèse complémentaire de Paris, 1956, 117 p. dactyl.

Horville (Robert),
— *Le Personnage du pédant dans le théâtre préclassique en France (1610-1655),* thèse de Lille, 1966, 505 p. dactyl.
— *Le Poète de comédie avant Molière,* in *R.S.H.,* XXXVIII (1973), p. 507-520.

Hubert (J.D.),
— « *L'Ecole de femmes* », tragédie burlesque ?, in *R.S.H.,* 1960, p. 41-52.

Ito (Hiroshi),
— *La Structure de l'action dans la comédie française entre 1625 et 1640. Etude de dramaturgie baroque,* thèse de Paris, 1969, 297 p. dactyl.

Jasinski (René),
— *Molière,* Paris, Hatier, 1969, 288 p. (Connaissance des Lettres).
— *Molière et le Misanthrope,* Paris, A. Colin, 1951, in-8°, 327 p. (rééd. Paris, Nizet, 1963).

Jeanson (Francis),
— *Signification humaine du rire,* Paris, Seuil, 1950, 219 p. (Collection « Esprit »).

Jeffery (Brian),
— *French Renaissance Comedy (1552-1630),* Oxford, The Clarendon Press, 1969, 168 p., 13 tables.

Jodogne (Omer),
— *La Farce et les plus anciennes farces françaises,* in *Mélanges Lebègue,* Paris, A.G. Nizet, 1969, p. 7-18.
— *La Pastorale dramatique française du XVᵉ siècle,* in *Studi francesi,* VIII (1964), p. 201-213.

Jouvet (Louis),
— *Molière et la comédie classique,* Paris, Gallimard, 1965, 300 p. (Pratique du théâtre).

Kerman (Lâmia),
— *Un Personnage du théâtre classique : le valet de comédie. Evolution du type du valet antique au valet de Molière,* Publications de la Faculté des Lettres de l'Université d'Ankara (n° 113), Ankara, 1956, 190 p.

Konigson (Elie),
— *L'Espace théâtral médiéval*, Paris, C.N.R.S., 1975, 329 p. (Chœur des Muses).
Kowzan (Tadeusz),
— *Littérature et spectacle*, Warszawa-La Haye-Paris, P.W.N.-Mouton, 1975, 240 p.

Lagrave (Henri),
— *Marivaux et sa fortune littéraire*, Saint-Médard-en-Jalles, G. Ducros, 1970, 250 p. (Tels qu'en eux-mêmes).
— *Le Théâtre et le public à Paris de 1715 à 1750*, Paris, C. Klincksieck, 1972, 717 p., 22 pl. (thèse).
Larthomas (Pierre),
— *Le Langage dramatique*, Paris, A. Colin, 1972, 478 p. (thèse).
Lazard (Madeleine),
— *La Comédie humaniste au XVIᵉ siècle et ses personnages*, Paris, P.U.F., 1978, 491 p. (thèse).
Lebègue (Raymond),
— *Les Débuts de la Commedia dell'arte en France*, in *Rivista di studi teatrali*, 1954, nᵒˢ 9-10, p. 71-77.
— *Etudes sur le théâtre français* :
t. I, *Moyen Age, Renaissance, Baroque*, Paris, A.G. Nizet, 1977, 397 p. ;
t. II, *Les classiques. En province. Les jésuites. Les acteurs. Le théâtre moderne à sujet religieux*, Paris, A.G. Nizet, 1978, 236 p.
— *Origines et caractères du théâtre baroque français*, in *Le Baroque au théâtre - Théâtralité du baroque*, 1967, p. 23 sqq.
— *Premières infiltrations de la Commedia dell'arte dans le théâtre français*, in *C.A.I.E.F.*, nᵒ 15, 1963, p. 165-176.
— *Le Théâtre comique en France de « Pathelin » à « Mélite »*, Paris, Hatier, 1972, 192 p. (Connaissance des Lettres).
Lecoy (Félix),
— *La Farce de Cauteleux, Barat et le Villain*, in *Mélanges J. Frappier*, Genève, Droz, 1970, t. II, p. 595-602.
Lefebvre (Joël),
— *Les Fols et la folie. Etude sur les genres du comique et la création littéraire en Allemagne pendant la Renaissance*, Paris, C. Klincksieck, 1968, 459 p.
Le Gentil (Pierre),
— *La Littérature française du Moyen Age*, Paris, A. Colin, 3ᵉ éd. revue, 1969, 200 p. (Collection U 2).
Lemaitre (Jules),
— *La Comédie après Molière et le théâtre de Dancourt*, 2ᵉ éd., Leipzig et Paris, H. Welter, 1903, in-8ᵒ, 252 p.
Leroux (Normand),
— *Structure de la farce médiévale*, thèse de Caen, 1959, 291 p. dactyl.
Lewicka (Halina),
— *Etudes sur l'ancienne farce française*, Paris-Warszawa, Klincksieck-P.W.N., 1974, 157 p.

— *La Langue et le style du théâtre comique français des XVe et XVIe siècles*, Varsovie-Paris, P.W.N.-Klincksieck, in-8°, 2 vol. parus : I. *La Dérivation* (1960) ; II. *Les Composés* (1968).

— *Les Rapports entre la farce et la littérature narrative (Pour un répertoire des motifs dramatiques)*, in *C.A.I.E.F.*, n° 26, 1974, p. 21-32.

Lintilhac (Eugène),

— *Histoire générale du théâtre en France :* t. II, *La Comédie. Moyen Age et Renaissance*, Paris, Flammarion, s.d., in-12, 427 p. ; t. IV, *La Comédie. XVIIIe siècle*, Paris, Flammarion, 1909, in-12, 488 p. (Ces 2 vol. ont été réimpr. par Slatkine, Genève, 1973).

Magne (Emile),

— *Gaultier-Garguille, comédien de l'Hôtel de Bourgogne*, Paris, Société des éditions Louis-Michaud, 1911, in-16, 192 p.

Magné (Bernard),

— « *L'Ecole des femmes* » *ou la conquête de la parole*, in *R.S.H.*, 1972, p. 125-140.

Mamczarz (Irène),

— *Pantalone : du masque au caractère, de la Commedia dell'arte à Goldoni*, in *R.H.T.*, 1972-2, p. 182-197.

Mandrou (Robert),

— *La France aux XVIIe et XVIIIe siècles*, Paris, P.U.F., 3e éd., 1974, 357 p. (Nouvelle Clio).

Marsan (Jules),

— *La Pastorale dramatique en France, à la fin du XVIe siècle et au commencement du XVIIe siècle*, Paris, Hachette, 1908, in-8°, 524 p. (réimpr. Genève, Slatkine, 1969).

Martinenche (Ernest),

— *La Comedia espagnole en France de Hardy à Racine*, Paris, Hachette et Cie, 1900, 434 p. (réimpr. Genève, Slatkine, 1970).

Mauron (Charles),

— *Psychocritique du genre comique*, Paris, J. Corti, 1964, 188 p.

Mazouer (Charles),

— *Du Badin médiéval au naïf de la comédie du XVIIe siècle*, in *C.A.I.E.F.*, n° 26, 1974, p. 61-76.

— *Naïveté et naturel dans le* « *Jeu de Robin et Marion* », in *Romania*, t. LXXXXIII, 1972, p. 378-393.

— « *Les Rieurs du Beau-Richard* » : *vitalité de la tradition des farces gauloises en 1660*, in *XVIIe siècle*, 1972, n° 97, p. 71-83.

— *Un Personnage de la farce médiévale : le naïf*, in *R.H.T.*, 1972-2, p. 144-161.

Melani (Nivea),

— *Motivi tradizionali e fantasia del* « *Divertissement* » *nel teatro di Florent Carton Dancourt (1661-1725)*, Istituto universitario orientale, Napoli, 1970, 528 p.

Mélèse (Pierre),

— *Répertoire analytique des documents contemporains d'information et de critique concernant le théâtre à Paris sous Louis XIV (1659-*

1715), Paris, Droz, 1934, in-8°, 235 p. (réimpr. Genève, Slatkine, 1977).

— *Le Théâtre et le public à Paris sous Louis XIV (1659-1715)*, Paris, Droz, 1934, in-8°, 466 p. (réimpr. Genève, Slatkine, 1977).

Ménard (Philippe),
    — *Le Rire et le sourire dans le roman courtois en France au Moyen Age (1150-1250)*, Genève, Droz, 1969, 802 p. (Publications romanes et françaises).
    — *Le Thème comique du « nice » dans la chanson de geste et le roman arthurien*, in *Boletín de la Real Academia de Buenas Letras de Barcelona*, t. XXXI, 1965-1966, p. 177-193.

Meyer (Marlyse-M.),
    — *La Convention dans le théâtre d'amour de Marivaux*, São Paulo, 1961 (Universitade de São Paulo. Faculdade de Filosofia, Ciências e Letras. Boletín n° 238).

Mic (Constant),
    — *La Commedia dell'arte, ou le théâtre des comédiens italiens des XVIᵉ, XVIIᵉ et XVIIIᵉ siècles*, Paris, Schiffrin, 1927, in-4°, 239-XIV p.

Michaud (Guy),
    — *L'Œuvre et ses techniques*, Paris, A.G. Nizet, 1957, 271 p.

Molière, numéro spécial de la *R.H.L.F.*, 1972, nᵒˢ 5-6.

Moore (W.G.),
    — *Molière, a new criticism*, Oxford, Clarendon Press, 1949, 147 p.

Moreau (Pierre),
    — *Racine*, Paris, Hatier, 1968, 192 p. (Connaissance des Lettres).

Morel (Jacques),
    — *Jean Rotrou, dramaturge de l'ambiguïté*, Paris, A. Colin, 1968, 343 p.
    — *Le Jeune Corneille et le théâtre de son temps*, in *I.L.*, nov.-déc. 1960, p. 185-192.

Morhange (Claude),
    — *Les Jeunes filles dans les comédies de Marivaux*, Aix-en-Provence, La Pensée universitaire, 1960, 144 p.

Mounier (Emmanuel),
    — *Œuvres, t. II : Traité du caractère*, Paris, Seuil, 1947, 794 p.

Pagnol (Marcel),
    — *Notes sur le rire*, Paris, Nagel, 1947, 126 p.

Pandolfi (Vito),
    — *La Commedia dell'arte. Storia e testi*, Firenze, Sansoni antiquariato, 1957-1959, 5 vol.
    — *Histoire du théâtre*, Verviers (Belgique), Gérard et Cⁱᵉ, 1964, vol. I et II (Marabout Université).

Parfaict (François et Claude),
    — *Histoire de l'Ancien Théâtre Italien depuis son origine en France, jusqu'à sa suppression en l'année 1697*, Paris, Lambert, 1753, 455 p.

Pelous (J.M.),
    — *Argan et sa maladie imaginaire*, in *Marseille*, n° 95, oct.-déc. 1973, p. 179-184.

— *Les Métamorphoses de Sganarelle : la permanence d'un type comique,* in *R.H.L.F.,* 1972, p. 821-849.
— « *Monsieur de Pourceaugnac* », *un provincial dans le théâtre de Molière,* in *Etudes sur Pézenas et sa région,* numéro spécial du *Bull. trimestriel éd. par les amis de Pézenas,* IV, n° 3, 1973, p. 19-26.

PETIT DE JULLEVILLE (Louis),
— *La Comédie et les mœurs en France au Moyen Age,* Paris, L. Cerf, 1886, 363 p. (réimpr. Genève, Slatkine, 1968).

PHILIPOT (Emmanuel),
— *Notes sur quelques farces de la Renaissance,* in *Revue des études rabelaisiennes,* IX (1911), p. 365-422.

PICARD (Raymond),
— *Molière comique ou tragique ? Le cas d'Arnolphe,* in *R.H.L.F.,* 1972, p. 769-785.
— *Les Tragédies de Racine : comique ou tragique ?,* in *R.H.L.F.,* 1969, p. 462-474.

PORTER (Lambert C.),
— *La Farce et la sottie,* in *Zeitschrift für romanische Philologie,* LXXV (1959), p. 89-123.

PROPP (Vladimir),
— *Morphologie du conte,* trad. M. DERRIDA, Paris, Seuil, 1970 (1re éd. russe en 1928), 255 p. (Collection Points).

Les Provinciaux sous Louis XIV (5e Colloque de Marseille), in *Marseille,* n° 101, 2e trimestre 1975, 232 p.

PURKIS (Helen M.C.),
— *Le Chant pastoral chez Molière,* in *C.A.I.E.F.,* n° 28, 1976, p. 133-144.

RANK (Otto),
— *Don Juan. Une étude sur le double,* Paris, Denoël, 1932 ; réimpr. Paris, Payot, 1973, 189 p. (Petite Bibliothèque Payot).

REY-FLAUD (Henri),
— *Le Cercle magique. Essai sur le théâtre en rond à la fin du Moyen Age,* Paris, Gallimard, 1973, 344 p. (Bibliothèque des Idées).

RIGAL (Eugène),
— *De Jodelle à Molière. Tragédie, comédie, tragi-comédie,* Paris, Hachette, 1901, in-12, VII-304 p. (réimpr. Genève, Slatkine, 1969).

RIGAULT (Claude),
— *Les Domestiques dans le théâtre de Marivaux,* Sherbrooke, Librairie de la Cité universitaire et A.G. Nizet, 1968, 351 p.

Le rire, le comique et l'humour, numéro spécial de la *Revue d'esthétique,* t. III, juillet-décembre 1950, p. 229-425.

ROGER (J.) et PAYEN (J.-Ch.) (sous la direction de),
— *Histoire de la littérature française. T. I : Du Moyen Age à la fin du XVIIe siècle,* Paris, A. Colin, 1969, 519 p. (Collection U).

ROJTMAN (Betty),
— *Alceste dans le théâtre de Molière,* in *R.H.L.F.,* 1973, n° 6, p. 963-981.

Romano (Danilo),
— *Essai sur le comique de Molière*, Berne, A. Francke, 1950, 155 p.

Rossat-Mignot (Suzanne),
— *La Pensée rationnelle de Molière en médecine*, in *Cahiers rationalistes*, 1973, p. 407-428.

Rousse (Michel),
— *Le Théâtre (XIIIe et XIVe siècles)*, et *Le Théâtre à la fin du Moyen Age*, in Roger (J.) et Payen (J.-Ch.), *Histoire de la littérature française...*, 1969, p. 87-92 et p. 171-188.
— *« Pathelin » est notre première comédie*, in *Mélanges Le Gentil*, Paris, S.E.D.E.S., 1973, p. 753-758.
— *Le Rythme d'un spectacle médiéval : « Maître Pierre Pathelin » et la farce*, in *Mélanges Vier*, Paris, Klincksieck, 1973, p. 575-581.

Rousset (Jean),
— *L'Ile enchantée. Fête et théâtre au XVIIe siècle*, in *Mélanges Brahmer*, Varsovie, P.W.N., 1967, p. 435-441.
— *L'Intérieur et l'extérieur. Essais sur la poésie et le théâtre au XVIIe siècle*, Paris, Corti, 1968, 278 p.
— *La Littérature de l'âge baroque en France. Circé et le paon*, **Paris, Corti, 1954, 316 p.**
— *Marivaux et la structure du double registre*, in *Studi francesi*, I, n° 1, 1957, p. 58-68 ; réimpr. dans *Forme et signification. Essais sur les structures littéraires de Corneille à Claudel*, Paris, Corti, 1964, chap. iii.

Saint-Denis (E. de),
— *Essais sur le rire et le sourire des Latins*, Paris, Les Belles Lettres, 1965, 306 p. (Publications de l'Université de Dijon).

Salomon (Noël),
— *Recherches sur le thème paysan dans la « comedia » au temps de Lope de Vega*, Bordeaux, Féret et fils, 1965, XXIV-946 p.

Sartre (Jean-Paul),
— *Un Théâtre de situations*, textes choisis et présentés par M. Contat et M. Ribalka, Paris, Gallimard, 1973, 382 p. (Collection « Idées »).

Scherer (Jacques),
— *La Dramaturgie classique en France*, Paris, Nizet, s.d. (1950), in-8°, 488 p.
— *Pour une sociologie des obstacles au mariage dans le théâtre français du XVIIe siècle*, in *Dramaturgie et société*, Paris, 1968, t. I, p. 297-305.
— et Rougemont (M. de), *Textes d'esthétique théâtrale, choisis par...*, fasc. 1 : Paris, Centre de Documentation Universitaire, 1975, III-134 p. (Les Cours de Sorbonne).

Schoell (Konrad),
— *Das Komische Theater des französischen Mittelalters. Wirklichkeit und Spiel*, München, W. Fink Verlag, 1975, 258 p. (Freiburger Schriften zur romanischen Philologie).

Serbat (Guy),
— *Les Comédies de Térence sont-elles un « miroir de la vie » ?*, in *I.L.*, 1972, n° 5, p. 213-219.

SOURIAU (Etienne),
— *Les 200 000 situations dramatiques*, Paris, Flammarion, 1950, 288 p. (Bibliothèque d'esthétique).

SPADA (Stefania),
— *Domenico Biancolelli ou l'art d'improviser. Textes, documents, introduction, notes*, Naples, Institut Universitaire Oriental, 1969, 613 p.

SPAZIANI (Marcello),
— *Il Teatro minore di Lesage*, Roma, Signorelli, 1957, 195 p.

TALADOIRE (Barthélemy),
— *Essai sur le comique de Plaute*, Monaco, éd. de l'Impr. nat. de Monaco, 1956, 353 p.

TAYLOR (S.S.B.),
— *Le Développement du genre comique en France de Molière à Beaumarchais*, in *Studies on Voltaire and the 18th century* (éd. Th. Besterman), vol. XC, 1972, p. 1545-1566.

THIBAUDET (Albert),
— *Molière et la critique*, in *Revue de Paris*, 1930, 2, p. 365-394.
— *Le Rire de Molière*, in *Revue de Paris*, 1922, 1, p. 312-333.

THOMPSON (Stith),
— *Motif-Index of Folk-Literature. A Classification of Narrative Elements in Folktales, Ballads, Myths, Fables, Mediaeval Romances, Exempla, Fabliaux, Jest-Books and Local Legends*, Copenhagen-Rosenkilde and Bagger, 1955-1958, 6 vol. in-4°.

TOCANNE (Bernard),
— *L'Idée de nature en France dans la seconde moitié du XVIIᵉ siècle. Contribution à l'histoire de la pensée classique*, Paris, Klincksieck, 1978, 504 p. (thèse).

TOLDO (Pietro),
— *La Comédie française de la Renaissance*, in *R.H.L.F.*, IV (1897), p. 366-392 ; V (1898), p. 220-264 et 554-603 ; VI (1899), p. 571-608 ; VII (1900), p. 263-283.
— *Etudes sur le théâtre comique français du Moyen Age et sur le rôle de la nouvelle dans les farces et les comédies*, Turin, Loescher, 1903, in-8°, 180 p. (Extrait des *Studi di filol. rom.*, IX (1902), 2).

UBERSFELD (Anne),
— *Lire le théâtre*, Paris, Editions Sociales, 1977, 316 p. (Classiques du Peuple. « Critique »).

VAN TIEGHEM (Philippe),
— *Les Influences étrangères sur la littérature française, 1550-1880*, Paris, P.U.F., 1961, 280 p.

VOLTZ (Pierre),
— *La Comédie*, Paris, A. Colin, 1964, in-4°, 472 p. (Collection U).

Wilmotte (Maurice),
— *Etudes critiques sur la tradition littéraire en France,* Paris, Champion, 1909, 323 p.

Young (Bert-Edward),
— *Michel Baron, acteur et auteur dramatique,* Paris, Fontemoing, 1904, gr. in-8°, 326 p. (réimpr. Genève, Slatkine, 1971).

Index des pièces de théâtre

Le nom de l'auteur, quand il est connu, suit immédiatement le titre de la pièce.

Pour les pièces lues dans des recueils d'œuvres de plusieurs auteurs, nous donnons ensuite entre parenthèses le recueil et le tome où la pièce citée figure, — sauf quand cette indication a été fournie dans le corps de l'ouvrage.

Le trait d'union placé entre les numéros de deux pages, consécutives ou non consécutives, indique que l'analyse s'étend sur le passage ainsi défini.

Table analytique des matières

DEUXIÈME PARTIE

Chapitre IV

Molière évite l'outrance burlesque (188). Les Sotenville, nobliaux infatués, prévenus en faveur de leur fille, sont mystifiés par elle (188-189). M. de Pourceaugnac, prétendant indésirable venu de Limoges, donne dans tous les panneaux ; sa particulière confiance en Sbrigani (189-191). La comtesse d'Escarbagnas et son « entêtement de qualité » ; décalage entre son rêve et la réalité, notamment dans ses amours (192-194).

La tradition des valets. Les lourdauds : traits de nature, sottises réjouissantes, autres témoignages de simplicité ; Moron le plaisant ; aux épisodiques lourdauds, Molière préfère les servantes sensées (194-198). Quatre naïfs intéressants : Mascarille rêve de passer pour marquis et bel esprit (198-199) ; Sganarelle, valet aux traits rustiques, inséparable de son maître dom Juan, poursuit le vain espoir de corriger le grand seigneur (199-202) ; Sosie admet l'existence d'un double de lui-même (203-204) ; les maladresses de maître Jacques (204-205). — La tradition des paysans. Pierrot : balourdise du rustre ; l'amoureux de village (206-208). Charlotte : les étapes d'une séduction (208-210). La galerie paysanne du *Médecin malgré lui* (210-212). Lubin (212-213). Molière use largement des traditionnels naïfs (213).

Ses raisons (213-214).

Maintenue dans l'ignorance et dans la dépendance, l'innocente Agnès découvre l'amour ; son abandon au plaisir nouveau et sa transparence (214-216). Elle défend son amour, s'essaye à le dire. Au terme de la comédie, la métamorphose due à l'amour est achevée : Agnès est devenue une personne, un être libre promis au bonheur (216-219).

La naïveté d'Orgon au centre du *Tartuffe* (219). Impulsif, se trompant sur les moyens de réaliser son salut, Orgon a été pris aux apparences de la dévotion et s'est entiché d'un faux dévot (219-221). Difficulté de faire sortir Orgon de son aveuglement ; l'intervention de Damis, loin de le désabuser, renforce son illusion et sa dépendance à l'égard de Tartuffe (221-223). Elmire fait revenir le naïf au sentiment du réel (223-224).

Autre chimère : la volonté de se changer (224). — Le rêve des précieuses ridicules ; elles sont prises aux apparences de deux valets déguisés (224-225). — Les revendications et l'ambition des femmes savantes ; elles se trompent sur Trissotin qui les flatte (225-227). Armande, avec son platonisme affiché, se croit capable de faire taire en elle la jeune fille amoureuse ; échec (227-229). — M. Jourdain refuse de rester un bourgeois ; il se trompe sur les moyens employés pour devenir noble et reste un bourgeois (229-232). Les trompeurs profitent de son ambition (232-233). Fait Mamamouchi au cours d'une mystification, il réalise son rêve d'être autre et bascule dans l'imaginaire (233).

Le moi tend à nier autrui (234). — Arnolphe pense éviter le cocuage en épousant une enfant qu'il a façonnée à son usage, en s'appropriant totalement un autre être, en niant sa liberté : ambition naïve (234-236). Malgré les précautions du barbon, Horace lui dispute Agnès ; Arnolphe découvre sa passion pour la jeune fille (236-238). Le tyran égoïste échoue à se faire aimer de sa pupille comme à la garder (239). — La double ambition d'Alceste : changer ses semblables qui révoltent l'atrabilaire épris d'absolu ; changer la coquette Célimène et l'avoir toute à lui. Il se trompe sur les autres et sur lui, qui reste aussi orgueilleux qu'égoïste (239-242). Son double échec : la société rejette l'insupportable idéaliste ; l'accord est impossible avec Célimène, qui refuse de le suivre (242-244).
Le renouvellement de la naïveté chez Molière est radical (244).

Avec Molière, le personnage du naïf accède à sa pleine stature (244-245).

Chapitre VII

Triomphe de la comédie de mœurs, comédie gaie (247).

Types traditionnels : des maris, un amant (248) ; femmes âgées et vieillards en proie à l'amour (248-251) ; pères bernés (251-253). — Types plus neufs, qui reflètent parfois les mœurs du temps : des bourgeoises ambitieuses veulent épouser un noble et sont mystifiées (253-255) ; les prétendants de province, fort sots, sont évincés (255-257) ; des amoureux riches, comme Turcaret, sont tondus par une coquette (257-260).

Les adolescents devant l'amour (260). — Des garçons ignorants de l'amour (260-261). — L'ingénuité féminine ; ingénues campagnardes de Dufresny ; les adolescentes de Dancourt ne sont plus des ingénues (261-264). — La découverte de l'amour sensuel par les campagnards ignorants Nina et Arlequin (264-266).

Le naturel des plaisants rustres : instincts ; inconvenance ; rôles ambitieux mal joués ; peur (266-269). — Quelques naïfs : Flamand, Ambroise, Jodelet ; valets manœuvrés par une servante (260-271). — Le valet naïf cède la place au valet fourbe (271-272).

Nombreux, mais de simples silhouettes (272). — Le naturel paysan : épaisse niaiserie ; ignorance et grossièreté ; amours de paysans ; franchise inconvenante (272-275). — Les paysans sensés

et impertinents, cupides, ambitieux et madrés, cessent d'être des
naïfs (275-277).
Relatif déclin du naïf (277).

BIBLIOTHÈQUE FRANÇAISE ET ROMANE
publiée par le
Centre de Philologie et de Littératures romanes
de l'Université des Sciences Humaines de Strasbourg
Directeur : Georges STRAKA
Série C : ÉTUDES LITTÉRAIRES

Suite de la page 4 :

71. — *Madame de Staël, Lumières et romantisme,* par Simone BALAYÉ, 1979, 272 p.

72. — *Morelly le méconnu des Lumières,* par Nicolas WAGNER, 1979, 408 p.

73. — *Valery et le moi, des Cahiers à l'œuvre,* par Nicole CELEYRETTE-PIETRI, 1979, 406 p.

74. — *Le plus beau de toutes les fêtes. Mme de Staël et Elisabeth Hervey, duchesse Devonshire,* d'après leur correspondance inédite (1804-1817), par Victor de PANGE, 1979.

75. — *Les* ensenhamens *occitans. Essai de définition et de délimitation du genre,* par Alfred don MONSON, 1979.

ACHEVÉ D'IMPRIMER
EN OCTOBRE 1979
SUR LES PRESSES DE
CHASTRUSSE et Cie A BRIVE

———

Dépôt légal : 4e trimestre 1979 - N° 3 515